国家出版基金项目

主　编　钱乘旦
本卷作者　黄光耀

A HISTORY
OF THE
BRITISH EMPIRE

The Shaping of the British Empire

第二卷　英帝国的形成

英帝国史

江苏人民出版社

图书在版编目(CIP)数据

英帝国史.第二卷,英帝国的形成/黄光耀著.——南京:江苏人民出版社,2019.10
ISBN 978-7-214-23285-4

Ⅰ.①英… Ⅱ.①黄… Ⅲ.①英国—历史 Ⅳ.①K561.0

中国版本图书馆 CIP 数据核字(2019)第 043129 号

书　　　名	英帝国史・第二卷　英帝国的形成
主　　　编	钱乘旦
著　　　者	黄光耀
策　　　划	王保顶
责 任 编 辑	洪　扬
装 帧 设 计	周伟伟
责 任 监 印	王列丹
出 版 发 行	江苏人民出版社
出版社地址	南京市湖南路 1 号 A 楼,邮编:210009
出版社网址	http://www.jspph.com
照　　　排	江苏凤凰制版有限公司
印　　　刷	江苏凤凰新华印务有限公司
开　　　本	880 毫米×1 230 毫米　1/32
印　　　张	91.375　插页 32
字　　　数	2 040 千字
版　　　次	2019 年 10 月第 1 版　2019 年 10 月第 1 次印刷
标 准 书 号	ISBN 978-7-214-23285-4
定　　　价	580.00 元(全 8 卷)

(江苏人民出版社图书凡印装错误可向承印厂调换)

本书获国家哲学社会科学基金经费资助,项目名称:
"英帝国的形成、发展及其在 20 世纪的崩溃"
项目号 11ASS001

谨此致谢

目 录

前言………… 1

第一章　都铎朝的遗产………… 1
一、英国经济的发展与民族国家的强固………… 2
二、都铎时期英国与欧洲殖民强国的争夺………… 28
三、清教主义和重商主义思潮………… 52

第二章　建立帝国的初步努力………… 74
一、爱尔兰的试验与亚非贸易据点的初建………… 75
二、立足北美：烟草殖民地的建立………… 101
三、寻找精神家园：清教殖民地的建立………… 122
四、加勒比地区的殖民争夺………… 146

第三章　殖民扩张的加速………… 160
一、殖民政策调整的基本动因………… 161
二、重商主义殖民思想的发展………… 171

三、加强控制和征服爱尔兰………… 192

　　四、《航海条例》和重商主义原则的确立………… 207

　　五、政府开辟殖民地:远征西印度群岛………… 223

第四章　重商主义帝国体制的初步建立………… 237

　　一、新《航海条例》:重商主义殖民原则的强化………… 238

　　二、殖民地的新拓展………… 255

　　三、殖民地控制的加强………… 276

　　四、奴隶贸易的兴起与东印度公司的扩张………… 295

　　五、重商主义帝国体制的确立………… 317

结语:为什么需要帝国………… 336

附录………… 348

　　一、地图………… 348

　　二、大事年表………… 352

　　三、参考书目………… 354

　　四、译名对照表………… 369

后记………… 377

前　言

在世界历史发展的长河中,英国作为曾经的世界上最庞大的和最具影响力的殖民帝国,前后存在的时间至少有三个世纪。据统计,20世纪初,包括自治领在内的大英帝国人口占当时世界总人口的四分之一,约4亿人;领土也大约占全球陆地总面积的四分之一,达到3 300万平方公里。英国以其区区24万平方公里的国土竟能在三个世纪中发展成为一个号称"日不落"的大帝国,控制如此辽阔的土地和如此众多的人口,确实堪称是世界历史发展进程中的一大奇观。各国历史学家们由此产生的对于英帝国发迹的秘密及发展轨迹的研究兴趣,可谓久盛不衰,硕果累累。研究者们根据英帝国发展历史进程的实际特征一般将其分为两阶段:16世纪后期以来特别是17世纪建立起来的英帝国被称为第一帝国或旧帝国,1783年英国政府通过签署《巴黎和约》正式承认美国独立,标志着第一帝国的瓦解;美国独立后英国在19世纪初建立的范围更为广泛的殖民帝国被称为第二帝国或称新帝国。[①]

[①] 殖民史专家菲尔德豪斯将16—19世纪上半叶欧洲强国主要在美洲的定居殖民所建立的帝国称为"早期殖民帝国",而19世纪上半叶到20世纪中叶欧洲强国对亚非拉美的殖民统治则为"后期殖民帝国"。见 D. K. Fieldhouse, *The Colonial Empires: A Comparative Survey from the Eighteenth Century*, London: Macmillan, 1982, pp. 84 - 86. 有关英国由第一帝国向第二帝国转变的详情,可参见郭家宏:《从旧帝国到新帝国——1783—1815年英帝国史纲要》,商务印书馆2007年版。

无论是对第一帝国的产生,还是对大英帝国的整体发展,17世纪都具有十分重要甚至是关键性的地位。因为,英国在欧洲以外地区从事殖民扩张虽然最早开始于16世纪后半叶,但是真正具有划时代意义并取得重大进展的殖民开拓和商业扩展则开始于17世纪。正是在17世纪,英国不仅拓展了较大范围的殖民地,而且初步建立了近代的殖民制度,并在世界范围内确立了在争夺商业利益和海上霸权以及殖民地占有方面的领先优势,从而奠定了英帝国的良好基础,规定了此后英帝国发展的历史轨迹。17世纪是第一帝国体系和新的帝国理念确立的时期。①

正因如此,有关17世纪英国的海外殖民扩张研究在西方学界早就得到一定的重视。有关这方面研究的专门性的著作主要有:20世纪20年代出版的由罗斯等人主编的八卷本《剑桥英帝国史》的第一卷《旧帝国》②、卢卡斯的《英帝国》第一卷《帝国的经历》③、比尔所著《不列颠殖民制度的起源(1578—1660)》和《旧殖民制度(1660—1754)》④、吉普森的《美国革命前的大英帝国》⑤、吉莱斯皮的《1700

---

① Nicholas Canny, ed., *The Oxford History of the British Empire*, Vol. I: *The Origins of Empire*, Oxford: Oxford University Press, 1998, p. 22.
② J. Holland Rose, A. P. Newton, E. A. Benians, eds., *The Cambridge History of British Empire*, Vol. I: *The Old Empire from the Beginnings to 1783*, Cambridge: Cambridge University Press, 1929.
③ Sir Charles Prestwood Lucas, ed., *The British Empire*, Vol. I: *The Story of the Empire*, Michigan: Henry Holt and Company, 1924.
④ George Louis Beer, *The Origins of The British Colonial System, 1578—1660*, New York: The Macmillan Company, 1908; *The Old Colonial System, 1660—1754*, New York: The Macmillan Company, 1912.
⑤ L. H. Gipson, *The British Empire before the American Revolution*, New York: Caxton, 1936.

年前海外扩张对英国的影响》①、奎恩等的《英国的海外帝国》②、麦克法兰的《不列颠在美洲》③、阿米蒂奇的《大英帝国的思想起源》④、詹姆士的《英帝国的兴衰》⑤、劳埃德的《帝国：英帝国史》⑥、弗格森的《帝国：不列颠如何塑造近代世界》⑦以及布劳恩和路易斯等人主编的五卷本《牛津英帝国史》的第一卷《帝国的起源》等。其中尤以《剑桥英帝国史》第一卷和《牛津英帝国史》第一卷的研究最为系统完整，也最具权威。前者依照传统的通史体例，比较系统深入地阐述了第一帝国的形成进程，涉及范围之广、论述之详实均系前所未有，因此自出版以来一直为学习和研究17世纪英帝国史的必读之作。后者则是新近之作，全面反映了西方学者对于第一帝国形成研究的最新成果和动向。该书主要采用专题形式，侧重于对主要问题的深入阐述，而对于具体的历史进程则略而不详，旨在揭示16—17世纪英国是如何和为什么卷入远洋航运、贸易和殖民活动的。此两部著作各有所长，相得益彰，体现了西方学者对英第一帝国研

---

① J. E. Gillespie, *The Influence of Oversea Expansion on England to 1700*, New York：Columbia University Press, 1974.
② D. B. Quinn, A. N. Ryan, *England's Sea Empire, 1550—1642*, London ：G. Allen & Unwin, 1983.
③ Anthony McFarlane, *The British in the Americas, 1480—1815*, London：Longman, 1994.
④ David Armitage, *The Ideological Origins of the British Empire*, Cambridge：Cambridge University Press, 2000.
⑤ Lawrence James, *The Rise and Fall of the British Empire*, London：St. Martin's Press, 1998.
⑥ Trevor Lloyd, *Empire：A History of the British Empire*, London and New York：Continuum International Publishing Group, 2001
⑦ Niall Ferguson, Empire：*How Britain Made the Modern World*, London：Penguin Books, 2003.

究的最高水平。此外,不少英帝国通史著作中有不少篇幅专门论述英帝国的形成,比较有影响的有:劳埃德所著《英帝国史》[1]、赫西的《英帝国与联邦》[2]、基钦的《英帝国与联邦简史》[3]、林奇的《英帝国》[4]、纳森的《英帝国简史》[5]等。一些相关国家和地区史著作中也从不同的角度,对英国的贸易和殖民扩张进行多方面的研究和剖析。[6]

综观西方学者的著作不难看出,他们对17世纪英国海外殖民扩张及第一帝国的研究范围十分广泛,并达到了相当高的水平,这给我们进一步研究提供了有益的参考和借鉴,但是西方学者的研究有两点明显的不足。其一,或限于资料,或过于受其它专题(比如英国内战和革命)的吸引,他们对17世纪英国海外殖民扩张的研究无论是与同时期其他问题的研究相比,还是与英帝国史其它时段的研究相比,都显得相对薄弱,这与17世纪的地位是不相称的。其二,西方学者特别是英国学者大都站在自己国家的立场上,研究的目的在于证明英国对外扩张和建立帝国的正义性和合理性,因而过分推崇殖民扩张所产生的积极意义和英吉利民族的自由精神和文化观念,不愿承认或

---

[1] T. O. Lloyd, *The British Empire*, *1558—1983*, Oxford: Oxford University Press, 1984.

[2] W. D. Hussey, *The British Empire and Commonwealth*, Cambridge: Cambridge University Press, 1963.

[3] Martin Kitchen, *The British Empire and Commonwealth*, *A Short History*, London: Macmillan, 1996.

[4] Michael Lynch, *The British Empire*, London: McGraw-Hill, 2005.

[5] Bill Nasson, *Britannia's Empire*, *A Short History of the British Empire*, London: Tempus Publishing Ltd. , 2006.

[6] 有关这方面的著作参见本书参考书目。

有意回避殖民扩张的双重性，特别是对殖民地历史发展所产生的消极甚至是破坏性的影响，从而很难准确把握第一帝国的本质特征及发展演变进程。

需要指出的是，前苏联历史学家对于17世纪特别是革命时期英国的殖民扩张和帝国的建立予以了相当多的关注。这方面应首推前苏联著名史学家科斯明斯基等人。早在20世纪50年代，苏联出版了由科斯明斯基和列维茨基主编的两卷本《十七世纪英国资产阶级革命》一书。① 该书史料翔实、内容丰富、观点鲜明、自成体系。虽然全书的主题内容是研究17世纪英国革命的，但所涵盖的内容几乎包括了整个17世纪，特别是该书用了相当多的篇幅集中论述英国的殖民政策、殖民活动以及与他国的殖民争夺。除征服爱尔兰之外，该书第四章、第十六章、第十九章分别专题研究了斯图亚特王朝前期英国的殖民问题、内战时期及共和国时期英国的殖民政策以及克伦威尔护国主时期的英国殖民政策，内容具体，资料丰富，某些问题论述之详尽就连西方学者的著作也无法企及。但该书的缺陷是：一、某些观点已显陈旧，特别是论述的重点是英国革命，因此某些问题的立论有牵强附会之嫌；二、该书对于英帝国形成的重要历史阶段复辟时期的英国殖民问题几乎没有涉及。

与国外的研究状况相比，中国对于17世纪英国的殖民扩张和帝国的建立的研究明显滞后，至今尚未有一部专门研究英第一帝国形

---

① 该书的中译本上卷由何清、丁朝弼、王鹏飞等译，李涛、王章辉校；下卷由何清、王章辉、吴英增等译，王章辉校，分别由商务印书馆于1990年和1991年出版。

成的专著，就是专门的论文也十分少见。① 国内已出的几本英国史著作在论及17世纪历史时均将重点放在英国革命上，而对于该时期英帝国的形成则很少着墨。我们只能从相关国家和地区史研究著作中，获得英国帝国形成进程的某些不完整的认识，②无法准确理解英国17世纪殖民扩张的真正动因和帝国的基本特征。

有鉴于此，本书试图在现有学者研究的基础上对于以下两个方面的问题进行深入系统的初步探讨：其一，英国究竟为何在17世纪开始全面构建帝国大厦的进程并最终基本形成第一帝国？本文将英国置于特定的发展进程和国际环境之中，透过英国殖民扩张和商业竞争的过程，指出16世纪是英国社会发展的重要转折时期，也是第一帝国的准备期。英国经过16世纪以来的发展和变革，到17世纪时已具备了从民族国家到全面构建帝国大厦的条件和动力。这种条件和动力主要体现在都铎时期英国民族国家和民族意识的发展上。如果说16世纪英吉利民族意识和民族精神主要表现为将英国建立成一个真正独立主权的民族国家的话，那么17世纪随着民族主权国家的建立并巩固，走出国门参与世界竞争，力图获得民族优势和国家强大，便成为英吉利民族国家所追求的新的目标和民族意

---

① 就笔者所及，有关专门涉及英第一帝国的论文主要有：陈紫华：《英国早期殖民侵略浅析》，《欧美史研究》，华东师范大学出版社1989年版；谢天冰：《早期殖民帝国之比较》，《福建师范大学学报》，1993年第2期；李季山：《英国早期殖民扩张的动力》，《湘潭师范学院学报》，1998年第1期；郭家宏：《英国旧殖民体制的特征及其瓦解的原因》，《史学月刊》，2000年第6期；邵政达、姜守明：《近代早期英国海外殖民的宗教动因》，《历史教学》，2012年第12期。

② 比如国内在美国史、南亚史、非洲史、东南亚史的研究中有大量著作均从殖民地的角度涉及到英第一帝国形成问题。特别是殖民地时期有关美国史的研究论文和著作相当丰富，代表性的著作有黄绍湘著《美国早期发展史》（人民出版社1957年版）、李剑鸣著《美国的奠基时代》（中国人民大学出版社2011年版）等。

识发展的必然归宿。其二,第一帝国的形成经历了曲折的过程。通过对第一帝国形成的具体分析,作者认为,从民间拓殖到重商帝国,这是17世纪英国殖民扩张和构建帝国的最本质特征。17世纪既是第一帝国基本形成时期,同时又是英国殖民政策进行调整和定型的时期。17世纪初期,伴随英国民族意识的膨胀,英国人为了实现帝国梦想,开始了全面谋求帝国的努力并初见成效,但与其它殖民国家相比,此时期英国的殖民扩张活动的最大特点是私人性和民间性,政府没有任何明确的殖民政策,政府的作用十分有限,这使得英国的帝国构建步履维艰,完全落后于其它殖民帝国。因此17世纪中期以后,随着英国政治和社会结构的剧烈变动和调整,英国政府在殖民扩张和对外战略方面也进行了重大的调整与转换,重商主义的原则成为英国开创和统治殖民地的基本指导思想。到17世纪后期英国终于形成以重商主义为基本原则的帝国体系,重商主义成为第一帝国的基本标签。与其他国家相比,英国的重商主义又具有鲜明的英国特色,这种特色是第一帝国赖以存在的基础。当然,第一帝国的构建过程就是其对其它地区与民族的征服和掠夺的过程,因此针对西方不少学者对于英国殖民扩张给被征服、被殖民地区造成的消极后果的忽视、回避或辩解,书中也依照辩证唯物主义和历史唯物主义的基本原理,予以明确地批评。

第一章 都铎朝的遗产

15—16世纪,随着地理大发现的全面推进,西欧一些国家积极展开了海外殖民扩张活动并建立了葡萄牙、西班牙等早期殖民帝国。在西欧建立殖民帝国的进程中,英国虽然是一个落伍者,但并非完全无动于衷。1485年,亨利·都铎(Henry Tudor)成为英国国王,是为亨利七世(Henry Ⅷ,1457—1509),由此开启了英国都铎王朝统治时代(Tudor Dynasty,1485—1603)。都铎时期,伴随着社会经济的发展变化、民族意识的产生与发展以及民族国家的崛起,英国全面实施海外殖民扩张的条件渐次具备,举国上下的帝国意识开始萌动。对英国来说,虽然大规模的殖民扩张和第一帝国的基本形成主要发生在17世纪,但是都铎王朝特别是伊丽莎白时代所造就的丰富遗产,已经为近代英国的发展和崛起奠定了坚实的基础,从而拉开了英国大规模向海外扩张、构筑第一帝国大厦的序幕。诚如英国著名学者屈维廉所言,都铎时代是英国中兴的时代,是一个重要的"分水岭",自此以后英国的城乡经济便获得了不断加强的态势,最终造就了18—19世纪资本主义的发展优势。[①]

[①] G. M. Trevelyan, *English Social History*, London: Penguin Books Ltd., 1946, p.96.

一、英国经济的发展与民族国家的强固

都铎时代是英国历史发展的重要转折时期。其间,英国社会发生了一系列深刻广泛的变化。这些深刻的变化首先表现为经济的整体发展与经济结构的深刻变化。英国经济的发展与变化不仅推动了英吉利民族国家的形成,而且使英国日益显示出强劲的发展势头和竞争实力,从而为后来英国的大规模殖民扩张提供了良好的物质基础和推动力。

与其他国家一样,中世纪早期的英国,自给自足的封建农本经济占据主导地位,"小农业和家庭手工业的统一"[①]是其最基本的特征。此时,社会分工和交换虽有缓慢发展,但手工业和商业一直处于农业的附属和补充地位,由此形成的自给自足的自然经济具有孤立性和封闭性。与其他国家不同的是,英国的农本经济在都铎时期已经逐渐发生变化,由农本转向重商。这种根本性变化的直接原因源于英国农本经济内部,即畜牧业的发展和由此带动的毛纺织业的发展,它们是英国农牧业的早期商品化以及英国经济的整体发展与经济结构的深刻变化的主要和直接推动力。

畜牧业迅速崛起并达到前所未有的发展规模从而推动了经济的整体性变化,这是 16 世纪英国经济的突出现象和典型特色。这一点我们从有关学者的局部研究中便可见一斑。根据学者的研究统计,16 世纪上半叶时,英国仅在庄园地区 41 处寺院土地中牧场的占

---

① 《马克思恩格斯全集》第 25 卷,人民出版社 1974 年版,第 373 页。

地就超过总土地面积的一半,达 51.2%。在那些没有实行庄园的敞地制地区(这样的地区约占全国乡村面积的 20%)牧羊业已占绝对优势,而传统的种植业则已变成了次要的行业。① 优越适宜的地理与自然环境使英国的土壤比较适宜于放牧牲畜,畜牧比耕作更加有利可图,因此英国的许多土地可以不用施肥而用于牧场。养羊及羊毛生产构成了英国的"主要的和基本的农产品",以至于1598年一个游客对英国农村发出这样的惊叹:"土地肥沃,到处是牲畜,几乎 1/3 的土地因为放牧而没有被开垦,在不长一棵树但牧草茂盛的山丘上到处有白云般的羊群在游荡。"②

英国畜牧业急剧发展的重大意义主要在于它对传统农本经济所产生的瓦解侵蚀作用。羊毛业的发展从根本上动摇了英国传统的经济结构,改变了英国的生产样式和生产布局。由于畜牧业的产品基本上是供应给工业的,因而其走向商品化和市场化便属必然;同时,牧羊业所需要的劳动力相对较少,而且这一行业又使领主和农民直接获得现金,货币地租因此逐渐盛行。到 16 世纪后期,英国的农业已基本转变为商品经济,市场机制制约着农业的发展和农事的安排。传统英国小农经济所具有的自给自足的封闭体制逐渐被"为市场而生产"的开放体制代替,农业经济商品化和专业化程度大大提高。正因为如此,历史学家们认为:16、17 世纪时,"英国的农业具有五花八门的特点"③。随着商品经济的发展和分工协作的加深,

---

① 波梁斯基:《外国经济史(资本主义时代)》,郭吴新等译,三联书店 1963 年版,第 29 页;琼图洛夫:《外国经济史》,孟援译,上海人民出版社 1962 年版,第 137 页。

② Barry Caward, *The Stuart Age*, London: Longman, 1980, p.7.

③ J. Thirsk, ed., *The Agrarian History of England and Wales*, Vol. IV: *1500—1640*, Cambridge: Cambridge University Press, 1967, Chapter V.

到伊丽莎白时代,英国经济的整体化发展趋势已十分明显,而且不可逆转。各地方经济相互依赖,各有特长,农业与市场形成了十分紧密的联系。到17世纪初,英国全国人口中,尽管大多数人仍居住在农村,但是农村经济完全为市场经济所牵引,农业的自给自足性逐渐消退,农民越来越多地将自己生产的农产品作为商品投入市场进行销售。许多农民甚至脱离农业成为专门的商品生产者。据17世纪初格洛斯特郡(Gloucester)的人口职业调查,该郡的人口中仅有一半还直接从事农业生产,其他的人都从事别的职业,如丝织业、制革和饮食加工业等。[①] 即使从事农业生产的人,在农闲时也大多从事手工业或其它行业。

以畜羊业为主要内容的畜牧业的发展和市场化,使英国土地制度的变革成为不可避免,圈地运动随之展开。虽然16、17世纪英国的圈地规模尚小,但却反映了英国农村变革的基本趋势。埃尔顿正确地指出:"圈地运动的影响不能仅仅以规模来加以衡量,圈地运动既是某些重大事件发生的政治因素,又孕育着农村经济非常深刻的变化。"[②]圈地运动的后果一方面使英国的土地加速集中,形成资本主义的大农场;另一方面造成了大规模的社会分化,使成千上万的农民丧失了土地,成为一无所有的社会流民,他们的大量存在,表明英国的劳动力市场业已初步形成并直接引发大规模的人口流动。

养羊业的发展还带动和刺激了英国以此为基础的毛纺织业的兴起和发展,使毛纺织业成了英国的民族工业和主体工业。乡村毛纺织业的发展对于促进英国国内市场体系的尽快形成、加速和拓展

[①] A. J. Tawney and R. H. Tawney, *An Occupational Census of the Seventeenth Century*, *The Economic History Review*, Vol. 5. No. 1 (Oct., 1934).

[②] G. R. Elton, *England under the Tudors*, London: Routledge, 1974, p. 233.

英国经济整体化发展起着关键性的作用。首先，毛纺织业的迅速发展进一步推动牧羊业的深入发展，促使圈地运动更加深入进行并引发大规模的自由人的流动，从而推动英国劳动力市场的进一步扩大和成熟。其次，毛纺织业的发展使原有的工场手工业条件下各种生产工序基本处于分散存在并独自生产的状态难以维系，使生产工序相互之间需要以商品的形式来交换生产原料和半成品。这不仅强化了各部门之间的生产分工，而且使分工愈来愈细，彼此依赖，从而为新的生产制度的产生创造了必要的条件。最后，毛纺织业的迅速发展和市场的拓展，一方面必然加速羊毛及其产品在全国各地区的频繁流动，有利于最终形成全国性的原料市场网络，从而促进英国经济的整体发展；另一方面，毛纺织业产品从各地向伦敦等重要城市集中，有助于形成全国性的、统一的出口贸易体系。毛纺织业对英国经济一体化发展的重要影响和作用，莫尔顿曾有过专门的评论，他说：英国从一个生产羊毛的国家较快地过渡到一个织造呢料的国家，"它在英国经济生活上却成为有决定性的特色，这个特色使英国经济生活迥异于多数其他欧洲国家，并且决定了英国经济生活发展的方向和速度"。[1]

农业结构的调整和乡村工业的发展推动英国城镇的发展并使城市的发展具有新的内涵。从某种意义上说，新兴城镇的出现和发展是经济整体化发展的必然结果；同时城镇的发展又促使英国各地经济的联系更为密切，并使各地、各个行业逐渐变成相互依赖、不可分割的整体。据查特斯统计，在都铎和斯图亚特王朝时期，尽管英

---

[1] 阿·莱·莫尔顿：《人民的英国史》（上册），谢琏造、瞿菊农等译，三联书店1976年版，第201页。

格兰地区规模比较大的城市只有伦敦等十几个,但区域城市和新兴的小城镇的发展却十分迅速,数量达八百左右。虽然当时的人口数量只有现代人口的十分之一,但是当时的市场城镇(Market Town)的数量要明显多于现代。① 16世纪时,整个英格兰和威尔士,平均每走七英里就有一个市镇。② 英国的城市在数量加速发展的同时,其内部的政治和经济结构及其对外部的影响力都在发生着深刻的变化,不断具有新的功能和内涵。从总体趋势看,城市中传统行会式的生产和经济组织不断走向崩坍,而新型的资本主义性质的手工工场不断涌现并逐渐占据了主导地位。城市的经济功能正在发生巨大的变化,城市的工商业职能得到不断强化,经济的专门化、职业化倾向日益加深;城市的结构日益呈现出明显的对外开放性,城市的辐射区域不断拓展,影响力不断加强。③ 在此基础上,昔日相互隔绝、彼此封闭的封建小农经济格局被逐渐冲破,城市之间以及城乡之间的联系变得更加固定和密切。特别是城市经济为了拓展生存空间,凭借其种种优势,不断向广大农村地区渗透,城市的商品、货币和城市劳动者向农村的转移已成为普遍现象。这种渗透和转移使乡村农、工业被逐渐纳入城市工商业经济轨道,成为城市经济的重要组成部分,乡村经济开始完全依附于城市经济。这种新型的城乡关系使城市获得了对农村的统治地位。同时,随着商品交换的发

---

① J. Chartres, ed., *Agricultural Markets and Trade*, Cambridge: Cambridge University Press, 1990, p.25.
② J. Chartres, ed., *Agricultural Markets and Trade*, p.48.
③ 关于此间英国城市的发展及城市功能的变化,刘景华先生有专门的深刻论述,详见其著《城市转型与英国的勃兴》,中国纺织出版社1994年版;《英国城市现代化的准备阶段——老城市的转型与新城市的兴起(1500—1750)》,载《天津师范大学学报》(社会科学版),2011年第1期。

展和交通设施的改善,各类城市之间的横向、纵向联系日益加强,使英国逐渐形成了相对统一的地理网络和国内市场。在这一网络和市场中,某些核心城市的中心地位日益重要和突出。例如,16世纪后期到17世纪初,伦敦凭借其传统的影响力、优越的地理位置、发达的交通条件和配套设施以及庞大的辐射力已成为英国市场网络和国内外贸易的中心,它不仅是全国最大的消费中心和商品销售市场,而且是英国对外贸易的主要口岸和货物集散地。伊丽莎白晚期,作为北欧第一大城市的伦敦,其人口已达到30万;1541年,伦敦通往英国各地的道路就有9条,1570年更增加到17条;另有海路及泰晤士河把伦敦与英国其他地区相连接,使伦敦的对外交通四通八达。据统计,16世纪中叶,伦敦集中了全国出口贸易的90%以上,直至16世纪后期伦敦的贸易进出口量仍占全国总量的2/3到3/4。[1]伦敦巨大的消费需求以及发达的内外贸易对全国各地构成了巨大的吸引力,英国各地纷纷将各自生产的商品运往伦敦进行销售;伦敦从海外进口的大量商品除自己消费外,主要通过沿海和内陆港口转运至内地进行销售。与此同时,伦敦的发展与繁荣又进一步密切了其与各地经济与政治的联系,强化了其对各地经济乃至政治的控制。伦敦对英国所具有的强烈的向心力和聚合力,决定了以其为核心的全国性市场网络成为英国国内统一市场体系的主体部分。以伦敦为中心,"全国城市被纳入单一的国家整体,在某种程度上这无疑是无与伦比的"。[2] 由此表明,英国此时已初步出现了以伦敦等重

---

[1] C. G. A. Clay, *Economic Expansion and Social Change: England 1500—1700*, Vol. 1: *People, Land and Towns*, Cambridge:Cambridge University Press, 1984, p.200.
[2] 伊曼纽尔·沃勒斯坦:《现代世界体系》(第一卷),罗荣渠等译,高等教育出版社1998年版,第362页注。

要核心城市为中心的统一经济体系和国内市场。

当然,此时英国国内市场的形成和整体经济发展只是初步的,尚待进一步完善和提升,但其意义却殊为深远。总体而言,16世纪英国国内市场的拓展和经济的整体发展是社会经济特别是商品经济发展的必然结果,同时又形成了英国社会经济进一步发展和变革的新的内部环境和新的起点。这必然推动英国市场经济的进一步发展,促成早期市场经济体制的建立,使英国在一定程度上率先实现了资源配置的优化,缩短了实现社会转型的时间和路程,从而提高了英国作为一个民族国家的综合经济实力。根据达维南特提供的数据,1600年英国全国财富仅为1 700万镑,1630年为2 800万镑,到1660年又翻了一番,为5 600万镑。[1] 显然,英国经济的整体化发展是英国政治统一和民族国家形成的重要前提;同时,不断增强的经济实力是英国参与竞争进而走上海外殖民和商业扩张之路的雄厚物质基础。

都铎时期英国经济发展的另一典型特征是经济的开放性和外向性,重商主义成为经济生活的基本信条。毫无疑问,市场经济并不是封闭型经济,而是开放型经济。在英国,这种开放不仅表现在国内各地区间的相互开放,而且表现在对外部世界的开放。经济发展离不开国内商业贸易的发展,而经济的整体发展则必然推动商业贸易的对外扩张。从某种意义上说,对外贸易的扩张是英国国内经济整体发展的向外延伸。一方面,国内经济的发展特别是以呢布业为特色的英国工业经济的深入发展以及英国国内市场的狭小,使英

---

[1] E. Lipson, *The Economic History of England*, Vol. Ⅲ: *The Age of Mercantilism*, London: A. & C. Black, 1931, p.209.

国对外贸易的扩展有了可能性和必要性。另一方面,地理大发现使英国的自然地理优势所具有的经济意义充分凸现,对外贸易发展获得了新优势。因为地理大发现后,欧洲贸易中心逐渐从地中海区域向大西洋沿岸转移,这种转移使英国成为最大的受益者。因此,在新航路的开辟使欧洲与亚、非、美各洲交流日益频繁的背景下,英国的优势地位日渐凸显,英国的商业贸易发展获得了更为广阔的空间和有利契机。同时,都铎王室推行的重商主义政策也推动了对外贸易的发展。因此,16世纪时,英国的对外贸易在国内商贸发展的同时迅速发展起来。此时,英国不仅贸易数量大增,而且贸易范围急剧扩大。有资料表明,16世纪末,英国出口的呢绒总数达到10.5万匹,其中有7.5万匹出口到德意志和荷兰,1.2万匹出口到波罗的海沿岸地区,6 500匹出口到近东地区,6 500匹出口到法国,其余出口到俄国、意大利等地。[①] 为了有效地从事海外贸易扩张,16世纪末到17世纪初,英国相继成立了一些海外贸易公司,这些公司不仅给英国带来了商业扩张和贸易发展,而且成为英国参与地理发现、海上掠夺和殖民占领的重要工具。其中贸易合股公司这一组织形式就是17世纪英国对北美和印度行使殖民占领和统治的过渡性组织形式。海外商业贸易的扩展既促进了英国社会经济的发展,也使英国从事海外贸易的商人的势力不断发展壮大。据研究者估计,1600年时英国一般显贵土地的年收入为3 600镑,骑士为1 000—2 000镑,缙绅为500—1 000镑;而此时伦敦有些商人的财富则多达1万镑,

---

① C. Wilson, *England's Apprenticeship, 1603—1765*, Cambridge: St. Martin's Press, 1965, pp. 69 - 70.

拥有不到 5 000 镑者已属一般。① 这些富有而奋发的商人拥有了投资于更大规模贸易活动的雄厚财力，其对外依赖性也日益增强。随着商业资本的增长，他们愈来愈觉得狭小的本国市场难以满足其需要，必然要求开辟更为广阔的海外市场，扩大经营规模。他们不仅要求有日益丰富的商品投入流通领域，而且要求大量的金银货币充当商品交换媒介，因此，对市场奢侈品和黄金的追求，促使他们非常积极地投入海外贸易、建立商业殖民帝国的大潮中，并成为英国海外扩张的急先锋和支撑力量。据统计，1575—1630 年间，在 6 300 多人组建的 20 多个公司和组织中，商人占 60.1%；在其募集的 806.7 万镑资金中，商人的份额超过 350 万镑。像在英国殖民扩张过程中发挥了重要作用的弗吉尼亚公司、普利茅斯公司、马萨诸塞湾公司及爱尔兰公司筹集的经费中，商人投入的份额均超过一半。② 所以，英国的海外贸易扩展是海外殖民扩张的直接推动力，殖民扩张是商业贸易扩张的必然结局。对此，英国经济史家托尼深刻地指出："16 世纪的农业变革导致英国的社会生活更加商业化了，纺织工业的发展与畜牧业的发展密切相关，正是作为商业奇迹的呢绒业出口率先将英国卷入到世界贸易中，并且成为旨在拓展新市场而进行的多次早期探险的推动力。移民、殖民地和帝国由此产生。"③布罗代尔也认为："如果仅从贸易部门与整个经济活动的比例来看，商业公司的活动经常被忽视，但事情的重要与否要看它们的后果，商业公司的

---

① L. Stone, *Social Change and Revolution in England, 1540—1640*, London: Longmans, 1967, pp.115-118.
② T. K. Rabb, *Enterprise and Empire: Merchant and Gentry Investment in the Expansion of England, 1575—1630*, Massachusetts: Harvard University Press, 1967, p.66.
③ R. H. Tawney, *The Agrarian Problem in the Sixteenth Century*, New York: Longmans, Green and Co., 1912, p.3.

后果涉及经济的现代化,未来商业结构的楷模,资本的加速形成以及殖民活动的开端。"①

都铎时期是英国的重要转型期,经济的商业化发展必然引发剧烈的社会动荡和社会变革。因为英国商品经济的发展和市场经济的发育本身就是一个社会优胜劣汰和重新整合的转型过程,这一过程使英国社会出现了巨大的结构变迁,并初步形成了开放性的社会结构,社会流动变得广泛而频繁。受制于价值规律的作用,从 16 世纪初期开始,英国的价格尤其是粮食价格迅速和持续地上升,1500—1600 年间,作为欧洲人主食的小麦价格在英格兰上涨了425%。在英格兰西部,粮食价格上涨了四五倍;而与此同时面包房工人的工资却只从四便士上涨为八便士,工匠从六便士上涨为一先令。② 这种普遍性的价格飞涨以及英国农村进行的圈地运动引起了广泛的社会动荡,加深了英国社会的阶级分化,为社会流动提供了动力。同时,都铎时期英国人口的持续增长更加剧了人口的流动。都铎时期由于生产力的发展及生存环境的改善等因素,英国的人口一改 14 世纪中期以后一百多年的下降之势,而获得了较快的增长。整个 16 世纪,英国人口的增长率达 40%。此后,英国人口继续增长,17 世纪前 40 年仍增长了 30%。③ 以至于在 16 世纪末,一些观察

---

① 布罗代尔:《15—18 世纪的物质文明、经济和资本主义》(第 2 卷),顾良等译,三联书店 1993 年版,第 494 页。
② H. G. Koenigsberger, G. L. Mosse, G. Q. Bowler, *A General History of Europe in the Sixteenth Century*, London: Longman, 1968, p. 34.
③ W. K. Jordan, *Philanthropy in England, 1480—1650*, London: Russel Sage Foundation, 1964, p. 63.

者抱怨过多的人口已使英国不堪重负。①

面对急剧增长的人口和市场经济的巨大冲击,人们在职业的选择方面更趋实际,也更加自由。在选择职业时他们更多考虑的是如何发财致富,而不是传统上的声望和因袭。于是旧贵族的衰落与乡村中绅士、约曼农以及商人的兴起,成为英国社会的突出现象,社会内部的垂直性和水平性流动十分广泛。英国社会内部的垂直流动,不仅使英国原有的等级屏障被打破,而且使英国社会较早地出现了一个有一定数量的中间阶层,模糊地形成了土地贵族—中间等级—劳动者的三层式社会结构。这种社会结构比两层式社会结构更具开放性和流动性,更能根据经济和社会环境的变化而作出灵活适时的反应和调整。此时,英国社会的水平性流动,主要表现为人口大规模地由乡村向城市迁移。根据学者们的研究,此种人口流动主要分为两种形式:一种是迁徙者主动地外迁以图改善自己的生活经济状况和社会地位,此所谓"改善性"的迁徙;另一种则是迁徙者在原籍毫无生活出路而不得不远走他乡,此所谓"生存性"的迁徙。从乡村涌入城市的大多是农民、小商人和学徒、工匠,形成了英国历史上人数众多的流浪汉队伍。尽管没有关于 16 世纪英国流浪汉人数的精确资料,但许多情况可以证明当时的社会流浪现象是极为普遍的。仅就伊丽莎白时代的伦敦来说,人口约有 20 万,而常年流浪的人口就有 5 万以上。②

社会流动是经济扩张的必然结果,也是经济市场化的一种反

---

① C. Bridenbaugh, *Vexed and Trouble Englishmen, 1590—1642*, Oxford : Oxford University Press,1986, p.397.
② 施脱克马尔:《十六世纪英国简史》,上海外国语学院编译室译,上海人民出版社 1959 年版,第 8 页。

应。在传统社会中,公众普遍渴求的基本目标和理想的社会状态就是稳定,按部就班成为人们一种惯常的生活方式。而在新的社会结构中,变化则成为公众普遍的精神追求和社会常态,渴求变化、期盼自由成为共同的社会心理。从这种意义上说,英国所形成的开放型社会结构不仅为一切有能力、有冒险精神的人提供了发财致富的机会,而且广泛的国内社会流动为更大规模的海外流动创造了条件;同时大量的流民在国内一时尚无力吸收的情况下,必然给社会造成巨大压力,迫使英国政府不得不花大量精力解决流民问题。尽管英国统治者一再通过制定严酷的法令和实行济贫制度试图解决这个问题,但仍无济于事。于是,移民海外就成为一种两全其美的选择。美国历史学家罗伯特·凯里指出:"土地所有者们为了养羊以从事羊毛贸易而通过'圈地'运动将佃农们赶走,将成千上万的人从他们出生的乡村赶出来,把他们抛弃在大路上。于是,英国就出现了一个前所未有的人口流动高潮。人们对去远方的想法已经接受,迁徙和移民对于一般英国人和他们的家庭来说早已习以为常了。……与他们眼前所看到的一切相比,冒险越过大西洋而远赴一个未知的新大陆无疑更可接受。"① 显然,都铎时期英国经济的发展变化及社会的剧烈变动为 17 世纪英国的殖民扩张提供了良好的社会条件,尽管当时的英国存在许多社会问题。"但是与当时最发达的社会,甚至所有的经济体相比,英国却是一个相当有弹性的国家。它的要素市场变得越来越自由,技术的革新也出现了,从总体来说,英国社会

---

① *Robert Kelley, The Shaping of the American Past*, Vol. I. New Jersey: Prentice-Hall, 1978, p.19.

是富裕和富有活力的。北美殖民地的开启,才会有一个最好的可能。"①

英国经济的整体化发展及统一市场的形成是与民族意识的发展和民族国家的形成相辅相成的,经济发展的最终结果是民族地位的提高和民族意识的增强。对于英吉利民族而言,民族国家的确立和发展既是参与民族竞争的前提又是民族发展和强盛的起点,强大的政治和社会力量不仅能推动民族经济的不断发展和社会的不断进步,而且成为英国介入欧洲乃至世界事务的直接支撑。英国民族国家的形成与强固才使英国的海外殖民扩张成为可能。

作为近代民族国家,英国必须具备两个最重要的因素,即国家主权与民族一体性。② 英国主权国家是在同罗马天主教势力和国内地方割据势力的斗争中逐渐确立的。中世纪的英国同其它欧洲国家一样,封建割据势力严重,罗马教廷对英国社会的影响无孔不入,以罗马教皇为中心的天主教会作为国际性的宗教和权力组织,拥有超越一切世俗权力的最高权力,时常打着上帝的旗号干涉各国的内政,严重损害了英国的民族利益。英王爱德华三世(Edward Ⅲ,1312—1377)就曾抱怨教皇:"耶稣十二使徒的后继者,乃受托引导主的羊群走向草原,而非剪取其毛。"③中世纪后期,英国的经济获得长足进步,农业变革,城镇扩展,人口增加,这一切加强了各地区之间的联系,推动了英国经济走向统一。随着经济的发展,英国市民

---

① 斯坦利·L.恩格尔曼、罗伯特·E.高尔曼主编:《剑桥美国经济史》(第一卷:殖民地时期),高德步等译,中国人民大学出版社 2007 年版,第 102 页。
② 钱乘旦主编:《现代文明的起源与演进》,南京大学出版社 1991 年版,第 96 页。
③ 威尔·杜兰:《世界文明史》(第 6 卷 宗教改革)(上),台湾幼狮文化公司译,东方出版社 1999 年版,第 9 页。

阶级的力量逐渐壮大。出于自身利益的考量,他们与王权形成联合,共同反对封建割据势力和罗马教皇势力。从 14 世纪中叶起,英国议会就连续颁布相关法案,以限制教皇干涉英国教会的某些权力。在反对封建割据势力和罗马教皇的过程中,英国王权得到加强并形成君主专制制度。就当时的英国现实来看,专制王权的确立顺应了英国社会政治经济发展的内在要求,强大的王权成为逐渐形成的民族国家的象征。正如萨拜因所指出的,在封建领主制下,国家权力的概念含糊不清,并且权力本身从来不曾完全集中于国王之手,当国王变得专制的时候,这已不是中世纪国家的一种发展,而是现代国家。[①]

由于王权代表着正在形成的民族国家,因此,以王权为中心,英格兰人逐渐形成了共同的经济和政治生活,并拥有了共同的民族语言——现代英语。14 世纪时,英语无论是在官方还是在民间都已被普遍使用,语言成为英国国民相互连接的基本纽带。到 15 世纪时,英国的语言、文学、艺术及思想习俗,已在英国居民心中深深地扎下了根。共同的语言促进了英国民族情感与民族意识的产生与发展,共同的历史、共同的荣辱和共同的利益将他们紧紧地维系在一起。都铎王朝建立后,英国人的民族意识迅速觉醒。人们普遍感到,英格兰已经不再是一个分裂动荡的地理概念,而是一个统一的民族国家,生活在这一地域的外来人均被同化在英吉利民族之中,英语是他们的共同语言。他们强烈地意识到,自己已成为一个统一的英语民族,民族自信心和民族自豪感随之而生。亨利七世时期,一位前

[①] 乔治·霍兰·萨拜因:《政治学说史》(上册),刘山等译,商务印书馆 1986 年版,第 267 页。

来英格兰的威尼斯使节这样描述道:"他们认为除了他们自己以外就没有别人,除了英格兰以外就没有别的世界,而当他们见到一位漂亮的外国人时,他们便说'他长得像个英格兰人'",并为他不是英国人而深感惋惜。① 这种民族认同最强烈地反映在英国人的帝国意识上,进入 16 世纪以后,英国人的帝国思想开始萌发。在一些重要的外交场合,英国人特别是那些上层人士时常会有意无意地宣示英国是一个帝国。据说,英国诺福克公爵(Duke of Norfolk)曾专门向法国大使出示能表明"亚瑟王曾经是不列颠、高卢、日耳曼、丹麦的皇帝"的所谓的"亚瑟王大印"。② 其表达的意思非常明显,即作为亚瑟王后裔的都铎国王亨利八世完全有权继承先辈遗产和重建帝国。实际上,英国人所谓的帝国在当时主要是指独立的、拥有主权的民族国家,它反映出英国人对长期以来英吉利民族受制于罗马教皇和神圣罗马帝国皇帝的不满与愤怒,以及对对外具有完全独立性的强烈渴求;当然,它也隐约透露出英国人对外扩张的政治野心,尽管当时的英国只是想向欧洲大陆显示一下自己的地区强国地位,而对以后日不落帝国的"伟业"完全始料不及。正是在这种强烈民族意识的驱使下,亨利八世(Henry Ⅷ,1491—1547)开始了轰轰烈烈的英国宗教改革。

亨利八世宗教改革的实质在于确立英国完全的主权国家地位,而要实现这一点,其前提是摆脱罗马教皇对英国的干预和掳掠,与罗马教廷彻底决裂。自 14 世纪威克里夫(John Wycliffe,1328—1384)改革和罗拉德(Lollards)运动以来,英国人从未停止过反对教

---

① 肯尼思・O.摩根:《牛津英国通史》,王觉非等译,商务印书馆 1993 年版,第 237 页。
② J. J. Scarisbrick, *Henry* Ⅷ, London:Penguin Books Ltd.,1981, p.272.

皇的斗争。长期的斗争尽管使罗马教皇在英国的权力有所缩小,但教皇对英国的影响依然存在,许多权力依然保留。亨利七世创建都铎王朝时,英国政治呈现二元性,即国王掌管世俗的最高权力,宗教的最高权力则由罗马教皇掌控,天主教势力在英国的地位仍举足轻重。表面上,英国高级教职的实际推荐权属于英王,但其最终的任命仍需获得罗马教皇的敕书批准,理论上教权仍高于君权。在经济上,罗马教皇有权收取包括"什一税"在内的各种税金,受辖于罗马教皇的英国寺院拥有大片土地;教皇还有权发放诸如婚姻特许、出任教职特许等各类特许证书。教会中的高级教士在社会上拥有许多特权,对王国的利益构成严重危害,特别是教皇经常通过教会干预英国的朝政,甚至是国王的私事。显然,教皇在英国拥有的这些特权冲击了英国的国家主权,要想建立完全独立的民族国家,就必须首先摆脱教皇对英国事务的干预和控制,确立英国教会的独立自主性。

因此,亨利八世当政后,便开始对天主教势力实行打击,推行自上而下的宗教改革。亨利八世宗教改革的导火索是其个人的婚姻问题。1527年起,亨利八世以王后凯瑟琳(Katherine of Aragon)无男嗣而以后有可能发生王位继承纠纷为由,不断提出与王后解除婚姻的要求。凯瑟琳是西班牙国王兼神圣罗马帝国皇帝查理五世(Charles V,1500—1558)的姨母,亨利八世的离婚需经教皇的批准。在查理五世的压力下,教皇克莱门七世(Clement Ⅷ,1478—1534)没有同意亨利的要求。于是,亨利八世决定摆脱教皇的控制,以达到离婚的目的。1529—1536年,亨利八世在议会的支持下,全面推行宗教改革,从而走上了与教皇彻底决裂的道路。从表面上看,宗教改革只是亨利八世摆脱教皇控制、解决凯瑟琳离婚案的一种手段,但是16世纪英国乃至欧洲风云变幻的复杂背景,却赋予了它特殊的时代内涵,使它"不再是一种从属于国王个人意志的孤立现象,而成为一种国家的行为、一种体现了这个民族集体意志的行为"。① 亨利八世"以其坚强的个性,展现了一个年轻的民族国家正在上升的强有力的自信;他坚持和维护这个新兴的民族国家不可分割的政治权力"。② 首先,宗教改革打破了教皇对世俗国家的控制,建立了国家的对外主权。1529年,亨利八世亲自主持召开了议会,并免去了罗马教廷在英国的代表约克大主教兼国王枢机大臣沃尔西(Thomas Wolsey)的职务,剥夺其公民权,没收其财产,从而揭开了宗教改革的序幕。同年颁布的法令规定罗马教廷关于教士兼领圣俸和不居教区的特许无效,若有教士继续接受教廷的特许将被处以罚款。1533年,亨利八世制定并颁布了著名的《禁止向罗马教廷上诉法》(An Act for Restraint of Appeals to Rome),宣称:"本英格兰是一个帝国,并一向为世界所承认,受一最高首脑国王之统治","国王拥有至高无上的权力,能够对包括僧侣和世俗界在内的所有人的一切行为进行审判","在国王之下的僧侣和世俗人组成政治社会,各自在宗教领域和世俗领域享有司法行政权,不受任何来自帝国之外势力的干涉。"③该法还明确规定,有关遗产继承及婚姻方面的案件不得从坎特伯雷大主教法庭或约克大主教法庭呈送罗马教皇法庭。在此文件中,英国首次以法律形式指出主权国家及主权在君的概念,这里的

---

① S. T. Bindoff, *Tudor England*, London: Penguin Books Ltd., 1985, p.100.
② A. L. Rowse, *The Spirit of English History*, London: Longmans Green & Co., 1943, p.50.
③ G. R. Elton, ed., *The Tudor Constitution: Documents and Commentary*, Cambridge: Cambridge University Press, 1960, p.353.

"帝国"一词实际上指的是一个不隶属于任何外来权威、独立自主的民族国家。亨利八世提出"英格兰是一个帝国"的主张,鲜明地表达了英国人捍卫国家利益、追求民族独立和平等的强烈愿望。根据此法令,主权在王构成了专制王权的基本特征,教会的地位被废除,罗马教皇对英国教会行使的一切司法审判权被否定。因此,此项法令是一项英国摆脱教皇权力、寻求民族独立的决定性的、革命性的措施。[1] 1534 年,英国又颁布了有关停止向罗马教廷交纳岁贡的法令,从而否定了教皇向英国教职界征收的岁贡及与此项税收有关的发放教士任职敕书的权力。1536 年,英国通过的相关法令则彻底清除了教皇在英国的各种权力,包括解释《圣经》的权力。其次,重新确立了教会与国家之间的新型关系。1534 年,宗教改革会议通过的《至尊法》(Act of Supremacy)规定:"国王陛下以及他的后嗣与继承者,应取得、接受和被称为名为安立甘教会的英格兰教会在世间的唯一的最高首脑",其享有纠正异端、革除流弊等全权。[2]《至尊法》被称为是英国国王和英国国家的"独立宣言"。通过此法,英国比法国和西班牙更明确地否定了教皇的权威,完全打破了昔日二元体制下,国王与教会各有其主、相互在权力与财富等方面激烈争斗的局面,英王由此取得了英国教会的最高管辖权,教会成为专制君主的统治工具,英国教会的民族属性得以确认。此后,英国国王又陆续通过相关法案,没收一批教会土地及其他财产,从根本上打击了宗教界的封建贵族,消除其经济基础,使英吉利民族真正立于民族的坚实基础之上。

如果说宗教改革建立了国家外部主权和对教会的权威的话,那

---

[1] G. R. Elton, *England under the Tudors*, London: Routledge, 1978, p. 133.
[2] G. R. Elton, ed., *The Tudor Constitution: Documents and Commentary*, pp. 364 – 365.

么,亨利八世时期由托马斯·克伦威尔(Thomas Cromwell,1485—1540)所组织实施的政府改革则是确立国王对内的最高统治权、强化国内统一的重要举措。都铎朝建立之初,由于旧贵族剧减,亨利七世遂抓住时机,使国王的权力得以大大扩展,中央集权得以加强。亨利八世宗教改革以后,英国的政府机构发生很大变化,政府事务日益增多也日趋复杂。为此,经过托马斯·克伦威尔的精心策划与组织,英国进行了广泛的政府改革。改革的内容主要包括:将原国王谘议会中的核心组织改组为枢密院,使其成为国家行政管理的核心机构,其成员包括教会、司法、财政、军事、王室等部门的要员,且多数由非贵族出身人员担任;将原来只负责处理国王私人事务的国务秘书提升为首席国务大臣。作为政府机构首脑的首席国务大臣不仅是枢密院部门的总督导,而且专管外交、外贸、地方政府事务;改革财政,将原属内廷的一部分财政管理权力划分出来,设置6个平行课税的法庭或部作为政府部门,分别管理各种财政收入,从而健全和完善了英国的财政机构与财政体系。经过改革,原作为政府主体的内廷此后成为主要为国王个人服务的机构,完全改变了过去分散重叠的旧国家机构,形成以国王、首席国务大臣、政府各部门首脑参与的枢密院为主体的政治架构,有利于中央集权和提高办事效率。埃尔顿认为,1530—1542年托马斯·克伦威尔推行"行政革命",是英国真正的变化时期,此间产生了现代主权国家:"都铎建立的是一个民族君主国,这在一定程度上对于英格兰是新出现的。在表面上强调君权的同时,实际上已经强调了其民族国家的性质。"①

---

① 伊曼纽尔·沃勒斯坦:《现代世界体系》(第一卷),罗荣渠等译,高等教育出版社1998年版,第300页。

在中央政府改革的同时,亨利八世时期对地方的控制明显加强。对于某些地方出现的离心因素,中央政府采取了一系列有效措施予以打击和消除。1536年,托马斯·克伦威尔起草了一项关于特许地和自由区的法令,明确规定只有国王拥有签发对叛逆罪、谋反罪免于追究的权力,王国内任何地方的司法裁判权只能由国王授予,郡和自治领的伯爵,必须以国王的名义行事。① 此法令的颁布实施实际上取消了几乎所有特许地的封建特权。1537年,英国专门设立了由中央直接控制的常设机构北方委员会,对长期拥有特权而不服管教的北方五郡实施强有力的控制,使北方真正成为英格兰王国的有机组成部分。1543年,英国议会通过法案,宣布在威尔士实行英国的行政司法制度,并让威尔士选派议员出席英国下院,英国与威尔士完成了正式的合并。很显然,通过这一系列的举措,重新确定了英国的中央与地方的关系,中世纪英王的宗主权变成了国家的最高权力,英国成为一个统一的政治体。从此,英国国家获得了对内的最高统治权和对外的独立权,成为具有近代意义的民族主权国家。

亨利八世的宗教与内政改革,使英国确立了统一正常的社会秩序,并使英国作为一个完整的民族主权国家出现于欧洲和世界舞台。但是,都铎王朝前期的这一成果在后继者软弱甚至错误的统治中几乎丧失殆尽。这表明,英国民族国家形成之初并不稳固,专制王权并未强大。爱德华六世(Edward VI,1537—1553)在位时期(1547—1553),王权式微,英国推行了一系列错误的内外政策,导致自亨利八世以来的英国的社会稳定遭到破坏,法国乘机插手苏格兰事务,并与苏格兰联合向英国发动战争,使英国陷入持续性的战争

---

① G. R. Elton, *England under the Tudors*, pp. 175 - 176.

之中。在军事方面,爱德华六世时期忽视英国海上势力的发展,海军发展严重滞后,甚至连皇家海军的给养都得不到保证。英国还实施战略收缩,撤回驻守苏格兰的武装,答应法国赎回布洛涅,不向加莱港(Calais)提供必要的援兵,导致英国的军事力量严重削弱,从而大大降低了英国在欧洲及国际事务中的地位。玛丽一世(Mary Ⅰ,1516—1558)时期,英国的状况更糟。作为一个虔诚而狂热的天主教徒,玛丽上台后为了加强自己的统治,不顾英国当时的现实,完全投入罗马教皇的怀抱,几乎完全废除了其父亨利八世所颁布的宗教改革法令,全面向天主教回归,放弃了英王作为本国宗教最高首脑的地位,重新恢复罗马教皇在英国的权威,并对英国的新教神职人员进行残酷的迫害。她还不顾议会和国人的反对,极力讨好西欧天主教势力最强大的西班牙,竟然同西班牙菲利普二世(Philip Ⅱ,1527—1598)联姻,把英国置于西班牙的附属国地位,并不顾英国的利益直接卷入了西班牙的对法战争,致使英国失去了加莱这一欧洲大陆的最后一个重要据点,英国的民族精神受到极大伤害。英国独立自主政治局面的丧失造成了国内宗教矛盾与民族矛盾进一步加深,国内政局极不稳定。诺福克郡和西部地区先后发生骚乱,中央权威已难以发挥作用。由于连年应付欧洲的战争,英国的财政陷入十分窘迫的境地,到玛丽去世时,英国的债务已高达 20 万英镑。[①]国力的衰微不仅阻碍了英国国家正常的权力运作,使国王与议会围绕税收等问题争斗不断,而且严重影响到英国的国际地位,内忧外困使英国在国际上陷入十分孤立的境地,以至于伊丽莎白女王即位

[①] F. C. Dietz, *England Public Finance, 1558—1641*, London: Adam & Charles Black, 1932, p. 7.

时的英国"在国外只有不共戴天的敌人,没有坚强忠实的朋友"。①

罗马教权能否再度排除,专制王权的权威能否重新确立,事关英国作为民族主权国家能否真正确立和巩固、英国对外的独立自主地位能否恢复。这一历史职责就落到了伊丽莎白一世的身上。1558 年,伊丽莎白在英国继位。面对国内分裂、国外战争危机之严峻形势,她承继其父亨利八世的事业,首先进一步推进宗教改革,在英国重新确立君主的至高无上的统治地位,并最终使都铎王朝的政教合一统治达到极盛,民族国家空前强固。1559 年,加冕后不久的她即召开议会,正式宣布废除玛丽女王时期的反改革法案,并令议会重新通过《至尊法》,在法律上重新确认英国君主对宗教和俗界所具有的最高权威。根据《至尊法》,英国女王无论在宗教及教会事务上或是世俗事务方面,都是全国唯一的最高统治者,"在本王国境内,任何外国君主、个人、主教、国家或统治者在教会或宗教方面均不得享有、也不应当享有管理权、统治权、领导权等"。②《至尊法》还规定:"女王陛下及后裔和继承人,即英国未来的君主和女王们,也将拥有全权和最高权威。"《至尊法》再度切断了罗马教会与英国教会的组织联系。同年,女王又令议会通过《宗教一致法》(Act of Uniformity),统一全国境内的宗教事务。根据此法,所有英国臣民不得擅自改变宗教仪式,全国教堂必须以爱德华六世等先王所颁布的《公祷书》(Book of Common Prayer)作为唯一的礼仪标准进行祈祷,违者将施以罚款或监禁。此法进一步使英国在宗教上摆脱了罗马教廷的控制。1563 年,女王又

---

① 温斯顿·丘吉尔:《英语国家史略》(上卷),薛力敏、林林译,新华出版社 1985 年版,第 532 页。
② G. R. Elton, ed. , *The Tudor Constitution: Documents and Commentary*, p. 375.

召集神学家会议,制定出英国国教的正式教义《三十九条教规》(Thirty-Nine Articles),形成英国自己的宗教教规,奠定了英国国教的教义基础,至此,英国宗教改革基本落下帷幕。

主权国家的巩固和王权的加强离不开国家实力的支撑。为此,伊丽莎白一世采取了一系列政策措施,使国家的整体经济与军事实力得到了明显的增强。

其一,奉行重商主义政策,大力发展国内经济与对外贸易,提升国家经济实力。

重商主义强调金银货币的多少是衡量一个国家财富的标志,而财富的积累主要依赖于对外贸易,少买多卖是进行对外贸易的基本原则。而要实现这一点,加强国内生产的发展和推动外部市场的拓展是最基本的途径。为此,伊丽莎白女王一方面重视发展英国的工业,以培育和提升英国工业产品的国际竞争力。为了进一步促进英国传统的毛纺织业的发展,伊丽莎白女王采取措施严格限制国内生产所需的原材料或初级产品的出口并鼓励羊毛、大麻、亚麻等工业原料的进口;同时利用优惠待遇等措施,大力引进国外特别是尼德兰和法国的先进工匠,以改进英国的生产工艺。据估计,在西班牙实施宗教迫害之前,就有三万佛兰德斯编织工到达英格兰。"他们受到伊丽莎白的竭诚欢迎。伊丽莎白允许他们在桑威奇和诺威奇定居,并由法律规定每一佛兰德斯人有义务雇佣至少一个英格兰学徒。这样,英格兰人就学得了制造呢绒、制造丝织品和染色的精湛技艺,不再输出为佛兰德斯制造呢绒所需要的羊毛。"[1]在发展英国

---

[1] Mandell Creighton, *The Age of Elizabeth*,转引自中国英国史研究会编《英国史论文集》,三联书店1982年版,第118页。

新呢绒业的同时,伊丽莎白女王还积极扶持丝织业、皮革业、金属业等新行业的发展。呢绒等工业的发展不仅增加了王室财政收入,而且进一步推动了农牧业的发展与变革,有利于提高英国的整体经济实力。另一方面,伊丽莎白积极支持和推动英国对外贸易的发展。

首先,努力扶持本国商人、限制外商特权。英吉利民族国家建立以前,英国的贸易一直在外国人特别是汉萨同盟(Hanse)的控制之下,伊丽莎白女王执政后,当权的大臣威廉·塞西尔力主废除汉萨同盟的特权,但此时伊丽莎白女王的地位并不稳固,所以并未立即将汉萨商人赶走。1560年,英国与汉萨同盟签订条约,该条约虽然允许汉萨同盟商人重返伦敦,但他们的活动受到一定限制,汉萨商人在北海和尼德兰贸易中的传统优势地位也开始被打破。1579年,英国采取进一步措施,以消除汉萨商人的特权。1598年,汉萨商人在伦敦的斯蒂尔亚德商站的使命彻底终结,伊丽莎白终于将汉萨商人驱逐出伦敦。① 将汉萨同盟赶出英国,使英商对国内市场的占领有了充分的保障。伊丽莎白时期,英国政府还通过外交谈判、签订商约等方式以确保英商在国外活动的有利条件,同时政府授权英国驻外使节向驻在国政府提出英商的要求,制止外国商人和政府对英商的排斥、迫害,以维护英商的经济利益。1579年、1580年和1581年,伊丽莎白女王分别致函丹麦国王、波兰国王及土耳其素丹,要求对方为英国公司和商人在当地的活动提供方便并给予优惠待遇。女王的支持为英国商人在波罗的海地区、地中海地区贸易的拓展创造了条件。

---

① N. J. G. Pounds, *An Economic History of Medieval Europe*, London: Longman, 1974, p. 380.

其次，大力支持贸易特许公司的活动，开辟英国的海外市场。鉴于英国的对外贸易长期主要依赖安特卫普而市场狭小，以及贸易特许公司能有效地增加英国商人商业资本在国际贸易中的力量和地位，女王通过直接投资或授予特许权等方式，"把支持贸易公司作为促进英国海外贸易发展的最好方式"。1579年8月，伊丽莎白女王批准成立东地公司（Eastland Company），并向公司颁发特许状，使得该公司获得了英国对北欧及波兰等国家和地区的贸易垄断权。1581年，女王特许的土耳其公司（Turkey Company）组建，并垄断了对土耳其的贸易。1583年，女王又特许成立威尼斯公司，旨在恢复和发展英国在地中海的贸易；该公司于1592年与土耳其公司合并，成为规模和影响更大的利凡特公司（Levant Company）。此外，伊丽莎白女王还通过颁发特许状等方式，鼓励与支持英国探险家和商人组建开拓非洲与远东市场的各类公司。正是这些特许公司构成了英国拓展海外贸易市场的先锋和主力军。

再次，支持海外探险和殖民活动，以拓展英国对外贸易的空间。这典型地体现在女王及英国政府对开辟西北航线的探险事业的大力支持。英国政府还积极鼓励英国商人闯入西班牙、葡萄牙所垄断的航路和殖民地从事贸易活动，对于约翰·霍金斯（John Hawkins）从事葡属非洲与西属西印度之间的奴隶贸易、德雷克（Francis Drake）的海盗活动及环球航行，女王更是以入股等方式加以赞助支持。因此，霍金斯和德雷克的行为并不单纯是个人冒险、寻求黄金的活动，而是在英国政府的支持下打击西班牙、葡萄牙的海外贸易霸权、争取分享世界市场的一种特殊方式。英国早期的殖民探险活动尽管在建立殖民地方面成果甚少，但是它毕竟拉开了英国海外殖民扩张的序幕。

其二,加强海上力量,为争霸欧洲和进军世界作准备。

都铎朝前期,英国人尽管已经意识到海洋对英吉利民族扩张的重要性,并已着手发展英国的海军,但是限于财力、物力之不足,英国海上势力的发展是十分有限的。亨利八世时期,英国的海军初奠基础,为未来的发展指明了方向。伊丽莎白时代开始后,女王立即将制定海上政策提上了议事日程,国务大臣塞西尔在女王加冕典礼的备忘录中明确将"谋划海上事务"作为新政权必须"立即实行"的一大要务[1],从此,海上政策在政府的决策中占突出地位。1569 年,伊丽莎白女王邀请约翰·霍金斯出任海上事务委员会顾问,霍金斯根据自己丰富的航海经验,大力新建适合远洋运输和作战的船只,为它们配备了发射快、射程远、反冲力小的新型火炮,英国海军力量获得突破性发展。1570—1587 年间,英国共建成 25 艘战舰[2];到 1588 年,英国皇家海军总吨位已达 12 590 吨,1603 年为 17 050 吨,包括 42 艘军舰,配备 8 346 名水手和作战人员[3],而且舰船的质量、远航能力和武器性能等方面均比原来有较大提高。霍金斯还对英国海军的战略战术进行一系列改革。在战术的运用上,他推行以远距离炮战为主的新型打法,改变了长期沿用的登船交战的传统战术,大大提升了战斗力。所以塞西尔声称,英国海上实力"现在不论是在数量上和实力上,还是在船长和水手的能力上,都比人们记忆中的任何时候强大"。[4] 政府还积极鼓励民间造船。1572 年,英国的

---

[1] W. Cunningham, *The Growth of English Industry and Commerce*, Vol. 2, Cambridge: Cambridge University Press, 1925, p.63.

[2] David B. Quinn, *A. N. Ryan, England' Sea Empire*, London: G. Allen & Unwin, 1983, pp.68 - 69.

[3] F. J. A. Hearm-shaw, *Seapower and Empire*, London: Longman, 1940, p.96.

[4] W. Cunningham, *The Growth of English Industry and Commerce*, Vol.2, p.173.

商船总吨位大约是5万吨,1582年则为6.7万吨。① 大量用于远洋贸易的商船实际上成为英国海军的重要预备力量,1588年的英西战争中,英国舰队中的私人船只占到四分之三,成为英国获胜的主要力量。② 强大的海上力量不仅有利于推动海外贸易的发展,而且为以后英国海军称霸海洋奠定了基础。

毫无疑问,民族国家是一个民族生存与发展的基本载体和重要凭靠,随着英吉利民族国家的形成与强固,英国的发展面临新的机遇与选择,特别是在民族国家形成进程中所培育和强化的民族主义精神,成为英国立足欧洲、走向世界的不竭动力。

二、都铎时期英国与欧洲殖民强国的争夺

作为一个后起的小国,英国民族国家的建立及巩固是在应对外部各种严峻挑战后逐步实现的。著名学者罗斯托认为英国是民族主义的发源地,他指出:"英国是一个处在占优势的大陆之外的海面上的岛屿,它的民族主义是它所受到的一系列侵略和挑战的结果。""英国摆脱罗马教会以及在16世纪摆脱支持罗马教会的西班牙的势力;伊丽莎白民族主义比较盛行的时期;在1688年开始的、在17世纪经过艰苦努力获得的民族一致,以及同时进行的使英国摆脱荷兰的所谓准殖民地关系的集中的努力……所有这一切就是反应性的

---

① W. Cunningham, *The Growth of English Industry and Commerce*, Vol.2, p.132.
② A. L. Rowse, *The Expansion of Elizabethan England*, London: Macmillan, 1981, p.250.

民族主义发展的经过。"①很显然,英国的这种反应性的民族主义是催生英国民族国家的强大动力。同时,伴随英国民族国家的建立,英国的民族主义得到进一步强化和发展。因此,当英国民族国家得以巩固并发展之后,走出国门,参与世界竞争,力图获得民族优势便成为英吉利民族乃至国家所追求的主要目标和民族意识发展的必然归属。

在民族主义的推动下,后起的英国开始了与欧洲其它强国的争夺。这种争夺一方面表现为英国通过外交努力,谋求与其它国家的平等国际地位并获得有利的战略态势,外交活动成为巩固英国统一和提升英国国际地位的重要手段和工具;另一方面直接通过战争,向殖民强国的霸权发起挑战,为未来大规模的海外殖民扩张扫除障碍。

亨利七世当政之时,英国在欧洲的地位相当低下,"百年战争"(The Hundred Years' War)和"玫瑰战争"(Wars of the Roses)使英国的元气大伤。与法国、西班牙等欧洲诸国相比,英国在国际舞台上势单力孤,正如佩里·安德森所指出的:"在16世纪上半叶,西欧列强的势力均衡发生了彻底改变。前一时代英国侵略的对象——西班牙、法国均成为充满活力、咄咄逼人的王权国家,正在为争夺意大利而角逐。突然之间,英国被它们抛在后面。"②

面对这一严峻局势,亨利七世开始全面调整英国的内外政策。鉴于当时面临的主要任务是消灭王位觊觎者以加强和巩固王权,建

---

① W. 罗斯托:《经济成长的阶段》,国际关系研究所编译室译,商务印书馆1962年版,第42—43页。
② 佩里·安德森:《绝对主义国家的系谱》,刘北成、龚晓庄译,上海人民出版社2001年版,第121页。

立国内统一秩序。因此,亨利七世对外政策的基本目标是,通过外交活动为英国经济的发展与政治的统一营造有利的国际环境,从而逐步提高英国的综合实力及国际地位。为此,亨利七世为自己的外交政策确立的基本原则是"在十分关注自己的国际声望的同时,尽量避免通过不必要的战争损害自己的利益"①。

首先,亨利七世从现实主义出发,积极推行"和平外交",尽量避免卷入国际纷争特别是欧洲的纷争,努力改善与欧洲国家的关系,以提升英国的国际地位。都铎王朝初创时期,西欧两强西班牙与法国之间的关系决定着整个西欧的国际局势,是西欧外交的中心,英国等国的对外政策均以此为转移。② 因此,如何处理与法国、西班牙的关系是英国能否打开外交新局面的关键,能否赢得法、西的承认是英国在欧洲乃至世界立足的关键。就英法关系而言,亨利七世即位之初,英法保持了相对平静的状态,但不久这一状态就被布列塔尼(Brittany)公国问题打破。位于法国西北部但独立于法国并与英国隔海相望的布列塔尼公国不仅战略位置十分重要,而且与英国的经济联系非常密切。查理八世当政法国后即谋求吞并布列塔尼,以实现法国的完全统一。1486年,经过充分准备的查理八世开始对布列塔尼发动进攻。布列塔尼一旦落入法国之手,不仅大大增强法国的实力,而且对英国形成直接的安全隐患并损害英国的经济利益,这显然是英国所不愿看到的。为了避免英法直接对抗,亨利七世曾寄希望于通过和平调解的方式,使法国放弃对布列塔尼的吞并,但没有成功。1488年,亨利七世派兵进攻法国,以阻止法国对布列塔

---

① Susan Doran, Glenn Richardson, eds., *Tudor England and its Neighbours*, New York: Palgrave Macmillan, 2005, p.6.
② G. R. Elton, *England Under the Tudors*, pp.23 - 24.

尼公国的吞并。英国进攻失败，法国则在1491年底正式将布列塔尼合并。此后亨利七世虽然在国内反法势力的推动下不得不向法国大规模派兵，并包围了法国的布洛涅城（Boulogne），但考虑到和平更利于英国王权的稳定，且法国的综合实力远在英国之上，于是1492年，亨利七世与法王查理八世签订了《埃塔普勒条约》（Treaty of Etaples）。条约规定：英国终止对法国国王和领土的要求，保证彼此不支持对方的敌人，允许两王国臣民平等通商，法王替英王偿付对布列塔尼的债务，并在未来15年中每年付给亨利七世5 000英镑的年金。① 此条约虽然默认了法国对布列塔尼的合并，但也使都铎王朝的合法性得到了法王的认可，英法实现了和平。为了有效遏制法国这一主要对手，亨利七世对欧洲大陆另一强国西班牙则采取了结盟外交政策，并将王室联姻作为密切英西关系的重要手段。1488年3月，英西双方就亨利七世之子亚瑟王子（Prince Arthur,1480—1502年）与西班牙国王斐迪南之女凯瑟琳公主的婚姻问题，专门进行谈判。1489年3月，英国与西班牙签订同盟条约。条约的主要内容包括：两国的交往不受任何限制；两国互为盟友，共同反对法国并对法作战，未经双方的商议，任何一方不得与法国言和、结盟、签订和约；两国国王共同承诺互不支持对方的叛乱分子；太子亚瑟与凯瑟琳公主之间订立婚约；等。② 1501年，亚瑟王子与凯瑟琳公主正式成婚。亚瑟王子不久去世，亨利七世遂让亚瑟的弟弟亨利继娶凯瑟琳，以维持英国与西班牙的联盟。与西班牙王室的联姻不仅使英国商人获得了在西班牙经商的优惠条件，而且使都铎王朝首次得到了

---

① 转引自钱乘旦、许洁明《英国通史》，上海社科院出版社2002年版，第111页。
② Eric N. Simons, *Henry VII: the First Tudor King*, London: Muller, 1968, p.123.

欧洲强国西班牙的承认。为了营造和平的周边环境，1502年，亨利七世与苏格兰签订永久和平条约，以图实现双方的和平。亨利七世还让长女玛格丽特同苏格兰王詹姆士四世（James IV,1473—1513）订婚，以密切英格兰与苏格兰的关系，制约苏格兰与法国的传统联盟关系，从而为日后不列颠的统一创造了条件。1507年，亨利七世又施婚姻外交，安排自己最小的女儿玛丽同神圣罗马帝国皇帝马克西米利安一世（Maximilian I,1459—1519年）的长孙查理订婚。此外，亨利七世还对英国的威尔士和爱尔兰政策进行适当的调整，采取和缓谨慎的策略，尽量满足当地人的诉求，避免激化矛盾，以图实现对两地的有效统治。亨利七世的"和平外交"使英国逐渐摆脱了国际孤立处境，大大提升了都铎王朝在欧洲强国中的威望。

其次，亨利七世根据重商主义的原则，积极推动英国的商业发展与贸易扩张。自中世纪后期以来，商业活动已经成为英国经济生活的核心内容。然而，由于长期的战争与内乱，英国的商业发展受到极大的影响，英国商人在英国及国际市场上不具有竞争力，以至于像汉萨同盟等外部商业势力在英国境内拥有特权，并挤占了英国本国商人的市场份额。在亨利七世看来，发展英国的商业和贸易不仅是巩固王权、稳定政局的需要，而且是提升英国国家地位的前提。贸易与海权是英国未来发展的根本依赖。[1] 为此，亨利七世当权后采取了一系列举措，以推动英国的商业与贸易发展。一方面，亨利七世通过颁布相关法令限制外来竞争，以保护英国的商业发展。亨利七世时期曾两次颁布《航海条例》（Navigation Act），对外国商人在英国的经营活动及货物的装运进行限制；另一方面，亨利七世积

---

[1] J. A. Williamson, *The Tutor Age*, London: Longman, 1979, p.36.

极主动地推动本国商人的对外贸易发展。亨利七世通过与西班牙、丹麦、尼德兰及佛罗伦萨等政府缔结商约,为英国商人获得良好的外贸环境,使英国商人在这些国家或地区的经商获得便利条件。比如,1489年的英西同盟条约就使英国商人在西班牙经商获得了优惠条件;1490年英国与丹麦签订的条约规定,英国商人与其他国家商人一样可以自由航行到波罗的海地区并在那里经商;1496年与尼德兰签订的通商条约,使双方一度中断的贸易关系得以重新确立,英国商人获得了在尼德兰除弗兰德尔之外自由出售呢布的权利,随后双方又多次签订新的商约,英国商人的商业特权得到进一步的扩大。对于英国商人和冒险家的海外市场拓展和探险活动,亨利七世则予以积极的支持。1496年,亨利七世向威尼斯航海家约翰·卡波特(John Cabot)颁发探险特许状,授权其将发现的新土地纳入英王的领地并以英王的名义进行统治。随后,约翰·卡波特实施了两次北美航行,抵达新大陆的拉布拉多等地,此为英国向北美扩张的开端。卡波特返英后,亨利授予其海上将军称号,并赐予奖励。1505年,英国政府颁发特许状对英国商人冒险家公司进行改组,使公司的权力及特权得到加强与扩大,推动了该公司的发展与繁荣,该公司后成为几乎英国所有新贸易公司的榜样。[1] 亨利七世还通过对新造船只发放补助金等方式积极支持英国航运业和造船业的发展,为英国的对外贸易与殖民探险创造条件。亨利七世的重商主义政策使英国的对外贸易取得了明显的发展,亨利七世时,其得自对外贸

---

[1] E. Lipson, *The Economic History of England*, Vol.1: *The Middle Ages*, London: A. and C. Black, 1937, p.572.

易的关税中进口税的收入就由32 000镑增加到42 000镑。①

作为都铎王朝的开创者,亨利七世的对外政策完全符合民族国家尚未形成时英国的实际,其作用也是非常明显的。它一方面使英国获得了相对和平的国际环境,国内经济得到发展、王权得到加强;另一方面使英国在欧洲乃至世界的地位得到承认和提高。因此,在亨利七世去世时,英国不仅经济开始繁荣,而且成为欧洲政治秩序最好的国家之一,从而为英国民族主权国家的形成及未来英国参与欧洲、国际竞争奠定了基础。

18岁即位的亨利八世是一位个性极为张扬的英国君主。得益于其父的丰厚遗产,亨利八世在任期间对其父的外交政策进行了重要的调整和改变。亨利八世一方面通过宗教改革和进一步加强王权,极力树立英国在欧洲的大国形象和独立自主的地位,伸张英国的民族意识;另一方面,实行进攻性的对外政策,积极主动地卷入欧洲纷争,以攫取更多的利益。

如果说亨利八世在其统治中期热衷于进行宗教改革的话,那么在其统治初期和晚期则将介入争夺欧洲视为自己的主要任务。亨利八世当政之初,因与西班牙王室存在着联姻关系,英西同盟关系继续维系。当时,德、法为争夺意大利在欧洲闹得不可开交,导致教皇及许多国家纷纷卷入。1511年,作为西班牙国王女婿的亨利八世加入反法联盟,与西班牙一起共同对法作战。1513年,亨利八世以保护教皇为名,联合西班牙进攻法国,亨利八世亲自指挥占领了法国北部的两个小镇。法国的盟友苏格兰的军队也在英国北部被打

---

① Clayton Roberts and David Roberts, *A History of England*, Vol.1: *Prehistory to 1714*, New York: Prentice Hall, Inc., 1991, p.224.

败。对外战争的小胜使亨利八世更加雄心勃勃,并萌生出左右欧洲大局的愿望。1518年,亨利八世在伦敦主持召开了旨在调解欧洲诸强国之间关系的会议,并签订了维护欧洲和平的《伦敦和约》。尽管该和约只是一纸空文,但亨利八世的个人欲望得到了一次满足。1520年,亨利八世与当时既是西班牙国王又为神圣罗马帝国皇帝的查理五世两次举行会晤,旨在共同对付并征服法国。1521年,亨利八世又在加莱主持了调解法国与西班牙战争的会议。随后,亨利八世又两次推荐其国务大臣沃尔西(Thomas Wolsey)出任罗马教皇,尽管最终均告失败,但亨利八世的野心昭然若揭。1522年,亨利八世又与查理五世结盟对法国作战,1523年甚至逼近巴黎,但结果却因英军缺乏斗志和查理五世未能提供及时援助而一无所获。巨额的军费开支和民众的强烈反对迫使亨利八世停止了对法战争,而查理五世则捷报频传,先是在意大利战争中大败法军,后又控制了罗马教皇,乘机掌控了处理欧洲事务的主动权,英国反而在欧洲遭到孤立。

此后,亨利八世利用欧洲相对和平之机,强力进行宗教改革。通过宗教改革,英国基本消除了罗马教皇对英国国内事务的干涉,导致英国形成完全的民族主权国家,大大提升了英国的国际地位。因此,宗教改革基本完成后,随着王权的逐步稳固,亨利八世重新把注意力集中于对外战争。此时,亨利八世继续与西班牙结盟,共同对英国的宿敌法国展开斗争。

为了稳固后方、避免两线作战,亨利八世首先采取了一系列措施,营造有利于同法国作战的周边环境,以解除后顾之忧。其政策的重点是加速对威尔士、爱尔兰和苏格兰的吞并与征服,以实现不列颠的空间整合,壮大英国的整体实力。

相对而言,威尔士问题的解决比较顺利。1536和1543年,英国议会先后制定新法案,废除威尔士旧法律,在威尔士实行英格兰的法律及郡制,将威尔士全境分成十二郡,各郡由从本地绅士中提拔的治安法官处理一切事务,并在英国议会中为威尔士的代表分配了24个席位。英国通过对威尔士上层阶层的拉拢基本实现了对威尔士的合并。

爱尔兰"一直是反对新兴都铎王朝的舞台"①。为了防止外来势力利用爱尔兰进攻英格兰,亨利八世政策的基调是加强对爱尔兰的政治控制并推进同化政策。1541年6月,受英国操纵的爱尔兰议会宣布亨利八世为爱尔兰国王,并规定"爱尔兰是和属于英王的英格兰领土永远联合、合并、联结在一起的"。② 从此,爱尔兰人在爱尔兰政府中更无地位,爱尔兰议会为英国所遥控,一切大权都掌握在英国委派的驻爱大臣(Lord Deputy)③手中,英国的法律成为爱尔兰的法律。随后,使爱尔兰"英国化"的政策相继出台,其内容主要包括:(一)按英国人的模式改革爱尔兰教会,即教义上保持天主教的信条,管理上则全归英王。(二)英王的意志至高无上,由英王代表取代当地领主统治全国。(三)将英王同爱尔兰贵族和诺曼贵族的关系通过条约形式加以确定,在这些贵族降服的条件下,英王将保留他们的领主权和土地。(四)提倡英国语言和"礼教",禁止使用爱尔

---

① 艾德蒙·柯蒂斯:《爱尔兰史》(上册),江苏师范学院翻译组译,江苏人民出版社1974年版,第280—282页。
② 同上书,第318页。
③ Lord Deputy过去多译为总督或副王,是英王派驻爱尔兰的最高官方代表及爱尔兰政府首脑。本书从潘兴明教授的译法,1690年起该官职改称总督(Lord Lieutenant of Ireland)。参见罗伯特·基《爱尔兰史》,潘兴明译,东方出版中心,2010年版,第23页译者注。

兰语言和文化,违者严惩,努力将爱尔兰改造成第二个英格兰。① 亨利八世的政策初步割断了罗马天主教与爱尔兰的从属关系,建立了英国对爱尔兰的新的从属关系。在他统治时期,爱尔兰最大的首领和领主中有四十个归顺了英王,英国的统治权扩展到了伦斯特(Leinster)并逐步向芒斯特(Munster)推进。由此可见,亨利八世时期,英国与爱尔兰的统一性取得了重要进展。

都铎王朝建立之前,英格兰与苏格兰作为两个分治的王国一直处于敌对状态。亨利七世曾试图利用联姻关系,换取双方实现友好和平。但是好景不长。1513年9月,亨利八世出兵北征苏格兰,引发了一场自爱德华一世(Edward I,1239—1307)以来最为残酷的战争。不断的战争和敌对状态为外来势力特别是法国势力插手苏格兰提供了机会。詹姆士五世(James V,1512—1542)成为苏格兰国王后,先后娶法王弗兰西斯一世的女儿和吉斯公爵(Duc de Guise)的女儿为妻,逐渐与法国亲近。1542年,詹姆士五世去世,其女玛丽·斯图亚特(Mary Stuart)继承苏格兰王位。为了确保对法战争的胜利,亨利八世于1543年强迫苏格兰人签订了《格林威治条约》,企图通过英国爱德华王子与玛丽·斯图亚特联姻的方式,实现两个王国的联合。当一切准备就绪后,亨利八世与西班牙约定在1544年春共同发动对法战争。不料后来西班牙与法国签订了和约,英国只得硬着头皮单独与法国作战。1546年,由于法国作出让步,承认《格林威治条约》,英法战争结束。在苏格兰问题上,亨利八世至死都未能让苏格兰人降服。因此,英国政治家丘吉尔曾作出这样的评论:"亨利在苏格兰一无所获,他不愿意宽宏大量地同苏格兰人和解,又没有

---

① 艾德蒙·柯蒂斯:《爱尔兰史》(上册),第320页。

力量强迫他们服从自己的意志。在以后的五十年里,他们给亨利身后的几代国王增添了许多烦恼。"①

出于对外战争与殖民争夺的需要,也为了真正实施《航海条例》,亨利八世时期开始大规模发展英国的海军力量。他不仅将亨利七世开辟的朴茨茅斯船坞加以扩建,而且在泰晤士河开辟海军基地,兴建新船厂,大力建造新型舰船。整个亨利八世时期,英国共建造了47艘军舰,其中排水量最大的达到1200吨。② 为了提升英国海军的战斗力,亨利八世对海军的行政管理进行改革,设立海军事务委员会等机构,使各海军官员在海军大臣的领导下各司其职,海军建设逐渐走向正规化和制度化。亨利八世还通过颁布和实施《航海条例》发展英国的航运业,从而为英国海军的发展提供了技术支持。亨利八世对海军发展的重视奠定了未来英国海军力量发展的基础,因此亨利八世有"英国海军之父"之美誉。另外,亨利八世还在英国的沿海一带构筑堡垒并加强要塞的防卫力量,以增强英国的国家安全保卫能力。

亨利八世的对外政策特别是战争政策在英国备受质疑。因为连续不断的对外战争不仅没有取得任何实质性的成就,反而劳民伤财,致使英国出现严重的财政危机和通货膨胀。据统计,1511—1547年间,亨利八世在同法国、苏格兰战争中花费的钱财就达2 134 784英镑。③ 这在英国国内引起强烈不满,甚至出现地方的反叛,就连亨利八世的重要谋臣托马斯·克伦威尔也对亨利八世卷入欧洲

---

① 温斯顿·丘吉尔:《英语国家史略》(上卷),第514页。
② D. B. Quinn, A. N. Ryan, *England's Sea Empire, 1550—1642*, p.46.
③ W. G. Hoskins, *The Age of Plunder: King Henry's England, 1500—1547*, London and New York: Longmans, 1979, p.210.

大陆的外交政策提出了批评。① 这表明,刚刚形成民族国家的英国此时尚不具备称霸欧洲的基本条件。但是,亨利八世的对外政策绝非个人心血来潮,实际上它是民族国家形成时期英吉利民族意识发展的必然结果,它表明英国民族国家甫一形成就将欧洲乃至世界作为自己活动的舞台,这种强烈的独立自主、称霸扩张意识对后世英国产生了重要影响。所以有人这样评价亨利八世:"历史上没有哪一位统治者在他所处的时代留下如此深刻的影响,以及激情做事的程度和长期遭受的争议。"②亨利八世去世后,爱德华六世的错误外交及玛丽女王对西班牙的投靠,使得英国的国际地位严重下降,英国在欧洲乃至世界舞台毫无竞争力。

伊丽莎白女王即位时英国面临的国际地缘政治局势十分不利。当时欧洲大陆两强西班牙和法国都对英国虎视眈眈,弱小的英国甚至成为"两条狗争夺的一块骨头"。③ 因此,如何处理与西、法两国的关系是摆在伊丽莎白女王面前首要的也是最为棘手的问题。依照英国面临的情势及英国的利益关系,伊丽莎白女王一改亨利八世和玛丽一世时期把宗教信仰是否一致作为英国外交基本出发点的做法,将维持欧洲国际政治中的均势作为外交政策的核心,极力推行均势外交政策,不希望西班牙和法国有任何一方变得过分强大。这一政策的基本目标是使弱小的英国尽量避免过多卷入欧洲大陆的军事纷争,创设和维护国内安定的环境,为国内政治经济发展服务。

伊丽莎白女王统治前期即 16 世纪 60 年代末以前,女王对外政

---

① P. S. Crowson, *Tudor Foreign Policy*, New York: Octagon Books, Inc. , 1973, p. 34.
② A. F. Pollard, *Henry Ⅷ*, London: Longmans, Green & Co. , 1919, Preface.
③ R. B. Wernham, *The Making of Elizabethan Foreign Policy, 1558—1603*, California: University of California Press, 1980, p. 26.

策的基调是利用西法矛盾，联合西班牙，与法国抗衡。伊丽莎白女王实施这一政策的基本原因是：一方面，此时的法国对英国的威胁最大。自诺曼征服以来，英法两国大多处于敌对争斗状态。法国收复加莱后，完全控制了英吉利海峡南侧的交通要道，这不仅对英国在大陆的活动空间形成挤压，而且直接威胁到英国本土的安全。更重要的是，法国还利用与苏格兰的盟友关系，插手苏格兰事务，利用苏格兰反对英格兰，甚至法国还支持苏格兰女王玛丽争夺英国王位；另一方面，英西之间一直保持着友好关系。英西双方在经济上结成了亲密的贸易伙伴；在国际政治斗争中，西班牙是英国的国际支柱，是在欧洲大陆与法国抗衡的重要力量。对此塞西尔在1565年底的一份备忘录中写道："没有哪一位英国君主在没有得到勃艮第家族友好的情况下得以存在，没有哪一位君主比英国女王的盟友更少，没有哪一位君主比女王更需要朋友和强国的支持。"[1]

为了实现联西抗法的目标，伊丽莎白女王首先利用宗教政策，进行宗教外交，以缓和和修补与西班牙的关系。伊丽莎白女王即位时，出于国家统一和团结的考虑，必须面对宗教改革问题。而英国的宗教问题不仅是内政问题，而且直接牵涉到英国与其它欧洲大国以及罗马教皇的关系。女王深知，维持并巩固英西联盟的重要前提是与罗马教皇改善关系，而改善与教皇的关系又需要西班牙的支持，因为西班牙国王菲利普二世与教皇有着非同寻常的关系。为此，伊丽莎白女王在宗教政策方面采取了灵活折中的办法，避免任何过激的行为，以防止来自大陆天主教势力的威胁。一方面，她对自己的新教立场采取含蓄的态度，故意掩饰，以至于一些天主教徒

---

[1] C. Read, *Mr. Secretary Cecil and Queen Elizabeth*, London: J. Cape, 1955, p.336.

在呈送给罗马教皇的报告中普遍存在这样的错觉:英国人势不可挡地忠于古老信仰,宗教革命只不过是少数贪婪贵族、叛徒神父和冒险家所为,他们把自己的意志强加给了国家,但伊丽莎白本人并不仇恨教会,如果能够让她摆脱顾问们的邪恶劝谏,也许可以引导她恢复天主教。① 另一方面,伊丽莎白女王在其颁布的重要法令和公告中,尽量使用和解的语言,以免遭到天主教世界的反感。"在她统治前期所发布的第一个官方文件里,在她的一些称号的末尾,她用'等等'字眼代替她的父王和兄弟统治时期曾采用的'教会最高首脑'这个称号。"② 1563 年教士会议通过的《三十九条教规》实际上是爱德华六世颁布的《四十二条教规》的修订本,其中对最激进的新教规定做了修改。即使这样的教规,伊丽莎白女王直到 1571 年被教皇开除教籍后才予以批准。伊丽莎白女王的宗教政策不仅维护了国内的教派团结,也保持了与西班牙的友好关系,从而维护了英国的政治利益。正是由于西班牙的支持,英国在结束对法战争的谈判中,获得了有利地位,并迅速在 1559 年 4 月与法西等国签订《卡托-康布雷锡和约》(Treaty of Cateau-Cambrésis),使英国从战争中摆脱出来,也使信奉新教的伊丽莎白女王得到两大天主教国家的承认。西班牙菲利普二世还多次阻止了教皇试图在英国恢复天主教的行动,并一再力劝教皇不要急于开除伊丽莎白的教籍。

  伊丽莎白女王的大陆均势政策在其婚姻外交上表现得最为淋漓尽致。伊丽莎白女王即位时只有 25 岁,其婚姻问题受到国内外的广泛关注,成为政治问题。许多国家的王公都期望通过"征服"伊丽

---

① 夏继果:《伊丽莎白一世时期英国外交政策研究》,商务印书馆 1999 年版,第 109 页。
② J. E. 尼尔:《女王伊丽莎白一世传》,聂文杞译,商务印书馆 1992 年版,第 60 页。

莎白而征服英国,这使女王意识到其婚姻问题并不是个人的私事。假如"同欧洲的某个国王结婚将会使她卷入这个国家的欧洲政策,也会使她被丈夫的敌人所仇恨"。① 为了国家的利益,伊丽莎白女王遂将其婚姻问题作为实现英国对外战略的重要手段,巧妙地利用法西之间的矛盾,施展婚姻外交,以分化针对她的欧洲联盟。西法两国都有与伊丽莎白联姻的愿望。早在女王即位之前,西班牙的菲利普二世即派使臣前往英国提出与伊丽莎白联姻的问题,此时女王深知她与菲利普的婚姻谈判注定是不可能成功的。因为正是女王的姐姐玛丽一世与菲利普的婚姻把英国拖入了对法战争,导致英国失去了在大陆的最后一块战略据点加莱;况且,女王和菲利普二世在宗教信仰上也难以调和。但是,面对菲利普二世的求婚,伊丽莎白女王并未立即予以拒绝,而是采取了拖延战略,使菲利普二世一直存有希望,以保持英国与西班牙的友好关系。起初,女王对菲利普二世的求婚持欢迎态度并盛情款待西班牙的使臣,但总是以各种借口迟迟不予答复。当实在无法搪塞时,她就干脆表示不想结婚。在她看来,"两国君主联姻中得到的好处,也同样可以从他们之间保持的良好友谊中得到。她用一种恶作剧幽默的口吻问菲利普二世,她怎么可能和她的姐姐的丈夫结婚而不使她的父亲蒙受耻辱呢?而她的父亲是和她哥哥的妻子断绝了关系的"。② 此外,为了谋求与西班牙的友好关系,伊丽莎白女王从1562年起积极主动地与神圣罗马帝国就其与查理大公的婚姻问题,进行谈判。双方的谈判虽然同样以失败告终,但女王的目的是非常明显的,即通过与西班牙关系密

---

① 温斯顿·丘吉尔:《英语国家史略》(上卷),第535页。
② J.E.尼尔:《女王伊丽莎白一世传》,第77页。

切、又同为天主教国家的神圣罗马帝国，加强英西关系。伊丽莎白女王的婚姻外交是成功的，它使女王当政前十年的英西之间基本保持了友好关系，这为联西抗法创造了条件。

当国内统治地位基本巩固、英西友好关系基本确立后，伊丽莎白女王便把斗争的矛头指向英国的主要威胁法国。女王的基本策略是利用苏格兰问题，打击和削弱法国的势力和影响。作为英国的北邻，苏格兰对英国的利益与安全至关重要。但是，长时期的兵戎相见不仅使两国人民互为敌人，而且使苏格兰成为法国的势力范围。玛丽·斯图亚特在苏格兰当政期间，苏格兰的法国势力迅速发展，苏格兰俨然成为法国的一个省。1559年7月，法王亨利二世去世，玛丽·斯图亚特的丈夫继承王位。由于新王年幼无知，所以法国政权实际为笃信天主教的吉斯家族所掌控。因此，无论是从宗教的立场，还是从帮助玛丽·斯图亚特争夺英国"合法"王位的角度，法国都会借助苏格兰，威胁英国。1559年，不满于玛丽·斯图亚特宗教压迫的苏格兰新教领袖约翰·诺克斯（John Knox）回国，苏格兰新教徒遂爆发大规模起义。伊丽莎白深知，若这次反叛失败，法国军队将会全面控制苏格兰，尔后入侵英国将她赶下王位，最终建立强大的法、苏、英三国联盟。因此，伊丽莎白女王决定介入苏格兰内乱，并希望借助改革派的力量从苏格兰赶走外部势力。起初，英国主要是在暗中秘密资助起义军。1560年2月，面对苏格兰人在战场上的糟糕表现，伊丽莎白女王授权与苏格兰签订了《贝里克条约》（Treaty of Berwick）。该条约规定：苏格兰保证在将来的英法冲突中支持英国；鉴于法国企图征服苏格兰并把其统一到法国王权之下，英国接受苏格兰人的请求，答应保护苏格兰的自由、独立，使其免受征服。与此同时，英国一方面通过外交策略，利用法西之间的矛盾,阻止了西班牙准备对苏格兰进行的武装干涉;另一方面进行积极备战,不惜与法国一战。3月,英国出兵苏格兰,英苏联合围困法军,内忧外患的法国被迫提出和平谈判。7月6日,法、苏、英签订了《爱丁堡条约》,条约规定英格兰与法国均从苏格兰撤军,苏格兰由贵族会议统治;承认伊丽莎白继承英格兰王位的权利。①《爱丁堡条约》基本解决了苏格兰问题,消除了法苏同盟对英国构成的威胁,从而使不列颠岛实现了一段时间难得的和平。

伊丽莎白女王在其执政的前十年,通过纵横捭阖的外交活动,建立并维持了与西班牙的友好关系。但这种关系并不能持久,因为双方始终存在的矛盾与利益冲突必然会损害它们之间的关系。16世纪70年代以后,伊丽莎白女王的外交政策发生重大调整,联法抗西成为英国大陆均势政策的基本主线。女王对外政策的调整源于国内外形势的重大变化。首先,英国政局的相对稳定及经济发展是英国对外政策调整的推动力。伊丽莎白女王在其统治前期,极力维护英国的稳定并促进经济发展。进行宗教改革、结束对法战争、解决苏格兰问题、囚禁并处死玛丽·斯图亚特等一系列举措,实现了英国的政治统一与稳定;推行货币改革、扶植农业发展、规划呢绒生产、奖励造船业、鼓励技术进口与外来移民、实行重商主义以扩大海外贸易等政策,促进了英国经济的复兴与对外贸易的发展。政局的稳定与经济的发展,不仅直接强化了英国的独立自主意识,而且为其外交政策的制定与实施奠定了物质基础。其次,随着英西矛盾的发展,西班牙已经成为英国的首要敌人。就经济利益而言,随着经

---

① 具体内容参见 R.B. Wernham, J.C. Walker, eds., *England under Elizabeth: Illustrated from Contemporary Sources*, London: Longman, 1932, p.12.

济与对外贸易的迅速发展,英国迫切需要扩大海外贸易市场和建立海外殖民地,这就势必要与当时的海外殖民大国西班牙发生冲突。1494年的"教皇子午线"(Papal Meridian)使西班牙获得了垄断该线以西所发现的非基督教土地的特权,对此英国一直不予承认。1561年塞西尔就曾明确告诉西班牙大使:"教皇无权瓜分世界,也无权把土地给予他所喜欢的任何人。"[①]1580年西、葡合并后,西班牙实际上独占了世界海洋贸易,海外属地大大增加,经济与军事势力进一步增强,从而打破了欧洲大陆的势力均衡。同时,西班牙对尼德兰的政治控制、经济掠夺与宗教迫害,也严重损害了英国与尼德兰的传统贸易关系。显然,西班牙越来越成为英国对外扩张的主要障碍。就政治关系而言,英国与西班牙之间因苏格兰的玛丽·斯图亚特而不可调和。1560年亲政后的玛丽·斯图亚特曾图谋借助英国和欧洲的天主教势力,推翻伊丽莎白一世的统治。玛丽·斯图亚特的图谋得到西班牙的支持。1586年,西班牙国王菲利普二世密谋勾结英国的天主教势力,谋害伊丽莎白女王,支持玛丽·斯图亚特取而代之。该计划败露后,伊丽莎白女王采取果断措施,将玛丽·斯图亚特送上断头台。处死玛丽·斯图亚特使西班牙借助玛丽插手甚至控制英国的图谋完全落空。再次,此时的法国由于连续爆发内战,实力遭到削弱;加上执掌法国政权的已不是与英国为敌的吉斯家族。因此,法国已不再是英国的主要敌人。相反,法国出于对西班牙的恐惧,也愿意与英国联合。

为了实现联法抗西目标,个人婚姻问题再次成为伊丽莎白女王

[①] D. M. Palliser, *The Age of Elizabeth: England under the Later Tudors*, London: Longman, 1983, p.20.

使用的重要工具和筹码。1569年8月,伊丽莎白女王向法国大使明确表示愿意就与法国王位继承人安茹公爵的联姻问题进行商谈。次年,两国的联姻谈判开始进行。对于伊丽莎白女王来说,她只是企图利用联姻谈判化解英法的敌对关系,使法国对英友好,根本没有与安茹公爵结婚的打算。因此在随后的谈判中,女王在宗教分歧上大做文章并态度强硬。这场婚姻谈判虽然注定没有结果,但它却为英法改善关系创造了条件。1572年4月,英法签订了《布卢瓦条约》(Treaty of Blois)。该条约确立了英法之间的联盟关系。根据条约,英法两国中一方遭到他国进攻时,另一方有进行适当的军事援助的义务;法国为英国设立呢绒和羊毛贸易中心。条约还就苏格兰问题达成共识,双方同意联合调解苏格兰冲突,并将全力阻止任何外国军队进入苏格兰。很显然,此条约主要是针对西班牙的。当然,出于维持大陆均势的考虑,英国并未完全割断与西班牙的关系。1575年3月,英西达成协议,从而恢复了英西之间的友好关系。[1]

安茹公爵与伊丽莎白女王的婚姻谈判失败后,法国又推出另一位求婚者安茹公爵的弟弟阿朗松(Alençon)。1578年,女王与法国均表示愿意进行联姻谈判。此时,阿朗松正准备实施干涉尼德兰的计划。女王的意图是通过联姻谈判,利用阿朗松在尼德兰打击西班牙势力,甚至把法国拖入与西班牙的战争;同时在法国国内形成有利于英国的局势。这次婚姻谈判历时十年之久。其间,伊丽莎白女王利用各种手段以显示她对这次联姻的诚意,使法国对英国心存希望,也使西班牙对英法联盟心存畏惧而不敢轻举妄动。

---

[1] J. B. Black, *The Reign of Elizabeth, 1558—1603*, Oxford: Clarendon Press, 1959, pp. 164 - 165.

对英国来说,维持英法联盟关系旨在反对当时的主要威胁西班牙。为了增强对付西班牙的力量,伊丽莎白女王甚至主动与奥斯曼帝国进行接触,以寻求外交结盟。1578年,女王通过伦敦商人代表捎信给土耳其素丹,希望开拓英国在土耳其的贸易活动。不久,女王又致信素丹,说明西班牙的威胁及英国的强大,明确表示英国愿意与土耳其建立反对西班牙联盟。尽管英国的愿望没有实现,但女王的外交目标是显而易见的。16世纪70—80年代,英国与西班牙的对抗主要围绕尼德兰革命而全面展开。1566年,尼德兰爆发反对西班牙统治的革命。次年,西班牙派阿尔瓦公爵(Duke of Alva)率大军前往镇压,并支持爱尔兰的天主教徒反对英国在爱尔兰的统治。在英国看来,如果西班牙实现了对尼德兰的完全控制,将对英国的安全构成极大的威胁。正如后来英国一次议会上议员们所一致表达的,一旦低地国家为西班牙国王所征服,西班牙国王将成为英法海峡的主宰。[1] 因此,英国一方面通过与法国的联姻谈判,利用法国的力量在尼德兰打击西班牙的势力;另一方面直接帮助尼德兰的革命者反对西班牙。1572年4月,在英国的支持下,尼德兰北方革命出现高潮。同年7月,英国的汉弗莱·吉尔伯特爵士(Sir Humphrey Gilbert)率领一支志愿部队登陆尼德兰的弗拉辛(Flushing)。1585年5月,菲利普二世下令扣留了停泊在伊比利亚半岛各港口的英国船只,以示报复。英西矛盾加深,伊丽莎白女王遂坚定了与西班牙对抗的决心。1585年8月,伊丽莎白女王与尼德兰缔结条约,双方约定:尼德兰将弗拉辛和布里尔让给英国,以

---

[1] J. E. Neale, *Elizabeth I and Her Parliaments, 1584—1601*, London: Jonathan Cape, 1957, p.180.

作为偿还军事开支的抵押;女王向尼德兰起义军提供由5 000步兵和1 000骑兵组成的援军,并负担军队费用;联合省有义务帮助英国共同抵御进入英法海峡的敌国舰队。① 同年12月,伊丽莎白女王派莱斯特伯爵率军占领尼德兰的弗拉辛,以防止尼德兰被敌国占领,同时保护英荷之间的传统贸易联系。英国对尼德兰革命的支持不仅消耗了西班牙的大量财力,而且使菲利普二世相信要彻底制服尼德兰人,就必须击败英国,英西矛盾进一步激化了。所以,"英国为了本国的利益出兵尼德兰,实际上开始了对西班牙的战争"。②

面对英国的不断挑战,不可一世的西班牙菲利普二世决心组织军队进攻英国,以教训一下伊丽莎白"这个老是邪里邪气的、哈哈大笑的、无法形容的女人"及其统治下的国家。③ 在西班牙看来,英国经过亨利八世和伊丽莎白一世的宗教改革已经成为新教国家,作为欧洲天主教重要堡垒的西班牙有责任代表天主教为宗教信仰而战;英国对尼德兰的支持严重破坏了西班牙欧洲政策的实施,阻碍了西班牙在欧洲的势力扩张;伊丽莎白女王对大西洋海盗的支持与庇护不仅给西班牙的经济利益造成了严重的损失,而且直接从根本上挑战了长期以来形成的西班牙的殖民和海上霸权。为此,西班牙一直在为入侵英国加紧准备。1587年2月,苏格兰的玛丽·斯图亚特被处决。于是,菲利普二世公开提出对英国王位的要求,宣称作为异

---

① R. B. Wernham, J. C. Walker, eds., *England under Elizabeth: Illustrated from Contemporary Sources*, pp.58-59.
② 蒋孟引主编:《英国史》,第322页。
③ 斯特莱切:《伊丽莎白女王和埃塞克斯伯爵——一部悲剧性的历史》,戴子钦译,三联书店1986年版,第35页。

教徒的苏格兰国王詹姆士六世无权继承英国王位,而自己既是爱德华三世的后裔,又曾是伊丽莎白的姐姐、前英国女王玛丽·都铎的丈夫。菲利普二世立即在加的斯(Cadiz)港集结舰队,打算派一支舰队前往英吉利海峡,将西班牙驻尼德兰总督帕尔马公爵(Duke of Parma)的三万军队运往英国,共同与英国作战。针对西班牙的举动,英国方面立即采取反制措施,1587年4月,弗朗西斯·德雷克率领23艘战舰对加的斯港发动了突然袭击,轻而易举地摧毁了西班牙约30艘战船。随后的近两个月内,德雷克舰队在西班牙沿海一带继续烧船劫物,给西班牙造成了重大损失。这次被德雷克称为"烧焦西班牙国王的胡子"的行动,打乱了西班牙的行动计划,推迟了西班牙舰队出动的时间,为英国备战赢得了宝贵的时间。为了迎战西班牙,英国做了充分的准备。海军大臣查尔斯·霍华德勋爵(Lord Charles Howard)和德雷克爵士分别被任命为皇家海军舰队正副司令,约翰·霍金斯、马丁·弗罗比歇(Martin Frobisher)等英国著名海上冒险家充当他们的助手。为了鼓舞英国人的士气,伊丽莎白女王亲自检阅部队,并发表演说进行战前动员。

1588年5月,菲利普二世派麦迪纳·西多尼亚公爵(Duke of Medina-Sidonia)率领重新集结的西班牙无敌舰队(Spanish Armada)从里斯本启航。西班牙无敌舰队此行的战略计划依然是前往英吉利海峡,与帕尔马公爵指挥的西班牙远征军会师,然后共同进攻英国。7月19日,西班牙舰队进入英吉利海峡,英国舰队则从普利茅斯港出迎。起初几天,英国舰队采取尾随战术,伺机而动。此时,如果西班牙舰队在英国舰队刚出港时就从上风处发起攻击,那么就会给英国人以致命的打击。但是由于西多尼亚公爵严格按照菲利普二世的命令,率舰沿英吉利海峡北上,前往与帕尔马公爵会师,从而把上风处的优势让给了英国人。①

7月27日,西班牙舰队到达加莱港附近海面。因为要与帕尔马公爵会合,加上没有深水港,西多尼亚便下令舰队在公海上抛锚。28日夜,英军派出6艘火攻船满载着炸药向敌船驶去。西班牙舰船见状队形大乱,它们争相砍断缆绳,在相互碰撞中向远海方向四处逃散。接着,英国舰队远程大炮的威力得到充分发挥。在英军的追击下,西班牙人毫无还手之力,死伤惨重。随后,逃散的西班牙军舰只能被风吹着向北逃窜,而英军则穷追不舍,加上苏格兰和爱尔兰海岸的恶劣天气及大西洋的飓风,西班牙舰队遭受更大的灾难,结果,许多舰船及5 000多名士兵葬身大海。9月23日,西多尼亚率领无敌舰队残余的大约50艘舰船回到西班牙港口,西班牙损失了约一半兵力,此次英西海战以西班牙的惨败而告终。一位当时的英国人这样自豪地写道:西班牙人"没有击沉或者俘获我们一条三桅船、小帆船、驳船或补给船,甚至连一个英国羊圈也没能毁掉"。②

西班牙"无敌舰队"的失败虽然并不意味着英西战争的结束,此后英西之间的战争仍时断时续。为了进一步削弱西班牙的海上实力、建立自己的海上优势,伊丽莎白女王采取积极的进攻战略,分别于1589年、1595年、1596年和1597年发动了四次大规模的对西班牙的远征,而不愿放弃世界霸主地位的菲利普二世也三番两次地组织远征队,企图进攻英国。双方的基本战略目标均未能实现,但是对英国来说,战胜西班牙"无敌舰队"却是一个重要的转折点,英国通过此战打破了西班牙人不可战胜的神话,严重动摇了西班牙所建

---

① 温斯顿·丘吉尔:《英语国家史略》(上册),第553页。
② Clayton Roberts and David Roberts, *A History of England*, Vol.1: *Prehistory to 1714*, p.296.

立的海上优势和世界霸权,英国初步控制了大西洋航线,为以后进行大规模殖民扩张、发展海外贸易扫除了重要障碍。因此,这次海战"是跨越海洋的商业战争中第一次重大的海战"①,"是西班牙优势地位的终结,是英国在国际政治中走向强盛的开端"②。因为,通过对西班牙的战争,英国的海军实力得到了检验,优先发展海上力量成为此后英国政策的重点,而"英国的海上力量为其赢得的主要好处可能是殖民地和商业"。③ 在与西班牙人的战争中,英国人获得了从未有过的自信,此战之后,英国国内的民族情绪十分高涨,要求扩大海战和加强海外扩张的舆论甚嚣尘上。文人墨客们对由伊丽莎白女王激起的英国的民族精神大加颂扬。莎士比亚(W. shakespeare,1564—1616)在其剧本《约翰王》中充满自信地写道:"尽管全世界都是我们的敌人,向我们三面进攻,我们也可以击退他们。只要英格兰对它自己尽忠,天大的灾祸都不能震撼我们的心胸。"④ 显然,伊丽莎白后期,英吉利民族意识已膨胀到高潮,这种高潮一直延续到17世纪,形成了一股强大的谋求海外帝国的思潮。

伊丽莎白一世为英国开创了一个辉煌的时代。就对外政策而言,伊丽莎白女王继承和发扬了亨利七世的现实主义外交政策,充分依照国内、国际形势,以国家民族利益为依归,灵活巧妙地展开均势外交活动,从而推动了民族国家的强固并极大地提高了英国的国

---

① 蒋孟引主编:《英国史》,第324页。
② 罗宾·W.温克、L.P.汪德尔:《牛津欧洲史》(第一卷),吴舒屏、张良福译,吉林出版集团有限责任公司2009年版,第261页。
③ 杰弗里·帕克等:《剑桥战争史》,傅锦川等译,吉林人民出版社1999年版,第342页。
④ 温斯顿·丘吉尔:《英语国家史略》(上册),第556页。

际地位。特别是通过对殖民强国西班牙的战争并取胜,英国人开始将自己的目光更多地从欧洲转向更广阔的世界,英国向海外殖民扩张特别是向美洲扩张的道路被打开了。

三、清教主义和重商主义思潮

伴随一个独立的享有国家主权的、平等的民族国家的形成,英国国内的政治、经济整体化发展态势日益确立,并显示出强劲的发展势头和竞争实力。面对欧洲诸国的大肆扩张和激烈竞争,如何巩固并进一步发展民族国家、力图获得民族优势遂成为英国人面临的首要任务。围绕这一任务,16 世纪末 17 初,英国涌现出了大量的社会思潮,其中以清教主义和重商主义思潮最具代表性,对 17 世纪英国的整体走向特别是第一帝国的建立有着直接的影响。

(一) 清教主义:建立清教式的宗教帝国

宗教无疑是英吉利民族文化中不可分割的一部分。无论是都铎时代,还是 17 世纪英国的历史发展都贯穿着宗教的因素。宗教问题的发展既是英国社会变革的结果又是社会演变的动力。因此,在 17 世纪英国构筑帝国大厦的历史过程中,同样离不开宗教因素的影响。其中,清教的兴起及清教主义(Puritanism)的发展所产生的作用尤为突出。如果说早期以哈克卢伊特、培根为代表的英国人的美洲帝国设想主要着眼于世俗利益,充满功利主义色彩、从而给社会各个阶层以极大的物质刺激的话;那么,16 世纪末 17 世纪初英国又一主流性社会思潮清教主义所蕴含的宗教扩张思想则在很大程度上为英国的海外殖民扩张和建立帝国提供了宗教上的"合法依据"和精神动力。

清教主义的兴起源于 16 世纪英国的宗教变革。从民族意识发展和民族国家产生的角度,16 世纪英国的宗教改革是成功的,因为它体现了整个民族的意志,所以,"可以肯定地说,英国的宗教改革是一次国家的行动"。① 但从宗教本身而言,改革却很不彻底。改革后的英国国教(Anglican Church)虽然也包含了不少新教的特色,但实际上在教会的教义、礼仪及制度方面均保留了很多天主教的残余,其实质是"新教与天主教的混合物",新教徒与天主教徒的主要区别不过是教皇的领导地位由英王加以取代。于是,一部分不满的人宣布脱离国教,要求"清洗"国教内保留的天主教旧制和繁琐仪式,实现教会组织的民主化,反对天主教的主教制和教阶制,主张实行宗教容忍和信仰自由,从而建立严格意义上的纯洁教会,提倡过"勤俭清洁"的生活。这批人所形成的宗教派别被统称为清教,他们的主张被称为"清教主义"。清教深受加尔文教(Calvinism)的影响,但他们比一般的新教徒更为激进,具有强烈的新教意识,所以有人称清教徒是"更为狂热的新教徒"。② 清教思想自 16 世纪后期形成以后,吸引了社会上许多中下层对现实不满的人,越来越多的世俗人士对它表示支持,从而使清教主义成为一股不容忽视的社会潮流,对英国社会产生了越来越大的影响。

清教主义一方面主张世俗禁欲主义,要求国家积累财富,追求

---

① Sir Maurice Powicke, *The Reformation in England*, London: Oxford University Press, 1963, p.1.

② P. Collinson, *The Elizabethan Puritan Movement*, London: Oxford University Press, 1967, p.27.

发展。因此勤劳而禁欲，发财而节俭就成为清教教徒普遍认同的价值观念和经济伦理。与天主教否定现实生活的彼岸禁欲主义观念截然不同，清教的世俗禁欲主义实际上认为宗教信仰与经济活动并不矛盾，两者可以进行有机的结合，它强调的是用世俗功利主义取代纯粹的宗教狂热和繁琐的宗教程序。英国清教的这种理论和主张是英国社会中新生阶层强烈愿望的真实反映，正如马克斯·韦伯所说的："在清教所影响的范围内，在任何情况下清教的世界都有利于一种理性的资产阶级经济生活的发展（这点当然比仅仅鼓励资本积累重要得多）。它在这种生活的发展中是最重要的，而且首先是唯一始终一致的影响。它哺育了近代经济人。"[1]英国清教的这种进取精神和世俗主义的价值取向恰恰是英国殖民开拓的重要推动力。另一方面，清教主义拥有强烈的使命感，"天职观"是其重要的理论内容。"上帝选择"和"命运注定"是加尔文教也是清教的核心。在清教徒看来，既然拥有绝对意志的上帝已经安排了人生事业之成败、祸福之降临，即芸芸众生中谁是"选民"或"弃民"都是上帝预定的，那么人们便对自己的命运无法做出改变，只能以自己在尘世的行动来确定和证明上帝对自己的恩宠。由此新教徒具有强烈的"天职观"，即新教徒以聆听上帝的召唤作为上帝的选民来到世间，他有责任和义务按照上帝所规定的信条来改变和复兴世界。这一点在约翰·温思罗普（John Winthrop，1588—1649）的思想中表现得尤为突出。作为清教主流派领袖的温思罗普非常肯定地将自己视同《圣经》中率领古以色列人离开埃及、建立迦南的先知摩西，深感自己所

---

[1] 马克斯·韦伯：《新教伦理与资本主义精神》，于晓、陈维纲等译，三联书店1987年版，第136页。

肩负的历史责任。因此,他在 1630 年率领一批清教徒在美洲大陆登陆之前,作了题为"基督博爱之楷模"(A Model of Christian Charity)的布道,对清教徒移民北美、建立人间天国的宗旨和设想进行了具体的阐述。他宣称:上帝将神圣的宗教使命交予了清教徒是他们不畏艰险前往陌生的美洲寻找宗教新天地的基本动力;对信仰的坚守和作为上帝的特别选民的责任感使清教徒能够忍受一切艰难困苦,因为移民美洲是上帝交予他们的神圣使命。清教徒与上帝之间通过订立契约来完成重要的历史使命,"上帝授命我们制定自己的规则,建立自己的理想社会……现在上帝愿听我们的祈祷,将我们顺利地引领到希望之地。他将批准这一契约,明确我们的责任并希望我们严格履行契约中的各项条款"。① 温思罗普认为,清教徒们必须把自己将在新大陆建立的新英格兰看成是在上帝福音指引下清教徒必须完成的辉煌使命。② 由此不难看出,在清教徒眼中,英国是得到上帝恩宠的国家,在尘世具有一种特殊的历史使命。在英国开展的宗教改革运动应当是纯洁的真正的改革,通过改革英国将成为基督教世界的典范。英国的清教徒们很自然地以当代以色列的继承人自居,因而"都体现出强烈的命运感、上帝的选民感以及特殊的使命感"③。清教徒在探究《圣经》的过程中,很快发现他们在许多方面同以色列人有共同之处。在他们眼中,英国就是自己的埃及,詹姆士一世国王就是自己的法老,大西洋则是自己的红海。同时,他们

---

① Andrew C. McLaughlin, *The Foundation of the American Constitutionalism*, New York:The Lawbook Exchange, Ltd., 1932, p.26.
② 王希:《原则与妥协——美国宪法的精神与实践》,北京大学出版社 2000 年版,第 15 页。
③ Francis J. Bremer, *The Puritan Experiment:New England Society form Bradford to Edwards*, New York:St. Martin's Press, 1976, p.34.

作为一个准备充分并时刻待命的民族,"是受上帝选派来执行拯救世界的神圣计划的"①。另一清教领袖威廉·布拉福德(William Bradford,1590—1657)也声称:英格兰是"冲破罗马天主教那弥漫基督教世界的巨大黑暗之后第一个领受耶和华荣光的国家"。② 可见,"上帝的选民"从一开始就与特殊的"使命感"密切联系在一起。英格兰既然是上帝选定的国家,其在尘世中履行的基本使命就是"拯救整个基督教世界,为了恢复中世纪的统一,须将所有民众集聚在改革的新教旗帜之下"③。怎样拯救和复兴世界呢?清教徒希望英国彻底进行宗教改革,在道德上"净化"国教,从而成为基督教世界的楷模。

然而,英国清教主义的主张和理想,却与当时的英国社会氛围格格不入。在清教徒眼中,当下的社会秩序缺乏戒律,世风日下:一方面,富人及王室权贵傲视万物,甚至置法律和传统于不顾,腐败堕落;另一方面穷人则纷纷远离家园游荡在乡村或群集在伦敦的贫民窟,先辈仁道待人的纯朴尽失。在宗教方面,清教徒认为教会烦冗的仪式和圣礼、重沓的等级制度以及教职人员的腐败,完全背离了宗教的本真意义,使人类与上帝的关系越来越疏远。17世纪初,英国国教徒的宗教热情已相当低下,乡民们"每去十次村里的酒店,也不去一次教堂"成为相当普通的现象。④ 英国王室的内外政策更使

---

① Robert T. Handy, *A Christian America: Protestant Hopes and Historical Realities*, New York:Oxford University Press, 1984, p.7.
② 威廉·布拉福德:《普利茅斯开拓史》,吴丹青译,江西人民出版社2010年版,第7页。
③ Frederick Gentles, Melvin Steinfield, eds., *Dream on America: A History of Faith and Practice*, San Francisco:Canfield Press, 1971, pp.45–46.
④ 钱乘旦主编:《现代文明的起源与演进》,南京大学出版社1991年版,第235页。

清教徒难以容忍。斯图亚特时期英国国王的神权得到重新确立,他们认为"国王是上帝指定的地面代理人,凭着上帝所看中的他的智慧和地位,他有权依照他认为合理的方式来统治国家"。[①] 而在清教徒看来,契约思想包含着人们享有在相互同意基础上建立教会和政府的权利,一旦契约遭到破坏,人民自然有抵制的权利。就对外政策而言,清教徒认为英国的重要地位源于上帝的选择。因此,与世俗政府的政治或经济考虑相比,上帝的目的更为重要,英国应该首先根据上帝的旨意,在国际上充当与反基督教势力斗争的"领袖";而国王则更多的考虑的是王朝的利益,并以此作为外交决策的基础。自16世纪中后期以来,英国清教徒一直认为信奉天主教的西班牙不仅是英国向海外商业扩张的劲敌,而且是宗教信仰的敌人,他们反西班牙的民族情绪相当浓烈。但詹姆士一世不仅对此不予理睬,而且改变了前朝伊丽莎白一世的对外政策,主动与西班牙和解。他即位后立即宣布禁止英国船只掠夺西班牙的商船,并于1604年同西班牙缔结了和约。在缔约时,詹姆士并未利用英国的胜势,在条约中未包括英国商人所要求的在西班牙殖民地拥有经商权等内容。为了进一步密切与西班牙的关系,詹姆士一世从1614年起一直努力谋求自己的儿子查理与信奉天主教的西班牙国王的公主联姻。当1618年三十年战争开始后,德意志的新教国家与西班牙为首的天主教同盟交战。此时詹姆士一世不仅不支持信奉新教、又是自己女婿的帕拉丁的腓特烈,反而继续与西班牙保持友好关系。"对他说来,西班牙国王始终是世上最伟大的君主,如果这位伟大的君主能善待

[①] 查尔斯·博哲斯:《美国思想渊源——西方思想与美国观念的形成》,符鸿令、朱光骊译,山西人民出版社1988年版,第98页。

于他的话,他愿意倾其所有拱手相送。"①王室的宗教、内外政策使清教徒感到不满,双方的离异倾向日益明显。清教徒被认为是社会异己力量而日益受到王室的迫害。1604 年詹姆士一世就明确宣称:安立甘教主要的和基本的内容不容讨论,应该坚持"一种教义,一种戒律,最关键的是,一种宗教仪式"。他还警告清教徒:"我将令他们(指清教徒)完全遵从国教,违教者我将摧之折之而使之出境。"②查理一世即位后,迫害清教徒的政策进一步升级。坎特伯雷大主教劳德所实施的日益严厉的宗教迫害使部分清教徒只好选择远离故土去寻找自己的"宗教圣地"。他们认为"在那遥远的大陆荒原上享受自由,要比在不和睦的家乡舒舒服服当奴隶强得多"。③ 起初,他们把荷兰视为理想圣地,因而结伴来到了荷兰的莱顿。但是在莱顿受工作、生活、语言及子女的前途等问题的困扰,最终使他们将目光投注到人烟稀少的美洲。

　　从表面上看,英国清教徒移居北美大陆是源于英国国内宗教氛围的缺乏宽容和政府的打压政策,但实际上许多清教徒放弃国内安逸的生活而前往北美大陆的深层次原因则在于寻找实现他们宗教理想的"净土",宗教信仰是他们移居海外的主要动力。正如布拉福德所表达的:"他们满怀希望和热情,想要在遥远的世界其他地区为传播基督的福音,扩展基督的国度,或者至少开辟一条通道,即使他

---

① 高德里克·威廉·房龙:《美国的故事》,刘北城等译,社会科学文献出版社 1999 年版,第53 页。
② 屈勒味林(G. M. Trevelyan):《英国史》(下册),钱端升译,东方出版社 2012 年版,第 429—430 页。屈勒味林,今多译为特里维廉。
③ 高德里克·威廉·房龙:《美国的故事》,第 52 页。

们这样艰巨的付出,只能成为其他人的铺路石。"① 应当说,每个真正的清教徒都肩负着重建道德和信仰的重任,为了达到一种道德境界,也为了信仰,他们从未停止对人的心灵痛苦的探索。"他们一方面相信灵魂是可以拯救的,另一方面又看到人性的彻底堕落,于是就在进退维谷的情况下不断斗争,至死方休。这种内心的追求就像一根拧紧的发条,不断释放出力量,推动清教徒以及整个社会在物质和精神两方面都作出巨大的成绩来。"② 法国著名学者托克维尔曾对移民新英格兰海岸的清教徒的心迹作过这样的描述:"他们并非迫不得已离开故土,而是自愿放弃了值得留念的社会地位和尚可温饱的生计。他们之远渡重洋来到新大陆,决非为了改善境遇或发财,他们之离开舒适的家园,是出于满足纯正的求知和需要;他们甘愿尝尽流亡生活的种种苦难,去使一种理想获得胜利。"③ 对于虔诚的充满理想主义的清教徒来说,清教主义的理想是崇高和神圣的。清教主义的"预定论"和"天职观"使清教徒们自认为与众不同。强烈的宗教责任感和使命感驱使他们总想通过自己在尘世的努力来证明上帝对自己的"恩宠",因此他们希望通过推进本土的宗教改革,最终实现梦寐以求的神圣理想。但是他们的愿望在本土最后根本无法实现,"上帝将他们在英国服务的大门关闭了"。④ 他们只好另辟蹊径,移居北美。移居海外,建立殖民地成为他们实现宗教理想的唯一手段和途径,殖民地成为他们的试验场。"在这里,人类终

---

① 威廉·布拉福德:《普利茅斯开拓史》,第 23 页。
② 卡尔·戴格勒:《一个民族的足迹》,王尚胜等译,辽宁大学出版社 1991 年版,第 16 页。
③ 托克维尔:《论美国的民主》(上卷),董果良译,商务印书馆 1991 年版,第 36 页。
④ Francis J. Bremer, *The Puritan Experiment: New England Society form Bradford to Edwards*, p.58.

于可以全力以赴实施基督教教义——不是澄清理论而是建设天国。"①"他们试图通过建立一个模范的基督教社会来为真正的信仰而战。"②清教主义所蕴涵的"天职观"和"特殊使命"观念成为清教徒赴北美新大陆的动力源泉,并深深地根植于一大批前往北美的英国移民心中。

同时,对于英国清教徒来说,他们试图摆脱的是故土的宗教迫害,而并非摆脱或抛弃英国。他们依然以"生来自由的英国人"而自豪。他们的出走新大陆行动本身就是英国自由传统的延续和表现。在新大陆,"他们可以仍然是英国人,为自己工作,并且同蔓延的异端宗教相隔绝,而又远离政府的控制,这样,就可以有一个按自己的意志建立的教会"。③ 也就是说,清教徒移民们在内心深处仍然是以英国为核心的,他们的宗教事业仍然是英国事业发展的重要组成部分,其最终目标是使英国成为世界宗教的中心或宗教型的世界帝国。所以他们希望以在北美大陆的成功来促使国人觉醒,改造母国,进而复兴世界。正如有学者指出的,新英格兰殖民作为进入荒野的使者,他们试图"通过范例和祈祷去创建一个典型的清教社会以改变英国,再通过英国来改变世界"。④ 温斯罗普也阐释道,清教徒将在地球上建立一个以上帝法所统治、献身于圣礼的社区,作为实现上帝契约的实际行动。"我们将成为整个世界的山巅之城,全

---

① 丹尼尔·布尔斯廷:《美国人:开拓历程》,中国对外翻译出版公司译,三联书店1993年版,第8页。
② Francis J. Bremer, *The Puritan Experiment: New England Society form Bradford to Edwards*, p.57.
③ J.布卢姆等:《美国的历程》(上册),第35—36页。
④ Francis J. Bremer, *The Puritan Experiment: New England Society form Brad ford to Edwards*, p.37.

世界人民的眼睛都将看着我们。如果我们在实现这一事业的过程中欺骗了上帝,如果上帝不再像今天那样帮助我们,那么我们终将成为世人的笑柄。"①具有强烈民族主义因素的清教教义相信英吉利民族是上帝的"选民",这种民族的自豪感和宗教的使命感使一些英国人去充当其他新教民族的领袖和保护者。② 于是,在北美建立清教殖民地就成为英国清教徒实现上帝拯救计划的重要步骤和起点。由此不难看出,英国清教主义具有强烈的扩张主义和帝国意识,清教徒的最终目标是建立英国清教式的世界帝国,以"证实他们所提倡的宗教、社会计划确实是可行的"。③

清教主义对 17 世纪英国社会的影响是相当深刻的。R. K. 默顿认为,清教主义所激发并塑造出的思想感情渗透在这个世纪人类活动的各个方面。④ 对于英吉利国家和民族来说,清教主义及其实践不仅使英国的殖民扩张合法化和神圣化,使英国早期的殖民拓荒者获得了强有力的精神支撑,从而克服和战胜了大自然带给他们的种种意想不到的困难和障碍;而且成为英国对外扩张和建立殖民帝国的重要手段和工具。因为,清教徒的宗教理想随着英国历史的不断发展和殖民地社会的不断演变,最终与英国国家的世俗利益和民族扩张形成了完全的一致和结合。所以,狄更斯教授指出:"就像在尼德兰一样,最终英国的新教主义不可避免地与民众的民族自我表现形成一体,这些民众是在为赢得在欧洲及欧洲以外秩序中的一切地

---

① 丹尼尔·布尔斯廷:《美国人:开拓历程》,第 3 页。
② F. O. Hertz, *Nationality in History and Politics*, London: Routledge & K. Paul, 1945, pp. 305 - 306.
③ 查尔斯·博哲斯:《美国思想渊源——西方思想与美国观念的形成》,第 101 页。
④ R. K. 默顿:《十七世纪英国的科学、技术与社会》,范岱年、吴忠、蒋效东译,四川人民出版社 1989 年版,第 80 页。

位而战。"①

需指出的是,清教徒通过建立殖民地实现宗教理想的做法为英国其他宗教派别所效法。一部分遭到迫害的天主教徒,把美洲看作避难所,为了自己的信仰来到了北美;而17世纪中期出现的较为激进的宗教团体贵格会(Quakers,或称教友派)在威廉·佩恩(William Penn)的带领下,也来到北美进行所谓的"神圣实验",以便"创立一个样板州,致力于宗教信仰自由的理想,内部的和谐,以及摈弃战争"。② 所有这些清教式的"宗教殖民"思想都成为英国人开拓新大陆、建立殖民帝国进程中的精神食粮,这种精神的作用正如布拉福德所说的:"如同一只小蜡烛可以照亮众人,这里燃起的光亮已经照到许多人的身上,在某种意义上,已经照亮了整个国家。"③

(二)重商主义:建立世界性的商业帝国

16世纪以来,随着民族经济的发展、民族国家的兴起和民族意识的觉醒,欧洲各国都在重新寻求富国强邦之路。此时的英国传统农本经济正在发生裂变,商业经济的发展以及整个社会经济和社会生活的商业化,不断侵蚀和瓦解着传统的社会经济结构,造就着实现社会转型所需的基本条件。正如著名学者托尼所指出的,都铎时

---

① A. G. Dickens, *The English Reformation*, London:Batsford, 1964, p.325.
② 纳尔逊·曼弗雷德·布莱克:《美国社会生活与思想史》(上册),许季鸿译,商务印书馆1994年版,第109页。
③ 威廉·布拉福德:《普利茅斯开拓史》,第206页。

代英国进入商业时代,"而且随着世纪的转移,变得更加商业化了"。① 伴随着商业活动得到社会和宗教伦理的认可以及商业精神的形成,英国商人的地位日益提高,商人和商业成了社会发展的重要动力。

与此相适应,重商主义(Mercantilism)遂成为 16 世纪中叶以后英国的主流思想体系和社会思潮,英国也就成为重商主义理论和实践的策源地和具有代表性的国度。重商主义又称重商制度(Mercantile system),这一术语是由英国著名的古典经济学家亚当·斯密最先开始使用的。② 同其他任何理论一样,英国重商主义思想是在经过一段社会实践之后才逐渐形成的。按照马克思的说法,重商主义开始是作为"国家政策"形成的,③而后才产生了从理论上阐述这些经济政策的必要性,并进一步指导政策的贯彻实施,从而形成了重商主义理论体系。重商主义的产生和全面发展是在都铎时期,特别是 16 世纪后期的伊丽莎白时代。④ 在重商主义发展史上,大约在 16 世纪末以前,英国的重商主义被称为早期重商主义阶段。系统阐述早期重商主义的著作中,当首推于 1581 年以"绅士 W.S"(1554—1612)⑤为名出版的小册子《关于近来我国同胞常有的一些抱怨的简单考察》(以下称《简单考察》)以及 17 世纪初期马林斯

---

① R. H. Tawney, *The Agrarian Problem in the Sixteenth Century*, New York : Longmans, Green and Co. , 1912, p.185.
② 亚当·斯密:《国民财富的性质和原因的研究》(下册),郭大力、王亚南译,商务印书馆 1983 年版,第 1 页。
③ 恩格斯:《反杜林论》,人民出版社 1970 年版,第 240 页。
④ 埃德蒙·惠特克:《经济思想流派》,徐宗士译,上海人民出版社 1974 年版,第40页。
⑤ 关于"绅士 W.S"的真实身份,后人存有争议。伊丽莎白·拉蒙德夫人认为是约翰·海尔斯,又有人认为可能是托马斯·史密斯,也有人认为可能是托马斯·史密斯的外甥威廉·史密斯。

(Gerard de Malynes,1586—1641)发表的一些短文。①

"绅士 W.S"和马林斯的作品中所表达的深刻的早期重商主义思想的主要内容包括:第一,认为货币是社会的唯一财富,强调币值的稳定。《简单考察》的作者认为,作为国家来说,占有财富的标志就是占有货币。既然货币等同于国家的财富,那么储存货币并保持币值的稳定就显得尤为重要。作者把16世纪英国经济恶化及通货膨胀的原因归结为大量的铸造成色降低及质量不足的铸币,并进一步指出,铸币的贬损是促使足色足量的铸币退出市场以至于外流的重要原因。显然,作者已正确地看到了货币的价值与商品价值之间的联系,并已具有了劣币驱逐良币思想的萌芽。如何解决币制危机,作者认为应重铸货币,保持币值的稳定与货币的信用:"目前流通的一切硬币应当仿照现今已经不再流通但人们乐意接受的某个时期的钱币铸造,对其原料的核算也一模一样,从此以后就只准那些旧币或者按照其同样的价值、成色和名称铸造的新币在市场上流通;这样,我们的硬币便完全恢复它旧日的等级和优良程度了。"②为了实现币值的稳定,作者还主张国家应采取相关措施,以确保金属之间特别是金银、黄铜之间应保持一定的比例。国王应宣布"任何硬币必须按照兑率折算"③,力求通过行政手段使货币制度有序化。早期重商主义这种过分强调货币的价值和作用的"重金主义"思想在马林斯那里得到进一步发挥。马林斯作为商人和政府外贸方面

---

① 马林斯的短文主要包括:《论英国公共福利衰败的祸根》(1601)、《寓言式描述圣·乔治的英国》(1601)以及《英国的观点》(1603)等。
② 伊丽莎白·拉蒙德编:《论英国本土的公共福利》,马清槐译,商务印书馆1989年版,第121页。
③ 伊丽莎白·拉蒙德编:《论英国本土的公共福利》,第115—117页。

的顾问，一生关注货币（尤其外汇）管理问题。为了避免货币的外流和贬值，确保硬币流入及国内货币的充裕，他坚持认为应将经营外汇的权力重新全部收回到政府当局手中，取缔私人经营；主张依据平衡率原则，依据英国货币的重量、成色和价值来确定外汇率。①

第二，主张绝对地多卖少买，尽量将金银货币储藏在国内。在主张稳定国内币值的同时，《简单考察》的作者坚决反对货币输出，反对输入外国商品，尤其是反对输入本国能制造的商品。因为一切购买都会使货币减少，一切销售都会使货币增加，输入商品就是输出货币，并剥夺了国内贫民的生计。为此，作者认为英国应建立立足于本国原料的工业，这样既可解决本国部分人口就业问题，又可避免外商高价卖出低价收进用英国原料加工而成的制成品从而赚取本国货币的情况。根据货币的不同流向，作者将职业分为三类：把货币用于国外的殖民地货物贩卖商属于第一类；把在国内获得的货币用于本国的，属于第二类职业；从事制造行业的是第三类职业，这类职业的最终目标是把国外货币吸收到国内来。因此，作者主张应大力保护第三类职业。在这里，作者已把发展制造业与发展对外贸易事业联系了起来，英国重商主义从一开始便有重工主义的思想渗透其中。该书还表达了在对外贸易中力图防止逆差、力求出超的思想。书中指出，对外贸易对英国是生命攸关的，应当大力发展。不过，"我们必须时刻留意，向外国人购买的不要多于向他们售出的；否则将使我们自己受害而对外国人有利。如果他不是一个能干的农人，又没有其他年收入，只能靠农事生活的话，他才会在市场上买得比卖得多。问题的要害在于，这样做了我们才可以将大量财富

---

① 参见晏智杰《亚当·斯密以前的经济学》，北京大学出版社1996年版，第23页。

保存在王国之内"。① 马林斯也强调,正如一个家庭,如果它所购买的超过了它所收入的,它的财富就会减少。一个国家如果其对外购买超过向外国销售的,也会如此。②

第三,倡导国家干预和贸易保护。早期重商主义阶段,英国国内商品生产和商品流通尚不发达,对外贸易也未充分展开,因此单靠经济手段保证吸引国外的贵金属和保存国内的贵金属是相当困难的。《简单考察》一书主张国家应采取各种措施,诸如颁布保护商业、工业和管制金银的法令法规,对经济生活进行干预,严格限制或禁止货币外流并控制产品的进出口,以增加本国的财富。马林斯就认为,当社会各成员安居乐业、按其职业获得报酬时,才能说明世间一切事物受着一种可以设想出来的最好的和最令人信服的方式支配着,除非对人类自发活动施加适当的"政策",否则只会招致混乱。马林斯还具体地提出有三个领域需要干预:(1)借贷;(2)外汇;(3)货物进出口。为了有利于干预和减少混乱,他甚至想把贸易局限于少数特权者的手中,以减少小商人的竞争,取缔私人经营。③

此外,《简单考查》还从商人的角度,主张国家统一和社会稳定,从而使商业发展获得良好的社会环境,并推进国内商业的向外发展。作者同时提出,应重视农业,大力增加粮食生产和出口。针对圈地运动所引发的社会变革,作者认为那些旨在改良耕地而并非把耕地变为牧地的圈地行为不应受到指责,从事农业的人愈多,粮食生产就能更快发展,而粮食生产不仅是满足国内食物需求和发展牧

---

① 晏智杰:《亚当·斯密以前的经济学》,第19—20页。
② 亨利·威廉·斯皮格尔:《经济思想的成长》,晏智杰等译,中国社会科学出版社1999年版,第88页。
③ 埃里克·罗尔:《经济思想史》,陆元诚译,商务印书馆1981年版,第72页。

业的基础,又是减少进口、扩大出口的一个重要因素。为了发展农业特别是粮食生产,实行宽松的粮食贸易政策以保护农民的利益是十分重要的。①

英国早期重商主义基本思想表明,作为特定历史阶段的商业资本的意识形态,重商主义的基本思想实际上涵盖了以下几个相互联系的内容:第一,什么是社会财富?重商主义者一致反对传统社会思想家维护自然经济、鄙视货币财富的观点。他们坚持一切经济活动的目的都是为了获取金银,认为货币、金银等贵金属是社会财富的主要形态和基本标志。他们在一定程度上将货币与财富相等同,认为财富就是货币,货币就是财富。如亚当·斯密所说,依照重商主义者的看法,"财富与货币,无论从哪一点看,都是同义语"。② 这种财富观决定了他们将货币的多少视为衡量一国富裕程度的标准,他们并不懂得金银只是交换价值的代表,是充当一般等价物的特殊商品,一切具有使用价值的东西都是真正的财富。第二,财富的源泉何在?重商主义者既然视货币是财富的唯一形态,那么财富的源泉只有两个:一是开采金银矿藏,二是发展商业贸易,而且必须是对外贸易。由于英国金银矿藏十分有限,无法满足日益发展的商品交换对货币的需求,因此对外贸易成为货币财富唯一和真正的源泉,国家致富也只能源于流通领域。重商主义进一步指出,国内商业虽属必需,但不能增加国家的货币量,因为在国内一部分人所得,就是另一部分人所失,国家财富的总量并未增加。只有对外贸易,才是国家富裕的根本途径。而对外贸易中又必须遵循多卖少买、多收入

---

① 伊丽莎白·拉蒙德编:《论英国本土的公共福利》,第 67 页。
② 亚当·斯密:《国民财富的性质和原因的研究》(下册),第 2 页。

少支出的原则即保证贸易中的顺差,大量金银才能不断流入本国。第三,如何保证财富的获得?重商主义者认为,中央集权国家对经济的干预是国家致富的重要保证。因此,他们提出巩固和增强中央集权国家的实力,并极力主张国家采取各种立法手段和行政措施,实施保护工商业的政策,以保证整个国民经济活动符合扩大出口和货币输入的要求。他们强调一切经济活动,都应服从于促进国家富强及战胜外国劲敌这一目标。凡有利于这个目标的就加以鼓励,否则就严加干涉。

由此可以看出,重商主义理论完全是处于转型期的英国社会商业发展状况的反映及社会对国家发展战略问题的初步讨论。重商主义者重点研究流通领域无疑具有片面性。从当代发展经济学的角度考量,重商主义的理论显然并不完整和深入。① 但是,作为由传统社会向近代迅速过渡时期的重要经济思想,重商主义把加速商业扩张和经济增长、实现国家的富强置于理论分析和政策建议的中心地位,从经济发展思想史的角度看,这一点的意义却殊为深远。因为一个落后的传统社会要向近代社会迈进,所面临的各种障碍和困难是显而易见的,只有不断地开辟商品市场,发展对外贸易,不断地积累资本,坚持持续的经济增长和不断的经济进步,才能越过障碍和解决困难。正如霍塞利茨等在评论重商主义时所说的那样:"如果一国的经济在继续扩展之中,那么,其发展所付出的代价和随情况变化而进行调整的负担将逐步减轻;不利的替代效应将为有益的扩张效应所吞没;个人或一国的得益将不会牺牲他人或他国的利

---

① 有关重商主义理论的局限性,经济学家已有详论。参见 B. F. Hoselitz, *Sociological Aspects of Economic Growth*, New York:Free Press,1960, pp.53-54.

益。"①因此可以说,重商主义是市场经济发展的舆论准备和市场经济理论的萌芽,它是和英国政府和国家发展战略的追求相一致的。英国早期重商主义者出于国家和民族的责任感,更多关注的是当时英国社会所面临的现实问题,它所阐发的思想主张完全是对现实社会进行初步反思的结果,因而早期重商主义思想体现了当时社会的整体走向。一方面,重商主义作为一种强大的社会思潮,一开始便与政府的经济政策相互渗透、相互促进,极大地推动了民族经济的发展和民族国家的形成与巩固。作为一种理论,重商主义为民族国家建立时的政治过程提供了经济理由。关于重商主义与民族国家的关系,布罗代尔曾引用别人的话说:"正是重商主义者创造了民族国家"。他接着认为,"要不然就是民族国家或孕育中的所谓民族国家在创造自己的同时,创造了重商主义"。② 瑞典经济学家赫克歇尔也指出,重商主义和近代西方国家在兴起和巩固过程中既反对封建分立,又反对帝国大一统这一政治形式密切相关。他认为:"重商主义是统一的动因。"重商的基本目的在于"适应国家政治威力、尤其是军事威力的需要"。③

另一方面,早期重商主义所包含的重视资本积累和发展商业贸易的思想,既是英国商业资本发展的结果,同时又是商业资本扩张的基本动因。商业扩张的目的在于获得日益广阔的国外市场。而要实现这一目标,不断夺取殖民地便成为最佳选择。因为在竞争激烈的世界里,宗主国获取殖民地不仅可以直接获得殖民地的金银货币,而且可以直接进口殖民地的廉价商品,不必像过去那样必须用

---

① B. F. Hoselitz, *Sociological Aspects of Economic Growth*, p. 37.
② 布罗代尔:《15 至 18 世纪的物质文明、经济和资本主义》(第 2 卷),第 601 页。
③ Eli F. Heckscher, *Mercantilism*, Vol. II, London:G. Allen & Unwin Ltd., 1935, p. 31.

金银货币或高价的产品从外国购买或交换。宗主国还可以把殖民地当作倾销国内工业品的稳定市场,从而排挤其他国家的海外市场。因此,实行殖民扩张成为早期重商主义者增加货币财富,实现贸易顺差,从而实现国家富强的基本手段和根本途径。在这里,"贸易——首先是对外贸易——对于一个国家的繁荣来说在当时被认为是至关重要的……贸易是推动整个社会机器运转的巨大机轮"。[①]它直接推动英国商人们不顾一切地到海外寻找黄金和白银,寻找发财机会。所以17世纪初期,商人成为英国殖民开拓的急先锋和主力军便不足为奇了,对此埃尔顿深刻地指出:"17世纪早期英国的殖民活动根本源于商业的扩张。"[②]

既然重商主义是现实思考的结晶,那么随着现实条件的变化,英国重商主义的发展和转变也就不可避免。实际上大约在16世纪后期至17世纪初,伴随英国民族国家的强固和国家政策重心的转移,英国重商主义思想便开始进入新的阶段,即开始向晚期重商主义阶段过渡。这在米塞尔登(Edwar Misselden,1608—1654)等人的著作中表现得尤为明显。米塞尔登是17世纪初期英国商界的领袖人物,也是一家著名贸易公司即商人冒险者公司的主要股东,后又成为英国政府贸易委员会的成员。针对早期重商主义的重金主义典型观点,米塞尔登分别在1622年和1623年发表了《自由贸易或繁荣贸易的方法》及《商业循环论》。他在著作中首先强调了货币的极端重要性,这一点与早期重商主义者是相同的,但他对马林斯等人

---

① 卡洛·M.奇波拉主编:《欧洲经济史》(第二卷),贝昱、张菁译,商务印书馆1988年,第365页。

② G. R. Elton, *Studies in Tudor and Stuart Politics and Government*, Vol. III: *Papers & Reviews, 1973—81*, Cambridge:Cambridge University Press, 1983, p.342.

将17世纪初期英国经济的相对衰退和货币短缺的主要原因归结为外汇的混乱则提出了怀疑。他认为上述状况出现的根本和主要原因有二：一是过分消费外国货，二是外贸公司的贸易政策即它们从基督教国家出口货币。此外，他认为政府对出口商品质量疏于检验是导致贸易衰退的一个原因。如何改变英国的经济特别是货币状况？米塞尔登一方面主张政府必须通过关税等手段禁止外国货进口，禁绝外国人对英国自然资源的掠夺，使英国铸币升值使之失去出口的刺激，同时高估外币迫使外国人将其花在英国；另一方面，首次提出了"贸易平衡"这一术语，并集中阐述了贸易差额论以及关于确定外汇兑率、制作贸易结算表等问题。米塞尔认为政府应对当时贸易进行管制，否则将严重危害公共福利。国家政策的着眼点应是力图实现贸易的出超并防止入超，只有这样才能使国家致富。他提出应以贸易的结果来衡量对一个国家是否有利，即将一国贸易的进口与出口计入贸易平衡表，将这两者加以对照，即可看出本国与别国在贸易上的差额，而"贸易差额"法是"一种极好的政治的发明"。① 他还建议国家应采取得力措施，鼓励出口、雇佣穷人制造出口货物；限制进口，特别是奢侈品的进口；发展渔业，使英国在食物方面减少对外国供应的依赖等。

与马林斯等早期重商主义者相比，米塞尔登的"贸易差额论"显然将重商主义向前推进了一大步。因为，米塞尔登不仅仅要求改善外汇条件以促进英国对外贸易发展和国家财富的积累，而且极力主张增进本国的外贸实力，显然他对国际贸易机制有了进一步的理解。特别是他为实现贸易出超而提出的政府应放宽对商人

---

① 晏智杰：《亚当·斯密以前的经济学》，第27页。

尤其是像东印度公司等外贸公司从事海外贸易的限制、给商人以更多的自由的观点，反映了急于向外扩张的英国商人的普遍愿望，为英国商人资本的扩展提供了有力的辩护，直接推动了英国商人公司在海外的商业扩张活动。而商业扩张活动又与殖民活动紧密相联，因为对于晚期重商主义而言，实现对外贸易的出超是其最基本的要求。而要实现这一点，获得海外殖民地并维持对殖民地的贸易垄断，形成以宗主国为核心的排外性的贸易体系则是最佳的和必然的途径。对此，著名经济学家熊彼特深刻地分析道：重商主义产生的"那个时代是海盗式的帝国主义时代，贸易与开拓殖民地相联系，与毫无节制地剥削殖民地相联系，与公开的战争相联系，与长期濒于战争边缘的状况相联系"。① 从宏观经济的角度考察，重商主义作为一个体系，其基本内容就是出口垄断主义、外汇管制和贸易顺差。从这种意义上说，16世纪末至17世纪初，英国的重商主义的商业扩张思想是早期英国殖民思想的表现形式，而晚期重商主义更具有对外扩张性。米塞尔登的基本观点和主张在托马斯·孟（Thomas Mun，1571—1641）那里得到了更为充分的发挥和系统阐述。

总之，作为16世纪末至17世纪初英国带有趋势性的群体意识，殖民主义、清教主义及重商主义充分反映了英国社会主流阶层谋求富国强邦的思想、意愿和心态。虽然各阶层在如何建立帝国及建立什么样的帝国问题上的具体看法并不统一，但是对谋求帝国即在巩固主权国家的基础上，进一步追求国家的强大这一总体目标的认识

---

① 约瑟夫·熊彼特：《经济分析史》（第一卷），朱泱等译，商务印书馆1991年版，第506页。

却是一致的,因此上述英国社会所形成的各种主导性的思想不能不对英帝国大厦的构建产生重要影响。事实上,17世纪英国人正是依照上述思想,开始了谋求帝国的艰苦努力,并最终建立了以美洲移民殖民地和加勒比种植园为主体的重商主义帝国体系。

第二章 建立帝国的初步努力

17世纪以降,英国进入新的历史时期。1603年3月24日,都铎王朝末代君主伊丽莎白一世因病去世,前苏格兰女王玛丽的儿子、苏格兰国王詹姆士六世入主英格兰,为英王詹姆士一世(James Ⅰ,1566—1625),英国历史上的斯图亚特王朝(the Stuart House)由此开始。新世纪伊始,英国就表现出颇具实力和肆意扩张的姿态,战胜西班牙"无敌舰队"以及詹姆士一世时期与西班牙形成的相对和平状态,给英国商人以极大的信心和鼓励,过去时代所积累的资本,也使伦敦商人们有了进一步扩张的能力和机会,因而其"商业活动和海外扩张的兴趣迅速增长"。[①] 那些以船只和金钱的方式参与了与西班牙战争的英国商人开始寻求有利可图和前景广阔的投资项目。[②] 于是,英国人对亚、非、美进行了全面的出击。但是英帝国大厦并非一朝一夕形成的,它是"一个海外扩展的运动"。[③] 这一运动始于对爱尔兰的控制。以爱尔兰这块英国特殊的殖民地为起点,英国的殖民扩展运动迅速向海外延伸,并在17世纪中期在亚洲、非洲

[①] Alan G. R. Smith, ed., *The Reign of James Ⅵ and Ⅰ*, p. 124.
[②] Francis Dillon, *A Place for Habitation, the Pilgrim Fathers and their Quest*, London: Hutchinson of London, 1973, p. 23.
[③] W. D. Hussey, *The British Empire and Commonwealth*, p. 1.

获得了贸易立足点,在北美和加勒比地区建立了稳固的宗教和移民殖民地,初步奠定了第一帝国的基础。

一、爱尔兰的试验与亚非贸易据点的初建

严格地说,爱尔兰是英国的第一块殖民地,对爱尔兰的征服及经营直接影响到英国17世纪大规模的海外殖民扩张活动。因为,英国在大西洋世界由民族国家到形成帝国是沿着从东方到西方、从英国到美洲这条道路进行的,其中,爱尔兰是英国人整个西方殖民计划的中心环节。①

与不列颠群岛仅一水之隔的爱尔兰岛面积为8万多平方公里,克尔特人是现代爱尔兰人的祖先。早在1155年,英格兰籍的罗马教皇发布训令,将统治爱尔兰的权力授予了英格兰国王。1169年英国人开始入侵爱尔兰并于次年占领了都柏林城堡。1171年英王亨利二世(Henry Ⅱ,1133—1189)成为爱尔兰王中王。自此以后,爱尔兰即为英国长期操控。在英国人眼中,爱尔兰人无论是社会和政治结构,还是经济状况以及文化发展都是相当落后的,属于未开化地区,爱尔兰人是"野蛮人""粗人",他们的生活习惯与动物并无两样。②于是"同化"爱尔兰人便成为英国对爱尔兰实行殖民统治的主要目标。但是令英国人意想不到的是,这些早期的征服者自己很快都被

---

① David Armitage, *The Ideological Origins of the British Empire*, Cambridge: Cambridge University Press, 2000, pp.24-25.
② Nicholas Canny, ed., *The Oxford History of the British Empire*, Vol.Ⅰ: *The Origins of Empire*, p.131.

当地人同化，与爱尔兰融为一体，形成所谓的英爱人（Anglo-Irish, or Old English）。由于爱尔兰人顽强不断的抵抗，英国对爱尔兰殖民进程进展缓慢。到15世纪时，英国直接控制的地区仅限于都柏林及其附近地区，甚至在都柏林人人都讲爱尔兰语，而没有人讲英语。① 爱尔兰实际上为基尔代尔伯爵（Earl of Kildare）所属的菲茨杰拉德家族（House of Fitzgerald）所控制。

都铎时期，随着英国社会的巨大变革特别是民族国家的形成，爱尔兰对英国的重要性日益突出，英国加紧对爱尔兰的征服和控制的欲望也日益强烈。一方面，英国统治者认为，爱尔兰长期的反英运动和持续社会动荡，很容易成为国内外反英势力加以利用的重要基地，这会严重危及英国的安全与统一，特别是爱尔兰人与西班牙密切的宗教与政治关系更令英国感到不安；另一方面，都铎时期特别是伊丽莎白时代，英国正处建立帝国的前夜，对西班牙和葡萄牙帝国权力的妒忌以及向海外进行贸易扩张的紧迫性，使英国首先将邻近的岛屿视为帝国扩展进程的第一步，爱尔兰的特殊地理位置及其与不列颠岛的传统联系使其成为英国进行殖民扩张的首选目标。② 同时，16世纪初，在爱尔兰拥有重大影响的菲茨杰拉德家族势力的下降与垮台及贵族地方自治的结束，也为都铎政府实施新的爱尔兰统治政策提供了契机和有利条件。

都铎时期英国的爱尔兰政策的基调是加强对爱尔兰的政治控制并推进同化政策。1494—1496年，亨利七世派波伊宁斯爵士（Sir Edward Poynings）出任驻爱大臣，以打破当地贵族议会的自主权。

---

① 钱乘旦主编：《欧洲文明：民族的融合与冲突》，贵州人民出版社1999年版，第60页。
② T. W. Moody, F. X. Martin, *The Course of Irish History*, Cork: The Mercier Press, 1967, p.175.

波伊宁兹在1494—1495年组织召开了"波伊宁兹议会",采取一系列措施严厉打击爱尔兰地方大领主势力,使爱尔兰议会成为为英国服务的重要工具。议会通过《波伊宁兹法律》,规定爱尔兰议会未经英王的同意不得召开,未经英王及枢密院的同意不得讨论相关问题及议案,从而确立了英王在爱尔兰的最高权威,恢复了英国对爱尔兰的主权控制。不过,由于此时英国对爱尔兰的控制仅限于直辖区范围,因而其法律的适用范围非常有限,爱尔兰基本上处于无政府状态,民族分裂势力十分强大。1515年一份官方的公文比较详细记述了当时爱尔兰的状况:"60多个称作地区的郡居住着国王的爱尔兰之敌……60多个首领统治这些郡,一些首领自称为邦王,一些首领自称为亲王,另一些首领自称为大公。他们靠刀剑维持生计,不听命于任何其他同代之人……这些首领自行决定战和之事……爱尔兰还有30名英国首领,以相同的爱尔兰方式行事……他们在没有得到英国国王批准的情况下,自行决定战和之事……"①因此,亨利八世决定改变这种状况。起初,亨利八世为了使爱尔兰成为"英王王冠上的第二颗明珠",对爱尔兰的政策比较和缓,宣布将采用"理智的方式、政治上的适应潮流和善意的规劝"。② 然而,随着英国宗教改革的推进及与教皇关系的破裂,亨利八世的对爱政策发生变化。1534年,亨利八世囚禁基尔代尔伯爵并镇压了其子的反叛,严重削弱了爱尔兰的地方势力;同年,亨利八世宣布将所有爱尔兰土地收归英王所有再行颁授。1541年6月,受英国操纵的爱尔兰议会宣布,亨利八世兼任爱尔兰国王,并规定爱尔兰和英格兰实现永久的

---

① 罗伯特·基:《爱尔兰史》,第21页。
② 艾德蒙·柯蒂斯:《爱尔兰史》(上册),第303页。

联合与合并。从此,英国驻爱大臣和英国人在爱尔兰掌握了一切大权,英国的法律成为爱尔兰的法律。随后,英国在爱尔兰推行了一系列促使爱尔兰"英国化"的政策措施,[①]这些政策措施不仅初步割断了爱尔兰对罗马天主教廷的从属关系,而且建立了爱尔兰对英国的新的从属关系,英国在爱尔兰的统治范围得到扩大,控制力也得到加强。

亨利八世确立了英国在爱尔兰实施君主统治的基本模式,为英国政府进一步控制爱尔兰创造了政治条件。随后的都铎王朝尽管面临着不同的内外形势,但基本上沿着亨利八世的对爱政策,使之进一步深化。爱德华六世和玛丽女王在位期间,通过实施"没收与殖民并行"的政策,英国在爱尔兰的有效统治区均获得新拓展。伊丽莎白女王登基后,随着英国与西班牙、罗马教皇之间的争斗日益白热化,爱尔兰问题的是否解决直接关系到英国民族国家的稳定和发展,爱尔兰问题成为女王关注的重要问题。首先,女王相信在宗教方面,"天主教爱尔兰会危及新教英国的安全"[②],遂指使苏塞克斯伯爵(Earl of Sussex)召开爱尔兰宗教改革会议,将英国的宗教改革扩及至爱尔兰,通过《至尊法》和《宗教一致法》,在爱尔兰全岛强制推行新教改宗,禁止弥撒,关闭天主教修道院,使爱尔兰的宗教信仰完全纳入英格兰的宗教体系,真正树立英王在爱尔兰的至尊地位,英王成为爱尔兰教会在人世间的最高统治者。其次,女王向驻爱大臣发布训令,要求其采取一切措施扩展英国在爱尔兰的统治范围,同时在英国控制的地区消除爱尔兰的古老传统而代之以英国的习

---

① 参见本书第一章第 31—32 页。
② 威尔·杜兰:《世界文明史》(第七卷),第 36 页。

俗，用货币地租取代领主们的横征暴敛。训令还赋予驻爱大臣以极大的权力，除大主教、主教之外的各级教士，以及除大法官、财政大臣和最高司法官之外的所有文官均由驻爱大臣任命。根据女王的指示，1569—1570年召开的爱尔兰议会通过了一系列法令和措施，女王的政策目的在于"要使女王陛下的法律在爱尔兰全境畅通无阻"，同时剥夺那些拥有绝对权威的"一切领主和巨头们的首脑头衔和课税权力"①。第三，积极推行移民垦殖政策，坚决镇压反叛者。"没有拓殖就不存在有效的征服，如果土地未被征服，就总也改变不了人的信仰。因此，征服者的格言就必须是去拓殖。"②为了能真正使爱尔兰人驯服，伊丽莎白女王积极推行移民垦殖政策，通过在爱尔兰建立"新英格兰"新教殖民种植园来加速爱尔兰的殖民化进程。起先，英国殖民计划主要是在芒斯特实施，英国战胜西班牙无敌舰队将西班牙势力赶出爱尔兰之后，英国政府开始把注意力转向未被征服的省份厄尔斯特（Ulster）。女王的一系列爱尔兰政策使爱尔兰成为大批英国人前往进行投机和冒险的天堂，沃尔特·雷利、汉弗莱·吉尔伯特等英国冒险家和殖民者纷纷涌入爱尔兰。大量英国殖民者的进入严重威胁到英爱人的土地所有权，爱尔兰本地贵族的利益时常遭到侵犯，宗教问题也使爱尔兰人感到愤怒，结果引起爱尔兰人的强烈不满，他们不断发动反英起义，加剧了爱尔兰的政治和社会动荡，对此英王派兵予以坚决镇压。伊丽莎白统治的前30年内，爱尔兰大规模的武装叛乱就发生过三次。1595年，爱尔兰北方

---

① 艾德蒙·柯蒂斯：《爱尔兰史》（上册），第355页。
② 莱斯利·贝瑟尔主编：《剑桥拉丁美洲史》（第一卷），林无畏等译，经济管理出版社1995年版，第145页。

首领在蒂龙伯爵休·奥尼尔(Hugh O'Neill, Earl of Tyrone)的领导下,再次举行反英起义,起义很快波及全岛,对英国在爱尔兰的统治构成严重威胁。女王遂先后命埃塞克斯伯爵和蒙乔伊爵士(Lord Mountjoy)前往平叛。1603年3月,在蒙乔伊的强大军事压力下,爱尔兰叛军最后投降。[①] 根据投降条件,奥尼尔承诺不得再投靠任何外国势力特别是西班牙;放弃他先前所享有的权威和称号,除保留国王可能赐予的那一部分领地外,其它一切土地和领地退回。奥尼尔的投降使爱尔兰最后一个未被英征服的地区厄尔斯特的大门被打开。到伊丽莎白女王去世时,爱尔兰基本被英国武力所吞并并第一次处于英国的有效统治之下。

爱尔兰虽然被英国基本征服,不过这一结果对英国来说并不理想。"英国的霸权是确立了,但是依靠武力征服爱尔兰却使爱尔兰宗教改革的希望成为泡影,也使爱尔兰和英格兰在文化上交融的希望落空。"[②]长期的战争与动荡不仅使爱尔兰变得残破不堪,经济受到严重影响,而且加重了英国的财政负担并引发英国政府严重的财政危机。单就1598年10月到1603年3月的蒂龙战争中,英国就耗资120万英镑。[③] 伊丽莎白女王在1598年12月就曾抱怨道:尽管她将大笔金钱花在"最近爱尔兰的危险纷争上……但是我们得到的仅仅是新近遭受的损失和灾难……"[④]因此如何在爱尔兰迅速恢复秩序,重新确立英国的权威并使之持久,减少英国的负担,就成为新王

[①] 奥尼尔投降时间是3月30日,而伊丽莎白女王早在3月24日已去世,因此奥尼尔又向詹姆斯一世投降。
[②] 肯尼思·O.摩根主编:《牛津英国通史》,第292页。
[③] 艾德蒙·柯蒂斯:《爱尔兰史》(上册),第411页。
[④] 罗伯特·基:《爱尔兰史》,第2页。

朝即斯图亚特王朝所面临的主要问题。① 1609年2月,詹姆士一世颁布大赦令,对爱尔兰叛乱者实行赦免,并宣称全体爱尔兰人处于英王的直接保护之下。爱尔兰实行郡县制,废除爱尔兰的古老法律,由英国的法律取而代之,随后在爱尔兰相继设立郡长、巡回陪审官、陪审团、地方行政等机构。为了整顿混乱的产权,英爱政府还要求在旧制度下拥有地产和有权要求地产的所有爱尔兰人必须重新登记,再由政府颁发承认他们权利的皇家敕令。对于长期存在的宗教问题,詹姆士一世采取果断措施,打击爱尔兰的天主教势力。1605年7月英王发布的公告中,要求所有人都要信奉"符合上帝旨意并且按照王国法律建立起来的宗教";耶稣会的会士、神学院的教士及凡是由罗马教廷委任的其他人士,都必须在6个月内永远离开。② 詹姆士一世还以火药阴谋事件③为借口,对爱尔兰天主教采取进一步的严厉措施。1606年英国议会通过了一系列专门针对天主教的严酷法律。这些法律对天主教徒的效忠宣誓作了新的严格的规定,法律要求所有的爱尔兰天主教徒承认英王是合法的、正统的、至尊的国王,不承认教皇对英王拥有废黜权,不能以被教皇革出教门为借口对英王实施反叛或谋杀,否则就不能成为合法的英王臣民。

在恢复爱尔兰统治秩序的同时,斯图亚特王朝着手对爱尔兰北部厄尔斯特地区进行有计划的移民垦殖。厄尔斯特被征服后,原起

---

① Roger Lockyer, *Tudor and Stuart Britain, 1471—1714*, New York: Longman, 1964, p.405.
② 艾德蒙·柯蒂斯:《爱尔兰史》(上册),第425—426页。
③ 火药阴谋事件是英国某些天主教徒策划于1606年11月5日议会开幕之日将詹姆斯一世和议员们炸死的事件,后因秘密泄露,阴谋未遂。

义领袖奥尼尔和罗里·奥唐奈(Rory O'Donnell)被英王赦免并获得了厄尔斯特的部分领地,成为爱尔兰的大地主。1607年9月,奥尼尔和另一伯爵蒂尔康奈尔(Earl of Tyrconnell)等人出于对自己的地位及未来命运与安全的担忧,率近百名北方的首要人物离开爱尔兰,投奔罗马。① 这次"伯爵的出逃"(Flight of the Earls)给英国在厄尔斯特全面进行殖民活动提供了难得的机会和借口。因此,英国皇家法院遂以"叛国"与"谋反"罪,判决剥夺奥尼尔等人的权力,并将其土地全部没收,交由英王直接处理。1609年5月,英国通过了解决厄尔斯特问题的《殖民地条例》,该条例将总共五十万英亩的爱尔兰良田全部向英国殖民者开放。这些土地被分成1000—2000英亩不等的地块分别交给了一百个英格兰和苏格兰"承租人"和大约50个"服役者"(大部分是在战争后期安居下来的英国军官),②他们在经过一段时期后,必须向英王缴纳免役税,每1000英亩上缴5镑6先令8便士。土地获得者不得将这些世袭土地转让给爱尔兰人,其中"服役者"能够以每1000英亩上缴8英镑免役税的代价,雇佣爱尔兰租佃者。③ 此外,爱尔兰的一些社会文化机构如教堂、城镇、学校等,300个对英国有功的爱尔兰人以及英国的伦敦也获得了部分土地,伦敦多家公司通过投资不仅开发了厄尔斯特北部丰富的森林资源和渔业资源,而且建城设港最终建成著名的伦敦德里(Londonderry)④。为了具体实施殖民计划,1610年专门成立了"爱

---

① J. C. Beckett, *The Making of Modern Ireland, 1603—1923*, London and Boston: Faber, 1981, p.44.
② Nicholas Canny, ed., *The Oxford History of the British Empire*, Vol. I: *The Origins of Empire*, p.138.
③ 艾德蒙·柯蒂斯:《爱尔兰史》(下册),第432页。
④ Roger Lockyer, *Tudor and Stuart Britain, 1471—1714*, p.406.

尔兰协会"(Irish Society)。除厄尔斯特外,英国在爱尔兰的其他地区也推行了殖民拓殖计划,从1610年到查理一世统治初期为止,已在爱尔兰各地建立移民聚居地。1622年,来到爱尔兰的英格兰和苏格兰移民人数约为1.3万人。到1630年,已有14 500个移民家庭在北爱尔兰定居,他们耕种着爱尔兰最肥沃的土地。① 需指出的是,英国的殖民计划贯彻着严格的宗教原则,严格排挤天主教,因而使厄尔斯特几乎成为完全的新教地区,其居民主要是新教徒。据统计,1641年时六郡共有土地350万英亩,新教徒就占去了其中的300万英亩,②而且此种比例仍在不断地上升。为了使上述殖民地得以确认,同时使英国的法律在爱尔兰合法化,并有效地加强对爱尔兰的政治统治,1613—1615年,英国驻爱大臣齐切斯特(Chichester)在都柏林主持召开了议会。此次议会中尽管"老英国人"和天主教势力很大,但英国人提名的约翰·戴维斯当选为下院议长并对议会产生了直接影响。会议最终对英王的土地所有权予以确认,并声明英王的全体臣民和当地土著居民不分高低贵贱,均受同一习惯法的约束。爱尔兰的社会秩序由此获得了相对的稳定。

对于主要信奉天主教的爱尔兰的土地所有者来说,英国对土地的没收和殖民计划的实施使他们一下子变得一无所有,愤怒之情溢于言表。一位主教这样写道:"他们获得补偿和物归原主的希望破灭了,他们天生注定了宁愿饿死在家里而不愿去别处过着奢侈的生活。他们将为保卫自己的宗教信仰和家庭而战,宁愿战死在父辈的

---

① 钱乘旦、许洁明:《英国通史》,第154页。
② 艾德蒙·柯蒂斯:《爱尔兰史》(下册),第439页。

坟墓旁,而不愿作为流放者死在无名的土地和陌生的河谷中。"[1]于是这些人联合起来走进山区,以抢劫为生,等待机会恢复一切。这表明,厄尔斯特殖民计划的成功是有限的,英国同化爱尔兰的希望并未完全成为现实。爱尔兰土地所有者中的老英国人没有受到厄尔斯特殖民计划的影响,这些人虽然信奉天主教,但他们的英国血统和社会地位决定了他们尚不准备联合天主教共同反对新英国人。但是,随着英国殖民政策的逐步发展,以及 1622 年选举区法庭(Court of Wards)的成立,他们感到在财产和宗教方面受到威胁,因而心生不满。查理一世即位时,老英国人再也无法忍受王室的高压,最终在 1628 年与驻爱大臣弗克兰(Falkland)达成协议,爱尔兰土地所有者同意付给国王 12 万镑,换取英国在宗教上的宽容和 60 年的土地安全保证。弗克兰一直希望通过与老英国人的联盟确立英王在爱尔兰的权威,但是却遭到新英国人的严重阻挠和反对,新老英国人的矛盾也一直相当尖锐,这必然对日后英国的爱尔兰政策产生重要影响。

1632 年,温特沃思(Sir Thomas Wentworth)出任英国驻爱大臣。从某种意义上说,此时英国经过长期的征服战争,已经使爱尔兰变成了殖民地,但是,英国政府却一直为此承受着沉重的财政负担。温特沃思上任时发现爱尔兰的财政收入每年都有 2 万英镑的亏空,[2]这显然是与英国宗主国开辟殖民地的初衷背道而驰的。因此,他上任后,除了继续对爱尔兰推行同化政策外,开始考虑如何使爱尔兰殖民地产生经济效益,维持驻爱英军的给养并平衡英国国内的

---

[1] Roger Lockyer, *Tudor and Stuart Britain*, 1471—1714, p.406.
[2] 爱德蒙·柯蒂斯:《爱尔兰史》(下册),第 452 页。

财政收支。查理国王派温特沃思前往爱尔兰就是希望"如此忠实的和有能力的仆人可能把爱尔兰变成英王国的安全之地和收益来源,而不是负担和责任"。① 温特沃思一到爱尔兰,即着手展开工作,直到1640年4月他最后离开,他的殖民统治与管理触及爱尔兰生活的几乎每一个领域。为使爱尔兰成为英王王冠上的一颗珍珠,他甚至将查理国王和劳德大主教在英国国内推行的专制统治制度搬到了爱尔兰。

首先,努力稳定与巩固英国人在爱尔兰的政治统治。温特沃思认为英王的统治应建立在全体爱尔兰人共同臣服的基础上,因而他在新老英国人和爱尔兰土著人之间、天主教与新教之间试图形成一种平衡机制,正如1633年他在给别人的一份报告中所表述的:"事实上,我们必须在那儿通过农场主统治本地人,同时通过本地人来统治农场主。"② 为此,他首先考虑的是在爱尔兰政府中由自己挑选英国人而不是英裔爱尔兰人形成服从自己的统治集团,在议会中努力维持新老英国人及两大教派的平衡。他的这种态度在1634年召开的爱尔兰议会上得以充分表现。在此次议会上,各派力量斗争激烈。上院由于对新教徒的册封,天主教贵族的席位日益减少,导致天主教势力日衰;因此在下院,温特沃思通过"王恩"(Graces)拉拢天主教议员,使两大教派的势力达到平衡。

其次,采取一切措施增加英王的收入。温特沃思要求对爱尔兰地主和殖民者的赐地进行重新审查,其目的在于通过对赐地的确认,增加地租收入,恢复什一税和圣职推荐权,从而提高爱尔兰的财

---

① J. C. Beckett, *The Making of Modern Ireland*, p.64.
② Ibid., p.65.

政收入。他以没有履行条约为名,将几家伦敦公司在北爱的特许权加以废除,同时施以7万英镑的罚款,将科耳伦和德里等地的关税全部上交国王;他还强迫对自伊丽莎白时代起移入的外来乡绅征收土地税和岁入。为了使爱尔兰真正成为英国的原料产地和商品市场,温特沃思在消除爱尔兰古老城镇的特权后,采取措施使其发展工业,通过打击海盗和开辟商业航道推动其发展贸易。他特别鼓励爱尔兰发展亚麻纺织工业,并亲自投资3万英镑,但他反对发展毛纺织业,以免同英国形成竞争。他告诉英王:"我们不仅要设法让爱尔兰人富足起来,而且更要确保他们依赖英王,使他们脱离我们之后就无法生存下去。"[1]这充分暴露出英国建立殖民地的动机及实施重商主义的战略企图。此外,温特沃思还在康诺特(Connaught)和克累尔(Clare)等地开辟新的殖民地,继续推进英国的移民与同化政策。

温特沃思的统治政策是有效的,对英国来说,它使英国在爱尔兰的拓殖得到发展,并给英国带来了真正的经济利益。正如丘吉尔所指出的:"温特沃思刚柔相济,使爱尔兰王国对英国王室比任何时候都更加驯服。他排解了部落之间的世仇,恢复了秩序和繁荣。"为了维护英王的统治,他建立了一支爱尔兰的军队,并筹集了一大笔保护金。"他在历史上的名望与他在爱尔兰的统治是分不开的。经过7年的努力,他平定了爱尔兰,搜刮了它的财富。他没有采取明显的激烈措施,也没有诉诸流血手段,而爱尔兰却成为他手中驯服的工具。"[2]

然而,对于爱尔兰来说,温特沃思的专横政策却损害了爱尔兰

---

[1] 艾德蒙·柯蒂斯:《爱尔兰史》(下册),第457页。
[2] 温斯顿·丘吉尔:《英语国家史略》(上册),第608页。

人的利益。"他成功的代价却是他和他的'彻底'政策变成了遍地仇恨的种子。"①爱尔兰人和英爱人反对温特沃思是因为他拒绝给他们的财产提供安全保证并不断拓展殖民地,新英国人对其不满是因为他的一些措施威胁到他们在政府中的职位和利益,而从苏格兰来的长老会教徒也因温特沃思试图强迫他们信奉国教并令他们发誓无条件服从英王而感到愤怒。这些不满和矛盾实际上一直存在并不断累积,但温特沃思似乎并不在意。所以当他在1639—1640年冬被召回英格兰并就任国王的英格兰和苏格兰事务顾问和助手时,他万万没料到爱尔兰会发生叛乱。苏格兰人起义后,他甚至设想在爱尔兰筹集人力和财力来帮助镇压苏格兰人。1640年他召集了新一届爱尔兰议会,他希望这届议会能批准其提出的大量的财政拨款,并为英格兰的政治阶层树立更好的榜样。然而事与愿违,这届议会成为天主教徒表示不满、要求结束爱尔兰服从英格兰统治的讲坛,爱尔兰由此卷入英国内战。在内战中,查理一世为了赢得爱尔兰的支持,几乎抛弃了温特沃思时期推行的所有对爱政策。

尽管17世纪上半叶英国在爱尔兰的殖民政策没有达到既定目标,但对于推动英国的海外殖民扩张及建立英帝国具有重要意义。

首先,英国对爱尔兰的殖民活动获得了直接的现实利益。由于爱尔兰自然条件优越,与英国隔海相望,加上政府的大力推动,因而使得许多英国贵族、商人、退伍军人和平民前往。1641年爱尔兰发生暴动之前,已经有1.3万名英格兰男女在北方六郡定居,此外还有

---

① 伊勒·伍德沃德:《英国简史》,王世训译,上海外语教育出版社1990年版,第103页。

4万苏格兰人。到1641年,"新英国人"的总数达到了2.2万人。①在英国殖民者的统治下,爱尔兰不仅成为英国的税收来源,而且被纳入不列颠的劳动分工体系,逐渐成为英国的商品销售市场和某些行业的原料供应地,从而为英国带来了可观的利润。1600年之后,爱尔兰的森林成为英国木材的主要供应来源;1614年,英国为保护自己的呢绒业而禁止羊毛出口,却力图使爱尔兰输出羊毛而不是呢绒,并且只对英国输出。②格林夫人因此写道:"巨大利润落在种植园之手,他们凶猛地开发该岛天然的富源,剥削廉价的没有法律保障的劳动力,结果,他们可以从爱尔兰一份地产上取得三倍于一份英国地产的利润。他们为了赚取暴利,急忙毁灭森林,为了冶铁,砍伐森林,烧成木炭;他们用精巧的爱尔兰船载铁沿河下驶,把工钱和运费共计十镑的东西在伦敦卖十七镑……英国投机家经过的地方,都被弄成赤地,好像遭过一场森林火灾一样。"③1636年,温特沃思回国述职时就自豪地宣称自己资助过教会、偿清了爱尔兰的债务,向英王提供了5万英镑的余款,并建立了一支维持和平的军队。④因殖民爱尔兰而获取的巨大利益,成为英国人进一步进行殖民扩张的直接动力。

其次,对爱尔兰的殖民为英国人积累了丰富的殖民经验,从而为英国更大规模的殖民活动作了必要的准备。英国在爱尔兰的殖民过程中,视爱尔兰的土族居民为"野蛮人",为了对其进行"文明开化"和"人种净化",英国实施了大规模的移民计划,从英格兰和苏格

---

① 尼尔·弗格森:《帝国》,第50页。
② 伊曼纽尔·沃勒斯坦:《现代世界体系》(第一卷),第298页。
③ 阿·莱·莫尔顿:《人民的英国史》(上册),第349—350页。
④ 艾德蒙·柯蒂斯:《爱尔兰史》(下册),第457页。

兰移入所谓的"文明公民",并建立殖民地或种植园。每个种植园均为移民的独立社会,他们占有并分配了当地土著人的土地,当地土著人则被迫外迁。这些政策和做法为17世纪英国在美洲的扩张树立了榜样。同时,殖民爱尔兰也为英国培养了一批殖民骨干和先锋,许多投身于新世界殖民的开拓者和冒险家都具有爱尔兰经历。《新编剑桥世界近代史》的作者对此分析道:"被殖民地本身的好处所吸引而在美洲开拓殖民地的新的兴趣首先在那些从爱尔兰获得了有关经验的英国人中间萌芽出来。爱尔兰位于去美洲的路上,许多想在美洲建立定居点的英国西部人,如:吉尔伯特、格伦维尔、雷利等,都是曾在爱尔兰建立定居点的重要人物,他们自然会想到把自己的经验在大有前途的环境和更容易控制的民族中间加以应用。"[1]对于在爱尔兰的英国殖民者来说,美洲是更大的爱尔兰,更具诱惑力,他们渴望在美洲取得大片的土地,对于这些土地他们完全可以采用贵族式的方法加以支配,而且英格兰国内大批自耕农移民完全可以弥补美洲劳动力的不足。所以从这种意义上说,爱尔兰是英国大规模殖民扩张及开创英帝国的"试验场"。[2] 英国人在这里学到了统治殖民地人的方法和技巧,并获得了丰富的经验与教训。

17世纪初期,出于战略和自身安全考虑,英国政府对爱尔兰这块特殊的殖民地表现出了极大的热情并采取了积极的步骤,然而对其他地区的商业扩张和殖民拓殖活动则显得相对消极。因此,17世纪初期英国大规模的海外殖民活动主要由商人、投资者、宗教领袖、

---

[1] R.B.沃纳姆编:《新编剑桥世界近代史》(第三卷),中国社会科学院世界历史研究所组译,中国社会科学出版社1999年版,第696页。
[2] Nicholas Canny, ed., *The Oxford History of the British Empire*, Vol. I: *The Origins of Empire*, p.146.

贵族及冒险家组成的民间力量发起和推动,民间拓殖活动在英帝国初创时期发挥了重要作用。

就亚洲而言,东印度公司是英国殖民扩张的急先锋和骨干力量。东印度公司成立之初其组织并不完善,且管理混乱,但作为在政府垄断政策保护下的合股公司,其优越性较其它冒险公司却是十分明显的。"因为合股公司能够保持强大的固定资产,保存不断改变着的投资集团和获得国家给予的特殊贸易权力。"①股份公司由商人集资合股,共同经营,根据赢利和集资情况分配利润,易于获得较多资金并分散风险,因而有利于进行规模大、风险高的远洋贸易。起初,东印度公司的商船每次航行均单独进行,所需经费采用集资的方式,所集股份只用于一次航行,航行完毕即将所有收入分配给股东,下次航行再重新募集。不久,为了适应贸易发展的需要,公司改变经营策略,将一次航行的股份留下用于另一次航行,形成固定资本,为扩大公司规模和保证资本持续运行提供了可能。与此同时,公司的管理机构也日益完善,除在国内拥有总部之外,根据需要在海外设立了若干代理处,负责监督公司的海外活动,提高了公司的工作效率。1603年9月,兰开斯特带着价值100万镑的胡椒和香料回到英国,这次成功的航行给公司带来了巨额的利润。经过这次航行,英国人乐观地认为在东印度的贸易将一帆风顺,因此1604—1606年间,东印度公司进行了第二次赴香料群岛的远航,试图建立与安汶岛和班达岛的直接联系。从1601年到1617年期间,公司共组织13次航行,运回了大量香料等贵重物品,经营所得的纯利共达

---

① 尼古拉斯·塔林等:《剑桥东南亚史》(第一卷),贺圣达等译,云南人民出版社2003年版,第294页。

1 028 281 镑。① 1609—1613 的 8 次冒险航行中,公司所获利润最高可达 334%,最低的也在 200% 以上。② 与此同时,英国东印度公司还在印度和日本建立商馆,并以此为基地与中国海商进行贸易,或派船只海面拦截中国商船,抢掠中国货物。1619 年,英荷两家东印度公司订立合作条约,共同建立"防务委员会",寻找共同攻击目标,排除西、葡的干涉,排斥中国商人,并试图占领中国沿海岛屿,迫使中国商船与其进行贸易。③

然而,东印度公司的活动还是遭到荷兰东印度公司的有力竞争。"在整个 17 世纪,英国东印度公司的经营规模远远小于它的荷兰对手。尽管如此,荷兰人还是非常担心英国的竞争,因而总是不遗余力地加以防备。"④当英国人在万丹建立第一个商馆时,荷兰人早已到达这个地区,并同葡萄牙人争夺控制香料贸易垄断权进行了长期的斗争。当时荷兰东印度公司拥有资本 650 万盾,是英国东印度公司的 10 倍,实力雄厚,由 17 人组成的公司理事会直接管理荷兰先前在东方建立的所有商馆,包括马鲁古群岛的德那地、班达群岛,爪哇北岸的万丹和锦石,马来半岛的北大年和柔佛以及苏门答腊西北的亚齐等地商馆。⑤ 1605 年,荷兰人从葡萄牙人手中夺取安汶,建

---

① W. R. Scott, *The Consitition and Finance of English、Scottish and Irish, Joint-Stock Companies to 1720*, Cambridge:Cambridge University Press, 1912, pp.79 - 82.
② E. E. Rich, C. H. Wilson, eds., *The Cambridge Economic History of Europe*, Vol. IV: *The Economy of Expanding Europe in the 16th and 17th Centuries*, London:Cambridge University Press, 1967, p.259.
③ K. M. Panikkar, *Asia and Western Dominance*, London:George Allen & Unwin, 1955, p.38.
④ 赫尔曼·库尔克、迪特玛尔·罗特蒙特:《印度史》,王立新、周红江译,中国青年出版社 2008 年版,第 259 页。
⑤ D. G. E. 霍尔:《东南亚史》(上册),第 364 页。

立了荷属第一个根据地。为了掌控通商独占权,荷兰人便集中力量驱逐葡、西、英的势力。1609年,荷兰创设总督制,将各商馆统归一人指挥,总督有权管理各地商馆的炮台、办事处、船只、职员及士兵。英国人的到来直接威胁到荷兰的东方贸易和商业利益,也危及荷兰对欧洲香料市场的垄断,荷兰人遂采取措施排挤英国人。1609年2月,英商到达班达时,荷兰舰队尾随而至并强迫当地统治者订立条约,承认荷兰对当地的香料拥有贸易垄断权。鉴于荷兰人的优势地位,英国东印度公司不得不请求政府支持,以谋求与荷兰的妥协与合作。1611年,英国东印度公司就荷兰人对英国职员所犯下的"不礼貌和非人道的罪行"向英国政府提出申诉,英国驻荷大使就此事向荷兰提出了抗议,随后双方举行谈判,但一直没有取得什么结果。[1] 于是,英国人只能在荷兰势力薄弱或其势力尚未达到的地方进行有限的扩张,英国东印度公司相继在望加锡(Macassar)、苏卡达纳(Sukadana)、马辰(Banjarmasin)以及暹罗的南部北大年和阿瑜陀耶(Ayutthaya)建立了商馆。英国商人还在暹罗的清迈(Chiengmai)和缅甸的勃固(Pegu)一带活动。1613年,英国东印度公司不顾荷兰人的反对同亚齐素丹签约,获得了在亚齐诸港口进行贸易的权利。

争夺香料贸易使英荷之间的矛盾日益激烈,斗争也不断升级。1615年,受到荷兰人阻击的韦岛(Pulau Weh,位于班达群岛)英国人向万丹的英国商馆求援,万丹遂于1616年派出增援力量。但是由于荷兰力量占据优势,英国人最终接受了荷兰人提出的条件,其中包括:英国人不得帮助韦岛居民反对荷兰,荷兰人入侵韦岛时不干涉英商的活动;假如荷兰人占领韦岛,英国商人应当撤离。荷兰人占

---

[1] D. G. E. 霍尔:《东南亚史》(上册),第368页。

领了韦岛和兰岛后便要求英国人从兰岛撤走,还明确警告英国人:在马鲁古群岛海面附近出现的英国船只都会受到荷兰的攻击。实际上,1618—1620年间,英国人同荷兰人"在东印度群岛的关系发展到了公开战争的地步"。① 1618年12月,英国人扣留并烧毁了一艘从暹罗的北大年开往万丹的荷兰船只,荷兰人立即摧毁了英国在爪哇雅加达设立的商馆,以示报复。1619年英国人在夺取雅加达失败后,被迫将他们的商馆从万丹撤往印度的科罗曼德尔海岸(Coromandel coast),在撤退时英国所有满载货物的商船都被荷兰舰队击沉,损失惨重。经过艰苦的谈判,英国人不得不在1619年7月17日同荷兰签订了一项条约,该条约规定:英荷双方既往不咎,释放对方的俘虏并归还劫走的船只;在马鲁古群岛、安汶岛和班达群岛的香料贸易中,荷兰人占2/3,英国人占1/3;在爪哇各港口的胡椒贸易中享有同等份额;两国约定两国的东印度公司各自提供10艘战舰用于商业防卫和共同反抗葡萄牙,为此双方建立共同防务委员会。②显然,英荷两国为了经济利益并对付共同的敌人达成了暂时的妥协。不过,英荷在这一地区的利益冲突是战略性的,这决定了双方的结盟是短命的。对荷兰来说,该条约暂时消除了英国的竞争,有利于实现荷兰对东南亚香料的垄断。为了扩大自己的贸易和殖民范围,荷兰加快了对爪哇和马鲁古群岛的侵略步伐。1619年,荷兰人占领了雅加达(将其改名为巴达维亚),从此巴达维亚成为荷兰东印度公司的总部,是荷兰在东南亚进行贸易和殖民活动的中心据

---

① 约翰·F.卡迪:《东南亚历史发展》(上册),姚南、马宁译,上海译文出版社1988年版,第207页。
② H. H. Dodwell, ed., *The Cambridge History of the British Empire*, Vol. IV: *British India, 1497—1858*, Cambridge: Cambridge University Press, 1929, p. 83.

点。在万丹的英国商馆日益受到荷兰人的包围和封锁,难以立足。1622年,英国人决定从马鲁古群岛撤离,这一计划尚未执行即遭荷兰人的武力破坏。1623年2月23日,荷兰人以"从事阴谋活动"为借口,将英国在安汶商馆的18名英国人、11名日本人和1名葡萄牙人逮捕,最后将10名英国人、10名日本人和该葡萄牙人判处死刑。[1] "安汶惨案"将英国的势力赶出安汶,也标志着英国势力被逐出马鲁古群岛,荷兰确立了在东南亚香料贸易的垄断地位。此后不久英国先后关闭了在雅加达和北大年的商馆,只有万丹的商馆保留到1682年。"安汶惨案"在英国人心中留下了"对荷兰人的久存不忘的仇恨"。[2]

香料群岛的失败使东印度公司不得不另寻他策。此时,英国人通过对印度的调查,已得知印度贸易的重要性。在进入印度之前,与东方的贸易中,主要是通过输出金银等贵金属换取东方的奢侈品,如香料、胡椒等。公司最初的23年中共输出价值753 336英镑的金银,而输出的商品仅为351 256镑。[3] 这种贸易方式及贸易结构遭到了早期重商主义者的强烈质疑与反对,结果公司的领导人之一托马斯·孟不得不撰写文章为公司辩护。[4] 由于无法提供东方各国所需的商品,也不愿由于购买而导致大量贵金属外流,公司遂考虑利用现有东方各国的贸易联系,特别是印度与东印度群岛的传统贸易,首先取得可用以交换东印度香料的商品,发展转运贸易。而具

---

[1] D.G.E.霍尔:《东南亚史》(上册),第381页。
[2] Nicholas Canny, ed., *The Oxford History of the British Empire*, Vol.I: *The Origins of Empire*, p.271.
[3] Ibid., p.269.
[4] 参见托马斯·孟等《贸易论》,顾为群、刘漠云、陈国雄等译,商务印书馆1982年版。

有特殊地位的印度的棉纺织品则成了这种交换商品的首选。正如诺尔斯所指出的:"印度半岛能够在贸易方面成为战略要点,不是由于它生产香料(它只生产胡椒,而且本地还输入其他香料),而是由于它生产可以在香料群岛用来购买香料的布匹。"①英国商人可以把印度作为中间环节,通过向东亚、西亚及非洲东海岸输出印度的商品以换取金银或土特产,又以这些金银或土特产换取印度的可供再出口的棉纺织品等,再以棉纺织品等换取欧洲所需要的东印度的香料。如此循环,形成以印度为中心的转运贸易体系,在此过程中,英国商人可以进行多次的以不等价交换为特征的中介贸易,获取暴利。正因如此,当英国商人从南洋香料群岛退出后,立即将精力转入对印度的商业殖民扩张上,专注于印度的纺织品贸易。

早在东印度公司第二次航行结束时,英国人就认识到英国的商品在印尼、马来群岛根本没有市场,而印度布匹在东南亚的易货贸易中占有重要地位。1608年,东印度公司第三次航行返回途中,三艘船中的"赫克托尔号"(Hector)在船长威廉·霍金斯(William Hawkins)的带领下奉命驶进印度西海岸的苏拉特(Surat)。这是东印度公司首次来印,其目的之一就是为东南亚贸易寻找印度布匹货源。霍金斯奉东印度公司之命于1609年抵达阿格拉(Agra)晋见莫卧儿皇帝贾汉吉尔(Jahangir),并呈交了英王要求在印度建立商馆的文件。② 起初,霍金斯在印度受到良好接待,贾汉吉尔也表示同意英国的申请、准许英人在苏拉特居留。但因葡萄牙人和苏拉特商人

---

① 诺尔斯:《英国海外帝国经济史》(第一卷),袁绩藩译,上海人民出版社1966年版,第85页。
② H. H. Dodwell, ed., *The Cambridge History of the British Empire*, Vol. IV: *British India, 1497—1858*, p.77.

的抵制与反对,霍金斯于1611年离开阿格拉时一无所获。但英国人并未死心,1612年,东印度公司组织的第十次航行,有两艘船在苏拉特附近海面击败葡萄牙人,英国人还对苏拉特商人实施报复措施迫其就范,公司得以再度进入苏拉特。经过努力,1613年初,贾汉吉尔颁发了准许英国人在苏拉特设立一永久性商馆的敕令,由此英国在莫卧儿帝国范围内设立了第一个商馆。次年,英国在苏拉特港外再度击败葡萄牙舰队,其在印度的优势得以确立。1615年,东印度公司随即派遣由英王詹姆士一世任命的全权大使托马斯·罗爵士(Sir Thomas Roe)前往莫卧儿拜访,期望与印度缔结一个商务条约。罗虽然未能与莫卧儿王朝订立任何明确的商务条约,但他为公司取得了某些特权,特别是得到允许在帝国内的某些地方设立商馆。1619年当他离开时,英国人已在苏拉特、阿格拉、艾哈迈达巴德(Ahmadabad)和布罗齐(Broach)建立了商馆。所有这些商馆一律受苏拉特商馆的总管和参事会的控制。这个总管还拥有对公司同红海诸港口和波斯贸易的控制权。[1]

自此之后,东印度公司便以已有的商馆为基础,在印度东、西海岸甚至内地大量设立新商馆,不断扩展自己的势力范围,并通过各种手段在商馆区谋求诸如减免税收等商业特权,以获取排斥他国的垄断地位。1626年,东印度公司在科罗曼德海岸高康达国(Golkunda)的阿马冈设立商馆。1632年,高康达苏丹颁发给英国人"黄金诏谕",准许他们只要每年缴付500派哥达的税,即可在王国所属的各个港口自由经商,这些条件在1634年的另一敕令中被再次重

---

[1] R.C.马宗达、H.C.赖乔杜里、卡利金卡尔·达塔:《高级印度史》(下册),张澍霖等译,商务印书馆1986年版,第686页。

申。① 1639年，公司以每年600英镑租金为代价，从昌德拉吉里(Chandragiri)的罗阇(Raja，即部落首领)手中租得沿海一地和一个小岛建立了圣乔治堡(Fort St George)，后发展成科罗曼德海岸的主要基地马德拉斯市。在孟加拉湾沿岸，1633年公司在奥里萨(Orissa)的哈里哈普尔、巴拉绍尔建馆，后又在胡格亚、卡锡姆巴扎尔和巴特建立商馆。② 到1647年，东印度公司在印度各地已有商馆23处，公司的贸易获得迅速发展。在建立商馆和推进贸易的进程中，东印度公司的航运能力和海上力量得到明显加强。1600—1640年，公司拥有76艘舰船，其中吨位超过300吨的有49艘，甚至有超过1 000吨的大型舰船。③

英国东印度公司是由伦敦商人发起组建的，东印度公司建立商馆的目的在于提供贸易据点，以获取商业利益。随着商馆地位的巩固和公司贸易的发展以及与他国商人激烈的竞争，公司的活动逐渐越出贸易范围，这主要表现在英国人试图在商馆所在地进行设防。1620年，南印小国坦焦尔(Tanjore)首先允许公司在其境内的特兰奎巴尔港附近建馆设防。1627年，公司又获得莫卧儿地方统治者允许在苏拉特设防。几年之后，公司又在圣乔治堡派驻100名士兵。1639年，英国人租得马德拉斯并在那里建立一个设防的商馆。表面上看，英国人在商馆设防旨在保证商馆的安全并维护自身的利益，但实际上这是英国在印度建立殖民地的前奏和准备。它表明在17

---

① R.C.马宗达、H.C.赖乔杜里、卡利金卡尔·达塔:《高级印度史》(下册)，张澍霖等译，商务印书馆1986年版，第687页。派哥达是19世纪20年代以前印度通用的一种金币。
② 林承节主编:《殖民主义史》(南亚卷)，北京大学出版社1999年版，第56页。
③ K. R. Andrews, *Trade, Plunder and Settlement*, New York: Cambridge University Press, 1991, p.276.

世纪中期,当英国东印度公司在印度获得立足点之后,就已开始觊觎印度的领土了。

17 世纪初英国人在非洲的殖民活动得到加强并取得重要进展。17 世纪初期,国内外环境的变化为英国人在西非的频繁活动提供了动力。一方面,英国在北美、西印度群岛和亚洲殖民和商业扩张的步伐加快并初见成效,使非洲在英国海外扩张中的地位日趋重要;另一方面,新的国际形势有利于英国在非洲的扩张。此时葡萄牙对非洲贸易的垄断已被荷兰打破,许多葡萄牙在西非的重要据点被荷兰占领,以至于到 1641 年时,葡萄牙不得不与荷兰签订停战协定,承认荷兰对以前葡萄牙在几内亚一些地区的所有权。[①] 此后荷兰实际上已取代了葡萄牙在几内亚地区的贸易垄断地位。荷兰的胜利同样刺激了英国人的扩张欲望。

早在 1604 年,英国与西班牙进行和平谈判时,英国就提出了与西班牙海外领地及几内亚进行自由贸易的要求。此后随着英西之间相对和平时期的到来,英国在非洲的贸易得到发展。英国的商业利益主要集中于从塞内加尔河到塞拉利昂之间的西部海岸,从事贸易的商品包括兽皮、树脂(gumarabic)、蜂蜡、红木及黄金等。1611 年,长期从事红木生意的伦敦商人约翰·戴维斯(John Davis)在几内亚湾建立了英国人在西非海岸的最早定居点。1614 年,他向英国议会提出在西非从事红木贸易的垄断权。[②] 戴维斯等人的努力促成了几内亚合伙公司的组建,1618 年,英王詹姆士一世授权罗伯特·里奇(Robert Rich)等 30 名商人组成"伦敦冒险家对非洲贸易公司"

[①] Nicholas Canny, ed., *The Oxford History of the British Empire*, Vol. I: *The Origins of Empire*, p.250.

[②] Ibid., p.251.

(The Company of Adventurers of London Trading to Parts of Africa),又称几内亚公司。根据国王的特许状,公司拥有几内亚到贝宁之间的贸易权,独占那里的奴隶贸易。1618—1621 年,该公司三次派人前往冈比亚河进行探察活动,以打通沿海通向冈比亚盆地的航道并寻找黄金。这些活动虽然以失败而告终,公司因此亏了本,但它却在河流入海处的詹姆士岛上建立了第一个英国商馆,并带回了许多其它非洲产品。① 英国人在几内亚的贸易从此得到英国政府的保护。1628 年,戴维斯的公司获得了在塞拉利昂河的红木贸易垄断权。1628 年,公司的其他成员在西布洛河口(River Sherbro)建立红木贸易商馆。几内亚公司虽然得到国王的支持,但是面临着其他国家商人的竞争和没有特许状的英国私商的肆意破坏,因此很难在实际上垄断对非贸易。伦敦商人尼科拉斯·克里斯普(Nicholas Crispe)接手公司后,将公司的活动逐步转移到黄金海岸。1631 年英王颁布新的特许状,授权克里斯普组建另一个"商人对几内亚贸易公司"(the Company of Merchants Trading to Guinea),尽管特许状宣称这是一个新的公司,但实际上只是前一公司的改组。根据特许状,公司享有从布兰科角(Cape Blanco)到好望角之间的 31 年贸易垄断权。新特许状大大扩展了英商在非洲的活动范围,并承诺政府将支持公司反对外国竞争者,主要是荷兰人。② 公司于 30—40 年代,在黄金海岸的科曼达(Komenda)、科尔曼丁(Kormantin)、

---

① D. B. Quinn, A. N. Ryan, *England's Sea Empire*, London: G. Allen & Unwin, 1983, p. 163.

② Nicholas Canny, ed., *The Oxford History of the British Empire*, Vol. I: *The Origins of Empire*, pp. 252 - 253.

阿诺玛布(Anomabu)等地陆续设立了商站,① 其活动给英国带来了可观的商业利润。克利斯普声称,公司在1633—1644年间进口的黄金价值达50万镑。② 新公司一直维持到共和国时代。1657年,它在黄金海岸的权利转让给东印度公司,作为后者船只航行的中继站。需指出的是,直到17世纪中期,英国同西非的贸易主要限于商品贸易而非奴隶贸易,此时非洲的奴隶贸易完全掌握在荷兰等国手里,英国人难以染指。同时黑人奴隶的真正价值尚未被英国人真正认识,所以1631年英王颁发的几内亚公司特许状中特别强调黄金贸易,有关奴隶的问题根本没有涉及。这表明,如果没有广阔需求市场的强烈刺激,大规模的奴隶贸易就很难发展起来。

总体而论,17世纪初,英国人在亚非的殖民扩张活动由于没有政府的直接参与而步履维艰。此时英国人的扩张活动主要限于商业扩张,正如东印度公司初建时所明确宣布的,其基本宗旨"仅仅就是追求航运谋求商业利益、通过和平贸易向国内输送金银"。③ 因此,其早期成果仅限于在海外局部地区建立从事商业活动的商站,以夺取当地的产品和垄断当地的贸易,因而其影响非常有限,且面临诸多困难。"它必须勘测印度诸海和海岸并绘出地图,它必须殚精竭虑拟订一种商业制度,拿些商品来做实验,培养和训练出一批职员。它必须敢于对抗和安抚英国的天主教世敌和它的新教竞争者,而且它甚至不得不在国内确立一种地位。……英国在东方的这

---

① J. Holland Rose, A. P. Newton and E. A. Benians, eds., *The Cambridge History of British Empire*, Vol. I: *The Old Empire from the Beginnings to 1783*, 1. p.45.
② Nicholas Canny, ed., *The Oxford History of the British Empire*, Vol. I: *The Origins of Empire*, p.253.
③ P. Woodruff, *The Men Who Ruled India*, Vol. I: *The Founders*, London: J. Cape, 1963, p.20.

种最早尝试,没有得到国家的积极支持。东印度公司是在冷漠和个人奋发的气氛中成长起来的。它必须与反对现金输出的固执的中世纪偏见和错误的对外贸易理论相对抗。"①但是,立足本身,一方面为英国人以后的进一步扩张和殖民活动的升级打下了基础,因为随着贸易的不断开展,商站经历了巨大的结构变迁。"最初,这些商站只是被用于为每年的航运储存货物;然而,在某个时候,随着它们职能的增多,如下订单、分配样品、发出并监督信贷等,它们就成为其影响深入该国腹地的中心了。"②另一方面,也使英国人不得不考虑殖民方式和地区的改变,以寻求新的扩张机会。正如劳埃德所指出的,从16世纪后期开始的早期殖民扩张时代,英国虽然拥有一定的远洋和军事力量,但是它的力量优势尤其是对亚洲先进文明地区的力量优势是有限的,这注定了它在东方的扩张重点只能在海上,只能是非洲和印度沿岸的若干贸易据点和堡垒。于是,英国殖民扩张的重点只能在美洲。③

二、立足北美:烟草殖民地的建立

整个16世纪,英国只是"有节制地"参与了向美洲的扩张活动,④英国人一直寻求在北美立足,但是直到17世纪初英国在美洲

---

① R.C.马宗达、H.C.赖乔杜里、卡利金卡尔·达塔:《高级印度史》(下册),第685页。
② 赫尔曼·库尔克、迪特玛尔·罗特蒙特:《印度史》,第260页。
③ T.O. Lloyd, *The British Empire, 1558—1983*, p.14.
④ 加尔文·D.林顿编著:《美国两百年大事记》,谢延光、储复耘等译,上海译文出版社1984年版,第2页。

尚无一块永久的殖民地。失败的经历和欧洲其他强国在美洲的成功促使"英国商人自然觊觎美洲,把它看作进一步扩张经济的地区。西半球的财富,早已为人们所熟悉并为之神往。英国的商人们,为增殖金银和扩大工商业活动所驱使,乐意和渴望开发新世界的财富"。① 同时也使英国人认识到"成功的殖民事业至少在起始阶段不是任何个人的力量和资财所能胜任的"。② 基于这种认识,当英国人把殖民扩张的矛头指向北美洲时,英国的乡绅、商人们纷纷集资成立新的合股公司,并由国家赋予权力,从事商业殖民活动。这赋予英国的殖民开拓最基本的特征就是民间力量,特别是民间商业公司成为最初殖民地建立的主导力量。正如有人所指出的:"1603—1660年的对外贸易史与殖民地史关系密切,难以区分。毫无疑问,商人插起英国国旗,而不是跟随国旗走,他们在已知世界的大部分地方前进、定居或建立殖民地。"③总体上英国政府在资金、航运及军事保护方面并未给予实质性的支持。

17世纪初,英国社会各阶层前往美洲建立殖民地和进行贸易活动的愿望十分强烈。1604年斯图亚特王朝与西班牙缔结和约,根据和约,西班牙默认了英国在北美所建的各个渔业根据地,同时又不得不承认英国对未占领地区拥有航海权。④ 这既给英国向美洲进发

---

① 吉尔伯特·C.菲特、吉姆·E.里斯:《美国经济史》,司徒淳、方秉铸译,辽宁人民出版社1981年版,第33页。
② J. Holland Rose, A. P. Newton and E. A. Benians, eds., *The Cambridge History of British Empire*, Vol.I:*The Old Empire from the Beginnings to 1783*, p.107.
③ Godfrey Davies, *The Early Stuarts, 1603—1660*, London:Oxford University Press, 1979, p.321.
④ J. Holland Rose, A. P. Newton and E. A. Benians, eds., *The Cambridge History of British Empire*, Vol.I:*The Old Empire from the Beginnings to 1783*, p.76.

提供了合法借口，也极大地唤起了英国人前往北美的热情，一些实力雄厚的民间商业团体尤为热衷，并积极筹划赴美拓殖的相关事宜。1606年，一批英国贵族和商人联合向英王提出申请，特许他们在美洲建立殖民地。为了避免巨大的风险并聚集更多的资金，他们决定建立股份公司，参加者按照其所购买的股份比例分担盈亏。向国王提出请求的商人团体分别来自伦敦和普利茅斯，伦敦集团的拓殖兴趣主要在切萨皮克（Chesapeake）地区，而普利茅斯集团则钟情于新英格兰北部。1606年4月10日，伦敦集团的弗吉尼亚公司（Virginia Company of London）和普利茅斯集团的普利茅斯公司（Plymouth Company of Plymouth）被英王授予特许状。特许状允许两个公司可以在美洲弗吉尼亚及美洲的其它地区建立定居点并进行拓殖活动。该特许状将弗吉尼亚公司和普利茅斯公司在北美的活动范围加以划分。根据特许状，弗吉尼亚公司的殖民范围大体在北纬34°到41°之间，而普利茅斯公司的殖民范围则在北纬38°和45°之间。至于北纬38°和41°之间，即双方均拥有殖民权的重叠地区，双方不得在对方领地的100英里范围内设立定居点。特许状明确规定，在美洲发现和建立的殖民地和其他领地均属英王所有，弗吉尼亚等地的殖民活动接受双重领导：公司的事务由设在伦敦的公司委员会全面负责，该委员会指派一名总督和一个由13人组成的顾问委员会（或称参事会）全权处理殖民地事务；伦敦设有皇家委员会代表英国政府对与政府有关的事务行使监管权，英王对殖民地拥有最高裁判权，以保证殖民地与母国具有司法的一致性。特许状还特别允许最初的移民从英国和其他英属领地进口生活必需品，10年内免交进口税、津贴和其他关税，但是移民需向政府交纳殖民地收益租金，即交纳所开采金银的五分之一和铜的十五分之一。在此前提下，公司可以在英国招募移民,可以在殖民地获得土地,独占殖民地的贸易权和金、银、铜矿开采权,并有锻造货币之特权。特许状还特别规定,新垦殖地的居民及其子女都享有"自由、财产和安全保护,如同他们在英国本土一样"。① 此特许状不仅是英国在北美建立第一个永久殖民地的法律依据,实际上,它提出了英国在北美殖民政策的基本原则,明确了国王与公司双方的目的以及北美殖民地与母国的关系;赋予移民们英国公民的身份,从而为日后英国人在北美的殖民活动指明了方向,因此,它对后来北美殖民地的发展以及殖民制度的确立有着十分重要的影响。

获得国王特许状的伦敦弗吉尼亚公司迅速开展前往北美殖民的筹备工作。获利的吸引力使英国几乎所有的商业力量都通过购买股票而参与到美洲的殖民活动中。"在为开发弗吉尼亚而组成的伦敦公司中,除了伯爵、主教、爵士和绅士以外,还有普通老百姓、成衣商、文具商、鞋铺老板、缝纫用品商、食品商、五金商、刃具商、皮革商、马鞍商、制靴匠、织布工、木匠、所有其他重要行业的代表以及两名妇女……这个建立了第一处成功的殖民地的大公司,事实上代表了英国商业生活中的主要分子。"②1606 年 12 月,该公司组织第一批移民 144 人,乘坐三艘船前往弗吉尼亚。1607 年 5 月,他们在北美沿海的詹姆士河口附近的一个小岛登陆,在此建立了第一个永久性的居民点并取名詹姆士敦(Jamestown),以纪念英王詹姆士一世,弗吉尼亚殖民地的历史由此开始。

---

① "First Charter of Virginia" (April 10, 1606), in Henry S. Commager, ed., *Documents of American History*, Vol. 1: *to 1898*, New York: Prentice-Hall, 1963, pp. 8 - 10.
② 查尔斯·A. 比尔德、玛丽·R. 比尔德:《美国文明的兴起》(上卷),许亚芬译,商务印书馆 2012 年版,第 35 页。

作为一家商业冒险公司，弗吉尼亚公司向北美殖民的根本目的是获取丰厚的经济回报，但对于一般移民来说，生存是首要任务。"在英国的对外扩张中，比传教士力求拯救灵魂的工作更加重要的是那些来自各个教派的普通教徒的劳动，他们逃入荒原，寻找他们自己的避难所。"①但弗吉尼亚殖民地建立之初，移民们遇到了难以想象的困难。他们来到一片陌生的荒野之地，其中超过三分之一是不习惯体力劳动的"绅士"以及没有多少技能的佣人，生存和适应能力都很差，因此如何获取粮食以维系生存便成为首要的问题。起初，粮食及生活必需品均来源于母国，根据王室法令的补充规定，自定居地开辟之日起的5年之内，移民的用品由投资者自动结成的各个团体运送，货物运抵后放在公共仓库，由殖民地政府向移民出售，然后将收益转给投资者。但这种方式很不成功，到1609年时，商人们便对向殖民地运送必需品失去了兴趣，从而使移民们经常处于断粮和饥饿状态中。再加上弗吉尼亚气候炎热，疾病多发，以及不时与印第安人发生冲突，造成了移民大量死亡。到1608年时，100多名移民中只剩下了50多人。②1607—1609年，有900多名男性移民到殖民地，但只有60人活了下来。③这些活下来的移民不得不基本依赖树根、野草、胡桃、野果、蛇，偶尔也夹杂着少许鱼类为生。④ 幸

---

① 查尔斯·A.比尔德、玛丽·R.比尔德：《美国文明的兴起》（上卷），许亚芬译，商务印书馆2012年版，第21页。

② J. Holland Rose, A. P. Newton and E. A. Benians, eds., *The Cambridge History of British Empire*. Vol. I: *The Old Empire from the Beginnings to 1783*, p.80.

③ 加里·纳什等编著：《美国人民：创建一个国家和一种社会》（上卷），刘德斌主译，北京大学出版社2008年版，第70页。

④ Curtis P Nettels, *The Roots of American Civilization: A History of American Colonial Life*, p.156.

运的是,年轻的约翰·史密斯(John Smith)船长来到殖民地,他为殖民地制定了严格的纪律,带领移民们伐木建屋,修筑防御工事,并向土著印第安人学习了种植玉米等农作物的技术,最终使英国人在这里得以生存并站稳了脚跟。

弗吉尼亚殖民初期的艰难与混乱显然与殖民地的组织管理有关。殖民地建立伊始,其组织管理相当混乱。早在移民出发之前,根据特许状,国王对殖民地拥有最高权力,但国王是通过设在伦敦的一个委员会来行使权力的,该委员会的工作又基本依赖设立在弗吉尼亚的参事会,因此参事会对殖民地至关重要。但是,当时的参事会根本没有实权,且参事会内部勾心斗角,几乎使殖民地处在无政府状态。急功近利的伦敦商人们对殖民地提不出有效的指导,他们只关心移民们如何把精力投入到诸如寻找金矿、养殖桑蚕、酿酒以及勘测当地河流以期发现通往太平洋和中国的航路上去,而对殖民地的开发和农业垦殖则完全置若罔闻。严酷的现实使弗吉尼亚公司的商人董事们不得不调整自己的策略,根据殖民地传来的信息,殖民地捕鱼业有望成为有利可图的产业,且那里土地肥沃,适于发展种植业。为了挽回损失,投资者们决定转向捕鱼和农业,这就意味着要把殖民地当作一项长期投资项目,移民垦殖并建立永久殖民地成为其基本目标。1609年初,伦敦弗吉尼亚公司试图在北纬38°到45°之间建立新的殖民地,并得到英王批准,但是公司的努力并未成功。此时,公司的经营活动陷入困境,英王遂于1609年5月颁发了新的特许状,新特许状允许公司扩大股东以增加殖民投资,还下令撤销伦敦皇家委员会,授权公司司库和伦敦委员会(两者合称董事会)拥有对公司的直接领导权,从而大大扩充了殖民地的权力。公司由此取得了法人的地位,有权分配殖民地的土地,可以任命殖民地总督。新特许状还规定公司属下的殖民者及其后裔,作为英国的子民,享有自由公民和归化子民那样的自由、特权及豁免权。① 第二个特许状的颁布加强了殖民地的组织管理,并进一步激起了英国人移民弗吉尼亚的热情。为了避免重复早期殖民地关于领导权的争吵,伦敦委员会特别指出,弗吉尼亚的参事们"无论是一个人还是集体,都没有任何约束或否决的权力"。② 随后德拉华勋爵(Lord of De Lawarr)被伦敦委员会任命为弗吉尼亚的首任总督。

为了吸引足够的资金参与弗吉尼亚的殖民活动,弗吉尼亚公司遂依照新的特许状组织筹集资金活动。公司制定了向公众出售股票的方案,将弗吉尼亚殖民活动视为一项投资事业。该方案规定每股为 12 英镑 10 先令,凡购买股票者将成为股东。投资以 7 年为限分红,所得红利除现金外,辅以殖民地的土地。每位股东在 7 年以后至少可分得 100 英亩土地。此次活动的响应者并不多,但是通过出售股票而募集的资金,使公司得以装备了 9 条船,将 600 多移民送往弗吉尼亚。移民中大多是单身男子,主要由两部分构成:一部分人自付路费,他们从公司那里获得一份作为奖金的股票;另一部分则是契约佣仆(Indenture servents),③他们希望移民北美但无力承担路费,遂与公司签订契约,同意到达北美后为公司或殖民地服役 7 年以偿付路费,服役期满后即成为自由人。作为以租借劳动力为基础的信用制度,契约佣仆制度后来成为英属美洲殖民地早期解决劳工问

---

① "Second Charter of Virginia"(May 23, 1609), in Henry S. Commager, ed., *Documents of American History*, Vol.1: *To 1898*, pp.10 – 12.
② J. 布卢姆等:《美国的历程》(上册),第 27 页。
③ Indenture Servents 的中文译法较多,如"契约佣工""契约奴""契约佣人"等,笔者采用黄安年先生的译法:"契约佣仆"。参见黄安年《美国的崛起》,中国社会科学出版社 1992 年版,第 61 页。

题的主要手段。

1609年6月,远征队从普利茅斯出发。但船到途中突遇风暴,被吹到弗吉尼亚东北方向的百慕大群岛(Bermudas),其中一船失事沉没,剩余船只滞留几个月后才到达詹姆士敦。① 当幸存的400多名移民到达詹姆士敦时,令他们感到极度的失望,因为这里缺乏有效的管理,一片荒芜,几近丢弃,殖民地已陷入绝境,大约有半数人已经死去。所以1611年新任总督戴尔(Thomas Dale)到达那里时,几乎人人都哀叹不该到这里来。戴尔自己也深感绝望,认为难以对付"这些不守规矩的人,他们如此亵渎神灵、如此爱吵闹,……而且身染瘟疫,体格很坏"。他甚至盼望国王能把监狱中被判极刑的犯人送到弗吉尼亚,这种人至少会"把这里变成为他们的新国家"②。殖民地的混乱及人心思走的状况,迫使弗吉尼亚公司在戴尔就任总督时期实行严格的军事管制,强化纪律,基本恢复了约翰·史密斯时期所制定的各项政策,使殖民地的秩序有所好转。殖民地当局还指导移民修建房屋、构筑防御工事并重新种植玉米,发展农业生产,英国这块最早的殖民地由此得以保留。

为了改变弗吉尼亚公司的经营状况和改善殖民地的处境,1612年,英国王室向公司颁发第三个特许状,对1609年特许状进行了重要修改。它扩大了伦敦公司对弗吉尼亚内部事务的控制权,以提高殖民地政府的效力。为增加公司对小股东的吸引力,特许状规定公司每年应召开4次名为"大法庭"(Great court)的股东会议,公司董事会的产生、殖民地法律的制定及公司的重大事务均由"大法庭"负

---

① J. Holland Rose, A. P. Newton and E. A. Benians, eds., *The Cambridge History of British Empire* . Vol. I: *The Old Empire from the Beginnings to 1783*, p. 83.
② 塞缪尔·埃里奥特·莫里森等:《美利坚共和国的成长》(上卷),第53页。

责;授权公司在伦敦发售彩票以增加资本,同时还将伦敦公司的殖民疆域扩大到包括百慕大在内的大西洋岛屿。①

然而,对于离开英国千里迢迢来到弗吉尼亚的移民们来说,勉强维系生存并非是他们的主要追求。国内生存的艰难及殖民先驱的鼓动宣传,是他们前往弗吉尼亚的主要动力,也使他们对殖民地充满期待。早期移民们历经千辛万苦,不断寻找能够用以换取欧洲货物、适合本地大量生产的货品,以便尽快在弗吉尼亚发财。弗吉尼亚公司曾经将美洲的杉木、黄樟等产品运抵英国或欧洲,但是英国或欧洲市场对此类商品的需求非常有限。公司一度非常重视殖民地的酒类、丝绸、焦油等产品,英王明确指示,要求弗吉尼亚生产那些必须从其竞争者处进口的产品,特别是丝类和酒类。为此,詹姆士国王专门聘请一名法国人传授生产丝及酒的技术,国王还专门为一本书作序,号召掌握制酒和造丝技术。② 但这些产品也很难打开英国和欧洲市场。最终给殖民地带来希望的是种植烟草,正是烟草构成了早期殖民地生存下去的关键因素并奠定了弗吉尼亚殖民地发展的基础。

烟草原是美洲的土产,在白人到达新大陆之前,从巴西到圣劳伦斯(St. Lawrence)河谷的广阔地区到处都有烟草种植,它是印第安人用来咀嚼和吸食的麻醉剂,又是祭祀活动的最佳道具。③ 哥伦布第一次航行时西班牙人已对烟草有所了解,半个世纪后,吸烟已

---

① David C Douglas, ed., *English Historical Documents*, Vol. IX: *American Colonial Documents to 1776*, pp.65-72.
② ALan G.R.Smith, *The Reign of Jamas VI and I*, p.135.
③ 理查德·克鲁格:《烟草的命运——美国烟草业百年争斗史》,徐再荣等译,海南出版社2000年版,第8页。

在欧洲大陆广为流传。到1585年,吸烟在英国已经很普遍,时人甚至相信烟草具有医疗功效。它在晒干和点燃后,"会散发出大量的烟和呛人的气味,从而打开身体的所有毛孔和经络;这样不仅防止血脉阻塞,而且能在短期内打通经络;因此他们能够保持健康,远离疾病,帮助我们的国人抵御疾病的侵袭。"①英国农户种的烟草虽然在一定程度上满足了英国人的需要,但是英国需要的烟草大部分还是以很高的代价从西班牙帝国进口的。弗吉尼亚的印第安人早就种植烟草,但是由于不合英国人的口味而不受欢迎。1612年,约翰·罗尔夫(John Rolfe)把他在西印度群岛得到的烟草种籽引种到弗吉尼亚,结果获得成功,且烟叶的质量比原来的好。由于种植烟草所需投资少,易于大量种植,其收入大大高于谷物种植或铁器制造,因此烟草成了弗吉尼亚的主要作物,移民们都热心种植这种作物,甚至把烟草种到詹姆士敦的大街上。1616年总督发布命令,要求每一个土地所有者要用自己土地的2/3种植谷物,但显然无济于事。到1617年时,弗吉尼亚运往英国的烟草已达两万磅,此后逐年增加。1618年,弗吉尼亚的烟草出口达到5万磅,到1620年已经增长了6倍多。②

烟草的快速发展与英国人前往北美的本来愿望严重背离,这使弗吉尼亚公司和英国政府产生了担忧,英国社会的有识之士也对弗吉尼亚殖民地严重的单一经济提出了批评。英王詹姆士一世甚至在英国发动了一场强有力的抵制尼古丁的运动,他把吸烟说成是"一种视之可恶,闻之可厌,有害于脑,危及于肺的习惯。黑雾腾腾,

---

① 尼尔·弗格森:《帝国》,第14页。
② R.C.西蒙斯:《美国早期史——从殖民地建立到独立》,第17页。

臭气熏熏,极似天底深渊冒起可怖的毒焰"。① 但是不久,弗吉尼亚公司和国王的疑虑就被打消了,因为烟草的成功不仅使移民走出困境,使他们有能力购买英国的生活必需品,坚定了他们生存的信心;而且有利于吸引更多的资金和劳动力前往美洲,重新唤起了投资者的希望。弗吉尼亚公司需要弥补严重的亏损,1606—1622年之间,伦敦公司对弗吉尼亚投资超过了16万英镑,并派出了大约6 000名移民。但是,股东们却从来没有分过红利。② 烟草获利的希望使弗吉尼亚公司的股东对殖民地的发展产生新的认识,当时,为公司工作的契约佣仆大多数已服役期满,即将成为自由人,为了弥补损失公司必须使用更多的契约佣仆,于是就出现为了弥补损失反而损失更多的怪圈。而英国国王又不愿看到英国的黄金白银随着烟叶的进口而流向西班牙,因此国王情愿通过征收税务而鼓励殖民者在新开辟的、土地和气候都很适宜的北美殖民地尽可能多地种植烟草,据统计,詹姆士一世向进口烟草征收的重税高达4 000%。③ 英王还对北美的烟草种植实施保护,1619年12月,英王宣布禁止英格兰和威尔士生产烟草;1621年英王下令殖民地种植的烟草均需输入英国,1624年又颁布了限制英国从其它国家进口烟草的规定。英国的政策使弗吉尼亚及北美殖民地的烟草种植获得了垄断权。

于是,烟草种植在弗吉尼亚人的生活中占据了统治地位,弗吉尼亚成为"烟草殖民地"。17世纪20年代,烟草决定了弗吉尼亚移民的生产方式、生活方式和社会结构,进口货物的价格用烟草计算,

---

① 塞缪尔·埃利奥特·莫里森等:《美利坚共和国的成长》(上卷),第54—55页。
② 马克·C.卡恩斯、约翰·A.加勒迪:《美国通史》,吴金平等译,山东画报出版社2008年版,第28页。
③ 理查德·克鲁格:《烟草的命运——美国烟草业百年争斗史》,第10页。

征税时以烟草代替钱币，债务和抵押的登记也是以烟草作为单位，甚至新郎送给新娘的礼物也是烟草。一位同时代的人这样说："我们除了烟草没有其它贸易，但是烟草的贸易却给我们提供一切：肉类、酒类、衣服和金钱。"①同时，烟草种植也给英国带来了实质的利益，1622—1638年间，英国从美洲殖民地的烟草进口中所获收益从6.1万英镑增加到200万英镑。② 由于烟草的种植耗费土地肥力较大，需不断开垦新的土地，这大大促进了殖民地的扩展；同时，烟草属于大宗作物，其种植需要大量的劳动力，为了保证充足稳定的劳动力，弗吉尼亚于1619年输入第一批黑人奴隶，并逐渐形成种植园经济，由此推动了北美奴隶贸易的产生与发展。

弗吉尼亚烟草种植的成功为殖民地的扩展创造了条件，为了进一步吸引商人、冒险家、投资者和移民，从1619年开始，公司由埃德温·桑蒂斯爵士（Edwin Sandys）领导，对涉及弗吉尼亚殖民地发展至关重要的相关政策进行重大调整和改革，该调整与改革的主要内容是：

第一，在经济方面，通过制订新的土地政策实行土地私有化，以调动移民的积极性并吸引更多的移民和投资者。弗吉尼亚公司最初实施"共耕制度"（joint land system），即土地公司所有，公司统一组织和安排移民的日常生产和生活，统一分配生产成品，这种半军事性的制度很难调动移民的劳动积极性。为了促成殖民地经济向

---

① Nicholas Canny, ed., *The Oxford History of the British Empire*, Vol. I: *The Origins of Empire*, p. 183.
② R. Brenner, *Merchants and Revolution: Commercial Change, Political Conflict, and London's Overseas Traders, 1550—1663*, Cambridge: Cambridge University Press, 1993, p. 113.

商品化转变,使投资者和移民都更有利可图,新改革计划以 1616 年为界,规定在此之前的自费移民可获得每份 100 英亩的土地并永远免交代役租,公司佣仆 7 年服役期满后只要每年缴纳 2 先令代役租也可获 100 英亩土地;在此之后的自费移民每年只要缴纳 1 先令代役租每人可获 50 英亩土地,佣仆 7 年服役期满后也可获得 50 英亩土地。计划对商人及公司官员获得土地给予了特别的优待,还明确规定任何为自己或者别人支付前往弗吉尼亚旅费的人,只要每年向公司缴纳一先令的代役租就可以得到 50 英亩的土地权利。① 这种被称为"计口制"(Headright system)的土地分配办法是建立私有产权的重要一步,不仅对现有殖民地居民的生产形成一定的激励机制,而且对拥有很少或根本无地的普通英国人颇具吸引力,有利于解决殖民地的劳动力问题,也为英国富有的资本家和商人在北美侵占土地创造了条件。那些大投资者只需派人到殖民地种植,便可以获得大片土地,形成所谓的"特殊种植园"。1619—1624 年间,弗吉尼亚公司组织的殖民团体中,最大的团体获得了 20 万英亩的土地。② 这种优惠的土地政策日后构成其他南部殖民地大土地所有制形成的基础,而公司在 1619—1625 年连同"特殊种植园"一起向殖民地输送移民多达 4 800 名。③

第二,在政治方面,针对移民人数的不断增加和殖民地社会成分的变化,公司决定对殖民地的政治机构进行重构,将管理殖民地

---

① Edward Channing, A *History of the United States*, Vol. 1. London: Macmillan, 1905, p. 524.
② Curtis P. Nettels, *The Root of American Civilization*, pp. 134 – 135.
③ Paul Goodman, ed., *Essays in American Colonial History*, New York: Holt, Rinehart and Winston, 1967, p. 128.

的部分权力下放给移民,同意种植园主选举代表组成代议制议会,由代议制议会与伦敦公司委派的总督及参事会共同拥有殖民地的立法权,共同决定殖民地的发展与管理,总督、参事会及殖民地议会共同构成日后弗吉尼亚殖民地政府的基本架构。公司同时保证,对殖民地的居民及其后代将用英国的法律进行管理,他们享有与英国人一样的权利。[①] 根据公司的指示,新总督乔治·耶德利爵士(Sir George Yeardley)在 1619 年 7 月 30 日召集了弗吉尼亚殖民地第一届议会,这也是英属北美殖民地历史上第一个代议制议会。出席会议的有 11 个选区选出的各二名代表及总督与参事会成员(即公司的董事会),会期共六天,主要审议了公司为殖民地制定的立法,处理了数起诉讼。1619—1624 年公司统治时期,弗吉尼亚议会共召集三次,公司商人授予议会两项重要权力:一是对公司征税的同意权,二是对公司法令的批准权。1621 年公司宣布:以后股东大会的法令欲在殖民地生效则必须经过议会批准。弗吉尼亚代议制议会尽管不能与现代意义上的议会相提并论,但它却为殖民地居民参与管理殖民地事务、享有一定程度的自治权开创了先例,并为其他英属殖民地实行代议制提供了一个可以效仿的模式,为未来美国的政治结构奠定了基本雏形。以弗吉尼亚议会为先导的代议制是英属殖民地区别于其它国家殖民地的一个重要特征。

不过,弗吉尼亚议会毕竟是伦敦公司出于自身利益的考虑而设立的,它标志着公司对殖民地的政治统治方式的巨大调整,即公司权力开始向殖民地政府移植。公司旨在通过某种权利的让予而获得经济上的利益,尤其是获取运销弗吉尼亚烟草的垄断权。然而这

[①] J.卢布姆等:《美国的历程》(上册),第 29 页。

种做法却很难彻底扭转殖民地的困境,1619 年和 1620 年早期,大约有 1 400 名移民来到殖民地加入当地 700 名定居者行列,但由于相当高的死亡率,到 1620 年 3 月时弗吉尼亚的人口仅约为 867 人。① 此后虽有大批移民进入,但是 1625 年官方的统计依然只有 1 210 人。这其中并不排除有人回国,但对于大多数人来说,殖民地成了送死的地方。② 移民者不仅遭受恶劣的环境和频繁的疾病的折磨,而且直接面临着印第安人的威胁。殖民地建立之初,殖民者得到波瓦坦联盟(Powhatan Confederacy)印第安人的帮助,但是随着烟草的大面积种植和印第安人土地被大量侵占,殖民者与印第安人的关系开始紧张。1622 年印第安人突然发动袭击,将詹姆士敦郊外的殖民居点夷为平地,347 名殖民者失去生命。③ 殖民地的幸存者对公司权贵们的唯利是图也日益产生不满。由于当时殖民地的烟草生产利润丰厚,因此总督和参事会成员及各派之间争权夺利斗争不断。他们自己从移民的劳动中大发横财,而公司却面临严重的财政困难濒于破产,公司累计投资超过 20 万英镑的本金和利息均未偿还。1624 年,针对殖民地移民的不良境遇,詹姆士国王专门任命一个调查委员会前往调查,最后国王遂以无力管理公司和殖民地事务为由,决定解散伦敦的弗吉尼亚公司,废除公司的特许状,任命皇家总督接管殖民地。这样,弗吉尼亚就变成了英国第一个隶属于国王的殖民地,它开创了一个先例。"这种统治形式即使未能起决定作用,也必然会影响以后那些直接效忠王室的殖民地。"④

---

① R.C.西蒙斯:《美国早期史——从殖民地建立到独立》,第 18 页。
② J·卢布鲁等:《美国的历程》(上册),第 30 页。
③ 马克·C.卡恩斯、约翰·A.加勒迪:《美国通史》,第 29 页。
④ 卡尔·戴格勒:《一个民族的足迹》,第 24 页。

弗吉尼亚殖民地被王室收归直辖后,虽然总督和参事会的任命权归国王,且他们也完全遵循国王的旨意行事,但弗吉尼亚先前所取得的那种自治地位并未完全丧失,议会、法庭及正在发展中的地方政府机构实际上均被保留。由于路途遥远,及殖民地上层实力的发展,英王逐渐认识到:殖民地总督若得不到上层人物的支持,不但无法进行管理,而且会减少王室从殖民地获取的收益。1639年,查理一世明确指示新任弗吉尼亚总督必须每年召开一次居民代表会议,负责为殖民地政府制订尽可能同英国法律相符合的法规和法律,殖民地议会的合法性由此得到承认。查理一世只对征收弗吉尼亚的烟草税感兴趣,很少干涉殖民地的具体事务,这使得弗吉尼亚继续沿着烟草种植的方向发展,并形成了独特的烟草种植园。弗吉尼亚在其开拓的20年时间里,"尽管有各种各样的障碍,殖民地随着家园的建立、劳动力供应的扩大和有利可图的作物的逐步培植,已奠定了繁荣的基础"。[1] 到1640年,拥有稳定经济基础的弗吉尼亚殖民地的居民已达1万人左右。

弗吉尼亚作为英国第一块北美殖民地,其创立和发展是在探索中进行的。烟草的种植、"计口制度"的实行以及代议制的创立都是早期英国殖民者探索和创新精神的体现,是对殖民地现实需要的综合反应。然而,与后来其他的英属殖民地相比,弗吉尼亚殖民地更表现出典型的英国化,许多英国因素被移植到这里。弗吉尼亚公司的成员许多是政府要员和贵族绅士,早期公司每次移民中很大部分是绅士,以至于约翰·史密斯向公司抱怨说:"你们要是再派人来时,我请求你们宁可派遣30名装备齐全的木匠、农民、园林工人、渔

---

[1] 查尔斯·A.比尔德、玛丽·R.比尔德:《美国文明的兴起》(上卷),第59页。

民、铁匠、泥瓦匠和伐木工,而不是派1 000名像我们现在所拥有的那样的人来了。"①这不可避免地将英国传统的等级观念和贵族意识移入殖民地,从而在弗吉尼亚形成了与母国相似的贵族式的政治和经济结构,社会等级分明。社会上层不仅垄断了殖民地的立法和行政权力,而且凭借雄厚的经济实力成为殖民地的大种植园主,从而控制了殖民地的经济命脉。就宗教生活而言,弗吉尼亚的英国化倾向更为明显。总体上弗吉尼亚殖民地建立的动机是经济因素,移民中的乡绅是冲着黄金而来的,社会下层移民则作为雇工来到弗吉尼亚,他们唯一的想法是"发笔横财,尽快还乡"。② 但是,宗教的作用也为英王及弗吉尼亚公司所重视,1606年英王向公司颁发特许状,其初衷就是向"仍生活在黑暗和对上帝处于可怕的无知"中的土著居民传播基督福音。1609年的特许状特别强调,所有移民都必须对英国圣公会的至高无上地位宣誓效忠,殖民地教会可以参与殖民地事务的管理。公司在招收移民的广告中,也明确表示只欢迎过着正确宗教生活的移民。殖民地当局就保持宗教习惯及日常宗教生活作出了周密安排和严格规定,并严厉惩罚那些亵渎神明的行为和言论。殖民地实行教区制的管理方式,这一点也与英国相类似。1619年7月,弗吉尼亚首届殖民地议会明确宣布,殖民地将致力于使英国国教成为殖民地"唯一官方建立、公众支持的宗教"。1624年弗吉尼亚成为王室直辖殖民地后,重新制订了"规范宗教活动的法律",要求殖民地所有居民必须遵守在教旨和仪式等方面与英国基本接近

---

① 查尔斯·A.比尔德、玛丽·R.比尔德:《美国文明的兴起》(上卷),第54页。
② John C. Miller, *This New Man, The American: The Beginnings of the American People*, New York: McGraw-Hill, 1974, p.24.

的教会规范,①国教的官方地位最终被确立,国教会的势力也日益扩大。1631年,大议会通过"宗教一致法案",使殖民地宗教事务与英国国教保持一致。1641年威廉·伯克利出任总督后,进一步加强和完善了官方宗教的相关法律并形成较为完整的法律制度。1643年,清教徒集会被认定为非法,国教的《公祷书》被定为祈祷必用的经典。正因为殖民地是对母国制度的移植,史学家詹姆士·豪恩(James Horn)将弗吉尼亚视为"英国社会在美洲"②。布尔斯廷也认为:"如果说其他殖民地谋求逃脱英国的丑恶,弗吉尼亚人则希望实现英国的美德。……弗吉尼亚人心目中的样板是由某个现存社会的实际面貌,即17和18世纪的英国、特别是英国农村的面貌糅合而成的。"③

当然,弗吉尼亚的"英国化"并非是对母国的简单复制,与母国相比,弗吉尼亚拥有更多的自由和宗教宽容,也拥有更强的社会流动性。殖民者的不同追求及北美的复杂环境决定了殖民地与母国之间的差异不可避免。随着殖民地的发展,这种差异也会逐渐增多和扩大。

弗吉尼亚殖民地的成功推动了英国人在北美全面展开殖民活动。如果说弗吉尼亚的英国移民大多是为了改善他们的经济地位,那么位于切萨皮克湾的马里兰殖民者则不仅出于经济考虑,更重要的是由于宗教的理由。商业公司在北美沿岸开拓殖民地的进程中

---

① Keith W. Kavenagh, ed., *Foundations of Colonial America: A Documentary History*, Vol. 3. New York: Chelsea House Publishers, 1974, p. 2263.
② Nicholas Canny, ed., *The Oxford History of the British Empire*, Vol. I: *The Origins of Empire*, p. 185.
③ 丹尼尔·J.布尔斯廷:《美国人:殖民地的经历》,时殷弘等译,上海译文出版社1989年版,第129页。

发挥过重要作用,但它们后来不是破产就是亏本,如弗吉尼亚公司在多年的经营中损失20万英镑,所以公司就逐渐为业主所取代。①当年弗吉尼亚公司和普列茅斯公司在北美活动时,英王也曾授权一些具有冒险精神的英国绅士在纽芬兰、新斯科舍(Nova Scotia)和南北卡罗莱纳建立殖民地,但均无功而返。第一位在新世界成功建立业主殖民地的是巴尔的摩勋爵乔治·卡弗特父子(George Calvert、Cecilius Calvert)。乔治·卡弗特是英格兰的议员和皇家官员,也是弗吉尼亚公司的股东。英国宗教改革后,天主教在英国受到排挤,处境艰难的天主教徒们一直希望离开英国,地广人稀的北美遂成为他们理想的安身之地。乔治·卡弗特是天主教徒,他有意于在切萨皮克地区为天主教徒建立一块定居地和避难所。1620年,乔治·卡弗特从别人手中购得纽芬兰东南部地区的领有权,但很快他发现"这块土地表现一片悲凉的冬天景象"。②他只好放弃在此建立定居点的计划,要求英王批准一块新的土地。1632年,英王查理一世授予乔治·卡弗特特许状,使其成为马里兰的业主。根据该特许状,乔治·卡弗特对在切萨皮克湾和波托马克河(Potomac River)南岸之间的1000万英亩土地拥有包括行政权、立法权、司法权在内的全部管辖权。在那里,他可以代表英王指派总督、建立法庭、建立具有咨询意义的议会。未经他的签署,一切法律文件不得生效,殖民地法庭的判决为终审判决;他有权将土地分封给其他人,有权征税,有权指派牧师。从特许状的内容不难看出,作为马里兰殖民地的业主,乔治·卡弗特拥有广泛而至高的权力,其在殖民地的权威甚至

---

① J. Holland Rose, A. P. Newton and E. A. Benians, eds., *The Cambridge History of British Empire*, Vol.I: *The Old Empire from the Beginnings to 1783*, p.168.
② J.布卢姆等:《美国的历程》(上册),第46页。

超过英王在英国的权威。①

由于乔治·卡弗特在特许状颁布前几个月已经去世,其子塞西利厄斯·卡弗特遂接受了英王的特许状,并开始在马里兰的殖民事业。1634年,塞西利厄斯·卡弗特组织两艘船共载有200人到达波托马克河口,并在此建立殖民地,命名为马里兰,以纪念查理国王的法籍王后玛丽。由于马里兰是英王查理一世赐与卡弗特的封建领地,所以卡弗特一开始就分封了60个封建庄园主,把1 000—3 000英亩的土地分给自己的亲族和许多天主教徒,收取代役租。② 虽然过时的封建制度因遭强烈反对而未能建立,但这些受封者则成为马里兰的大地主和乡绅。马里兰虽然未经过"饥荒年代",但移民和开拓工作进展缓慢。为了吸引移民,卡弗特推行了极具吸引力的土地分配方案:对于每位愿意把5名强壮的男子连同给养运进殖民地的绅士,拨给1 000英亩土地;每次从海外再运来5名就再增拨1 000英亩。每一份这样的田产将建成一个采邑,所有者拥有如同在英国采邑所拥有的特许权和特权。对于自费前来的男女,给予50英亩或100英亩的土地,其随同前来的妻子、儿女和仆从则给予额外补贴。③分得土地者每年须向领主交纳代役租,他们中的许多人成为小土地所有者。由于马里兰殖民地的土壤、气候条件与弗吉尼亚大体相似,因此马里兰的主要经济也是烟草种植,烟草种植及丰厚的利润吸引了大量移民,使马里兰的发展较同时期的新英格兰地区要快

---

① David C. Douglas, ed., *English Historical Documents*, Vol. IX: *American Colonial Documents to 1776*, pp. 85-92.
② Ernest Ludlow Bogart, Donald Lorenzo Kemmerer, *Economic History of the American People*, New York: Longmans, 1948, p.50.
③ 查尔斯·A.比尔德、玛丽·R.比尔德:《美国文明的兴起》(上卷),第76页。

得多。

  作为业主殖民地，卡弗特家族根据特许状在殖民地拥有绝对的政治权力。但是，随着殖民地自由移民的增多以及他们要求分享权力的呼声日益增强，同时也出于政治统治的需要，塞西利厄斯·卡弗特于 1638 年同意在殖民地建立由自由人组成的议会。起初，该议会只是一个协助总督进行决策的咨询机构，但随后其作用不断增强，最终形成了与母国类似的政治体制，议会与业主分享立法权。卡弗特建立马里兰殖民地的初衷是为英国天主教寻求避难所，因此马里兰的宗教信仰极为宽松。查理一世时期英国的宗教迫害特别是对天主教徒的迫害有所缓和，但天主教的宗教活动仍受到严格限制。而在马里兰，天主教徒可以以自己选择的方式从事宗教活动，这不仅对天主教徒有吸引力，而且使不少新教徒投奔而来。为了避免不同教派之间的冲突，维护殖民地的政治与宗教秩序，卡弗特家族不时对那里的宗教活动进行干预和引导。1649 年，马里兰议会担心弗吉尼亚的清教徒会蜂拥而至从而对天主教徒造成不利，因而颁布著名的《宽容法案》(Toleration Act)，旨在推动宗教信仰自由。根据此法案，"但凡在本辖区居住之民众，连同栖身于岛屿、港口、码头、口岸与庇护所之人，只要他们从此专一信仰基督，从即日起将不再因其宗教信仰派别、或因在本辖区及岛屿履行其教派仪式，而遭受到侵扰、折磨和羞辱；他们亦将不复被人强迫信仰、或参与本人不愿意的宗教活动"。① 这样，在马里兰，天主教不仅得以合法存在，而且可以担任高官要职。

---

① 参见 J.艾捷尔编《美国赖以立国的文本》，赵一凡、郭国良主译，海南出版社 2000 年版，第 7 页。

三、寻找精神家园:清教殖民地的建立

就在弗吉尼亚殖民地建立的同时,英国人在北方新英格兰地区的殖民活动也陆续展开。早在 1606 年夏,与弗吉尼亚公司同时成立的普利茅斯公司就曾根据国王的特许状,派出一个探险队前往北美。1607 年他们来到今缅因州境内的萨加达霍河口(Sagadahoc)并建立了殖民据点,但是一年后由于该地冬季严寒,特别是由于经费问题以及与当地印第安人的冲突,大多数移民最后渡海回国,英国人在新英格兰建立殖民地的努力宣告失败。① 1614 年,约翰·史密斯探险来到这一地区,并将此地命名为"新英格兰"。然而,直到 1620 年,因一批英国清教徒来到这里,才在这里建立起永久的殖民地。如果说弗吉尼亚的第一代移民是抱着追求财富的目的来到新大陆,那么建立新英格兰的始祖们则更多地是为了寻找宗教理想的新天地。这使得新英格兰这块被认为是"贫穷、寒冷和无用"的地方②,最终成为英国的"清教殖民地"。

北美清教殖民地的建立与英国国内宗教矛盾的发展直接相关。17 世纪初,英国社会转型加速进行,各种矛盾十分尖锐,宗教斗争日益发展。亨利八世的宗教改革一方面使天主教在英国处于弱势地位,为了免受排挤和打击,许多天主教徒选择离开;另一方面,英国国教会内部发生分裂,出现了清教及清教运动。清教中的激进派别

---

① Nicholas Canny, ed., *The Oxford History of the British Empire*, Vol. I: *The Origins of Empire*, p. 195.
② Ibid., p. 193.

即分离派极力主张脱离国教会,建立独立的教会团体,由地方行政当局控制宗教事务,并为此进行了坚决的斗争。结果,清教运动受到压制,清教徒遭遇迫害。1604年,詹姆士一世主持召开了包括圣公会和清教徒参加的汉普顿王宫会议(Hampton Court Conference),针对清教徒提出的改革主张,詹姆士一世态度坚决。在詹姆士一世看来,国教的基本内容不容讨论,必须坚持一种教义,一种戒律和一种宗教仪式。汉普顿王宫会议后不久,詹姆士国王批准了《教规法典》,要求所有获得神职、圣俸或得到许可证的教士必须宣誓服从《至尊法》和《公祷书》,有300名清教徒因未宣誓而被革除教职并失去了俸禄。如此宗教政策使大批清教徒对国家丧失信心,正如清教牧师托马斯·胡克(Thomas Hooker)所表达的:"我们在这里已没有安身立足之地,我们要离开英国前往其它地方传播基督福音。"[1]于是,一批来自诺丁汉郡斯克罗比(Scrooby)的分离派清教徒于1607年离开祖国,前往荷兰,并定居于荷兰的莱顿,以寻求宗教自由。他们选择荷兰的原因在于"荷兰人一直在为人民的自由和心灵的自由而战,并愿意为一切世人提供这种自由"。尤为重要的是"在荷兰,每个公民的信仰自由都能得到保障,任何人在宗教信仰问题上都不得侵扰和质疑他人"[2]。然而,在长达十年的流亡生活之后,他们发现莱顿并非他们的理想之地,艰难的生活、不良环境对子女的影响、荷兰与西班牙爆发战争的危险等,都使这些清教徒对自己的前途和宗教责任深感忧虑。清教领袖之一的布拉福德真实地描述了他们当时的处境:"他们在艰苦的环境里如同被流放一般生活着,而且更

---

[1] John Spurr, *English Puritanism, 1603—1689*, London: Macmillan, 1998, p. 91.
[2] William Elliot Griffis, *The Pilgrims in Their Three Homes: England, Holland, America*, Boston and New York: Houghton, Mifflin and Co., 1900, p. 78.

大的不幸可能即将来临,西班牙和荷兰的'12年休战期'结束了,除了备战的鼓声听不到其他的声音。西班牙人或许将要以实际行动证明自己和美洲的野蛮人一样残酷。"① 此时英国人在北美的殖民活动及相关信息促使这些清教徒将目光投向了北美,在他们看来,广阔的北美荒原更适宜建立真正的神圣社会。于是,1616年冬,他们决定向北美迁移,以寻找信仰自由。他们希望在弗吉尼亚公司管辖的地区建立自治团体,以实现宗教理想。

然而,从荷兰前往遥远陌生的北美去开辟新的天地并非易事,必须具备一定的条件并做好充分的准备,首先需要解决的是合法性问题,这批清教徒希望得到英国国王的支持。于是,他们派代表来到伦敦,与弗吉尼亚公司董事会成员之一的埃德温·桑蒂斯爵士进行磋商,后者支持他们在弗吉尼亚公司授权地的最北端建立定居点。最后,英王特许他们前往弗吉尼亚公司的美洲属地,并称他们在美洲捕鱼"是正经的行业,是使徒们的召唤"。②

接着,他们面临的是前往北美的路费问题。这些清教徒大多是下层劳动者,家境贫困,难以负担昂贵的越洋路费。在17世纪早期,越过大西洋的航行费用大约是每人9—10镑,这一数字高于一个普通英国人一年的收入。结果他们得到了伦敦商人与冒险家托马斯·韦斯顿(Thomas Weston)的资助,根据双方达成的协议,韦斯顿为清教徒提供租船、补给和运送的费用,而移民则需为韦斯顿等人工作7年,主要从事皮毛贸易、渔猎、伐木及其它劳动,所得利润归韦斯顿等人所有。按照协议,清教徒在弗吉尼亚以北的新地点(即今

---

① 威廉·布拉福德:《普利茅斯开拓史》,第25页。
② 温斯顿·丘吉尔:《英语国家史略》(上册),第587页。

纽约)建立居民点,并申请建立新英格兰殖民地。

国王的特许及经费的解决使这些清教徒的信心大增,经过紧张的筹备,1620年8月,他们分别乘坐"五月花号"(Mayflower)和"快安号"(Speedwell)从英国的南安普敦港出发。不幸这两艘船出发不久,都因为船舱漏水而折回英国。结果"快安号"无法修复而取消美洲之行,只有"五月花号"载运102名乘客于1620年9月,从英国的普利茅斯港出发,向北美洲的弗吉尼亚进发。乘客中包括一些家庭,其中包括41名被称为"圣徒"的男清教徒,以及被称为"教外人"的一些试图去寻找生活出路和开创一番新事业的非清教徒。整个航程异常艰难,在经历了狂风巨浪的近两个月航行之后,船只在11月抵达北美马萨诸塞海湾东岸北端的科德角(Cape Cod),而不是原定目的地弗吉尼亚。一部分人在此登岸,另有16人乘小船沿马萨诸塞湾海岸继续航行。12月中旬,他们在马萨诸塞湾西岸中北部登陆。① 几天后,"五月花号"也抵达这里,登陆后他们决定在这里定居并开辟殖民地。为了纪念他们出国时的港口,移民们把这里命名为普利茅斯(New Plymouth)。

同弗吉尼亚一样,普利茅斯殖民地的创建也历经磨难。关于这一点,布拉福德在其《普利茅斯开拓史》中这样写道:"他们跨越了辽阔的大海,还克服了之前准备工作期间遭遇的无穷磨难,到现在既没有朋友来欢迎,也没有旅店可以休息,让憔悴的身心重新振作,更不要说有可居住的房屋、城镇来让他们恢复元气。……此时正值冬天,经历过当地冬季的人都知道,那天气是何等的严寒刺骨,经常会

---

① J. Holland Rose, A. P. Newton and E. A. Benians, eds., *The Cambridge History of British Empire*, Vol.I: *The Old Empire from the Beginnings to 1783*, p.157.

遭遇暴风雪,就是去熟悉的地方都很危险,更别说在陌生的海岸摸索前进了。再有,除了一片杳无人烟的荒野及游荡其中的野兽、野人,他们什么也看不到。"①起初,极端恶劣的自然条件与生存环境对移民的生命构成了巨大威胁,"五月花号"登陆后的那年冬天,第一批移民就有一半人丧生,幸存者得到印第安人之助才得以生存。随"五月花号"来到普利茅斯的18名已婚妇女因生产和疾病,幸存者仅4人。② 但是,他们忍受住了各种艰苦,因为他们是为了信仰自由而来,他们"感激上帝带他们越过那惊涛骇浪的万顷海域,把他们从一切危险和苦难中拯救出来,使他们的双脚得以再次踏上这坚实稳固的大地上,回到他们的正常生活环境中"。③

正是这种坚定的宗教信仰构成了这些朝圣者立足异域的精神动力,并促使他们决定依靠自己的力量和自己的方式在美洲建立一个属于自己的家园。清教徒移民北美,既不是出于经济原因,也不是出于冒险精神,完全是为了争取宗教自由。因此普利茅斯初期的殖民史与弗吉尼亚殖民地完全不同。清教徒们一开始就准备在这里从事农耕畜牧和渔业,所以,他们在第二年春天就开始垦殖,1621年,移民们在印第安人的帮助下种植玉米喜获丰收。不久,他们又与当地的土著人签订了同盟条约,并获得了与印第安人进行贸易的独占权。他们在这里度过难关并站稳了脚跟,普利茅斯也作为一个农业殖民地终于存活下来,并成为新英格兰地区殖民地发展的榜样。为了调动居民的生产积极性并吸引更多的移民前往,布拉福德

---

① 威廉・布拉福德:《普利茅斯开拓史》,第67页。
② Howard Zinn, *A People's History of the United States,* New York: Harper Collins, 1980, p.105.
③ 丹尼尔・J.布尔斯廷:《美国人:殖民地的经历》,第1页。

等人决定进行土地改革,实施土地无偿私有化。起初,清教徒们采取的是土地共耕的方式,开垦的土地归公司所有,劳动成果共同分享,平均分配。为了提高移民的生产积极性,1624年改变这一做法,每位成年男子被授予1英亩私人永久耕地。1627年,移民们一方面以债务的方式从英国投资者手里购买了与殖民地有关的财产及权益;另一方面将殖民地的土地以每份20英亩分给一家一户进行耕作,等到债款偿清,每家就获得这些土地的世袭产权,成为自由业主,土地私有化进程由此开始。1648年时,普利茅斯偿清了最后400英镑的债务,完全摆脱了对英国投资商的一切义务。

这些被称为"移民始祖"(The Pilgrimage Fathers)的人们来到北美并没有得到英王的正式特许状,只是与伦敦弗吉尼亚公司签订了严格、详细的经济合约。他们即将登陆的地方不在任何政府管辖范围之内,且"五月花号"的乘客中清教徒只占1/4,大多数人仍然是出于发财的目的而前往北美的。因此为了在一片未知的荒原上生存下来并实现神圣的宗教理想,就需要达成某种协议并组建成有效的集体。在"五月花号"靠岸科德角之前,以威廉·布拉福德为首的清教徒在船舱里开会,制订出一个有关建立殖民地、并在其内部实行团结与权威的方案。他们以先前在英国教堂里采用的社会契约为样本,建立某种"民间团体政治",设计一种"为了殖民地总体利益必须实行的公平之法,以及相关的法规、条令、宪章与公职"。这就是著名的《五月花号公约》(Mayflower Compact),要求船上的41名成年男子宣誓遵守。《五月花号公约》称:"蒙上帝的恩典,为了上帝的荣耀并促进基督信仰及国王与国家的荣誉,远航至弗吉尼亚北部地区开辟首个殖民地。根据本公约一同在上帝面前庄严盟誓,彼此联合,共同组成公民政治体,为了保持良好秩序及推动实现前述的目标,需不时制定、颁布法案或拟定公正、公平的法律、法规、法令、宪法框架及设立管理机构,并对殖民地普遍适用,我们承诺将完全服从并遵守。"①此公约寥寥数言,只是当时定居者为了生存而达成的简单和原则性的契约,并未具体规定政府的形式和公民的权利,但是它的重要意义却是显而易见的。该公约将建立新的上帝之城与建立北美殖民地加以结合,既体现了清教徒的神学观和圣约观念,又勾画了一幅社会实践的蓝图。普利茅斯并未得到如同弗吉尼亚那样的特许状,因而,该公约实际上起着一个特许状的作用,成为普利茅斯殖民地的根本法规。其原则既是普利茅斯殖民地政府行使管理权的基础,也是新英格兰殖民地共同模式的基础。② 更重要的是,它是一部开创性的契约式宪章,其签订方式和内容完全否定了君权神授学说,为以后美国民主政治的建立奠定了思想基础。

在普利茅斯定居下来之后,移民们便按照《五月花号公约》的内容进行社会治理。起初,他们推选约翰·卡弗(John Carver)为总督。1621年卡弗去世后,威廉·布拉福德经过选举长期担任总督。为了便于管理,殖民地成立了全体居民参加的市镇大会,由市镇大会选举具体负责市镇公共事务的总督和总督助理。与弗吉尼亚殖民地相比,普利茅斯的清教徒受过严格的清教训练,所以公私生活秩序井然。1636年通过的《统一基本法》具体规定了殖民地的政治结构与自由民的权利。虽然殖民地的发展十分缓慢,移民人口增长不快,但却十分稳固。20年后,普利茅斯不仅移民人口增加,而且殖民地范围越来越大,新的市镇不断建立,居民点之间的距离愈来愈

---

① 威廉·布拉福德:《普利茅斯开拓史》,第77—78页。
② J. Holland Rose, A. P. Newton and E. A. Benians, eds., *The Cambridge History of British Empire*, Vol. I: *The Old Empire from the Beginnings to 1783*, p.159.

远。此时再召开由全民参加的市镇大会已不可能,于是普利茅斯在1639年实行了代表制度,市镇大会改由自由民选派代表出席,代议制遂成为基本的政治制度。

由于缺乏资金以及并不出产可向英国大量销售的主要产品,普利茅斯殖民地发展非常缓慢。直到1691年时,该殖民地只有7 000名居民。所以,有人认为它的"历史名声超过它的现实重要性",并很快被马萨诸塞湾殖民地覆盖。① 不过它对英国日后的宗教移民产生了极大的示范作用,这却是不容忽视的。正如西蒙斯所说:"移民始祖抵达普利茅斯可以被看成是英国殖民地史上的一个转折点,因为它标志着宗教上心怀不满的人自愿迁往美洲的一场运动的开端,这场运动在17世纪20年代和30年代晚期就将猛涨成一股洪流。"②其直接的昭示作用就是马萨诸塞(Massachusett)殖民地的建立。

马萨诸塞殖民地同样与英国政府的宗教政策有关。17世纪初,面对詹姆士一世的宗教压制,一些激进的清教徒选择了远走他乡;另一些包括公理会(Congregational Church)和长老会(Presbyterian)在内的清教徒则留在英国,他们试图继续抗争,希望从内部改变英国教会。然而,1625年查理一世即位后,英国的政治和宗教形势变得更加严峻,国王决心加强王权并镇压宗教异端。查理一世的宗教政策特别是在威廉·劳德(William Laud)出任坎特伯雷大主教之后使清教徒很难在国内立足,在国王的支持下,劳德一方面加强国教的宗教仪式,使英国教会在礼仪、法衣、教义等方面日

---

① Nicholas Canny, ed., *The Oxford History of the British Empire*, Vol. I: *The Origins of Empire*, p.197.
② R.C.西蒙斯:《美国早期史——从殖民地建立到独立》,第21页。

益向罗马天主教靠拢，并剥夺清教徒的牧师讲坛；另一方面又将清教徒视为"黄蜂"和"政府最危险的敌人"，动用星室法庭（Court of Star Chamber）和高等法庭（Superior Court）对其大肆迫害。查理一世还把宗教迫害延伸到苏格兰。这些都使得英国清教徒对英国的改革深感失望，由于担心被监禁，他们将目光转向了美洲，希望在远离当局迫害的地方继续推行宗教和社会改革。这些清教徒大多来自商人、牧师和乡绅阶层，他们的家境较好且大都受过一定程度的教育，许多人在英国具有较高的政治地位，在议会中有一定的能量。在詹姆士一世统治时期，清教徒在议会中占 3/4，[1]这为他们前往美洲提供了良好的条件。

早在 17 世纪 20 年代初，英国多切斯特公司（Dorchester Company）的商人就希望在新英格兰建立永久性的渔村。不久，得到多切斯特商人支持的罗杰·科南特（Roger Conant）率领少数移民在萨勒姆（Salem）建立了定居点。1628 年，部分公理会清教徒为前往北美而在伦敦成立了新英格兰公司（New England Company），该公司从新英格兰理事会（新英格兰理事会由普利茅斯公司 1620 年改组而成）获得了美洲从梅里马克河（Merrimac River）到查尔斯河（Charles River）之间的土地殖民权。新英格兰公司约有 90 人，包括英国西南地区、伦敦东部的清教徒以及伦敦的商人们。1629 年，以新英格兰公司为基础建立了马萨诸塞湾公司（Masschustts Bay Company），并获得国王颁发的特许状。根据查理一世颁发的特许状，马萨诸塞湾公司在美洲北纬 40—48 度之间拥有殖民特权，在"不

---

[1] S.R. Gardiner, *History of England, 1624—1628*, Vol. I. London: Hurst & Blackett, 1893, p.178.

违背英国法律"的前提下,公司对在此区域内所建的定居地享有统治与管理权。为了行使上述权力,公司可以设立与定居地及其居民相适合的"政府和官职"。根据特许状,殖民地设置总督和副总督各一名以及由18名助理组成的参事会;公司董事会(助理大会)由总督、副总督和助理组成,负责管理殖民地的日常事务;公司应每年召开四次名为"普通大法庭"(Great and General Court)的全体大会,大会由全体股东参加。股东大会在"不违背英国法律"的前提下,有权制定"一切健全合理的"法律法规,任命政府官员、授予和分配土地等。[1] 与弗吉尼亚殖民地特许状相比,该特许状具有更强的稳定性,也使管理者获得了很大的权力,该特许状直到1684年才被英王撤销。1629年夏,公司通过改组,形成了殖民地的管理方式,任命约翰·恩迪科特(John Endicott)为总督,前往殖民地,而殖民地事务则由设在伦敦的公司进行遥控。随后,在恩迪科特总督的带领下,公司接管了英国人先前建立的殖民据点萨勒姆,并开始向那里移民。恩迪科特在那里建立了名为"伦敦新英格兰马萨诸塞湾拓殖地总督和参事会"(The Governor and Council of London's Plantation in Massachusetts Bay, in New England)的殖民地政府。1629年夏末,该殖民据点已有约300名英国移民。[2]

根据国王颁发的特许状,马萨诸塞湾公司取得了建立和管理殖民地的权力,但特许状并未明确规定公司总部的所在地。从1629年

---

[1] The Charter of the Massachussetts Bay Company (4 March, 1629), in David C. Douglas, ed., *English Historical Documents*, Vol. IX: *American Colonial Documents to 1776*, pp. 73–84.

[2] J. Holland Rose, A. P. Newton and E. A. Benians, eds., *The Cambridge History of British Empire*, Vol. I: *The Old Empire from the Beginnings to 1783*, p. 160.

3月到1630年6月间,马萨诸塞湾公司沿用弗吉尼亚公司的治理方式,由公司委派总督管理殖民地事务,另由13人组成参事会协助管理。殖民地官吏同公司一样任期一年。殖民地居民多为公司招募而来的合同雇工,他们由公司支付前往美洲的路费,为公司服务一年后,留下者将分到一块土地。他们不是股东,因而在公司内完全接受公司指派的官吏的领导。移民在总督管制下集体劳动,劳动所得统一交公。这种公有式的管理方式对殖民地的发展非常不利,因为对移民而言他们缺乏生产积极性,对公司而言公司对殖民地官吏很难形成有效制约,殖民地官吏贪污腐败的现象时有发生,从而损害公司的利益。再加上当时英国国内的政治环境对清教徒越来越不利,清教徒的处境日益艰难。鉴于这种情况,公司的清教领袖秘密策划将特许状、公司管理机构及公司成员全部从英国迁往新英格兰,以实现所谓"特许状转移"。1629年8月26日,清教徒绅士约翰·温思罗普和其他11位有影响的东部圣公会清教徒共同在英国的剑桥签订了《剑桥协议》(Cambridge Agreement)。按照协议,他们承诺在获得公司的特许状及殖民地的行政管理权的前提下,一同前往马萨诸塞湾公司在新英格兰的殖民地。那些对美洲不感兴趣的股东可以将其股权出售给愿去美洲的清教徒,新定居地的权力应掌握在殖民地人民手中。①

1630年4月,公司新任总管温思罗普率领第一批近千名男女移民,携带着马萨诸塞湾公司的特许状从英国出发,越过大西洋并在6月抵达萨勒姆,完成了公司从英国向北美的转移。这一转移的完

---

① J. Holland Rose, A. P. Newton and E. A. Benians, eds., *The Cambridge Hisory of British Empire*, Vol. I: *The Old Empire from the Beginnings to 1783*, p.160.

成,使公司的特许状变为殖民地的特许状,公司与殖民地合二为一,殖民地实际上获得了相对于英国的自主权。同时,这一转移也拉开了持续到1642年的清教徒北美"大迁徙"的序幕。随后的十年间每年都有超过1 000的英国移民前往马萨诸塞。① 这些清教徒大多是以家庭或邻里、教区互携的方式移民到马萨诸塞的,他们在这里相继建立了波士顿、沃尔切斯特、罗克斯伯里、诺特敦和坎布里奇、查尔斯等居民点,逐渐形成了多个自给自足的村镇。1647年,马萨诸塞的村镇已发展到33个。到1640年,马萨诸塞已有3万人居住,超过了切萨皮克湾。波士顿的人口在30年内就增长到了原来的3倍。②

马萨诸塞殖民地在初创期也遭到严峻的生存考验。第一批移民中就有200多人死亡,另有100人因气候不适或患疾病而不得不返回英国。但是,坚定的宗教信仰和严格有力的殖民地管理使得马萨诸塞殖民地的发展比其它殖民地更为稳定和顺利。随着特许状和公司总部的迁移,英国政府对殖民地的控制被严重削弱,马萨诸塞殖民地拥有了相对独立的地位和自主权。根据特许状并结合英国传统,殖民地建立了自己的统治机构并朝着自治的方向发展。公司到达殖民地后,温思罗普便取代前殖民地总督约翰·迪恩科特,成为殖民地新总督,行使殖民地管理权,公司副总管托马斯·达德利(Thomas Dudley)代行副总督之职,殖民地的原行政机关也被公司的领导机构取代。虽然特许状明确规定由全体股东即自由民组成的"全体大会"全权处理殖民地的各项事务,但是实际上助理大会

---

① Nicholas Canny, ed., *The Oxford History of the British Empire*, Vol. I: *The Origins of Empire*, p.198.
② 尼尔·弗格森:《帝国》,第55页。

取代了"全体大会",成为殖民地的最高权力机关。1630年8月,第一次助理大会在新英格兰查尔斯敦举行,参加者只有总督、副总督和6名助理,拥有立法、行政和司法大权。9月,助理大会决定将殖民地政府驻地由萨勒姆迁到波士顿。同年10月,第一次股东大会即全体大会在波士顿召开,参加会议的股东与助理大会的成员就是同一批人。会议决定,只有"自由人"才有权选举助理,助理们再在他们自己中选出总督和副总督,由总督、副总督、助理组成的助理大会制定法律、任命官员。① 股东大会与助理大会的合二为一,改变了原殖民地的政治结构,使殖民地政府成为寡头制政府,公司机构也完全转变成殖民政府。殖民地领导集团这种做法的目的在于:"建立一个他们自己的国家,这个国家将不受英国国王和议会的……控制。"②

清教徒领袖们的这种制度安排不仅缺乏民主,也与国王的特许状内容相违背,同时与当时的殖民地现实不符,因而遭到了部分移民的不满和反对。起初,温斯罗普等人设想在殖民地建立以基督之爱为纽带的"山巅之城",但是,殖民地的恶劣生存环境迫使移民们不得不分散居住,形成由定居点为单位组成的村镇,且村镇的地理范围较大。这些村镇沿用英国地方自治的传统,对内部事务拥有广泛的自主权。当时殖民地实行的是中小土地所有制,许多移民尤其是自费移民在获得大片土地后便成为自由业主。随着村镇的发展及自由业主的增加,一些乡绅及自由业主便对自己的无权地位表示不满,并对殖民地政府的专权统治发起挑战。在他们看来,作为殖

---

① Sydney E. Ahlstrom, *A Religious History of the American People*, New Haven: Yale University Press, 1972, p.147.
② R.C.西蒙斯:《美国早期史——从殖民地建立到独立》,第38页。

民地的土地所有者,他们当然应取得与公司股东一样的政治权利,他们理应成为自由人。从 1631 年起,殖民地的一些居民就拒绝纳税,并声称只有允许由人民选出的代表参与政治管理,才同意纳税。面对殖民地居民日益强烈的权利诉求,温思罗普等人一方面担心人口占多数的自由业主对当局的不满会造成殖民地社会的分裂和动荡;另一方面为了扩大政府的社会基础,防止殖民地居民离走,因而同意接纳他们为自由人。但同时又作出了许多限制性规定,其中最主要的一条就是只有清教徒才能成为自由人并拥有选举权。先前自由人仅指股东,现转换为"有选举权的公民",它包括清教教会的所有成员。[1] 此种做法扩大了殖民统治的社会基础,并朝着实现由清教徒组成的基督王国的目标迈出了一步。清教徒的特殊地位吸引了大批清教徒涌入,随着其人数增多,特别因交通不便导致自由民难以直接出席全体大会,于是公司在 1631 年实施重大的政治改革,实行代议制:一个名为"普通法院"(General court)的大议会正式建立。大议会共有 116 名自由民代表组成,有权参与制定殖民地的法律和法规,即拥有殖民地的部分立法权。

1632 年 5 月召开的股东大会通过一项决议,总督由股东大会选举产生的做法得到恢复,但总督必须在现任助理中产生;成立一个由各镇派代表参加的 16 人委员会,但不具有立法权,而仅有咨询权。1634 年 5 月召开大议会,由 24 名各镇选出的代表与殖民地当局的 8 名官员组成,会议通过决议,宣布恢复国王特许状的内容,重申"只有大议会才有权制定立法、设立官吏、任命官吏、罢免官吏,以及规

---

[1] Clarence L. Ver Steeg, *The Formative Years, 1607—1763*, New York: Hill and Wang, 1964, p. 39.

定代表及官吏之各自权限";"只有大议会才有权征收税务、分配土地,给予和确认财产拥有权;决定按照先前的特许状规定,恢复大议会'一年召开四次'的惯例,由总督召集,但只有得到代表同意之后才可被解散。"①为了显示大议会的绝对权威,此次会议不仅取消了助理会先前颁布的多项法令,而且票决罢免了温思罗普的总督职位,选举托马斯·达德利和罗杰·勒德洛(Roger Ludlowe)为殖民地的总督和副总督。此后,随着移民人数的增加和新市镇的建立,马萨诸塞的社会结构日趋复杂,大议会内总督、助理与市镇代表因所代表的各自利益不同而很难形成共识。1644 年,为了避免代表和官吏没完没了的争吵,双方商定设立两院,形成了两院制的代议制机关,助理组成上议院,代表组成下议院,由总督、上院和下院共同组成殖民地政府。很显然,马萨诸塞这种带有明显制衡色彩的政治体制既是对英国宪政传统的模仿和对英国习惯法的接受,也顺应了殖民地现实发展的需要。此后,其他英属北美殖民地大都参照这种模式建立自己的政府和议会。按照布卢姆等人的说法:"由于公司有权统治殖民地,所以立法议会实际上既是殖民地的立法议会,又是最高法院。这里,事实上是一个自治的共和政体,一个清教徒的共和国。"②由此可见,殖民地及其制度一旦建立,就开始与母国若即若离。

  清教徒来到新英格兰的唯一目的是争取宗教自由,并进行神圣实验。按他们自己的话说:"最虔诚的和最神圣的是满怀信心为之

---

① 满云龙:《马萨诸塞政治体制的确立》,《历史研究》,1992 年第 5 期,第 168—169 页。
② J.布卢姆等:《美国的历程》(上册),第 39 页。

追求的福音。"①在清教徒看来,这个崭新的世界就是上帝指引他们前往拓殖的"新耶路撒冷"和"希望之乡"。因此,清教在马萨诸塞的政治以及居民的日常生活中占有主导地位。按照温斯罗普的构想,"山巅之城"里的居民由清一色的清教徒组成,他们既是教会的一员,又是社会的一员,但首先是教会的一员。因此,他们建立的是由清教徒统治的神权专制政体。所有的机构都是从属于教会的,各级官吏均由清教徒垄断。法律明确规定享有选举人与被选举人资格的人必须是教会成员,清教是官方宗教,不论是不是教徒,必须接受清教徒的教义,必须在清教教堂作礼拜,人人必须读圣经,每个村镇都有自己的教堂,教堂成了新英格兰人生活的中心。牧师不仅拥有很高的社会地位,而且作为行政官的"顾问"在殖民地的政治生活中发挥重要作用。为了保证清教的纯洁性,殖民地实行封闭管理,严格禁止其他宗教传播教义,甚至不允许异端在其辖区内居住。1637年5月,马萨诸塞议会通过的法令明确规定未经立法机关同意,新移民不得在马萨诸塞永久定居。对于那些胆敢进入新英格兰的持不同意见、不同教派的人,殖民当局均采取严厉措施予以迫害或驱逐。1649年,马萨诸塞殖民地法律明确规定,凡信奉异端诸如否认灵魂不灭、身体复活等,均应予驱逐出境。清教徒宣称只有以清教为中心并附有严格的规定,才能使人人相信圣经,才能在新世界建立起圣洁之城,而清教之外的宗教都是"魔鬼的代理人"。人人须纳税以支持教会,救赎是上帝给予选民的恩赐。温思罗普在解释为什么必须遵守清教徒的生活方式时这样说:我们着手的工作"是通过相互

---

① A. T. Mason, *Free Government in the Making: Readings in American Political Thought*, New York: Oxford University Press, 1956, p. 52.

同意……来寻觅一块共处和相互依存的地方,并置于正当的民事和教会的管理形式之下",只有这样,才能严格执行上帝的旨意,履行与上帝缔结的契约,完成上帝所托付的宗教使命,最终建立一个理想社会。① 由于这里是清教徒自愿组成的社会,因而将危险人物或具有危险思想的人排除出殖民地是理所当然的。"如果我们根据令人悲哀的经验,设想并发现他的观点不能见容于和平,恰如他的自白表明的那样,我们为何不可拒其党羽于门外,免其势力增强,免其危险思想蛊惑他人,以此维持我们的和平?"② 为了保证清教徒的一统,清教公理会认为牧师具有三重权威:牧师是上帝让有原罪的人皈依的中介,牧师有吸收教徒的权力,牧师教导教徒按上帝对"选民"的要求生活。在神权统治下,清教徒不仅垄断殖民地的全部政治权力,而且在许多方面实施独裁统治。温斯罗普就曾公开宣称:"我们担任公职是由你们人民选出,一旦选出,我们的权威便来自上帝。"那时的人民"就只能遵守法律而无权制定或改变法律"。③ 实际上,温思罗普等人构建的是一个政教合一的社会,政治与宗教紧密结合,相辅相成。对此,戴维·柴德斯特(David Chidester)有过精彩的评论:"在清教徒的神权体系中,教会与国家是一种秩序的两个方面。永恒的宗教秩序由教会来保持,而现世的宗教秩序则由国家来维护。上帝的神谕在教会被传布,在大议会被执行。宗教说服与政治高压在神权体系中并行不悖。"④

---

① Andrew C. McLaughlin, *The Foundation of the American Cosititutonalism*, p.26.
② 丹尼尔·J.布尔斯廷:《美国人:殖民地的经历》,第10页。
③ Michael G. Kammen, ed., *Politics and Society in Colonial America*, New York: Holt, Rinehart and Winston, 1967, p.21.
④ 转引自原祖杰《从上帝选民到社区公民:新英格兰殖民地早期公民意识的形成》,《中国社会科学》,2012年第1期,第188页。

毫无疑问，马萨诸塞殖民地当局的神权专制统治虽然在殖民初期维系了殖民地社会的稳定与发展，但是这种违背英国自由传统甚至与清教徒远走美洲的初衷背道而驰的做法必然会面临危机与挑战。这种挑战不仅来自于世俗利益的诱惑和印第安人的反抗，更来自于清教徒内部的不同声音。正是这些声音动摇了马萨诸塞清教统治的根基，而且导致部分清教徒出走并建立新的殖民地。

最先对温思罗普的思想提出大胆挑战的是1631年来到美洲的独立派年轻教士罗杰·威廉斯（Roger Williams）。作为信仰自由论者，威廉斯主张民众有信仰的自由，反对强迫崇拜，并谴责对异教徒进行迫害。他认为"为了良心的缘故而进行迫害的教义，同和平的王子耶稣基督的教义，是最明显和最可悲地背道而驰的"。① 他提出马萨诸塞殖民地在宗教上对英国国教会过分顺从，完全违背了清教徒为了宗教信仰而移居北美的初衷。他主张清教徒应同英国国教会彻底分离和断绝关系，并质疑新英格兰的清教徒是否真的出于虔诚建立新英格兰教会。他还主张政教分离，认为政府官员应专注于民政事务而不应干涉宗教事务。他还公然挑战英国国王的权威，强烈批评马萨诸塞的皇家特许状，认为一切权力来源于人民，民意才是建立国家的基础。② 威廉斯的不同主张直指温思罗普等人的清教统治的要害，极富颠覆性，并赢得了不少人的拥护，这当然为温斯罗普等人所不容，因为威廉斯的主张严重威胁到殖民地政府的权威并有可能导致殖民地的分裂。于是，教会和政府均要求他放弃观点，但遭拒绝，政府决定逮捕他。1635年冬天，为躲避迫害，威廉斯逃离

---

① 纳尔逊·曼弗雷德·布莱克：《美国社会生活与思想史》，第103页。
② Curtis P. Nettels, *The Roots of American Civilization: A History of American Colonial Life*, pp.175-176.

马萨诸塞，在印第安人的帮助下于 1636 年春在罗得岛（Rhode Island）的纳拉甘西特湾（Narragansett Bag）建立了普罗维登斯（Providence）定居点。1640 年，威廉斯指导殖民地居民制定立法，规定政府的权力来自全体居民，随后成立了由居民选出的议会和相关行政人员，具体负责殖民地的立法及行政工作，并宣布容忍和欢迎持不同宗教信仰的人。在这里，所有的人都可以自由选择他愿意参加的教会，教堂活动也完全根据自己的意愿。

就在威廉斯被逐出马萨诸塞殖民地不久，另一位于 1634 年来到马萨诸塞的女信徒安妮·哈钦森（Anne Hutchison）也对马萨诸塞的神权统治和单一秩序提出挑战。哈钦森坚决反对宗教上的"选民"与"弃民"之分，认为"预定论"毫无事实依据；信徒可以同上帝直接交流，个人不必通过熟读《圣经》或牧师撰写的经典而获得拯救；上帝的圣徒可以知道自己的身份，可以感觉自己的灵魂得救，圣灵存在于每个人的心中。哈钦森还声称教会中的大多数成员包括掌权者和教士并未得到拯救，她还主张在宗教与世俗事务中女性与男性一样拥有参与权。哈钦森的思想和言论在殖民地引起轩然大波，她不仅团结了一大批异教徒和支持者，而且得到多名大议会成员和新总督哈里·文（Henry Vane）的支持。但是哈钦森的唯信仰论毕竟动摇了牧师被赋予的精神权威，严重威胁到殖民地的教会体制和政治统治，自然引起殖民地当局的关注和强烈不满。1637 年，约翰·温思罗普重获总督职位后，立即对哈钦森进行审判，最终以否认殖民地教士在宗教上的权威和不守妇道为由，将哈钦森逐出教会和驱逐出境。[1]

---

[1] J. Holland Rose, A. P. Newton and E. A. Benians, eds., *The Cambridge History of British Empire*, Vol. I: *The Old Empire from the Beginnings to 1783*, p.164.

1638年，哈钦森及其追随者来到罗得岛，他们从印第安人那里购买了一块土地，建立了朴茨茅斯(Portsmouth)定居点。一年后，另一些人在朴茨茅斯南边建立了纽波特(Newport)。1644年，威廉斯从英国议会获得了特许状，将普罗维登斯、朴茨茅斯和纽波特联合成"罗得岛和普罗维登斯拓殖地"(Rhode Island and Providence Plantation)，即罗得岛殖民地。① 特许状还特别强调了宗教信仰问题，指出："在这块殖民地上，任何人不能因宗教上的意见分歧而受到任何方式的骚扰、惩罚、遭致不安或怀疑，不得在实际上侵扰这块殖民地公民的和平。"②1647年，该殖民地举行的代表大会制定宪法，规定由议会和行政机构组成殖民地政府。罗得岛的政府形式比较民主，由选举产生的参事会和总督负责行政管理，居民有普选权、表决权和罢免权，宗教信仰有充分自由，教会与政治严格分离。1650年，由土地所有者选出的总督助理及代表组成大议会，自行制定法律。

由于宗教的专断以及人口的不断增加，马萨诸塞的一些移民开始向新英格兰的其它地区拓展，其中许多人涌向肥沃的康涅狄格(Connecticut)河谷地区。起先，荷兰人曾宣称对该地拥有主权，但是普利茅斯的英国皮货商却先于荷兰人闯入康涅狄格河谷。1634年，马萨诸塞的商人也来到这里抢购毛皮。随着康涅狄格为外人所知，马萨诸塞向此迁移的人越来越多，他们在温莎(Windsor)及韦瑟斯菲尔德(Wethersfield)等地定居。1636年，来自纽顿(New Town，即

---

① John A. Garraty, *A Short History of the American Nation*, New York: Longman, 1981, p.14.
② Anson Stokes, Leo Pfeffer, *Church and State in the United States*, New York: Harper & Row, 1964, p.65.

后来的 Cambridge)的一个独立团体来到康涅狄格河谷,并在哈特福德(Hartford)开辟定居点。这批迁移者大多是政治和宗教上的不满者,其领袖人物是托马斯·胡克牧师(Thomas Hooker)。胡克虽然在宗教上是一名正统清教徒,但其政治思想却具有强烈的民主色彩。他主张人人享有宗教和世俗世界的平等,建立教会或政府必须经由居民同意,宣称只有人民拥有选举权,所选出的官员"其权力是有限度和范围的"。[1] 因为不满于当时马萨诸塞日益强化的严格的入教批准手续及清教领袖们大权独揽,胡克决定与支持者一道前往康涅狄格,组建新的共同体。1637 和 1638 年康涅狄格召开了由总督、助理和代表参加的议会;1639 年胡克联合先前建立的温莎和韦瑟斯菲尔德镇共同制定了《康涅狄格基本法》(Fundamental Orders of Connecticut)。该基本法宣称,康涅狄格殖民地的目的是维护"耶稣福音的纯洁""我们的自由"和"教会的法律",但并没有将教会成员资格作为行使选举权的必要条件;殖民地的所有官员和总督均由殖民者代表大会选举产生,而代表大会由"得到承认并宣誓效忠的全体自由人"组成;自由人每年举行一次大会,总督、行政官员与每个市镇选派的 4 名代表共同组成大议会,大议会拥有包括征税、接纳自由人、分配新土地及惩罚不规行为等一切立法权;总督不能否决大议会制定的法律,总督及行政官员不得干涉大议会的运作。[2] 根据此法,康涅狄格成为完全的自治殖民地,大议会拥有相当大的

---

[1] J. Holland Rose, A. P. Newton and E. A. Benians, eds., *The Cambridge History of British Empire*, Vol. I: *The Old Empire from the Beginnings to 1783*, p.163.
[2] Clarence L. Ver Steeg, Richard Hofstadter, eds., *Great Issues in American History*, Vol. I: *From Settlement to Revolution, 1584—1776*, New York: Random House Inc., 1969, pp. 81–86.

权力。

此外,在新英格兰建立的殖民地新罕布什尔(New Hampshire)和缅因(Maine)也与马萨诸塞有关联。新罕布什尔位于马萨诸塞北面,1623 年英国人开始向此殖民,后成为梅森(Mason)家族的属地。1635 年,罗伯特·梅森在此建立了一个拓殖地。1641 年起,该殖民地受马萨诸塞的保护和控制,1679 年成为王室殖民地。缅因也始建于 1623 年,1639 年由几个村庄联合组成拓殖地,但长期受马萨诸塞的控制,1691 年并入马萨诸塞。

新英格兰较后建立的也是最先消失的殖民地是纽黑文(New Haven)。① 1638 年,清教牧师约翰·达文波特(John Davenport)带领一批伦敦人到达北美长岛(Long Island)并建立纽黑文。1643 年,纽黑文与英国人在此建立的其它四个市镇联合形成纽黑文殖民地。纽黑文是一个教会统治的村镇,其制度基本模仿马萨诸塞。纽黑文的基本法宣称,它将以圣经作为组建政府的指南,根据上帝的意旨选出代表组成议会,再由议会选出执法官员;议员必须是教会成员,议会必须力图保持宗教的纯洁性,防止邪教在殖民地传播和发展。②但纽黑文一直没有获得特许状,1662 年它并入康涅狄格。

从 1620 年"五月花号"抵达北美到英国内战爆发前夕,英国人经过艰苦的努力,在北美新英格兰地区相继建立了普利茅斯、马萨诸塞、罗得岛、康涅狄格、新罕布什尔、缅因和纽黑文等殖民地。这些殖民地以马萨诸塞为中心,被冠之以"清教殖民地"之名,原因在于这些殖民地大多是由清教领袖创建的,移民也主要是清教徒。清教

---

① Nicholas Canny, ed., *The Oxford History of the British Empire*, Vol. I: *The Origins of Empire*, p. 203.
② 王希:《原则与妥协:美国宪法的精神与实践》,第 21 页。

徒离开故土前往新英格兰,目的是寻找能够实现宗教理想的新家园,并建立模范的基督教社会,因此,清教主义成为新英格兰殖民地得以建立的主要精神动力,这赋予了新英格兰殖民地浓烈的清教色彩。清教思想对殖民地的政治制度和统治模式形成直接影响,清教活动也成为殖民地日常生活的重要内容,形成了所谓的"新英格兰方式"和新英格兰文化。宗教文化的同质性、共同的生存环境、地理上的靠近以及贸易、捕鱼和航海等经济活动,很容易使新英格兰各殖民地之间建立密切的联系。

1643年,马萨诸塞、普利茅斯、康涅狄格及纽黑文等殖民地订立了相关条款,建立了所谓的"新英格兰联盟"(New England Confederation,或称"新英格兰联合殖民地"),其目的是"为了保护并传播福音真理,以及自身的安全和公共福利"。① 为了处理联合殖民地的相关事务,还专门由各殖民地选出特派专员。1645年,"新英格兰联合殖民地"与当地的土著人(拿拉根赛人和南提克人)签署和平协议,避免了一场战争。当然,新英格兰殖民地的这种联合十分松散,各殖民地拥有独立的管辖权。它们虽然都对英国政府表示效忠,但又都自行制定法律及各项制度。同时,清教主义也推动了新英格兰殖民地经济的发展,因为清教徒"并不认为贫穷就是美德。他们航行三千英里来到这里,并不只是为了想以比在英国更为圣洁的方式来过那忍饥挨饿的生活,而是为了要建立一个能博得上帝欢心的社会,不仅要在宗教方面,而且要在经济方面,都获得成功"。② 清教徒这种将信仰上帝和俗世发展联为一体的观念,最终构成了新

---

① 威廉·布拉福德:《普利茅斯开拓史》,第287页。
② J.布卢姆等:《美国的历程》(上册),第44页。

英格兰经济发展和繁荣的动力,正如弗格森所指出的:"清教主义加上利益的驱动,正是这些因素的综合作用使得新英格兰逐渐繁荣起来。"[①]但是,与其他殖民地有别的是,新英格兰在经济上很少出产英国本国所需的物质,新英格兰特殊的地理条件使它不适宜大规模的农业生产,但当时的新英格兰还是以农业为主,以小手工业为辅,盛行自给自足的小农经济,它发展了多样性的农作物生产和家畜饲养业,形成了该地区的农业特色,玉米、小麦、黑麦、大麦和裸麦是其主要的农作物。[②] 除若干珍贵动物毛皮之外,新英格兰没有什么商品可以输往母国,相反它所盛产的鱼类则销售到南欧国家,一般食品输出到西印度群岛。为了促进捕鱼业和商业的发展,新英格兰又利用丰富的林木资源发展造船业及航运业,从而便利了殖民地与英国和欧洲的贸易往来,也加强了南北殖民地之间的经济关系。到17世纪中期,新英格兰的不少商船在加勒比海和地中海一带航行,出售各种商品,运送别国人的货物,获取可观的利润,波士顿成为当时美洲最大的港口之一。正如一位作家所说,新英格兰人"不断注意着任何能够产生利润的哪怕最细小的商品,从而为他们自己赢得了美洲荷兰人的称号"[③]。新英格兰的经济特征使其对母国的经济几乎没有什么帮助,反而给母国的商业以很大打击,这个事实决定了新英格兰殖民地日后与英国之间的关系。

当然,由于清教只是一种思想而非单纯的宗教派别,新英格兰的清教徒从未组成统一而强大的教会,相反清教徒本身也因宗教主

[①] 尼尔·弗格森:《帝国》,第55页。
[②] 吉尔伯特·C.菲特、吉姆·E.里斯:《美国经济史》,第77—79页。
[③] 查尔斯·A.比尔德、玛丽·R.比尔德:《美国文明的兴起》(上卷),第112页。

张不同而形成许多派别,加上北美相对宽松的政治环境以及大量非清教移民的不断进入,新英格兰地区各殖民地无论在政治管理制度还是在宗教生活方式上都存在差别,随着时间的推移和移民人口的增加,这些差别越发明显。

四、加勒比地区的殖民争夺

当英国人在北美大量活动并打下殖民地基础的同时,在加勒比海西印度群岛的殖民争夺中,英国人也取得了令人瞩目的阶段性成果。民间力量同样成为加勒比地区殖民争夺的主体。

位于美洲中部的加勒比海是世界上最大的近海,面积达275万平方公里。加勒比海的战略位置十分重要,是南北美洲交通、贸易航线的必经水域,被认为是"美洲的地中海"。加勒比海的岛峙及加勒比海与墨西哥湾之间的岛屿被称为西印度群岛,包括大安的列斯群岛、小安的列斯群岛和巴哈马群岛,其中比较大的岛屿有古巴、牙买加、伊斯帕尼奥拉(Hispaniola)和波多黎各(Pueto Rico)等。西印度群岛地处热带,土地肥沃,雨量充沛,为各种农作物的栽培提供了良好的自然条件,很适宜成为西欧国家所需热带物品的供给地。同时,西印度群岛也因加勒比海的地理位置而具有重要的战略意义,这些岛屿从南到北环加勒比海分布,是来往南北美洲的必经之地和船队补给站,因而成为早期殖民国家所追求的主要对象,西班牙人就是在这里建立了他们的基地并最终实现了对墨西哥的征服。

关于西印度群岛各国历史发展的特点,英国历史学家帕里和舍洛克在其著作中做过这样的概括:"不像'旧世界'多数国家的历史那样,从远古的神话传说与对过去的考古发掘逐渐发展成为有记载的历史,西印度群岛的历史是由一个特定的历史事件而突然开始的,这就是:1492年哥伦布的船队载着第一批欧洲探险者的到达。目前这些岛屿的面貌主要是从那一批人到达以后所产生的事件发展起来的。"① 两位作者的上述论断尽管反映了西印度群岛历史发展的某个侧面的特点,但他们关于这一地区的历史由哥伦布开创的认知,显然是错误的。因为在此之前,西印度群岛印第安人中的两支加勒比人和阿拉瓦克人就在此长期居住,发展并形成了自己独特的经济和文化。哥伦布的贡献在于他对西印度群岛的再次"发现",并使之与旧大陆发生了直接联系。正是这种"发现"和联系改变了西印度群岛的历史发展,并对西方殖民国家建立帝国的进程产生了直接的影响。

美国历史学家查尔斯·A.比尔德和玛丽·R.比尔德在分析英国殖民动机时指出:"英国人向美洲移殖的动机,除了商业和征掠以外,还掺杂了其他因素。毫无疑问,政治动机纵然或许有它的经济根源,却是在大西洋沿岸开拓殖民地的有力因素,把旧世界一些王朝和国家之间的竞争转移到了新世界。原来可能在欧洲战场上燃起大战火的妒忌和野心,此时蔓延全球,加速了在整个世界上争夺领地的斗争。"② 英国人染指西印度群岛就是源于同西班牙的矛盾,西班牙人是西印度群岛的捷足先登者,自15世纪末他们踏上这些岛屿以后,便逐渐成为这里的主要势力。西班牙人对土著居民实行野

---

① J.H.帕里、P.M.舍洛克:《西印度群岛简史》,天津市历史研究所翻译室译,天津人民出版社1976年版,第1—2页。
② 查尔斯·A.比尔德、玛丽·R.比尔德:《美国文明的兴起》(上卷),第21页。

蛮的灭绝政策,不到一个世纪,原住在大安的列斯群岛上的印第安人几乎被奢杀、掳掠一空,只有个别岛屿的深山老林中还保留着一些印第安人的小群体。① 对西班牙建立的庞大的美洲殖民帝国而言,加勒比地区是通向该帝国的大道,而古巴和伊斯帕尼奥拉则是帝国的前哨。因此,对于西班牙政府来说,"西印度群岛成为必须不惜一切代价加以防御并且坚守的堡垒了"。②

16世纪30年代以后,西印度群岛的重要地位日益为其他欧洲殖民国家所认识,各殖民国家的斗争逐渐展开。此时,西班牙各港口的吞吐量日益增长,大批西班牙船只途经此地,在此获得货物供应和船只维修服务,然后驶往美洲大陆。这自然引起外国人的兴趣,并试图进行干涉。迫于西班牙的强大,他们主要采取三种方式:一是进行海盗掠夺,公开袭击和劫掠西班牙的港口和船只;二是进行走私贸易,用奴隶和欧洲货物掠取糖、兽皮和白银;三是侵犯西班牙的垄断殖民地。③ 为了取得同西班牙殖民地进行走私贸易的仓库和对西班牙航船实施劫掠的有利位置,其他欧洲国家便想方设法在加勒比地区建立殖民据点,其中,英国是积极的参与者和直接挑战者。早在16世纪20—30年代,英国商人就来到加勒比海,主要从事走私贸易。1562—1568年,约翰·霍金斯先后组织了四次前往西印度群岛的贸易航行,主要进行奴隶走私贸易,用从葡属非洲带来的奴隶换取珍珠、黄金、兽皮和蔗糖,获得了丰厚的利润。但是由于西班牙的强势打击,英国的走私贸易遭到严重挤压,很难突破西班牙

---

① 福斯特:《美洲政治史纲》,冯明方译,三联书店1959年版,第42页。
② J.H.帕克、P.M.舍洛克:《西印度群岛简史》,第53页。
③ 参见埃里克·威廉斯《加勒比地区史》(1492—1969年,上册),辽宁大学经济系翻译组译,辽宁人民出版社1976年版,第100—105页。

在此地区的贸易垄断。为了实现贸易的合法化,霍金斯试图从西班牙官方获得贸易执照,但遭到西班牙的拒绝。霍金斯最后一次航行的返航途中遭到了西班牙舰队的重创,其本人最后带着15名幸存者狼狈回到英国。于是,英国商人开始进行海盗活动,公开袭击和劫掠西班牙商船和沿海据点。伊丽莎白时代后期,随着英西关系的全面紧张,以德雷克为代表的英国人在加勒比地区对西班牙人频繁进行袭击和抢劫,1585—1604年,每年都有100—200艘英国船在加勒比海骚扰西班牙船只。① 这不仅给英国带来了丰厚的收入,而且进一步加剧了英西两国之间的矛盾。据统计,1585—1604年,加勒比地区每年给英国带来10万—20万英镑的捕获物,②巨额的利润促使英国人一直企图在西班牙控制的西印度群岛夺取立足点,但均未成功。约翰·霍金斯、弗朗西斯·德雷克等英国早期的著名探险家和海盗们虽然多次严重打击了西班牙,但是打破西班牙在西印度群岛的贸易和领土垄断的尝试,在16世纪均以失败而告终。

17世纪初出现转折,英西战争的结束及英国的胜利为英国人在西印度群岛展开新的殖民活动提供了良好的契机。1604年,英国同西班牙在谈判签订和平条约时,英王特地向西班牙提出了关于英西两国在西印度群岛的权益问题。在英国看来,英国对一切被西班牙实际占领的土地表示尊重,但是不能承认西班牙在美洲未占领地区的权利。英国的这种要求显然与西班牙所坚持的在西印度群岛拥有完全的垄断权利相冲突,双方激烈争论。不过,由于形势发生新的变化,西班牙最终只能表示默认,英国获得了在西印度群岛殖民

---

① 尼尔·弗格森:《帝国》,第9页。
② Nicholas Canny, ed., *The Oxford History of the British Empire*, Vol. I: *The Origins of Empire*, pp. 218-219.

的权利。逐渐衰落的西班牙也开始放弃全面控制加勒比殖民地的企图，转而将有限的资源集中用于保护大西洋的主要航路，在重要的战略要道以及西班牙至美洲的几个重要港口加强防御。这使得自16世纪以来西欧国家惯常进行的海盗和走私活动变得无利可图，因此英国人就企图在南美洲北部沿海建立永久的殖民地，加勒比成为英国殖民活动的焦点。①

早在16世纪初，在西欧诸国盛传圭亚那地区有一个黄金国王"埃尔多拉多"(El Dorado)和黄金国"马诺亚"(Manoa)，这对欧洲许多冒险家有巨大的诱惑力。1595年，英国人沃尔特·雷利爵士曾来到南美洲的圭亚那，经过探查他确信，位于西班牙控制区北部和葡萄牙巴西南部的这块无人区可以成为英国的第一块热带殖民地。他确信圭亚那有金子，是"到目前为止没有被劫掠过，被迁回过，也没有被开采过的一块处女地"。② 1596年和1597年，他派了两支探险队继续进行探查。为了鼓动更多的英国人前往那里，雷利专门撰写并发表了《圭亚那的发现》，对以圭亚那为代表的南美洲的自然景观进行了大肆渲染，从而引起英国人的重视。在最初的圭亚那航行之后，1604年查尔斯·雷(Charles Leigh)来到维阿波科(Wiapco)河岸边，并建立了一个小殖民据点。雷本人虽于1606年去世，但与他同行的人却在那儿逗留了一年左右的时间。这期间，他们曾试图种植烟草和亚麻，并同阿拉瓦克印第安人进行贸易。1606年，该殖民据点的幸存者搭乘荷兰人的船只返回欧洲。1609年，罗伯特·哈考特(Robert Harcout)又在维阿波科及其附近河口建立了几处贸易据

---

① Anthony McFarlane, *The British in the Americas, 1480—1815*, p.50.
② 埃里克·威廉斯：《加勒比地区史》(1492—1969年，上册)，第111页。

点,但是都不成功。英国人染指西印度群岛的关键步骤是弗吉尼亚公司 1612 年对百慕大的成功殖民。① 从地理上看,百慕大远离西印度群岛,但它却是西印度群岛和北美大陆之间航运和贸易的连结点和中继站,北美殖民地不断有人来到百慕大并进而向西印度群岛进发。1613 年,哈考特和另外几位英国绅士获得了亚马逊(Amazon)和埃塞魁波(Essequibo)河之间土地的专有权,他们打算通过认购的方式建立一个种植园殖民地,但是没有得到支持而只好作罢。1610 年,托马斯·罗(Thomas Roe)勘测了亚马逊河地区,并在 1612 年在亚马逊河上游大约 300 英里处建立了一个定居点,不久他从爱尔兰引入一批定居者以加强巩固此定居点,最终该定居点存在了 8 年时间。

雷利、哈考特等人的殖民尝试虽说失败了,但是在随后的十年左右时间里,英国人仍一如既往地前往圭亚那和西印度群岛其它地区进行贸易与殖民活动。1619 年,曾参与雷利南美探险的罗杰·诺思(Roger North)获得英国枢密院的批准,领导和组织亚马逊公司,②旨在开拓维阿波科河和亚马逊三角洲之间的殖民地。诺思后在亚马逊三角洲设立一个 100 人的营哨,开始种植烟草并与印第安人做生意。③ 但是几年之后,由于遭到西班牙人和葡萄牙人的强烈反对,英国在这一地区的活动基本停止。这表明,面对西班牙和葡萄牙的直接竞争,英国的殖民活动很难取得实质性的进展。因此,英国必

---

① Deane Jones, *The English Revolution: A Introduction to English History*, London: Heinemann, 1960, p.265.
② 亚马逊公司的全称为:"The Governor and Company of Noblemen and Genltlemen of the City of London Adventurers in and about the River of the Amazons".
③ J. Holland Rose, A. P. Newton and E. A. Benians, eds., *The Cambridge History of British Empire*, Vol.Ⅰ:*The Old Empire from the Beginnings to 1783*, p.139.

须调整殖民思路和殖民方针,在西班牙影响区之外寻找殖民目标以求突破。同时,英国人在加勒比地区的早期殖民活动也证明,英国在加勒比地区建立热带殖民地是完全可能的,因为英国定居者至少在圭亚那和亚马逊河口成功地生活了许多年。更重要的是,英国人在亚马逊的殖民活动使他们发现了通往为西班牙所忽视的小安的列斯群岛的道路,从而开始了英国人占领加勒比地区一系列小岛的殖民进程。①

1622年,曾经参与早期在圭亚那和亚马逊殖民探险的托马斯·沃纳(Thomas Warner)获得有关位于小安的列斯岛的圣克里斯托弗(St. Christopher, or St. Kitts)岛土壤和气候的信息报告后,很感兴趣。因此沃纳在1622年返英途中,登上圣克里斯托弗即后来被称为背风群岛的地方,并且花了一段时间与当地加勒比人的首领进行接触和谈判。出于对该岛风情物貌的偏爱并认定该地适合种植烟草,沃纳回国后即寻找赞助人和资本,以支持他的殖民计划。② 在伦敦商人马里菲尔德(Ralph Merrifield)的支持下,沃纳带领一批人于1624年回到圣克里斯托弗,屠杀或赶走了该岛的加勒比人,使此地成为英国在西印度群岛的第一个永久殖民地,这也是英国在圭亚那失败后在南美洲建立的第一个殖民地。英国人在那里建立了要塞和小屋,种植烟草并获得成功。1624年底,沃纳击退了加勒比人对他们的袭击,解除了土著人对殖民地的威胁,殖民据点得到巩固。1625年夏天沃纳带着第一批烟草返回英国进行宣传,并被英王任命为圣克里斯托弗、尼维斯等地的总督。同年,法国人达埃南步克

---

① Anthony McFarlane, *The British in the Americas, 1480—1815*, p.51.
② Nicholas Canny, ed., *The Oxford History of the British Empire*, Vol.I: *The Origins of Empire*, p.219.

(Rierre Belain D'esnambuc)率领的私掠船来到圣克里斯托弗,以躲避西班牙船队的袭击。沃纳认为法国人在此定居有利于加强殖民者的力量,因而答应了法国人的请求,圣克里斯托弗遂被分成两部分:英国人占有中部,法国人居住在南北两端。沃纳和达埃南步克之间的共居协议为1627年双方签订的条约所确认。此种划分直到1713年《乌特勒支条约》(The Treaty of Utrecht)的签订才被终止。

英法协议的达成和加勒比人的失败使圣克里斯托弗岛获得了发展的机会,从而吸引了越来越多的新移民。到1629年时,居住在此岛上的居民据估计有3 000人。① 烟草是该岛的主要经济作物,被越来越多地运往英国。1629年9月,托尔多(Fadrique de Toledo)率领的西班牙探险队来到这里并宣称英法移民是西班牙领土的非法闯入者,实行强行驱逐,结果许多英国人和法国人被抓捕,房屋被毁,西班牙人在此放弃烟草而改种更为有利可图的甘蔗,并引入许多黑人和白人契约佣仆。受到排挤的英国人被迫前往一些僻远的小岛,先后建立了尼维斯(Nevis,1628年)、蒙特塞拉特(Montserrat,1632年)、安提瓜(Antigua,1632年)等殖民据点,②在这些地方英国人仍主要种植烟草。沃纳还企图在南边较大的岛屿如圣路西亚(St Lucia)等地进行殖民,但因加勒比人力量强大并顽强抵抗,因而未能实现。后来西班牙人撤离了圣克里斯托弗,英法殖民地得以重建。

圣克里斯托弗殖民地建立后三年,更重要的巴巴多斯(Barbados)殖民地也开始建立。1625年,约翰·鲍威尔(John Powell)带领一批水手从巴西回国,途中登上巴巴多斯,该岛人迹罕

---

① W. D. Hussey, *The British Empire and Commonwealth*, p. 29.
② Nicholas Canny, ed., *The Oxford History of the British Empire*, Vol. I: *The Origins of Empire*, p. 221.

至、森林茂密、土质肥沃，令他十分着迷。他遂以詹姆士国王的名义宣布占领该岛。回到英国后，鲍威尔就为巴巴多斯的殖民活动进行鼓动，并得到了威廉·科提恩爵士（Sir William Courteen）等人的支持。1627年2月，鲍威尔的兄弟亨利·鲍威尔带领80名左右的英国殖民者来到巴巴多斯，随身带来了参茨根（Cassava）、玉米和烟草种籽，在当地印第安人的指导下进行种植，并取得成功。到1628年年底，大约有1 600名英国殖民者来到巴巴多斯，共耗资约1万英镑。① 巴巴多斯岛面积达166平方公里，是英国人在加勒比地区的重要基地，该岛种植的烟叶也很快运到了英国，受到英国人的重视。在相当长的时间内，英属加勒比岛屿的经济价值要超过英属北美殖民地。

西印度群岛英属殖民地的逐步发展及可观利润引起英国人之间激烈的争夺。英属加勒比殖民地的出资者是一些相互竞争的投机集团，为了取得英国政府对所有权的确认，同时为了对殖民地实施有效的管理以获取更多的经济利益，殖民地的建立者使出浑身解数游走于伦敦上层，试图寻找自己的靠山，并依托他们谋求国王的特许状。早期开发圣克里斯托弗并获得国王特许状的沃纳得到了宠臣卡莱尔伯爵（Earl of Carlisle）的大力支持。1627年卡莱尔就从英王那里获得了特许状，根据特许状，卡莱尔拥有"加勒比海群岛"的全部，包括巴巴多斯的主权，他有权出让土地和征收税款，有权任命总督和其他官员。② 这种权力与巴尔的摩勋爵在马里兰所拥有的权力相类似，是一种半封建的特权。1628年4月，国王又赐予卡莱

---

① J. Holland Rose, A. P. Newton and E. A. Benians, eds., *The Cambridge History of British Empire*, Vol.I: *The Old Empire from the Beginnings to 1783*, p.144.
② Anthony McFarlane, *The British in the Americas*, 1480—1815, p.73.

尔开发巴巴多斯岛的新特许状。卡莱尔本人并未直接参与开发殖民地,但是沃纳和一批伦敦商人则利用他的势力和支持,经营和开发圣克里斯托弗岛。在巴巴多斯,科提恩得到彭布罗克伯爵(Earl of Pembroke)的庇护,1628 年 2 月 25 日英王把加勒比海中的一群岛屿,其中包括多巴哥(Tobago)、特立尼达(Trinidad)和巴巴多斯,赐予彭布罗克伯爵。由于这些岛屿位于卡莱尔的特许状范围之内,因此卡莱尔对这项赐予提出异议。两份特许状明显重叠,反映了英国早期殖民扩张的混乱状态,同时也说明此时英国王室对殖民事业并不重视,也缺乏总体规划。用麦克弗森的话说:"西印度群岛在开始种植甘蔗以前,在早期被认为是没有什么价值的。否则,许可证不会那么轻易发给。"[①]双方争斗的结果是卡莱尔获胜,他最终成为加勒比群岛,包括圣克里斯托弗、尼维斯、巴巴多斯在内的大领主。卡莱尔本人对殖民地拓殖并不感兴趣,遂委派沃纳出任圣克里斯托弗的总督,由霍利(Henry Hawley)管理巴巴多斯。彭布罗克伯爵的特许状被撤销,科提恩等人因此蒙受了巨大经济损失。

在加勒比地区殖民的基本动机是贸易和种植,宗教因素的影响相对较小,但也并非完全没有。1630 年代,伴随英国清教徒大批移民北美,一些清教徒曾打算像在新英格兰一样,在加勒比寻找一块"清教净土"。1631 年,沃里克伯爵(Earl of Warwick)和约翰·皮姆等人组织了一个由很多清教政治家参加的合股公司,准备向加勒比西部实行移民,他们选择了距离尼加拉瓜(Nicaragua)海岸不远的圣卡塔里娜(Santa Catlina)或普罗维登斯岛(Providence Island),希望

[①] J. H. 帕里、P. M. 舍洛克:《西印度群岛简史》,第 105 页。

在此建成可以从事商业活动的"上帝的联邦"(Godly Commonwealth)。① 起初,普罗维登斯具有发展种植业和航运业的良好前景,但由于它距巴拿马的伊斯木斯(Isthmus)仅有300英里左右,非常适合袭击来往于伊斯木斯和哈瓦那之间的西班牙船只,普罗维登斯岛遂成为英国私掠船和海盗的基地,而宗教和垦殖的目的便被放弃。英国人的威胁遭到西班牙人的仇视,1635年,西班牙对普罗维登斯发动袭击,虽未占领之,但此后的侵犯不断发生,给英国人造成了不小的损失。1639年荷兰人提出购买普罗维登斯,但遭到英国公司的拒绝。1641年,该岛被一支西班牙船队占领,英国殖民者被迫撤离,他们在普罗维登斯的殖民活动告一段落,而被迫又返回到加勒比东部地区,回到小安的列斯群岛。

在早期加勒比地区的争夺中,英国的商人和冒险者们在热带美洲殖民地的核心巴巴多斯和圣克里斯托弗已经形成了自己的殖民统治。从政治结构看,同在北美大陆的殖民地一样,英国在西印度群岛确立的政治制度基本上模仿英国国内,英国的许多传统被移植到那里。殖民地的贵族作为土地的主要所有者拥有广泛的政治权力并可挑选总督代为行使。在巴巴多斯,最初形成的是由总督和少数白人种植园主专断的独裁统治。不久,政府的权力被地方权力取代。岛内分成教区,由教区自由人选出的官员负责收税和维持社会秩序。1639年,巴巴多斯组成了代表议会,代表由各教区选出。其他英属岛屿在英国内战以后也相继组成了议会。不过,总体上加勒比地区的政治权力还是由那些富裕的种植园主所操控,他们控制了当地政府以及教会,因此贵族政治色彩浓厚是加勒比地区的基本政

---

① Anthony McFarlane, *The British in the Americas, 1480—1815*, p.74.

治特色。

烟草种植业构成了加勒比地区经济生活的基础,烟叶大多出口到英国和欧洲。烟草大部分是由小土地占有者种植的,面积在5—30英亩,使用契约佣仆进行耕作。1631年以后,由于烟草供过于求,价格迅速低落,导致殖民地经济严重衰退,这使英属西印度群岛认识到"烟草与契约劳动并非岛屿经济的坚实可靠的基础"[1],加上此时英国政府打压英属西印度殖民地的烟草生产,因此该地区不得不改种棉花、靛青等其它作物。40年代以后,他们引进甘蔗,加上掌握了制糖技术,蔗糖业迅速发展,甘蔗生产逐渐在加勒比地区经济生活中占有举足轻重的地位,并推动了英属加勒比各殖民地的发展,越来越多的移民也因此前往。到1640年,与其他国家相比,英国人在加勒比地区的人数已占明显的优势,移民总数达3万左右。[2]

英国人在加勒比地区站住脚,对英帝国的形成和发展具有重要意义。这不仅表现在它为英国的进一步海外殖民扩张获得有利的战略地位,为母国提供了所需的热带商品;而且表现在它与英属其他北美殖民地形成了紧密联合的整体。因为西印度群岛的种植园主致力于利润优厚的热带农作物生产,而其它生活必需品诸如肉类、粮食、疏菜、木材、家畜等都依赖进口,而这些物品正是新英格兰所生产而又难以在英国销售的商品,于是西印度群岛与英属美洲其他殖民地之间形成了合理的分工和互补,彼此互通有无。这不仅加强了各殖民地之间的联系,而且推动了英属美洲殖民地的整体发展及英国殖民体系的形成。所以莫里森等人指出:"如果不是有了同

---

[1] J. H. 帕里、P. M. 舍洛克:《西印度群岛简史》,第122页。
[2] Anthony McFarlane, *The British in the Americas*, 1480—1815, p. 73.

这些镶在加勒比海碧玉上美丽的热带小岛的贸易,那么,在很长久的时间里,新英格兰只会是一串贫穷渔村和寒苦农庄而已。"[1]英属西印度群岛成为英属北美殖民地特别是新英格兰殖民地生存和发展的重要依托。

从英帝国发展的角度看,17世纪初期是一个重要的历史时段。此时期英国人所追求的帝国设想不仅得以付诸实施,而且初步得以实现。切萨皮克湾殖民地、新英格兰殖民地、西印度群岛殖民地的建立都标志着17世纪英国殖民扩张的第一阶段至臻高峰,此时英国不仅在亚洲获得了贸易立足点,更重要的是在美洲地区所进行的殖民试验取得的初步成功,为以后殖民地的发展和帝国的形成打下了坚实的基础。[2] 1620年,英属美洲殖民地的白人人口约只有1 000人,1640年时已达3.8万人,1650年达到8.3万人。[3] 正如《美国的历程》一书所说的:"到17世纪中叶,英国人已经布满北美各殖民地。更多的移民还要从英国或别的地方来到这里。但在新英格兰沿岸和切萨皮克湾,已经可以看见未来的景象。英国人已经移入,而且,无论他们赞成像马里兰和罗得岛那样的信仰自由,还是赞成马萨诸塞那样的不容异端,无论他们是捕鱼还是种植烟草,这个大陆已经是实实在在地属于他们的了。"[4]

然而,与其他早期殖民帝国相比,17世纪初期英国殖民拓展活动的最大特征是民间性,以商人、贵族、宗教信徒等组成的英国民间

---

[1] 塞缪尔·埃里奥特·莫里森等:《美利坚共和国的成长》(上卷),第65页。
[2] D. B. Quinn, A. N. Ryan, *England's Sea Empire, 1550—1642*, London: G. Allen & Unwin,1983, p.155.
[3] 斯坦利·L.恩格尔曼、罗伯特·E.高尔曼主编:《剑桥美国经济史》(第一卷:殖民地时期),第133页。
[4] J.布卢姆等:《美国的历程》(上册),第47页。

力量成为英国对外商业和殖民扩张的先锋和主体。无论是在亚非地区,还是在北美和加勒比地区,无论是殖民扩张的发起和组织,还是殖民地政治、经济制度的确立和社会的管理,无不体现出英国民间力量所蕴育的冒险和开拓精神。在寻求帝国梦想的进程中,他们迫切需要英国政府的支持,他们也确实得到了政府一定程度的支持,但是这种支持主要体现为为殖民扩张活动颁发特许状并从中获取经济上的利益。除爱尔兰之外,英国政府自始至终并未直接参与殖民地的开拓。正如诺尔斯所言,英属美洲殖民地的创立"很少得到甚至完全没有得到国家的帮助,它与或多或少是由国家来发起或支持的葡萄牙、西班牙、荷兰和法国的殖民帝国形成了鲜明的对比"。① 早期英国殖民扩张活动的这种特性决定了英帝国建立的进程充满了无序、艰难和盲目性,也使各殖民地拥有了更多自由宽松的发展空间。

---

① 诺尔斯:《英国海外帝国经济史》(第一卷),第77页。

第三章 殖民扩张的加速

一个国家的任何政策均以其国内外形势的发展变化为转移。17世纪中期是英国发生急剧变动的时代,此时英国不仅在政治和社会结构方面发生了激烈的变动和调整,而且在殖民扩张和对外战略方面也出现了重大的调整与转换。1640年开始的英国内战基本上中断了英国直接的海外殖民活动,先前强大的海外移民潮放慢了速度;①与此同时,已有的殖民地因英国无暇顾及而获得了自由发展的有利时机。但是,随着英国内战的深入进行,特别是政权转换的逐步实现和国际强国之间竞争的加剧,英国政府的殖民扩张政策开始呈现出新的态势。克伦威尔(Oliver Cromwell,1599—1658)统治时期将伊丽莎白一世时代英国的海上扩张活动加以重振,克伦威尔充分利用国家的力量,强化对现有殖民地的控制,拓展新的殖民空间,以形成紧密有力的帝国关系并为此不惜动用武力。他力图打破西班牙对美洲贸易的垄断,削弱荷兰的商业强权,确立英国的商业和海上霸权。"克伦威尔是英国第一位在国内地位巩固、可以认真考虑使殖民地和总的帝国规划相适应的统治者。"②由此,重商主义真

---

① Anthony McFarlane, *The British in the Americas, 1480—1815*, p.83.
② J. 布卢姆等:《美国的历程》(上册),第51页。

正成为英国国家进行对外扩张、创建殖民帝国的指导思想,先前主要体现为民间性的殖民开拓逐渐转化为政府有意识的政策行为,谋求远洋商业利益并建立商业帝国成为英国国家追求的目标,英国的殖民扩张因此而加快步伐,构建重商主义帝国的思路日益清晰。

一、殖民政策调整的基本动因

17世纪初期英国的殖民扩张活动取得了巨大成就,这为未来的英帝国发展道路指明了方向。[1] 但是,从总体上说,除了爱尔兰之外,英国殖民活动的最大特点是私人性和民间性,英国政府对英国的殖民扩张活动基本持放任态度。正如有人所指出的:"英国人为建立第一批美洲殖民地,在生命和金钱方面都付出了昂贵的代价,英国政府却没有付出什么代价。"[2]从1607年到英国内战之前,英国政府对殖民地特别是北美殖民地既没有明晰确定的殖民政策,也没有专门的管理机构。从殖民初期开始,一直到整个内战时期,英国议会未能通过一项与殖民地直接有关的法律,以至有人埋怨说,英帝国根本不是英国政府策划的结果。[3]

造成这种状况的原因主要是:首先,英国政局的持续动荡分散了英国的精力。17世纪初大多数英属北美殖民地创立时期,正值英国国内政治斗争急剧发展时期,此间英王与议会之间的权力斗争如

---

[1] W. D. Hussey, *The British Empire and Commonwealth*, p.53.
[2] J. 布卢姆等:《美国的历程》(上册),第48页。
[3] Hereford B. George, *The Historical Geography of the British Empire*, London: Methuen, 1919, p.1.

火如荼,政局动荡不稳。从 1604 年开始,詹姆士一世的内外政策就不断受到各方的批评指责,围绕财政税收、外交政策及宗教信仰等问题争论不断。作为一个"君权神授论"者,詹姆士一世认为君主对他的臣民享有生杀予夺的绝对权力,无论是在国内财政税收问题上,还是在宗教和外交政策上,都表现出一种专断和固执,这不仅与英国的宪政传统相违背,而且为英国新的现实环境所不容。乡绅势力的发展、议会力量的增长及清教徒影响的扩大,都对王权形成了巨大的挑战,所以詹姆士一世"作为一位英国国王,相对而言是失败的"。① 到 1625 年查理一世即位时,英国的分歧急剧扩大,查理一世处事优柔寡断,听任白金汉公爵滥用权力,导致国王与议会在赋税问题上的矛盾进一步发展。1626 年查理一世召开第一届议会,议会就与国王在征税等问题上发生严重冲突,此后就征税及增加军费开支等问题始终激烈斗争。1628 年,议会通过了被称为"斯图亚特王朝时期的大宪章"的《权利请愿书》(the Petition of Right),明确陈述了包括未经议会同意不得征税等现代立宪政府的一些最基本的原则,试图对王权进行限制。② 1629 年,查理一世逮捕议会的主要反对派,并将议会抛在一边,实行了长达 11 年之久的个人统治,完全破坏了英国长期存在的"王在议会"的宪政传统。所以,当 1640 年 4 月查理一世为筹集对苏格兰战争的费用再次召开议会时,议会不仅拒不讨论征税问题,而且对国王的统治提出责难。愤怒的国王解散议会,此届议会仅存在了三个星期。查理一世的专断做法激化了社会

---

① Alan G. R. Smith, *The Reign of James* Ⅵ *and* Ⅰ, p.1.
② 罗宾・W. 温克、托马斯・E. 凯泽:《牛津欧洲史》(第二卷),赵闯译,吉林出版集团有限责任公司 2009 年版,第 32 页。

矛盾,加速了革命的到来。1642年内战爆发,1649年1月查理一世被送上断头台。长期的政治斗争分散了政府的精力,无论是国王还是议会都无力也无暇关注对外扩张和殖民地的发展。

其次,殖民地对宗主国的现实利益和重要地位尚未充分展示出来。按照一位百科全书的编纂者的看法,殖民地"是母国制造的并为母国服务"。① 但在17世纪初期,英国建立殖民地的过程充满了失败和艰难,这使许多英国人对殖民地的建立充满失望,只有少数理论家和思想者能对殖民地的重大战略价值和服务功能作出准确把握和预测。在英王眼里,殖民地与宗主国的关系并不清晰,殖民地对宗主国的价值并未凸显。爱尔兰作为英国的第一个殖民地,不仅未能给国家带来实质性的好处,反而一直是英国的一块心病。国王和政府批准向外移民,仅仅是为了给那些心怀不满的清教徒、不安定分子、商人和想发财的冒险家提供出路,殖民地成了国王甩"包袱"的"垃圾场"。同时,王室的财政入不敷出,查理一世时期的宫廷收支年赤字达到5万—15万镑,②捉襟见肘的财政状况使国王乐于颁发特许状以谋取经济利益,而不愿也无力为建立殖民地承担实际风险。

再次,地理的阻隔也限制了英国政府对殖民地的实际控制。对于英国海外殖民扩张的主要目标美洲而言,3 000英里的路程和浩瀚的海洋在17世纪的确是一个巨大的障碍。遥远、艰难的路途不仅给殖民地与宗主国之间的信息、人员交流造成不便,而且使英国国王和政府对殖民地的管理无能为力,甚至完全不起作用。比如,

---

① 海因茨·沃尔夫冈·阿恩特:《经济发展思想史》,第23页。
② James E. Gillespie, *The Influence of Oversea Expansion on England to 1700*, New York: Columbia University Press, 1974, p.338.

1621年，国王曾命令弗吉尼亚的烟草必须全部运往英国，但这一命令并未执行；1634年4月英国成立了以劳德大主教为首的殖民地事务最高委员会，企图限制英国移民的过分外流，禁止无特许状者移民海外，但效果甚微。英国的其它法规也难逃脱同样的命运。

英国国家行为在殖民扩张初期表现出的相对软弱性，虽然使英国殖民扩张和殖民地的管理独具特色，并对殖民地本身的发展产生深刻影响，但同时又违背了殖民拓殖活动的基本要求，给英国的殖民活动带来了消极影响，使英帝国的构建步履维艰，表现为：

第一，与其他殖民帝国相比，英国的海外殖民扩张得不到强有力的政府支持，因而显得非常落后和被动。西班牙和葡萄牙的殖民活动一开始就在王权的直接推动和控制下，并由王室对各殖民地实施直接统治，王室任命的各种官员形成一个自上而下、金字塔式的官僚行政系统对殖民地进行有效的管理，殖民者本身在殖民地的政治生活中几乎不起或根本不起作用。政府的这种强力作用不仅使两国迅速形成庞大的殖民帝国，而且其帝国体系具有很强的封闭性和组织性。英国人很难突破西班牙、葡萄牙人的封锁，而只能避开他们的势力范围，在人口稀少、远离文明的北美大陆建立殖民地，而且一再遭受挫折。即使英国在某些地方获得了成功，却付出了极大的代价，而且其成果很难维持。苏联历史学家亚·谢·萨莫伊洛正确地评论道："斯图亚特王朝政府不但对于那些私人和公司的主动性不给予国家的支持，甚至为了讨好西班牙而对那些过分积极的殖民者采取惩罚措施，从而妨碍了私人殖民者主动性的发挥。这些私人殖民者原拟仿效荷兰人，在西班牙占领的美洲大陆和海上开展大规模的掠夺活动。但是这种打算由于詹姆士一世和查理一世政府的遏制而化为泡影。"①

第二,英国殖民扩张的私人性导致发展的盲目性,缺乏统一的规划。17世纪初期殖民动机的五花八门及殖民地建立的混乱局面充分体现了这一点。1622年,国王将领有纽芬兰岛部分地区的特许状颁给了巴尔的摩勋爵,但是这块地方却在先前已经给予伦敦和布里斯托尔商人公司。1629年马萨诸塞的特许状及西印度群岛部分地区的特许状也发生类似重叠的情况,甚至引发了激烈的纷争与诉讼。对于东印度公司,斯图亚特王朝不仅未给予积极的支持,反而在1604、1617和1635年三次取消公司特许状,特许其他商人前往印度与东印度公司进行商业竞争,所以,"东印度公司的政策从一开始就按照它自己的意愿,而不是按照国家的意愿拟订。同样,该公司的利益在早期的斯图亚特国王时代未受优先安排"②。政府政策的随意性使英国的海外殖民活动陷于各自为政的状态,这与其它殖民国家形成鲜明的对比。

第三,英国殖民扩张的主要动力是商人,特别是英国西部和伦敦的商人及商人公司,他们不仅为殖民贸易活动提供了大量资金,而且有些还直接参与殖民活动。商人的本质是逐利,商人获利的前提当然是投资,而投资必须有回报,这样才能不断地吸引更多的资金进行海外殖民冒险活动。但是,由于得不到政府的直接支持,英国商人在海外殖民活动中很难获利,甚至血本无归。17世纪初期,伦敦弗吉尼亚公司累计投资超过20万英镑,本金和利息均未得补

---

① 叶·阿·科斯明斯基主编:《十七世纪英国资产阶级革命》(上卷),第173页。
② 尼古拉斯·塔林等:《剑桥东南亚史》(第一卷),第294页。

偿①,由于只赔不赚,公司不得不在 1624 年宣布解散。1618—1621年间,英国商人组织的远赴冈比亚寻找黄金的三次航行都一无所获,甚至还损失了 5 600 英镑。② 这使得商人们对海外的投资兴趣大减,另一方面,斯图亚特王朝将授予海外领地的特许状看作是不需经议会同意而获得收入的重要手段,而一般都授予宠臣和亲信,以奖赏王权的拥护者。特权者对殖民活动的垄断和独占对于商人来说是极不公平的,商人在贸易上的利益与王室的许多政策相冲突,构成了英国国王与议会长期论战的重要内容。③

随着民族国家的强固,自 16 世纪以来英国人迫切希望寻求国家的强盛、建立属于自己的殖民帝国。但是,17 世纪早期英国政府的殖民政策及英国殖民扩张的成果却与民间的愿望极不相称,殖民扩张问题所造成的矛盾使国内原有的矛盾进一步加剧,成为内战的一个因素。随着内战的深入和政权的转移,英国殖民政策必将调整。其主要原因是:

其一,英国内战的结果之一是给殖民地提供了自我发展的机会,殖民地的离心倾向日益明显。如前所述,在 17 世纪殖民地初建时期,除爱尔兰之外,英国政府并未制定对殖民地的具体政策,而是让殖民地自行发展。这就使得英属殖民地一开始就发展起了独立自主的精神,各殖民地依照英国的传统和文化,在殖民地的特殊环境中寻求自身发展。长期的内战使英国对殖民地本就疲软的控制更加松懈,殖民地很快意识到,他们处于十分有利的地位,并力图抓

---

① 加里·M. 沃尔顿、休·罗夸夫:《美国经济史》,王珏等译,中国人民大学出版社 2011 年版,第 36 页。
② 尼尔·弗格森:《帝国》,第 8 页。
③ D. B. Quinn, A. N. Ryan, *England's Sea Empire*, 1550—1642, p.178.

住时机为自己谋取更多的利益。在内战中,除了新英格兰,殖民地大多由保王党人当政,但是他们对国王的忠诚和支持是有限度的,其态度更倾向中立。另一方面,宗主国对殖民地的干扰减少,也使殖民地开始意识到自己的责任,为了殖民地自身的发展和安全,它们不得不利用自己的资源,拓展自己的贸易市场,发展各自的政治模式,以及联合起来保证殖民地的共同安全。1643年成立的"新英格兰联盟"是殖民地之间的合作机制,其目的是"为了保护并传播福音真理,以及自身的安全和公共福利",防止荷兰人、法国人和印第安人的侵袭。参加联盟的有马萨诸塞、康涅狄格、普利茅斯和纽黑文,由它们的代表共同组成新英格兰联盟委员会,形成了一个"牢固而永久的友好团体,在所有正当情况下互提建议,攻守相助。"① "新英格兰联盟"虽然只是个松散的团体,但是经过各殖民地成员的共同努力,其运作还是有一定成效的,比如加入联盟的各殖民地在一些边界争执、归还奴仆等问题上就达成了解决协议。该联盟在同印第安人的战争中也发挥了重要作用。②

其二,殖民地自身的发展和与宗主国的关系松弛促进了殖民地的离心倾向。1649年,当英国议会宣布成立共和国时,保王党人立即夺取了巴巴多斯、安提瓜及弗吉尼亚殖民地的政权。这些殖民地宣布查理一世的儿子为查理二世,不承认新生的共和国。巴巴多斯

---

① J. Holland Rose, A. P. Newton and E. A. Benians, eds., *The Cambridge History of British Empire*, Vol. I: *The Old Empire from the Beginnings to 1783*, p.180.
② 比如17世纪70年代,"新英格兰联盟"领导发动了对印第安人的战争,史称"腓力浦王战争"(King Philip's War)。此战争基本消灭了新英格兰境内的印第安人,印第安人的土地转入英国移民之手。参见 John Spencer Bassett, *A Short History of the United States*, New York: The Macmillan Company, 1929. p.92;另见 Nicholas Canny, ed., *The Oxford History of the British Empire*, Vol. I: *The Origins of Empire*, p.344.

议会在 1651 年宣称:"我们是否必须接受一个我们在其中并无代表或未由我们选择的议会和政府的支配和统治呢?……如果是那样,那将是一种远远超出英格兰民族所遭遇过的奴役。"① 马萨诸塞殖民地更是直言不讳:"我们的忠顺使我们接受共同法律的约束,决不应超过我们住在英国之时,因为英国议会的法律是不能超出那个限度的。"② 它还明确表示不接受英国关于禁止殖民地与其它国家特别是与荷兰进行贸易的法令。殖民地的态度使宗主国陷入尴尬境地,按照重商主义原则,殖民地是由母国制造并为母国服务的,殖民地应当成为宗主国的商品销售市场和原料、短缺物品的供应地,以推动宗主国海外贸易的发展,增强其国力。面对殖民地的离心倾向,新的英国政府必须作出新的决策。

其三,内战中英国的经济严重受损。整个 17 世纪上半期,英国经济的发展受到政局动荡和战乱的严重影响,其中对外贸易受到最大的影响。1618 年,欧洲三十年战争爆发后,欧洲大陆市场严重萎缩,英国呢布的主要销售区德意志成为三十年战争的主战场,英国呢绒业出口量锐减。据统计,英国布匹出口的最高记录是在 1614 年,八年之后出口额竟下降一半。③ 呢绒出口受阻影响到全国的对外贸易,早在 1620 年代初,即三十年战争开始后不久,英国的对外贸易、船运业和制造业就呈萎缩趋势。1622 年 3 月,英国库存积压的呢料达万匹,为此,英国政府专门成立了呢绒贸易委员会,会同"商人冒险家公司"对贸易萧条之原因进行调查。该委员会得出的结论

---

① W. D. Hussey, *The British Empire and Commonwealth*, p.56.
② 塞缪尔·埃利奥特·莫里森等:《美利坚共和国的成长》(上卷),第 83 页。
③ 阿萨·勃里格斯:《英国社会史》,第 161 页。

是:战争是贸易萧条的主因。17世纪中叶的英国内战虽然有利于为英国经济的发展开拓新的道路,但是内战本身在客观上也造成了英国政局的长期动荡,不利于英国对外贸易的顺利进行。所以当时英国的商人们抱怨说:"由于国内的骚乱,我们错过了贸易这个最迷人的少女。"①不仅如此,英国与殖民地的贸易也受到严重影响,从1640年代晚期起,以荷兰为首的外国船只越来越多地介入英国与波罗的海地区的贸易,据统计,1649—1651年间,由于缺乏政府保护,从事与波罗的海贸易的英国船只数目锐减,它们在英国与波罗的海贸易的全部商船中所占的比例从2/3降为1/3。② 因此,在17世纪中期以后,英国向该地区出口的布匹渐趋下降,到17世纪60年代仅为1.2万匹。内战前,英国严令禁止荷兰商人经营英属殖民地贸易,但1642年,殖民地的贸易几乎完全向荷兰商人开放,致使1643—1650年间荷兰商人大规模地排挤英属殖民地与英国宗主国的贸易。③ 内战时期英国对外贸易的萎缩直接影响到国内经济的发展,以至于出现了工商业和农业的普遍衰退,英国面临严重的财政危机,如何摆脱国内经济的困境成为新政府所面临的首要课题。出于发展英国经济特别是对外贸易的考虑,克伦威尔政府必须对英国的殖民政策进行调整。

其四,殖民地的离心倾向和贸易的衰退与欧洲强国之间的竞争和干涉密不可分。欧洲各国尽管没有直接干涉英国内战,但内战削

---

① 米·阿·巴尔格:《克伦威尔及其时代》,陈贤齐译,四川大学出版社1986年版,第219页。
② R. Davis, *The Rise of the English Shipping Industry*, London: Macmillan, 1962, p.12.
③ W. R. Scott, *The Consititution and Finance of English, Scottish and Irish, Joint-stock Companies to 1720*, Vol. I. Cambridge: Cambridge University Press, 1912, p.263.

弱了英国,到共和国成立时,英国的国际地位是相当困难的。内战中英国分裂为两个阵营,这使得英国的外交活动具有二元性,即国王和议会各自执行自己的外交政策,都试图争得国际上的支持。①议会的政策是维持与改善同欧洲国家特别是大国之间的友好关系,以避免外部势力对英国的介入和对王党的支持。而国王方面则动用一切力量主要在欧洲大国的宫廷中展开穿梭外交以寻求对自己的支持,欧洲大国出于自身利益考虑,基本上支持英王查理一世,比如荷兰就曾直接向英国王后提供其所需要的军械、火药等武器装备,法国舆论则普遍认定在英国内战中最后取胜的将是英王,因此法国政府对英王后在法国招募兵马持默许态度。从外交结果看,议会明显处于劣势,所幸的是,欧洲诸强国当时正为三十年战争所困扰而无暇顾及英国,从而使英国议会面临十分有利的外部环境。

三十年战争结束后欧洲格局发生了新的变化,主要表现为:罗马教廷丧失了超民族、超国界的权力,其消灭新教的计划彻底破产,屡经战争的西班牙在欧洲和海外事务中的霸权告终,欧陆霸权被法国取代,海上权力则控制在荷兰手中;葡萄牙脱离西班牙独立,西班牙和葡萄牙的殖民地成为荷兰、英国、法国所争夺的目标。总之,三十年战争之后,荷、法、英三国鼎足,英国却因发生内战而未能参加战争也未能参加分赃会议,这使得法、荷成为三十年战争的最大赢家。战争之后,法国取得欧洲大陆的霸权,当时的路易十四拥有一支 20 万—30 万人的训练有素的军队,其他国家难以企及。② 荷兰成为最大的世界商业帝国,它不仅在美洲、非洲、亚洲占有许多殖民

---

① 参见王绳祖主编《国际关系史》(第一卷),世界知识出版社 1995 年版,第 76 页。
② D. H. Pennington, *Seventeenth Century Europe*, London:Longman, 1980, p.237.

地，而且还掌握制海权。很显然，对英国而言，从17世纪中叶以后，争夺海权就集中表现为反对荷兰；争夺陆权则表现为对抗法国。面对欧洲一场新的竞争，英国不可掉以轻心，方能在竞争中取得优势，实现英国的霸权，而奉行积极主动的殖民政策则成为当务之急。

总之，及至17世纪中期特别是克伦威尔时代，英国面临的国内外形势已发生了重大变化，实施新的殖民扩张政策既是加速构建英帝国大厦的当务之急，也是英国争夺欧洲和世界霸权的迫切需要。而随着英吉利共和国的成立和克伦威尔当政，英国殖民政策开始了全面调整。这种调整一直延续至17世纪后期，对英帝国的形成和发展产生了重要而深远的影响。

二、重商主义殖民思想的发展

自17世纪中期特别是内战结束之后，英国国家发展面临新的选择。如何摆脱国内经济发展的困境，全面发展英国的商业贸易？如何在世界竞争舞台上站稳脚跟并获得领先优势？如何使已有的殖民地充分发挥其殖民效益并进而实现新的殖民拓展？这些问题不仅急迫地摆在了英国新政权面前，而且引起了整个英国社会的广泛关注。一些著名的思想家和学者纷纷著书立说，就如何解决上述问题发表各自的见解，旨在推动英国政府积极采取相关对策。与以往不同的是，此时期几乎所有的著名思想家和学者都把英国对外贸易的发展作为自己研究的重点，并把对外贸易发展与参与国际竞争及殖民地问题紧密联系起来，晚期重商主义成为英国社会的主导性思潮。

作为特定历史阶段的商业资本意识形态,英国重商主义思想的发展经历了早期和晚期两个阶段。早、晚期重商主义都认为货币是财富的唯一形态,货币多少是衡量一个国家富裕程度的标准,增加货币是使国家致富的唯一手段,国家应当保护和推动对外贸易的发展。但是,它们在增加货币的手段和方法上却有着相异的见解和主张。早期重商主义者认为一切购买都会使货币减少,一切销售都会使货币增加,因而主张多卖少买或不买,将货币完全贮存起来,极力反对由于铸造成色不足的货币而使商品价格上涨并将足值货币推向国外的现象。晚期重商主义者则认为,在多卖的同时也应多买,国家在保证对外贸易总体出超的前提下,不仅不应禁止而且应允许货币输往国外,以扩大对外国商品的购买力。早期和晚期重商主义的差别看似只表现在货币积累的方式上,但这种方式上的不同却蕴含着更为深刻的内涵并产生了不同的结果。在早期重商主义那里,货币完全被理解为宝藏,"财富与货币,无论从哪一点看,都是同义语"。① 这种纯粹的"货币主义"实际上严重限制了商业贸易的发展,对此恩格斯曾形象地指出,在这个时期"各国彼此对立着,就像守财奴一样,双手抱住他心爱的钱袋,用妒忌的猜疑的目光打量着自己的邻居。他们不择手段地骗取那些和本国通商的民族的现钱,并把侥幸得来的金钱牢牢地保持在关税线以内"。② 早期重商主义思想体现了英国当时社会的整体走向,出于对国家和民族的责任感,早期重商主义者更多关注的是当时英国社会所面临的现实问题,稳定与统一是他们追求的目标。晚期重商主义虽也把货币与财富混为

---

① 亚当·斯密:《国民财富的性质和原因的研究》(下册),第 2 页。
②《马克思恩格斯全集》(第一卷),人民出版社 1956 年版,第 596 页。

一谈,但它主张加强货币的流动而不应单纯的储存,要使货币通过加快周转而产生更多的货币。这里的货币已不仅是宝藏,而是被看作可以增值的资本了。此时的重商主义者开始明白:"一动不动的钱柜里的资本是死的,而流通中的资本却会不断增值,于是,各国之间的关系比较好起来。人们开始把自己的金币当作诱鸟放出去,以便把别人的金币引回来,并且他们认识到多花一点钱买甲的商品一点也不吃亏,只要以更高的价格把它卖给乙就行了。"① 因此,从理论上看,晚期重商主义与商业资本的思想体系最相适应,直接推动了对外商业贸易的发展和资本的扩张。

英国重商主义思想由早期向晚期的转变主要发生在 16 世纪后期至 17 世纪初,实现这种转变的代表人物首推托马斯·孟。孟生于伦敦,是英国的一个大商业资本家,1615 年进入东印度公司担任董事,并且是国家贸易委员会的委员。1621 年他发表了《论英国与东印度公司的贸易》的小册子,该书写作的背景是当时有人站在早期重商主义(货币主义)立场上,指责东印度公司因大量购买印度商品、输出白银而给英国造成了损失,托马斯·孟用大量事实和数据进行了驳斥和辩解,从而第一次系统地阐述了晚期重商主义的基本观点。1628 年,他向英国下院呈报《东印度公司的吁请与建议》。大约在 1630 年他的部分论文被收集编成《英国得自对外贸易的财富》一书,于他死后的 1664 年出版。② 该书发表后对英国乃至欧洲均产生了广泛的影响,所以亚当·斯密认为此书堪称英国及其他国家的商业国民经济学的基本格言。马克思主义经典作家也认为这本书:

---

① 《马克思恩格斯全集》(第一卷),人民出版社 1956 年版,第 596 页。
② 此书还有一个副题,题为"我们的对外贸易差额是我们的财富的准则"。

"在它出版后的一百年当中,一直是重商主义的福音书",是重商主义的"一部划时代的著作。"①作为商业资本的代言人,孟在书中比较充分地阐述了晚期重商主义的基本思想:

其一,孟认为国家致富的唯一手段是对外贸易,应该准许货币输出,保持对外贸易的顺差。同早期重商主义一样,孟仍然认为货币是财富的唯一形态,但他反对限制货币输出的原则,要求取消禁止货币输出的法令。他认为,输出货币以发展贸易不会减少货币反而可以增加货币,"货币生产贸易,贸易增多货币。"②如同输出商品换回货币一样,输出货币也是增加货币财富的一种重要手段。在孟看来,货币的输出与发展对外贸易密不可分,政府应当允许货币输出以扩大对外贸易。孟进一步认为,一国的富裕取决于对外贸易中获得顺差,英国没有生产金银的矿石,要增加国家的财富,使金银充裕,只有凭借对外贸易。"对外贸易是增加我们的财富和现金的通常手段,在这一点上我们必须时时谨守这一原则:在价值上,每年卖给外国人的货物,必须比我们消费他们的为多。"③他认为交换有两种:国内交换即国内贸易,与外国人交换即对外贸易。比较而言,国内贸易虽然重要,但并不能由此增加国家的财富;对外贸易则与此不同,对外贸易中的顺差就会以现金流入英国,使国家财富得以增加,这是国家强大之源泉。

其二,孟提出了保证外贸出超的多种途径和措施。同其他重商主义者一样,孟也把财富分为自然财富和人为财富。自然财富主要

---

① 参见恩格斯《反杜林论》,人民出版社 1970 年版,第 228 页。
② 托马斯·孟:《英国得自对外贸易的财富》,袁南宇译,商务印书馆 1997 年版,第 14 页。
③ 同上书,第 4 页。

是指农产品,人为财富则是指出口而生产的工业品和通过外贸赚取的金银。孟提出和论证的保证外贸出超的手段,主要包括:增加自然财富;增加人为财富,尽可能多地制造在外贸中需要的商品;通过财政和关税政策保护本国经济的发展,鼓励本国产品的出口,减少外国货物的进口,尽量使用本国产品;出口商品要用自己的船只运输;充分利用原料或进口原料发展出口加工业;提高产品质量,降低商品价格,以保证出口商品的国际竞争力。孟在提出这些保证外贸出超的具体途径和措施时,十分强调国家的作用,认为国家必须对经济实施干预,国家应当通过各种政策法令扩大商品出口,以增加货币财富。

其三,孟主张发展航运业和出口贸易,尤其强调发展与殖民地的贸易。孟认为,出口商品若使用本国船只运输,不仅会得到售价,还可得到商业利润、保险费用和运输费用,从而增加国家收入。为了增加航运、贸易和关税的收入,他特别强调发展英国的出口贸易,力图将英国变成向外国输出粮食、靛青、香料、生丝、棉花和其他一切商品的货栈。孟还十分重视发展转口贸易,认为利用别国财物发财与利用本国货物发财同样光荣而明智,转运贸易特别是遥远的转运贸易获利惊人,国家要设立贸易货栈以利转运。他积极提倡英国商人到世界各地去进行贸易,认为最发财的是与远处殖民地的贸易,那样的贸易所带来的收益将是十分惊人的。"我们运出十万镑到东印度去购买那里的胡椒运回本国,再从本国输往意大利或土耳其,在那些地方至少一定可以获得七十万镑。"所以他公开承认英国是靠掠夺亚洲殖民地而发财致富的,"我们在这些印度的商品上所得到的财富,是大于出产它们的国家和本来拥有它们的那些人民的,这些商品本是它们的国家的自然财富"。①

其四,孟主张英国实行经济扩张,垄断对外贸易。孟所处的时代,荷兰是当时欧洲首屈一指的商业强国。对荷兰的经济优势,孟显然难以接受,因此他力主禁止荷兰在英国沿海捕鱼,抑制荷兰的对欧贸易。他一面斥责荷兰人的骄横无道,野心勃勃;另一方面却竭力为英国商人的活动进行辩解,力主英国垄断欧洲贸易,对欧洲落后国家及殖民地进行掠夺,最终称霸天下。对此,孟满怀信心地认为英国具有充分的主客观条件获得成功,他说:"英国的广大、美丽、丰饶;为数极多的善战的人民、马匹、船舶和军火构成的海陆力量;有利于国防和贸易的地形,许多口岸与港口,都是敌人难以进来,而便于本国居民的财富如上好的羊毛、铁、铅、锡和其他自然资源出口的便道,倘使我们对上述这些予以充分的考虑,我们就将发现我国是能够称霸天下的。"②

与早期重商主义一样,晚期重商主义是关于社会转型的理论,是对新时期英国为达到致富和强大之目的应取何种经济战略的集中讨论。托马斯·孟提出的战略目标是力争和保持贸易顺差,为此就必须增加出口减少进口,而要做到这些就必须采取相关的财政和经济措施与政策。从国际全局看,致富和发展的目的何在?孟认为是"称霸天下"。在"自然财富"方面英国是丰裕的;在"人为财富"方面英国只要端正思想,抛弃种种不正当的做法,"是完全能够掌握的"。③ 而要使这两种财富不断增加从而使英国强大起来,扩大对外

---

① 托马斯·孟:《英国得自对外贸易的财富》,第 9 页。
② 同上书,第 71—72 页。
③ 同上书,第 84 页。

贸易是唯一的选择。托马斯·孟在其著作的最后一章中对对外贸易作了概括性的高度评价:"对外贸易的真正面目和价值……就是国王的大量收入,国家的荣誉,商人的高尚职业,我们的技术的学校,我们的需要的供应,我们的贫民的就业机会,我们的土地的改进,我们的海员的培养,我们的王国的城墙,我们的财富的来源,我们的战争的命脉,我们的敌人所怕的对象。"[1]在这里,孟所阐述的对外贸易的本质暴露无遗,"称霸天下"成为晚期重商主义所有理论的最后归宿。

在奉行重商主义的国家,重商主义从早期阶段向晚期阶段过渡是普遍的现象。但是,当我们将所有重商主义国家加以比照时,不难发现只有英国迅速从重商主义国家发展成为工业化国家和海外殖民帝国,而其它因重商而致富的国家大多昙花一现。这说明只有英国的重商主义获得了成功,而其成功的秘密在于重商主义的演变和发展与英国社会的变革达到了高度的一致。早期重商主义发展到晚期重商主义,体现了重商主义者认识的提高,而提高的根源在于社会的变化。亨利八世宗教改革之后特别是伊丽莎白时代,随着专制王权的强大和民族国家的巩固,英国国家的发展战略已由国内转向国外,重商主义者先前谋求国家统一的理想已成为现实,因而他们关注的焦点便集中在王权的财富与对外贸易的关系上,重点考量如何使国家强大、如何开拓海外市场等,由此,对外贸易成为晚期重商主义的主体。正如孟所提出的:"要想积存大量货币的国王,必须想尽一切良好的办法,来维护和发展对外贸易";"一个强有力的国王,他的领地是又大又统一的,他的臣民是又多又忠于他的,他的

---

[1] 托马斯·孟:《英国得自对外贸易的财富》,第89页。

国家既是得天独厚又是贸易繁盛的,他的仓廪和军备是充实而有备无患的,他所处的地位是易于侵袭别人,而不易受人侵袭的,他的港口是良好的,他的海军是强大的,他的盟邦是实力雄厚的,他的经常收入是足以堂而皇之地将他的国家的赫赫威风树立起来的,此外他还可以每年拨存一笔相当多的金钱以备不时之需。"①

很明显,孟将重商主义与建立英国的商业霸权并最终实现商业帝国梦紧紧地联系在一起。任何个人和国家要想发财致富必须发展贸易,而要发展贸易,对外扩张是不可避免的;但是离开国家的支持和保护,所有这一切都是不可能的。对于国家来说,国家的存在和强大离不开财富的积累,而要做到这一点,发展贸易并建立海外帝国是必然的选择。正如约翰·洛克(John Locke)指出的:"对于一个没有矿产资源的国家来说,通向财富的道路只有两条,即掠夺或贸易。"②在这里,晚期重商主义的目标与国家追求对外贸易和殖民扩张形成了高度一致,重商主义的嬗变使重商主义政策与殖民政策、商业活动与殖民活动、商业霸权与殖民霸权紧紧地联系在一起。对贸易的强调使"殖民地是以如下方式被插入这一重商主义者的模型的:在不自己生产就得从'外国人'那里进口,或者虽在本土生产但成本极高的情况下,殖民地就成为这些商品的'国内'供给来源。通过扩大和改变母国的资源基础,殖民地还可使母国拥有新的赚钱的出口。理想的殖民地因此是那些与母国和其它殖民地尽可能不

---

① 托马斯·孟:《英国得自对外贸易的财富》,第 64 页。
② 汉斯·豪斯赫尔:《近代经济史——从十四世纪末至十九世纪下半叶》,王庆余等译,商务印书馆 1987 年版,第 228 页。

同的地方。"①马克斯·韦伯深刻地指出:"重商主义意味着把资本主义的盈利经营转移到政治上,国家被当作仿佛是仅仅由资本主义的企业家组成的;对外的经济政策是建立在要比对手取得更多实惠的原则之上的,尽可能便宜购进,但以贵得多的价格销售。目的是增强国家领导的对外实力。因此,重商主义意味着现代国家的形成,即直接地是由于王宫收入的提高,间接地是居民的纳税能力的提高。"②由此,我们不能不说,托马斯·孟既是晚期重商主义体系的完成者,更是重商主义的一位战略家和重商主义帝国理论的奠基者。在强大的重商主义思潮推动下,商人成为17世纪英国殖民开拓的急先锋和主力军便不足为奇了。

托马斯·孟开创的晚期重商主义思想体系是对英国现实思考的结晶,随着17世纪英国经济与社会的发展变化,晚期重商主义自身的嬗变也在不断进行。重商主义思想中的商业扩张和殖民帝国理论也不断丰富,在这方面,威廉·配第(Sir William Petty,1623—1687)、查尔斯·达维南特(Charles D'avenant,1656—1714)等经济学家功不可没。

威廉·配第是英国17世纪中后期最著名的经济学家之一,他既是一个重商主义者,又是资产阶级古典政治经济学的创始人。③ 配第一生从事过许多职业,但对其人生具有转折意义的是1652年被委

---

① 杰里米·阿塔克、彼得·帕塞尔:《新美国经济史——从殖民地时期到1940年》(上),罗涛等译,中国社会科学出版社2000年版,第37页。
② 马克斯·韦伯:《经济与社会》(下卷),林荣远译,商务印书馆1997年版,第727页。
③ 关于配第是不是个重商主义者,学术界存在争议。笔者认为配第是一个过渡性的人物,在他早期作品中重商主义思想是十分明显的,这里主要考察他早期的贸易理论和殖民思想,故把他视为重商主义者。

任为英国驻爱尔兰的总督亨利·克伦威尔①的秘书。配第来到爱尔兰时正值爱尔兰天主教徒和人民反英起义刚被平息之时,他被任命为主管爱尔兰土地分配的总监,这项工作使配第积累了许多的经济学知识,同时也使他成为拥有近 5 万英亩土地的大地主。1658 年他被选为爱尔兰国会议员,1660 年斯图亚特王朝复辟后,配第转而效忠复辟王朝,保住了自己的土地并被授予男爵称号。配第勤于收集资料并善于思考,因而留下了许多记录和著作手稿。仅发表的经济学和统计学著作就有十多部,内容涉及许多方面,其中比较重要的是《赋税论》(1662 年)、《献给英明人士》(1664 年)、《政治算术》和《爱尔兰的政治解剖》(1672 年)、《货币略论》(1682 年)等。在这些著作中,配第不仅论述了对外贸易和争夺霸权的问题,而且非常详尽地探讨了殖民地问题。

与其他重商主义者一样,配第十分关注英国的对外贸易,这在《赋税论》等前期著作中尤为明显。在财富观上,配第仍把货币拥有量视为一国财富的标志,他认为"产业的巨大和终极的成果,不是一般财富的充裕,而是金、银和珠宝的富足"。金、银和珠宝"在任何时候,任何地方都是财富",而诸如酒品、谷物等各种产品"只是一时一地的财富"。因此"一个国家生产金、银和珠宝,或者经营会使本国积累金、银和珠宝的产业,比经营任何别的产业都有利"。②"应尽力生产那些能够从海外赚取并带回货币的商品。"③既然货币是国家财富的象征,则保持币值的稳定就显得尤为重要。他指出:"提高或降

---

① 奥利弗·克伦威尔(Oliver Cromwell)之子。
② 配第:《政治算术》第 24 页。载《配第经济著作选集》,陈冬野、马青槐、周锦如译,商务印书馆 1997 年版。
③ 配第:《献给英明人士》,第 111 页,载《配第经济著作选集》。

低货币价值,是一种对人民很坏而且不公平的课税方法。它也是国家趋于衰弱的象征。"①他把对外贸易看作是幸福的源泉,是获取财富和权力的方法。②"每一个国家的财富,与其说来自经营日常的食肉、酒饮及衣服等商品的国内贸易——它几乎不能运进金、银、珠宝及其他一般财富——毋宁说主要来自他们在同全体商业界进行的国外贸易中所占的份额。"③如果进口显著超过出口,则应限制外国商品进口,以保持贸易的顺差。不过,配第又大大扩展了财富概念的内涵。他在《政治算术》中就提出:在比较一国经济强弱和是否富裕时必须考虑土地、人口和工具这三个方面。④ 货币不过是一国财富中的很小部分,财富的源泉已不仅是外贸,因为"土地为财富之母,而劳动则为财富之父和能动的要素"。⑤ 这既是他对重商主义财富观的背离,同时意味着重商主义内涵的嬗变。

　　配第并非单纯要创立什么理论,而是为当时的英国统治者献计献策,因此他的思想具有很强的现实性和针对性。17世纪中叶,伴随英国经济的增长和殖民扩张,英国的对外贸易取得了长足的进展,但是与荷兰、法国等欧洲强国相比,英国的发展明显落伍,且步履维艰。无论是在传统的欧洲市场,还是在新辟的东方和美洲殖民地市场,荷、法特别是荷兰均占有优势地位,英国的势力到处遭到挤压和排斥。因此,如何打破荷兰、法国的竞争优势,谋求更多的海外市场和殖民地,以实现英国的商业扩张和建立殖民帝国,不仅为社

---

① 配第:《赋税论》,第89页,载《配第经济著作选集》。
② 配第:《爱尔兰的政治解剖》,第71页,载《配第经济著作选集》。
③ 配第:《政治算术》,第65页,载《配第经济著作选集》。
④ 同上书,第11—12页,载《配第经济著作选集》。
⑤ 配第:《赋税论》,第66页,载《配第经济著作选集》。

会所广泛关注,而且是英国政府所面临的首要课题。正是在社会主流意识的推动下,英国和荷兰在17世纪中后期,展开了激烈的经济竞争并最终导致三次英荷战争。英荷战争结束后,英国虽然总体上取得了对荷兰的优势,但又面临着法国的严重威胁,英法矛盾日益尖锐。长期的对外战争及国内政局动荡加重了英国的财政负担,对外贸易和殖民扩张也受到严重影响,英国社会因此牢骚四起,甚至出现悲观的情绪,这对英国谋求打破荷、法两国的优势,最终实现海外商业和殖民帝国的理想目标是极为不利的,为此,作为思想家的配第遂撰写文章为推动英国的贸易和殖民扩张助威呐喊。配第具体分析了英国的自身优势及国际局势,规劝国人不必灰心。他认为英国确实存在许多问题,但这些问题是可以克服的。"简单地说,只要人们肯付出适宜程度的劳力,没有一个人会感到生活困难。"他告诫英国人:"英国的事业和各种问题,并非处于可悲的状态,因为目前的情况已经使我感到满意。"①配第通过列举分析大量经济数据,认为英国与荷、法等国相比没有任何悲观的理由,因为英国拥有其他国家所没有的得天独厚的条件:英国不仅拥有较大的土地和较多的人口,而且还有能提供数百万镑收入的职业,因此"英国国王的臣民有充裕而方便的资本经营整个商业世界的贸易";"对英国国王的臣民来说,掌握整个商业界的世界贸易,不但不是不可能的,而且是完全可以做到的事情。"②由此,他认为英国应努力发展本国事业,积极改进赋税政策和殖民政策,推进英国的对外贸易,增强英国的国家实力,真正发挥英国的优势。他特别强调要发展航海事业,认为:

---

① 配第:《政治算术》,第8页,载《配第经济著作选集》。
② 同上书,第86、87页。

"在航海和捕鱼方面占着优势地位的人,比别人有更多的机会时常周游世界各地,因而也就有许许多多机会到处考察哪里缺乏哪些东西,哪里什么东西过剩,各国人民能做些什么,需要什么。其结果,他们就成为整个贸易界的代理人和经纪人。"①配第的这些观点,马克思曾一针见血地评论道:"当荷兰作为一个贸易国家还占着优势地位,而法国似乎要变成一个称霸于世的贸易强国的时候,他在《政治算术》的一章中就证明英国负有征服世界市场的使命。"②

贸易争夺的焦点在于获取商品销售市场和原料产地,因此借助于国家的力量占有殖民地或用武力争夺殖民地就显得十分重要。因为这样做宗主国就可以直接进口殖民地的商品,不必像过去那样必须用金银货币或高价的产品从外国购买或交换;宗主国通过对殖民地经济发展的某种限制,使殖民地成为倾销国内工业产品的稳定市场。长期的殖民地经历使配第对殖民地特别是爱尔兰的重要价值认识深刻,在如何统治殖民地使其更好地为宗主国服务方面,配第提出了一系列具体的实施方案和建议:首先,他认为殖民地对于宗主国的发展是至关重要的,极力为英国在爱尔兰的殖民统治进行辩护。在配第看来,爱尔兰不仅具有丰富的资源,而且"是天生适宜于贸易的"。爱尔兰凭借其优越特殊的地理位置使其"适宜于工商业,因为最大和最有利的贸易以及航运业都要依靠这样一些货物:金属、石料、木材、谷物、木料、食盐等等";爱尔兰"适宜于和新的美洲世界进行贸易","适宜于把奶油、酪干、牛肉、鱼类运送到它们的

---

① 配第:《政治算术》,第22页。
② 马克思:《政治经济学批判》,人民出版社1976年版,第37页。

适当市场上"①,这些对英国显然十分重要。但是英国在爱尔兰并未取得理想的成果,反而长期受到战乱的困扰,蒙受重大损失。从英国的角度出发,配第认为爱尔兰长期陷入战乱的起因是爱尔兰的"天主教徒想要恢复每年价值约十一万镑的教会收入;普通爱尔兰人想要得到英国人的全部财产;十个或二十个爱尔兰贵族想要得到整个统治权"。② 因此,配第认为英国在爱尔兰实施高压统治包括发动战争以及经济掠夺,都是完全正当的。

其次,针对如何有效地统治殖民地,配第提出了具体的方案。配第认为欲使殖民地统治稳定可靠,政治统治者应全面准确掌握爱尔兰的人力、物力和财力状况,只有这样才能做到有的放矢地采取各种适当的财政经济措施,以保持社会结构各个部分的合理比例。根据自己多年的工作经验和大量统计材料及估算数字,配第对爱尔兰的土地、人口、生产、贸易、货币、政治、宗教等进行了详细全面的分析,并提出许多具体的改进方法,旨在充分利用爱尔兰的劳动力来创造英国所需的社会财富,服务英国的殖民利益,最终把爱尔兰变成一个生产亚麻、大麻、羊毛、皮革等物产的小私有制的农业畜牧业国家,以保证宗主国的原料供应。为了加强对爱尔兰的统治,防止爱尔兰人继续反抗,配第认为在爱尔兰保持一支军队是必要的,但同时他又提出:"在放弃了一切维持爱尔兰安宁和富庶的军事行动以后,我们所要做的事情是要使爱尔兰人变成为英格兰人,并根据自然和永久的原则把各种利益合并在一起。"③配第在另一著作中

---

① 配第:《爱尔兰的政治解剖》,第 67 页,载《配第经济著作选集》。
② 同上书,第 29 页。
③ 同上书,第 32 页。

更为明确地提出:"把爱尔兰和苏格兰高原地区一切动产和居民迁移到大不列颠国的其他地方去。"①配第还详细分析了爱尔兰和英格兰合并的益处及不方便、不合理之处,这实际上就是主张对爱尔兰实施同化,最终完全兼并爱尔兰。除了爱尔兰之外,配第对英国在其他地区的殖民事业同样关注。比如,他对当时英国人正在从事的殖民贸易的主要内容之一的黑奴贩卖活动深表赞赏并大肆鼓吹。②

在配第这里,重商主义的商业和殖民扩张思想更加具体,进一步深化。主要通过对爱尔兰的政治解剖,配第形成了一套完整的殖民理论,这种理论对英国来说具有普遍的意义,因而对17世纪中后期英国的殖民政策和扩张活动,对于第一帝国的建立产生了直接的影响。

查尔斯·达维南特是17世纪晚期英国著名重商主义经济学家和统计学家,他在英国政府的贸易机构服务多年,并三次出任下院议员。达维南特长期担任英国政府的经济官员,也经常参加英国政府的政治活动,因而有机会了解英国的财政、金融及对外贸易等方面的问题,由此而写下了大量的经济著作,主要包括:《论东印度公司的贸易》(1696年)、《论英国的公共收入与贸易》(1698年)等,他的全部著作后被收入五卷本的《政治与商业文集》,于1771年出版。

与前辈重商主义者相比,达维南特的财富观向前迈进了一大步。他在阐述商业贸易使国家走向富足的传统观念的同时,强调指出:金银固然是衡量贸易的尺度,但是在一切地方,贸易的基础和源

---

① 配第:《政治算术》,第54页,载《配第经济著作选集》。
② 同上书,第75页。

泉还是物质财富,即土地或劳动的以及工业所生产的人造产品。①从整体上看,达维南特是贸易差额论和保护主义者,他认为,国内贸易并不能使国家更加富裕,只是造成个人财产的重新分配,欲增加一国的财富只有依赖对外贸易的差额,因此他极力主张发展英国的海外贸易。对于保护主义政策,达维南特一般表示赞同,但是有时又要求给予对外贸易以更多的自由,并宣称贸易的本质是自由的。他的这种自由贸易思想,正是当时实力日益增强的资产阶级不再求助于王权而要求摆脱管制束缚的一种反应,这也是重商主义随着历史的发展而自我更新的一种表现。

达维南特活动的时代,晚期重商主义的思想和政策主张已在英国得到较为彻底的贯彻,在重商主义旗帜下,英国的对外扩张已取得了重要进展。英国不仅在亚洲、非洲获得了立足点,而且在北美、加勒比地区取得了某种优势,第一帝国的轮廓已清晰可见。在这种背景下,如何对庞大的、遥远的殖民地进行有效的管理,发掘殖民地的重要价值为宗主国服务,就成为决策者和理论家所共同关注的课题。达维南特在《论英国的公共收入与贸易》和《论印度贸易》中用较大的篇幅集中探讨了对外贸易和殖民地问题,提出了较为完整的贸易和殖民理论。

其一,关于对外贸易问题。达维南特从重商主义思想出发,认为对外贸易是一个国家富裕和强大的根本,公开提出"对外贸易有利于英格兰"。② 针对当时颇为流行的认为英国的货币和财富1666

---

① 查尔斯·达维南特:《论英国的公共收入与贸易》,朱泱等译,商务印书馆1995年版,第143页。
② 同上书,第136页。

年以来因对外贸易发展而大为减少的观点,达维南特根据诸多理由和事实予以反驳。他认为,货币不是一个国家唯一的财富,"是贸易引致货币,而不是货币引致贸易","与其说货币支配贸易,毋宁说贸易支配货币"。① 自1666年以来,英国的货币和财富并未因对外贸易而减少,相反却是大大增加了。"世界上没有一个国家的人民像我们那样通过对外贸易得到那么多的奢侈品,增加那么多消费量。"②英国之所以能维持长期的对外战争,就是因为从海外贸易中获得了巨大的利益和财富。为此,他要求英国政府要更加关心自己的贸易,更为积极地维护自己的利益,因为对英国非常有利的许多贸易,都已经被自己以往的疏忽怠惰葬送了;③如果再不加以注意和重视,英国对外贸易中最大、最有利可图的那一部分将会白白丧失。达维南特还特别提倡发展殖民地贸易。他说:"我们把西印度和东印度商品从遥远的地方运到欧洲后,欧洲人不得不向我们支付高额运费,这种运费是纯利,而且借助于这些商品,我们可以压低一些欧洲货物如熟丝、生丝、亚麻、食糖的价格。此外,利用从西印度和东印度运来的货物和染料,我们还可以在国内以较低的成本制造加工一些商品(例如为纺织品染色);所有这些都使贸易总的说来对我们是有利的。"④对于东印度公司,达维南特给予高度重视,他说:"东印度贸易在和平时期导致王国的年收入极大的增加","无论什么国家如果能充分而不容置疑地掌握东印度贸易,它就将执整个商业世界

---

① 查尔斯·达维南特:《论英国的公共收入与贸易》,第144页。
② 同上书,第156页。
③ 同上书,第177页。
④ 同上书,第238页。

的牛耳。"①他进一步论证说,"如果我们最终失去了在印度的据点,以致完全不同那里进行贸易,或者交易很少、很不稳定,则我敢断言,英格兰将由此失去其对外贸易的一半"②,与此同时,英国的竞争对手荷兰等国将获得丰厚的利益。

如何才能保护贸易并促进贸易的发展呢?达维南特认为最重要的是依靠自己的实力,要保有一支强大的足以保护海外殖民地的海军力量,要为每支舰队配备足够多的水手来保证船只的安全,并配备足够多的水兵来完成保护贸易的任务。③要采取一切措施防止强大的法国人和富裕的荷兰人的竞争,绝不能让他们在对外贸易方面对英国形成侵犯与压制。就当下而言,达维南特认为英国应千方百计与邻国签订一项稳固的贸易条约,确保英国在贸易方面不受它们的侵害;要迫使荷兰人向英国敞开与日本、中国的贸易大门,不再阻碍英国扩大东印度贸易的努力;要使法国人不再侵犯英国在海外的殖民地。④另外,他还具体分析了英国在捕鱼业方面的优势,提出英国应大力发展捕鱼业以扩大英国的对外贸易,赚取巨额利润。⑤

其二,关于殖民地问题。殖民地对英国的贸易发展和国家的强大意义重大,达维南特在其著作中详细阐述了他的殖民思想。他驳斥了当时种种反对美洲殖民地的奇谈怪论,指出美洲殖地对英国大有好处,应当夺取更多的美洲殖民地。因为英国自从拥有美洲殖民地以来,不仅增加了人口,而且给那些由于罪恶和贫困而在国内会

---

① 查尔斯·达维南特:《论英国的公共收入与贸易》,第297页。
② 同上书,第299页。
③ 同上书,第183页。
④ 同上书,第221—222页。
⑤ 同上书,第201—205页。

被处死或饿死的人提供了生存空间,他们的劳动给英国带来了更多的利益。殖民地是英国"财富的源泉",殖民地的人们"在为我们劳作,他们的财富都已汇集到了我们这里,各项法律和法令已使他们紧紧地依附于我们"。① 应当使殖民地成为英国财富的"宝藏",持久地为英国带来巨大利益,而绝不能使殖民地"摆脱英国的控制"。只要对殖民地施行有效的约束,使它们严格遵守母国的法律并依附于英国,那么殖民地将可以进一步增加英国的财富和实力。否则,将对英国更加有害。②

如何使殖民地无法摆脱英国的统治从而为宗主国持久服务?达维南特认为应该从两方面着手:一要严格控制,二要加强管理。他认为,要时刻高度关注殖民地的一切动向,特别是要关注殖民地的海运力量和军事力量的发展状况,宗主国决不能让殖民地掌握战争艺术。针对不同的殖民地,达维南特进一步指出,如果殖民地距离母国很近,那么最好是由母国的军队对其提供直接的保护,无需殖民地自身涉足战争艺术;如果殖民地距离母国较远,则可让它们建立一定的陆军和海军以保卫自己。达维南特声称:只要我们在海上拥有强大的力量,而殖民地的力量又很薄弱,我们就可以迫使它们服从英国的法律,迫使它们不直接与其它国家进行贸易,即使有坏人胆敢诱使他们背叛英国时,我们也可以很容易地制服他们。③ 在对殖民地实施强有力的控制时,实行严格的管理也十分必要,对此,达维南特主张沿用法国国王严格统治殖民地的办法,即从王室

---

① 查尔斯·达维南特:《论英国的公共收入与贸易》,第 233 页。
② 同上书,第 235 页。
③ 同上书,第 234—235 页。

资产中给殖民地总督以优厚赏赐,不允许他们享有任何特权,不允许他们从殖民地那里获取任何好处。① 为了实现殖民地的政治与社会稳定,必须对殖民地的官吏进行严格的约束,使之廉洁奉公,不施暴政。达维南特还站在殖民者的立场上,认为应当采取一切可能的措施,甚至包括以较低而合理的价格向殖民地供应黑人奴隶,来推动与鼓励殖民地的发展,以使殖民地能够为英国创造、提供更多的财富。② 为了进一步消除殖民地的反抗,达维南特还特别强调要尽力在殖民地中培养道德和美德,提倡宗教,确立健全的法律,实行所谓的"贤明的统治"。③

达维南特生活的时期,英国的对外贸易已有了较大的发展,通向资本主义的道路已经打开。对外贸易对于英国的发展尤其是对于第一帝国的初步建立所产生的作用正充分显示出来,这使得晚期重商主义者充满了前所未有的自信,正如与他同时代的另一位英国著名经济学家尼古拉斯·巴尔本(Nicholas Barbon,1640—1698)所指出的:"如果一个世界性的帝国或者一块非常辽阔的版图能够在世界上重新建立起来,那么,这看来很可能是靠贸易实现的,是靠增加海上的船只而不是靠陆上的军队实现的。"④第一帝国初建后,重商主义也发生变化,帝国内部的贸易问题成为关注的焦点,达维南特因此提出了系统的帝国殖民理论,为统治者设计了一部帝国统治的纲领。可以说,晚期重商主义的贸易扩张思想到达维南特这里变

---

① 查尔斯·达维南特:《论英国的公共收入与贸易》,第253页。
② 同上书,第257页。
③ 同上书,第262页。
④ 尼古拉斯·巴尔本:《贸易论》,载《贸易论》(三种),顾为群、刘漠云等译,商务印书馆1982年版,第65页。

成了以贸易为主要特征的殖民帝国理论。

　　17 世纪中期以后英国重商主义殖民思想的发展表明,无论是托马斯·孟,还是达维南特,他们都鲜明地揭示出贸易、殖民与国家之间的关系不可分割。在他们看来,英国国家的强盛,根源于对外贸易的扩张并建立贸易帝国,而贸易发展的基本途径和根本目标在于获取殖民地,形成以宗主国为核心的殖民贸易体系并保持此体系的垄断性和排外性。而要实现上述目标,又离不开国家的大力支持和积极参与,"国家干涉是重商主义理论的主要部分"。① 国家的作用不仅表现在对殖民地有系统的开拓,更表现在对殖民地体系和商业贸易体系的有序管理和控制,从而推动英国贸易的进一步发展。很显然,他们的理论既是英国社会整体走向的反映,也与世界局势的发展紧密相连。重商主义者大多有经济活动的经验,他们的理论是对现实生活和历史发展的经验总结,具有很强的实用性和可操作性,并非空洞、抽象的理论论证。同时他们又大都身为朝臣,与国王、议会和政府的关系较为密切,因而他们的主张和建议很容易对决策层产生影响,正因为如此,重商主义最终转化为英国的基本政策,成为第一帝国的基本标签。马克思在评价《英国得自对外贸易的财富》一书时就指出,该书对英国立法产生了直接影响。② 托马斯·孟提出政府应扶持英国殖民地贸易及再出口贸易以推进英国的航运事业发展并增加英国的关税收入,这个观点直接为英国航海条例的制定与实施提供了理论基础;配第的许多建议在爱尔兰得到了实施;在达维南特等人的影响下,英王在 1663 年颁布法令,取消金

---

① 埃里克·罗尔:《经济思想史》,第 61 页。
② 《马克思恩格斯选集》(第 3 卷),人民出版社 1972 年版,第 271 页。

银出口的限制,①标志着晚期重商主义思想和政策在英国得到了彻底的贯彻。因此,英国的重商主义思想成为英国制定基本国策的指导思想,其目标是使国家变得"强大、富有、自给和独立",重商主义成为"经济的民族主义"。②

三、加强控制和征服爱尔兰

对于宗主国而言,开拓殖民地的基本目的是获取经济利益,而不是任其自由发展,这是重商主义理论的基本要求,也是英国社会自我发展的迫切需要。内战爆发后,英国议会从英王手里接管了政治权力,出于与王权斗争的需要并考虑英国商人集团的要求,议会对殖民扩张问题表示关注。为了发展巩固与殖民地的关系,长期议会采取了授予殖民地以商业优惠特权的政策,这是长期议会执行殖民政策的开始。1643年10月,长期议会通过法令,任命罗伯特·沃里克(Robert Warwick)伯爵出任所谓"所有现在或未来由英王陛下臣民定居、开发或领有的美洲境内剩余岛屿以及其他殖民地的总督和海军最高长官",由此组成了一个管理殖民地及其贸易的机构——"沃里克委员会"。③ 该委员会尽管与当年查理一世时组建的以劳德大主教为首的殖民地管理委员会相似,但议会对殖民地进行集中管

---

① Joan Thirsk, J. P. Cooper, eds., *Seventeenth-Century Economic Documents*, Oxford: Clarendon Press, 1972, p.668.
② G. Brun, *Europe in Evolution, 1415—1815*, Boston, 1945, p.330.
③ J. Holland Rose, A. P. Newton and E. A. Benians, eds., *The Cambridge History of British Empire*, Vol.I: *The Old Empire from the Beginnings to 1783*, p.179.

理的意图显露无遗。根据长期议会的指令,该委员会软硬兼施,一方面通过对殖民地实施进口关税优惠制度,以获得殖民地对议会的支持;另一方面对与议会作对或在议会与国王的斗争保持中立的殖民地的贸易予以打击。但长期议会基本不干涉或尽量回避殖民地的内部事务及相互之间的矛盾,诸如政治体制和边界问题,这种做法已经蕴涵了重商主义殖民政策的基本因素。

为了密切宗主国与殖民地的关系,长期议会主要关注殖民地的贸易。议会1644年发布命令,规定"任何商人……从英国运往新英格兰——或从新英格兰运往英国的一切产品和商品,在英国以及新英格兰,都免交关税等税收或罚款。"1647年发布的法令规定各殖民地必须用英国船只来进行贸易,声称:"鉴于在弗吉尼亚、百慕大群岛、巴巴多斯岛以及美洲其它地方有许多殖民地可以扩大航行,对王国十分有利,对输入王国的这些殖民地产品征收的进出口税,无论在过去和现在都带来了好处……为更好地发展上述殖民地,为了帮助股东,在议会开会的上院和下院兹作出决定……凡是为满足这些殖民地日常生活所需而在那里推销的一切货物,我们王国任何一个臣民都可以从王国出口,除支付消费税外,免除一切关税、补助金、捐税或其它对商品征收的费用,期限3年,但不包括纽芬兰岛的殖民地……"①法令在给这些殖民地提供经济优惠的同时,又规定它们只能用英国船只装载本地产品运往其它国家,并规定对货物是否确实运往上述殖民地实行监督。此法令实际上已经提出了日后《航海条例》的基本原则,但是由于此时议会主要着眼于国内事务,无力严格执行有关法令,所以许多法令要么仅是权宜之计要么根本无法

---

① 叶·阿·科斯明斯基等主编:《十七世纪英国资产阶级革命》(上卷),第642页。

实行,有些法令甚至遭到殖民地的拒绝。马萨诸塞殖民地就断然否决英国议会在该殖民地的立法权,宣称"英国议会的法律不再有效,国王印章下的令状也同样如此"。①

1649年共和国成立之后,议会的殖民政策发生关键性的转变,变得更为积极主动和强硬。1649年2月13日成立的国务委员会在处理殖民地问题方面拥有全权,取代了"沃里克委员会"。议会责成国务委员会采取一切必要手段和措施强化对爱尔兰、泽西岛（Jersey Island）等殖民地的控制,加速各殖民地的归顺,保护和发展英国与殖民地之间的贸易及航运。此外,英国对由英国船只装运的殖民地种植园生产的烟草、蔗糖等产品实施优惠税率。此时,英国政府越来越意识到殖民地的重要性及其与宗主国的紧密关系,因此对殖民地的经济发展格外关注。1650年1月下院通过法令,责成新成立的"贸易协调委员会"不仅要注意发展"英国、爱尔兰沿岸的渔业,而且也要注意发展冰岛、格陵兰、纽芬兰岛以及新英格兰"和"任何其他地方"的渔业;"注意美洲和其它地方的英国殖民地,使之给共和国带来最大的利益,如何使殖民地增加产品,提高质量,以使（如果可能的话）仅从这些殖民地就能向英吉利共和国提供满足其需要的一切必需品"。② 由此不难看出,共和国政府从英国的经济利益出发,正在试图依照帝国内分工的原则来确立宗主国与殖民地的关系和构建英帝国。根据这一原则,1650年10月,英国下院针对一些不承认共和国的殖民地颁布一项禁令,规定严禁与反叛的殖民地进行任

---

① J. Holland Rose, A. P. Newton and E. A. Benians, eds., *The Cambridge History of British Empire*, Vol.I:*The Old Empire from the Beginnings to 1783*, p.179.
② 叶·阿·科斯明斯基等主编:《十七世纪英国资产阶级革命》（上卷）,第643—644页。

何贸易往来,未经议会或国务委员会的事先批准,一切外国船只不得造访英属美洲殖民地。国务委员会有权派任何船只前往殖民地,有权任命上述任何一个殖民地的总督和其他官员,而不受过去的证书或其他法律文件的限制。① 为了执行共和国的法令,英国政府派出由艾斯丘爵士(Sir George Ayscue)率领的一支强有力的舰队前往美洲。在共和国强大的武力面前,原效忠查理二世的巴巴多斯、安提瓜及百幕大于1651年归顺,弗吉尼亚及马里兰也于1652年屈服。法令中明确规定使用武力手段迫使海外殖民地归顺,这在英国海外殖民史上尚属首次。通过此行动,英国政府的目的显露无遗:"它不仅仅在于使反抗的殖民者饥饿而屈服,而且在于在全英国殖民地范围内用英国航船代替荷兰航船,并且以此为永久性的政策。"②很显然,共和国时期的英国一反过去对殖民地基本放任的态度,开始实施新的殖民政策,试图按经济原则加强对已有殖民地的控制并推进英国的殖民扩张。这一政策在护国主时期得到凸显与强化。

随着新殖民政策的确定,共和国时期的英国首先开始了对爱尔兰的军事征服,以武力全面推进其殖民化进程。诚如英国著名历史学家屈维廉所言:"共和政府再造不列颠帝国的初步工作为爱尔兰的制服。"③

虽说爱尔兰是英国的一个特殊殖民地,但英国从来没有彻底征服过爱尔兰,英国在爱尔兰的统治一直面临着爱尔兰民族势力和宗教势力的双重反对。1640—1641年间英国政局动荡不安,长期议会

---

① 叶·阿·科斯明斯基等主编:《十七世纪英国资产阶级革命》(上卷),第645页。
② J. H. 帕里、D. M. 舍洛克:《西印度群岛简史》,第112页。
③ 屈勒味林(G. M. Trevelyan):《英国史》(下),第474页。

预感到英国在爱尔兰的地位不稳,所以一再威胁要派兵前往厄尔斯特,平定所有的爱尔兰人和天主教徒。但是这种恫吓不仅没有奏效,反而促使爱尔兰的不满情绪加速爆发。1641年9月23日,以爱尔兰民族领袖费里姆·奥尼尔(Sir Phelim O'Neill)为首,爱尔兰人乘英国无力顾及的机会在厄尔斯特发动起义。起义者声称忠于英王,但他们实际上是要夺回属于自己的土地。此次先由爱尔兰人、后由部分老英格兰人参加的起义很快席卷全岛,使英国殖民者蒙受重大损失。史学家倾向于认为在爱尔兰的新教徒有1.2万人遇害,他们或被杀害,或是因为冻饿而亡。① 为了镇压起义,英国投入大约3.5万人的兵力,但仍然控制不了局势。1642年10月,起义的领导者基尔肯尼(Kilkenny)成立"天主教徒联合总会"(General Association of the Confederated Catholics),②该组织设有最高委员会和两院制议会,提出爱尔兰议会独立、天主教徒享有充分的宗教和政治权利及归还被剥夺的爱尔兰土地等要求。"天主教徒联合总会"甚至于1643年9月宣布爱尔兰脱离英国而独立。

爱尔兰人发动起义是为了摆脱英国的统治,但这场起义又打着天主教的旗帜,而当时的英国革命则是在反对天主教的清教旗帜下进行的。从性质上看,爱尔兰起义不仅反对英国的殖民统治和压迫,而且也敌视正在同王党斗争的英国议会。因此,英国保王党人便企图利用爱尔兰起义来对付英国议会,将爱尔兰作为对抗的基地和堡垒。早在1642年,查理一世就任命爱尔兰人、王党分子奥蒙德(Ormond)为英国驻爱大臣,还从爱尔兰抽回一支军队,其中既有英

---

① 罗伯特·基:《爱尔兰史》,第40页。
② T. W. Moody, F. X. Martin, *The Course of Irish History*, p. 200.

格兰人,也有爱尔兰本地人。① 1645 年 8 月,英王又派英国天主教徒代表前往爱尔兰,与"天主教徒联合总会"领导人举行谈判,双方最后达成协议,规定联合总会派兵一万,会同王党军进攻议会军,英王则答应在爱尔兰实行宗教信仰自由。1648 年初,内战以王党的失败而告终,英国成为共和国。然而,爱尔兰厄尔斯特省的保王党和长老会则拥戴国王之子查理·斯图亚特为新的国王,爱尔兰成了本地起义者和国外王党分子反对共和国的基地,使新生共和国面对巨大威胁。当时,奥蒙德联合了爱尔兰的天主教徒、芒斯特的新教地主、厄尔斯特的长老会派英格兰地主以及苏格兰地主,形成一个反对英吉利共和国的广泛同盟。在奥蒙德军队的进攻下,共和国在爱尔兰的军队屡遭败绩。到 1649 年夏,爱尔兰大部分地区已为起义军所占领,王党复辟军也占领了部分地区,共和国实际上只控制了都柏林、伦敦德里、邓多克(Dundalk)及其它一些较小的据点,总共大概不到爱尔兰土地的十分之一。②

不仅如此,内战爆发后,欧洲的天主教国家法国和西班牙及罗马教皇都试图支持爱尔兰起义,以削弱英国的新教力量,并在爱尔兰重建天主教权威。当时,西班牙就专门对一些爱尔兰军人进行训练,法国政府也答应向爱尔兰人提供武器和军费帮助。1642 年 8 月,爱尔兰著名首领蒂龙伯爵的侄子欧文·罗·奥尼尔(Owen Roe O'Neill)和另一指挥官普雷斯顿将军(Thomas Preston)从欧洲大陆回到爱尔兰,受到老一代爱尔兰人和老一代英国人中天主教徒的欢

---

① 弗兰西斯·道:《苏格兰、爱尔兰与 1640—1660 年英国革命》,王觉非主编:《英国政治经济和社会现代化》,南京大学出版社 1989 年版,第 148 页。
② 叶·阿·科斯明斯基等主编:《十七世纪英国资产阶级革命》(上卷),第 462 页。

迎，一些新教殖民者也加入反叛行列，爱尔兰起义的规模不断扩大。1645年10月，罗马教皇向爱尔兰派来了所谓的"圣使"，旨在恢复爱尔兰的天主教信仰，将爱尔兰重新置于教皇的权威之下。这些"圣使"来到后立即在极端宗教派别里担任领导，他们很快发现奥尼尔是唯一能使天主教事业赢得胜利的将军。[①] 爱尔兰成了欧洲敌对势力和国际天主教势力反对英吉利共和国的重要跳板，这就强化了英吉利共和国平定爱尔兰反叛的决心。

表面上看，反对保王党人、防止外来干涉是克伦威尔远征爱尔兰的直接动因，但更深层次也是最基本的动因则是推行英国对爱尔兰的殖民政策，英国不允许爱尔兰脱离英国而独立。斯图亚特王朝时期英国没收了爱尔兰的大量土地，然后以极低价格卖给英格兰和苏格兰的大商人和大地主。1641年时，100英镑可在厄尔斯特购得1 000英亩地产，在芒斯特购得600英亩地产。[②] 1642年2月，为了筹措军费并组织军队镇压爱尔兰反叛，长期议会通过《冒险家法令》（Adventurers' Act），允诺将爱尔兰天主教徒的土地共计有250万英亩分配给出资征服爱尔兰的人。丰厚的回报吸引了大约1 500名商人、金融家和大地主认购议会债券，资助对爱尔兰的战争。此后爱尔兰的归属问题就与英国资本的利益紧密联系在一起了，若失去爱尔兰，就意味着失去在爱尔兰的土地。这些人既是远征爱尔兰的主要支持者，又是英国殖民利益的忠实体现者。

于是，共和国成立之后，英国新的统治者便开始实施对"天主教

[①] 艾德蒙·柯蒂斯：《爱尔兰史》（下册），江苏师范学院翻译组译，江苏人民出版社1974年版，第470页。
[②] 阿·莱·莫尔顿：《人民的英国史》（上册），第352页。

和保王党的爱尔兰的征服"①。1649年3月5日,奥利弗·克伦威尔被任命为爱尔兰远征军总司令和爱尔兰总督。此次远征所需的武器装备和战略物资,得到了伦敦商业区老板的鼎力相助。为了保证远征军及武器装备安全运往爱尔兰,英国议会发布命令,组建了一支由130艘各种舰船组成的舰队,被称为新的"无敌舰队"。8月15日,克伦威尔率领一支由8 000名步兵、3 000名骑兵和1 200名重骑兵组成的远征军进入都柏林。克伦威尔的基本目标有三:使爱尔兰服从英格兰共和政体的统治;实施1642年的《冒险家法令》;对发生在厄尔斯特的所谓天主教徒对清教徒的屠杀进行清算和报复。② 但他对外则宣称:他的远征军是为了"反对野蛮和血腥的爱尔兰人以及他们的支持者和盟军,同时传播基督福音,确立真理与和平,并在这个血流遍地的国度恢复以前的幸福和安宁";③"军队的行动绝非个人行为,无论是前进还是后退都应服从于指挥官,上帝指示我们前进,我们就前进……我们这次行动的目的是服务和荣耀上帝。"④

其实,当克伦威尔到达时,爱尔兰局势已发生了有利于英国方面的变化。8月2日,琼斯将军率领议会军粉碎了包围都柏林的奥蒙德主力并将其赶到北方。与此同时,重新担任议会舰队司令的布莱克(Robert Blake)海军上将也扫清了王党在海上的舰船,使克伦威尔远征的安全得到了保障。虽然爱尔兰起义军和忠于王室的复辟军迎击了克伦威尔,但他们之间彼此并不联系,各自为战,很难形成

---

① T. O. Lloyd, *The British Empire, 1558—1983*, p. 31.
② 艾德蒙·柯蒂斯:《爱尔兰史》(下册),第474页。
③ W. C. Abbott, ed., *The Writings and Speeches of Oliver Cromwell*, Vol. 2, New York: Oxford University Press, 1988, p. 107.
④ Ibid., p. 39.

有组织的、强大的抵抗合力。克伦威尔一方面通过外交手腕在爱尔兰天主教徒与暂时同其结盟的新教徒之间制造分裂,另一方面则采用军事手段摧毁他们的斗志。1649 年 9 月初,克伦威尔包围了重要的城堡德罗赫达(Drogheda),堡内共有守军 3 000 多名。在守城将领阿什顿拒绝投降后,克伦威尔发起猛攻。城陷后,克伦威尔下令对守城部队和包括老弱妇孺在内的平民施以屠杀,据克伦威尔远征军的随军牧师估计,被杀官兵和无辜平民达 3 352 人,英军只损失 64 人。克伦威尔对此直言不讳:"我们用剑杀死全部俘虏,我想所剩不会超过 30 人。我们把这些人送到巴巴多斯岛。"①可见,克伦威尔的征服是相当残酷的。

攻陷德罗赫达后,克伦威尔又率军南下,用同样的手段攻占了爱尔兰另一要塞威克斯福德(Wexford)。到 1649 年年底,整个爱尔兰东部及东南沿海均落入英国军队之手。1650 年,克伦威尔又不断取得军事胜利。3 月,"天主教徒联合总会"被迫解散。5 月,在占领了克朗梅耳(Clonmel)之后,英军在爱尔兰的胜利基本定局。此时,英格兰与苏格兰的关系骤然紧张,双方的战争不可避免,5 月 26 日克伦威尔应召回国,由其女婿艾尔顿(Ireton)继任远征军总司令兼爱尔兰总管。1651 年 11 月艾尔顿染病身亡,其职位由弗利特伍德(Fleetwood)继任。艾尔顿和弗利特伍德任职期间,克伦威尔的征服计划得以继续,英军不断向爱尔兰腹地推进。到 1652 年 5 月,爱尔兰的主要城市和要塞都被攻克,英军控制了爱尔兰全境。

起义的失败使爱尔兰人面临更为悲惨的命运,大批土地被英国占领军没收。对于英国来说,征服和占领爱尔兰耗费了大量人力物

---

① W.C. Abbott,ed., *The Writings and Speeches of Oliver Cromwell*, Vol.2, p.124.

力,前后耗时三年,花费约 250 万镑。① 为寻求补偿,英军在胜利之后便开始了对爱尔兰全面的殖民掠夺。

首先,遣返爱尔兰士兵,解散起义军,为英国的殖民政策扫除障碍。征服结束时,爱尔兰有三万多军人被递解到法国和西班牙等国充当雇佣军,②另有几千名平民被送往英属西印度群岛,充当仆役。爱尔兰在战争中失去了大量人口,据统计,1641 年时爱尔兰有 150 万人,到 1652 年只剩下 85 万人,而且其中还有 15 万是英国移民。③ 爱尔兰史学家柯蒂斯形象地指出:"爱尔兰几乎变成了一张白纸,英国共和政体可以在它上面随心所欲地涂写。"④

其次,掠夺爱尔兰土地。土地是克伦威尔远征爱尔兰的主要战利品,也是远征的根本利益,如何处理土地问题成了英国殖民者的当务之急。克伦威尔的土地政策有三个目的:其一,以爱尔兰的土地偿还英军的饷银,补偿向英军提供经费物资的英国投资人;其二,巩固英国人在爱尔兰的地位,防止爱尔兰人再造反;其三,永远铲除天主教的国教地位。⑤ 从 1650 年起,英国议会就着手没收并出售从爱尔兰夺取的土地。1652 年 5 月 12 日,议会提出将伦斯特和芒斯特两省土地分配给债权人即"冒险家",按照条件,除爱尔兰之外的任何民族的新教徒,须在 3 年内垦殖这些土地,同时把在海港和城市没收的房屋以优惠的租赁条件租给债权人。该方案提出时战争尚

---

① 弗兰西斯·道:《苏格兰、爱尔兰与 1640—1660 年英国革命》,王觉非主编:《英国政治经济和社会现代化》,第 152 页。
② T. W. Moody, F. X. Martin, *The Course of Irish History*, p. 202.
③ 阿·莱·莫尔顿:《人民的英国史》(上册),第 353 页。
④ 艾德蒙·柯蒂斯:《爱尔兰史》(下册),第 478 页。
⑤ 屈勒味林:《英国史》(下),第 474 页。

未彻底结束,债权人开垦土地需冒很大的风险。与此同时,远征军则提出用土地抵偿政府的欠薪并支付他们的日常薪饷,可见在处理爱尔兰土地的问题上,议会和军队存在着尖锐的矛盾。

1652年8月12日,英国议会颁布《爱尔兰处理法案》(Act of Settlement for Ireland,又称《克伦威尔组织法令》)。该法案共九条,其中前五条将1641年起义的参加者根据罪行轻重分为几个等级,规定他们将受到英国的严惩,不得赦免,他们的财产将被没收,人员将被处死。第六条规定,凡不属于以上五条规定者,"曾在爱尔兰反对英国国会的战争中担任指挥职务者……应将其驱逐出境,其财产应予以没收并以下列方式分配:个人财产的三分之二被剥夺,并收归共和国使用和管理,其余的三分之一财产交给上述人等之妻子儿女保有和享用,但在爱尔兰的其他地方拨给面积与价值相当的土地"。第八条规定,"凡天主教徒,从1641年10月1日至1650年3月1日期间任何时候居住在爱尔兰,而不曾一贯对英吉利共和国利益表示示威者,应剥夺其在爱尔兰财产的三分之一,归英吉利共和国所有,……其余三分之二财产则归此等人、其后嗣或让受人享用,但国会为更有效安抚爱尔兰设想,得在爱尔兰另拨给面积和价值相当的土地;凡在上述期间居住于爱尔兰的其他人等,不曾为国会方面服役,或虽有机会,但不曾以别的方式对英国国会利益表示好感者,应没收其财产的五分之一,收归英吉利共和国使用"。第九条规定,财产不满10镑,并在《法案》颁布后28天内放下武器,表示忠于共和国的人(指挥人员除外)予以赦免,不没收财产。[①]

[①] 蒋相泽主编:《世界通史资料选辑》(近代部分,上册),商务印书馆1985年版,第26—27页。

很明显,对爱尔兰来说,《爱尔兰处理法案》是相当严厉的,用克拉伦敦伯爵的话说:"克伦威尔政府要利用爱尔兰这个巨大的资本来偿还全部债务,犒赏所有的有功之臣以及实行各种恩赐奖赏。"① 此法案几乎使所有的爱尔兰地主丧失了他们原有的土地,他们只能期待议会在指定的地点划给他们一份地产,而英国则获得了在殖民者之间进行分配的丰厚的爱尔兰土地储备。为了保障英国人和新教徒在爱尔兰指定移民区的最大安全,1653年7月2日,克伦威尔颁布一项法令,规定"凡被赦免的爱尔兰人,必须在1654年5月1日前迁移到康诺特和克莱尔郡"。移民者无权返回原居住地,否则将被处死。经过这样的"处理",英国不仅获取了爱尔兰较为肥沃的地区,而且将大约5万原保留一部分土地的爱尔兰人迁往荒凉地区。

1653年9月,英国又颁布《补偿法令》(Act of Satisfaction),具体规定在军队和国家债权人之间分配土地的办法。法令将被没收的爱尔兰10个郡的土地根据不同情况规定了不同的价格,其中康诺特和克莱尔郡留给爱尔兰的绅士和地主,其余分成两部分,分别分给英国军人和国家债权人。分到土地的人享有优惠条件,他们在耕种土地时,可以从1654年起5年之内免除捐税,10年之内免服兵役,3年之内可以免税从英国向爱尔兰输入牲畜、农具、家庭用品,并享有使用非建筑用木材的权利。此外,他们还有权在1655年6月24日以前购买爱尔兰城市内的房屋和土地,其价格只限于该财产的六年收入总额。② 法令还重申原来的爱尔兰地主和土地占有者必须限时

---

① 艾德蒙·柯蒂斯:《爱尔兰史》(下册),第480页。
② 叶·阿·科斯明斯基主编:《十七世纪英国资产阶级革命》(上卷),第587页。

迁往指定地区，违者将以间谍罪送交军事法庭审判。康诺特和克莱尔两郡出生于英国的人和曾经帮助过英国政府的新教徒如果愿意可以外迁，并可在其它地方获得与原来拥有的相等的土地。这样，康诺特和克莱尔就几乎与爱尔兰其他地区完全隔离，成为英国为爱尔兰人划定的专属保留区。英国的企图是同化甚至消灭被征服的土著爱尔兰人，以实现爱尔兰完全的英国化。到 1655 年底，爱尔兰有 26 郡落入英国人之手。

爱尔兰共有土地 2 000 万英亩，在克伦威尔时代英国没收了 1 100 万英亩，其中"良田"达到 800 万英亩。① 根据英国法令，债权人和军人是土地分配的主要受益者。据统计，英国所谓"冒险家"有 1 500 多人，而士兵为 3 万—3.5 万之间。② 远征军士兵凭印发的"军队债券"向国家领取土地，"军队债券"不得买卖。但是实际上，军官、冒险家及各种投机分子往往利用士兵缺钱的机会，以较小的代价取得士兵的土地。威廉·配第证实，1653 年时，士兵以四五先令的低价出售价值一镑的"军队债券"，③结果土地多落入金融资本家及商人、贵族地主和官吏手中。苏联学者谢·伊·阿尔汉格尔斯基通过对部分可以查考的国家债权的社会成份的分析充分表明了这一点：④

---

① Clayton Roberts and David Roberts, *A History of England*, Vol. 1: *Prehistory to 1714*, p. 374.
② Nicholas Canny, ed., *The Oxford History of the British Empire*, Vol. I: *The Origins of Empire*, p. 310.
③ 威廉·配第：《爱尔兰的政治解剖》，第 26 页，《配第经济著作选集》。
④ 转引自叶·阿·科斯明斯基等主编《十七世纪英国资产阶级革命》（上卷），第 595 页。

	认购者人数	占总数的百分比(%)
大贵族及乡绅	203	23.67
官吏、职员	52	6.06
军官	6	0.69
僧侣	17	1.98
银行家及商人	406	47.32
手工业者	163	19.00
农民及仆役	11	1.28
总计	858	100

作为远征军总司令和国家债权人的克伦威尔本人在爱尔兰分到的土地达1 000英亩之多,他的儿子亨利·克伦威尔在爱尔兰任职期间,不仅得到大片良田,还占有许多城堡、狩猎场,其面积在2.2万英亩以上。英国的金融贵族、大商人、工场主及高级军官形成了爱尔兰新的大土地所有者阶层,即"在外地主层",他们居住在英格兰或苏格兰,地在爱尔兰。占有爱尔兰土地后,他们在爱尔兰建立庄园,使用爱尔兰劳动者或者英国移民作佃农进行耕作,每年从爱尔兰庄园攫取收入,[①]他们的态度决定了英国对爱尔兰的政策走向。

以对土地没收和分配为基础,英国在克伦威尔时代强化了对爱尔兰的殖民控制。在英国历史上,克伦威尔第一次实现了对爱尔兰的全面征服,并基本完成了土地由爱尔兰人向英国地主转移的过程。军事征服不仅摧毁了爱尔兰的氏族制度和公用土地制度,而且极大地削弱了爱尔兰的天主教势力。1641年发动起义时,天主教徒

---

① 帕尔默、科尔顿:《近现代世界史》(上册),孙福生、陈敦全译,商务印书馆1992年版,第228页。

拥有的土地占59%，在克伦威尔变更土地所有权之后，这一比例只有22%。[①] 天主教地主成了爱尔兰的少数派，信奉新教的英国人获得了在爱尔兰社会生活和经济生产方面的优势地位。根据威廉·配第的估计，当时英国新教徒和教会占有全部土地的四分之三，全部房屋的六分之五，有城墙的城市及设防地点的房屋的十分之九，国外贸易的三分之二。[②] 1653年，护国政府宣布爱尔兰为英国领土的一部分，三个王国实行联合。爱尔兰虽获得了可以同大不列颠及其殖民地进行自由贸易的权利，但爱尔兰政府和议会完全由英国掌控。英国不仅把爱尔兰视作自己的农业附属国和低廉商品及原料的供给基地，[③]而且将爱尔兰问题纳入英国殖民扩张和帝国发展的统一轨道上，使之为整个英国的海外殖民扩张服务。从1653年开始，英国政府就考虑将爱尔兰人移居海外殖民地，以解决爱尔兰的社会问题，同时满足英属其他殖民地对劳动力的需求。这一政策与克伦威尔密切相关，克伦威尔就曾将德罗赫达屠杀中的幸存者送到巴巴多斯。英国政府还将爱尔兰的流浪者和无业游民集中起来交给专门商人，然后把他们运往英属加勒比的一些岛屿充当奴仆。1656年，英国政府决定遣送1 000个爱尔兰姑娘和相等数目的年轻男子前往牙买加岛。[④] 另外，一大批爱尔兰战俘也被运往殖民地，主要是运往巴巴多斯岛的甘蔗种植园。通过对爱尔兰的军事征服和

---

① 罗伯特·基：《爱尔兰史》，第45页。
② 威廉·配第：《爱尔兰的政治解剖》，第30—31页，载《配第经济著作选集》。
③ 威廉·配第为此专门撰写了《爱尔兰的政治解剖》，全面系统地阐述了将爱尔兰变成一个生产亚麻、大麻、羊毛、皮革等小私有制的农业畜牧业国家的方案。详见《配第经济著作选集》。
④ 埃里克·威廉斯：《加勒比地区史》(1492—1969年，上册)，第147页。

殖民化,共和国时期的英国获得了专制统治时期从未有过的对爱尔兰岛的强有力控制。①

四、《航海条例》和重商主义原则的确立

自踏入近代以来,发展贸易特别是对外贸易一直是英国经济生活的主题。在重商主义者看来,无论是开拓殖民地,还是对殖民地实施严格控制,其根本目的都在于发展英国的贸易,实现英国的商业霸权。而要实现这一点,争夺海洋的霸权就是至关重要的。沃尔特·雷利爵士早年就道出了英国人的座右铭:"谁控制了海洋,谁就拥有了贸易;谁控制了世界贸易,谁就拥有了世界的财富,进而控制了世界。"②因此,共和国成立后,特别是在克伦威尔时代,英国政府便将争夺贸易、海洋和殖民地作为外交政策的基本内容和主要目标。在当时的国际舞台上,老牌强敌西班牙已无可挽回地走向衰退,另一强国法国因忙于大陆战争而无暇它顾,因此,英国面临的主要竞争对手是海上强国、有"海上马车夫"之称的荷兰。虽然在国家政权形式和宗教信仰上,英国与荷兰有某些共同之处,但是双方在对外贸易上的分歧和矛盾则是不可调和的,荷兰不仅直接威胁英国的殖民地贸易,而且敌视英国革命。因此,商业利益开始对英国的外交政策产生举足轻重的影响,为了贸易而对海权和帝国的竞争成为英国考虑的主要问题。③

---

① T.O. Lloyd, *The British Empire, 1558—1983*, p.31.
② H.帕姆塞尔:《世界海战简史》,屠苏等译,海洋出版社 1986 年版,第 67 页。
③ James E. Gillespie, *The Influence of Oversea Expansion on England to 1700*, p.335.

荷兰自1581年脱离西班牙控制而获得独立之后,依靠荷属东印度公司、阿姆斯特丹银行及庞大的船队三根支柱,经济获得快速发展。至17世纪上半叶,荷兰已是"卓越的资本主义国家"和"商业和金融资本主义的典范"①。荷兰的经济发展主要依靠转口贸易,商业优势明显、国际贸易发达是荷兰经济的最显著特征。与贸易发展相适应的是造船业,仅在阿姆斯特丹一地就有几十家造船厂,全国可以同时开工建造几百艘船,而且船只造价比技术先进的英国还要低三分之一到三分之二,所以荷兰很快就成为欧洲的造船中心。到17世纪中叶,荷兰凭借自身的优势在贸易上处于领先地位,它不仅拥有一支世界上最大的商船队,其吨位相当于英、法、葡、西四国的总和②,而且利用庞大的商船队和军事力量,抢占了从非洲到东印度群岛的许多重要殖民据点,控制了欧洲和远东的大部分贸易。在17世纪中期,荷兰人从葡萄牙人手中夺取了其大部分殖民地,并控制了包括爪哇、苏门答腊、摩鹿加群岛等重要地区和马六甲等战略要地。1642年,荷兰人占领中国台湾,将势力扩展到远东;1642年,荷兰航海家发现澳大利亚东南的塔斯马尼亚岛(Tasmania);1648年荷兰占领了好望角,在非洲南端建立起一个战略地位十分重要的殖民据点。此后,荷兰的商船来往于世界各地,极大地推动了贸易发展,阿姆斯特丹也成为世界贸易的集散地和银行、保险、证券业中心,有人称它所拥有的金钱可以充实欧洲半数国王空虚的国库。③ 1648年

---

① 米歇尔·波德:《资本主义的历史:从1500年至2010年》,郑方磊、任轶译,上海辞书出版社2010年版,第19页。
② 伊曼纽尔·沃勒斯坦:《现代世界体系》(第二卷),庞卓恒等译,高等教育出版社1998年版,第52页。
③ H. Heaton, *Economic History of Europe*, New York: Harper & Brothers, 1936, p.285.

《威斯特伐利亚和约》签订后,各大国正式承认荷兰的独立,更推动荷兰经济进入发展的黄金期。荷兰在其四大主要贸易地区亚洲、西班牙、利凡特地区和俄罗斯的阿尔汉格尔斯克的年贸易额达 5 000 万盾,荷兰商船成了活跃于西印度群岛的最大的船队,荷属东印度公司也扩大了它在亚洲的贸易份额。

荷兰贸易与航运的发达离不开强大的海军。美国军事理论家马汉认为:"联合省把他们的荣耀和权势归功于他们的财富和舰队。"①确实,强大的荷兰海军既是共和国生存和繁荣的保证,又是国家推行对外政策的工具。自 16 世纪后期以来,海军的作用变得越来越重要。为了摆脱西班牙的控制并开拓新的海外市场,荷兰海军得到了长足发展。1639 年,荷兰海军成功地拦截西班牙海军统帅奥昆多(Admiral Don Antonio Oquendo)率领的一支由 77 艘西班牙和弗莱明(Fleming)战舰组成的船队,此次海战迫使西班牙最后放弃了征服荷兰的企图,同时也为荷兰赢得了海上强国的声誉。此外,强大的荷兰海军还通过对弗莱明海岸进行封锁、为商船护航、海上巡逻、打击海盗等等手段,为国家的经济发展服务。1611—1614 年的波罗的海危机中,荷兰就动用海军迫使丹麦国王克里斯蒂安四世(Christian Ⅳ,1577—1648)让步,取消了船只通行松德海峡的额外关税。② 1645 年,荷兰舰队为结束丹麦和瑞典之间对己不利的战争,前往波罗的海进行干涉。③ 强大的海军力量使荷兰成为继葡萄牙、

---

① A. T. Mahan, *The Influence of Sea Power upon History*, London: Hill & Wang, 1962, p. 97.
② J. I. Israel, *Dutch Primacy in World Trade, 1585—1740*, London: Oxford University Press, 1989, pp. 94 - 95.
③ 费尔南·布罗代尔:《15—18 世纪的物质文明、经济和资本主义》(第三卷),顾良等译,三联书店 1993 年版,第 218 页。

西班牙之后的海上霸主。

17世纪上半期,荷兰在航运及殖民方面形成的优势,特别是海上贸易的垄断权,严重制约和威胁了英国的商业发展与殖民扩张。有鉴于此,促进英国商业的发展只有两种可能的途径:一是由国家对英国商人提供支持,二是由国家对外国商人加以抑制。① 起初,英国采取了支持本国商人的政策,但是效果并不理想,英、荷商人围绕着纺织品市场、捕鱼权、贸易与航运业等展开了激烈的竞争,② 但竞争的结果往往是英国处于下风。在东方,英国东印度公司由于受到荷兰人的排挤,活动受到了极大限制,英国人完全被赶出了南洋群岛;在西方,荷兰船只对波罗的海贸易通道的控制与封锁,使英国难以获得木材、大麻、树脂等原材料,英国造船业的发展受到严重制约。此外,在北美殖民地、地中海和西非海岸,英国的势力也处处受到荷兰人的排挤,荷兰人甚至在英国水域肆意捕捞鱼虾等水产品,并将这些水产品运往英国市场上高价出售。英荷之间的矛盾不断积累,两国关系也走向恶化。从1610年开始,荷兰的使团就不时抵达伦敦以谋求解决双方的争执,但未能取得任何进展,这说明双方的争端是根本性的甚至是不可调和的。英国在詹姆士一世和查理一世统治时期也采取了一些措施试图打破荷兰的垄断地位,但限于技术和法律障碍,③ 难以对荷兰构成现实威胁。在英国内战期间,荷兰人不仅乘机扩张自己的势力,而且支持查理一世和爱尔兰起义

---

① 伊曼纽尔·沃勒斯坦:《现代世界体系》(第二卷),第97页。
② Charles Wilson, *Profit and Power: A Study of England and the Dutch Wars*, Chapter Ⅲ, London: Longmans, 1957.
③ Charles Wilson, *Profit and Power: A Study of England and the Dutch Wars*, pp. 28 - 31, 35 - 37.

者,试图阻止英国的统一和强大。这使英国意识到只有打击荷兰的海上势力,才能获得充分的贸易自由,并最终实现国强民富。

　　克伦威尔征服爱尔兰和苏格兰之后,随着英国国内局势相对稳定,英国新政权获得了调整外交政策的最佳时机。尤为重要的是,此时克伦威尔拥有了与荷兰相对抗的有效工具:一支强大的海军。16 世纪后期,虽然西班牙舰队在英国舰队的打击之下受到重创,但这并不意味着英国海上力量已足够强大。事实上,1604 年英西缔约后,西班牙仍在海上具有某种优势,此后四十年内,英国商业和贸易虽有长足发展,但一直未形成明确而具体的海洋战略,它在英吉利海峡之外的战船屈指可数。正如有的学者指出的,英国皇家舰队不仅没有扩大,反而有所缩减。[1] 查理一世即位后也曾致力于筹集巨资以加强英国的海上力量,改变其父詹姆士一世的海上政策,但却遭到议会的强烈反对,难以获得足够的经费支持。只有经过内战和政权转移的变化,英国才有可能建立一支强大的海军舰队。1649 年共和国成立时,就具体制定了扩大和改造海军的计划,几年之后,英国舰队通过一定数量和级别的战舰补充,迅速成为大西洋上的一支海上劲旅。[2] 根据统计,1640 年,英国的标准军舰为 43 艘,1650 年时扩展到 72 艘。1651 年末就有 20 艘新的战舰下水,另有 25 艘新购进及缴获的战舰编入海军。1655 年,英国的标准舰达到 133 艘,至共和国末年为 131 艘,超过同期荷兰的水平。[3] 舰队的战斗力也

---

[1] George Modelski, William R. Thomson, *Seapower in Global Politics, 1494—1993*, Washington:Macmillan, 1998, p. 205.
[2] George Modelski, William R. Thomson, *Seapower in Global Politics, 1494—1993*, p. 205.
[3] Richard Harding, *The Evolution of the Sailing Navy, 1509—1815*, London:St. Martin's Press, 1995, p. 70.

大大增强,战舰上的火器大大增加,每艘战舰装备 40—60 门炮,有的达到 80—100 门。英国海军和荷兰海军第一次交锋前,英国海军装备了 88 艘战舰,其中至少有 14 艘船上配置的火炮等于或多于荷兰旗舰布雷德拉德号(Brederade)。克伦威尔改组并加强了海军机构的各个部门,成立了专门负责海军事务的海军委员会。在海军司令罗伯特·布莱克(Robert Blake)的主持下,英国制定了《海战条例》(Articles of War),加强海军训练,强化作战纪律;编订《战斗规范及战术》(Fighting Instructions),提高战术素养。此外,通过提高水兵的薪水和伙食标准、实行俘获和击沉敌船的奖金制度、解决食物供应和后勤保障问题等,全面提升战斗力。到 1651 年时,英国新政府基本完成了对皇家旧海军的军舰全部收编或肃清。更为重要的是,海军在国家和社会中的地位和作用获得承认,海军对保卫国家和贸易的重要性已为大多数人所接受。这一时期英国思想界开始把经济增长与海军联系在一起,军舰与商船已经明确分离。[1] 对于英国海军的变化,朱利安·科伯特(Julian Corbett)写道:"他们的设施使英吉利的海军一变而为近代式的组织,而英吉利为世界上大海军国的地位亦予以确立。"[2] 英国海军力量的长足发展,为英国实施新的殖民扩张政策、争夺海上霸权奠定了基础,英国对荷兰的态度也变得强硬起来。

贸易问题是英荷争端的焦点。在大多数英国人的思想中,荷兰是英国外贸受阻和殖民扩张不顺的根本障碍。所以在 1650—60 年代,许多英国人相信,只有荷兰人受损,英国才会繁荣,正如一位

---

[1] Richard Harding, *The Evolution of the Sailing Navy, 1509—1815*, pp. 70 - 80.
[2] 屈勒味林:《英国史》(下),第 477 页。

英国商人所指出的,世界贸易对我们两国而言是太少了,因此必须有一方被打倒。①英国另一位海军将领更是直言不讳地提出:"荷兰人掌控的贸易太多了,英国人决心把贸易权从他们手中夺过来。"②这表明,英国已决心用武力摧毁荷兰的海上商业帝国。

因此,1649年以后当英国国内局势趋于稳定时,克伦威尔便着手调整英国的对荷政策。此时英国舆论普遍主张对荷兰采取最坚决的政策:"或者是两个海上强国结成牢固的同盟,几乎合并为一个统一的国家,否则便作殊死斗争,以迫使荷兰承认英国在海上和海上贸易方面的霸权。"③这也是克伦威尔所追求的。1650年10月3日,英国议会颁布一个条例,以西印度群岛和弗吉尼亚两地的保王党人起义反抗英吉利共和国为名,禁止外国商人同这两个地方进行贸易。由于荷兰在这两个英国殖民地上的贸易最为发达和活跃,因此英国的矛头所指是显而易见的。1651年2月,英国议会特派两位大使率200多人前往海牙,与荷兰代表就两国缔结同盟问题举行谈判。针对荷兰代表提出与英国恢复并保持两国间业已存在的良好关系、缔结互惠条约的建议,英国代表立即提出了反建议,声称"英国和联省之间过去时期存在过的友谊和良好关系,不仅应予恢复并维护,使之不遭破坏,而且,这个民族和联省还应该结成更紧密、更真挚的同盟,也就是说,为了双方的幸福,它们之间应该有更重大、

---

① Evan Luard, *The Balance of Power: The System of International Relation, 1648—1815*, New York: Macmillan, 1992, p.216.
② Paul Kennedy, *The Rise and Fall of British Naval Mastery*, New York: Scribner, 1976, p.48.
③ В.П.波将金等编:《外交史》(第一卷,上),史源译,三联书店1979年版,第361页。

更强烈的相互利益"。① 英国的建议尽管比较委婉，但其明显包含着对荷兰的野心。英国的建议遭到荷兰舆论的一致反对，荷兰三级会议也迟迟不予答复。于是，英国又向荷兰提出一个更为直接的建议，该建议共有 7 条，主要内容包括：双方在许多国际问题上和国际事务中统一行动，形同一国；在某些场合包括在许多问题上，荷兰的三级会议应服从英国议会的决定。英国谈判大使最后补充说："如果这些建议被接受，还有更重要的、将对两个共和国的幸福具有更重大后果的条文要提出来。"②英国的建议当然遭到荷兰的拒绝，因为英国的建议明显包含着合并荷兰的企图。在荷兰看来，克伦威尔是想利用英国已成为共和国这一事实，"建议缔结一个几乎把两国联在一起的盟约"。③ 而荷兰则凭借自己的商业优势坚决主张贸易自由、航海自由和捕鱼自由，在世界各地享有与英国人同样的权利。双方在贸易上的尖锐冲突，使谈判最终不欢而散，毫无结果。

随后，英国开始实施严厉的经济措施，通过经济手段排挤荷兰人的贸易和航运以增加英国的份额，同时加强对英属殖民地的经济控制。1651 年的《航海条例》就是对荷兰采取措施的具体体现。

从 14 世纪以来，英国为了垄断英国及其属地的贸易，曾陆续制订过一些航海条例，但是都未取得预期的效果。此时为了与荷兰斗争，英国再度颁布《航海条例》。1651 年 8 月 5 日，克伦威尔向议会提交了《航海条例》(Navigation Act of 1651)文本并于 10 月 9 日获得议会通过，此《航海条例》的内容主要有：其一，自 1651 年 12 月 1 日

---

① В.П.波将金等编：《外交史》(第一卷，上)，史源译，三联书店 1979 年版，第 361—362 页。
② 同上书，第 362 页。
③ 莫里斯·布罗尔：《荷兰史》，郑克鲁、金志平译，商务印书馆 1974 年版，第 92 页。

起,亚洲、非洲和美洲各处,无论为英国人或别国人的殖民地,所生长、出产或制造的任何货物或商品,如由非属于英国人所有的船舶运载,皆不准运往或带进英格兰、爱尔兰或属英吉利国家或受其管辖的其它任何地方。所谓英国人所有的船舶,仅指其业主或合法所有人系英吉利共和国人民,或居住在殖民地的本共和国人民,其船长及船员又大多数为英国人。违者,其全部进口货物,应予以没收,运载该项货物或商品入口的船舶(连同其全部船具,枪炮和附属物件)亦应一并没收。其二,自1651年12月1日起,凡在欧洲或欧洲任何地方生长、出产或制造的产品或商品,如果由外国商船装运,则不得进入英国、爱尔兰或英国的其他属地,但出产、制造、加工上述商品的国家或地方的公民私人拥有的商船则属例外。违者,货物和船只将面临被没收的危险。其三,英国人捕获的鳕鱼、鲱鱼、沙丁鱼,或者咸鱼,或者从鱼类中提炼出来的产品只能由英国船只运入英国、爱尔兰或英国的其他属地;英国人捕捞的鳕鱼、鲱鱼、沙丁鱼,或者咸鱼,只能由船主是英国人或者船上大多数人是英国人的船只从英国领土上运出。违者,货物和船只也将面临被没收的危险。①

从字面上看,《航海条例》没有提到荷兰,但是它的矛头所指却是一目了然的。条例中对运入英国及其附属殖民地的货物及中介贸易的严格规定,对于荷兰这个拥有庞大海上船队、主要从事为各国运输货物包括为英国及其殖民地运输货物、渔业发达的国家的打击是毁灭性的。《航海条例》不仅明确宣告英国将实施保护主义的

---

① The Navigation Act of 1651, Joan Thirsk, J.P. Cooper, eds., *Seventeenth Century Economic Documents*, Oxford: Clarendon Press, 1972, pp.502-505;另参见蒋相泽主编《世界通史资料选辑》(近代部分,上册),第27—28页。

贸易政策,而且表明英国的基本国策是维护和扩大海洋利益,建立强大的贸易帝国。该条例"可说是大英殖民帝国赖以建立的一系列政治措施中的第一项"。① 所以,《航海条例》是"一项典型的重商主义立法,标志着英国殖民活动进入重商主义阶段"。② 在此后的200多年时间里,该条例中所确定的一般性原则,仍然是英国制定有关航运业法律的基本出发点。③

《航海条例》不可避免地导致两个商业贸易强国之间的商业战争,因为当时的荷兰是英国实施《航海条例》的主要障碍。面对英国的公开挑战和致命打击,荷兰只有两种选择:要么屈服,要么战争。无论选择哪一种,对荷兰而言都是难以接受的。荷兰的经济结构决定了荷兰不需要战争,尤其是与英国的战争。"在所有的事情当中,战争,尤其是海上战争是最不利的,对荷兰大有好处的是和平。"④战争只能作为最后的手段,所以,荷兰一方面表示拒绝接受英国的《航海条例》,另一方面并未放弃与英国谋求妥协。1651年12月底,荷兰派出外交使团抵达伦敦,恢复了原先中断的荷英谈判。但是,此时的英国已将使用武力视为解决英荷问题的首选,在英国看来,重商主义的原则之一在于国际贸易的总量是不变的,一方所得必为另一方所失。处于领先地位的荷兰不可避免地成为一切谋求商业霸权国家的头号敌人。"无论是英国,还是法国都致力于用武力消除荷兰的某些优势,并且以自己的优势取而代之。"⑤因此,当谈判正在

---

① 帕尔默、科尔顿:《近现代世界史》(上册),第209页。
② 钱乘旦、许洁明:《英国史》,第172页。
③ A. T. Mahan, *Sea Power in its Relations to the War of 1812*, Boston: :Little, Brown and Co., 1905, p.14.
④ Leonard W. Cowie, *Seventeenth-Century Europe*, London: Macmillan, 1984, p.234.
⑤ 伊曼纽尔·沃勒斯坦:《现代世界体系》(第二卷),第73页。

进行时,荷英两国的军事冲突就已经发生了。从 1650 年到 1651 年,两国间的海上冲突逐渐增多,英国海军甚至强迫在海上与它们相遇的荷兰军舰和商船降旗向英舰致敬。令荷兰感到难以接受的是英国提出海上主权,即坚持拥有在海上拦截和搜查外国商船并没收它认为是属于敌对国家的商品。1652 年 3 月 15 日,英国向荷兰谈判代表提出了对荷兰来说显然做不到的、具有挑衅性质的建议草案,其中提出:(1) 将香料群岛交给英国人;(2) 惩办 1623 年在安汶岛上杀害英国商人的罪犯;(3) 拒不给荷兰人在英国殖民地进行贸易的自由;(4) 不承认英国和荷兰在北美洲属地之间的现有边界;等等。① 和谈的大门终于关闭了,两国关系急剧恶化。"荷兰人既不愿让英国人在北海搜查船只,也不愿放弃与北美英属殖民地的贸易,其结果只能是战争。"②

1652 年春,荷兰海军司令特罗普(Martin Van Tromp)率 42 艘军舰驶入英吉利海峡,并于 5 月 29 日在多佛海面与英国舰队相遇。英军要求荷兰海军向英国国旗致敬,但遭到拒绝,于是双方展开了长达 4 个小时的激烈炮战。结果,荷兰人损失了 2 艘战舰,布莱克的旗舰遭受损伤,第一次英荷战争由此拉开了序幕。

英荷双方的战斗在两国海域、地中海、松德海峡和印度洋同时展开。英国深知,荷兰人的生存之本是海上的贸易和渔业生产。于是,布莱克指挥英国海军大肆洗劫荷兰商船,甚至远离军港到北海袭击荷兰的捕鱼船队,去苏格兰北方拦截荷兰东印度公司的运货

---

① 叶·阿·科斯明斯基等主编:《十七世纪英国资产阶级革命》(下卷),商务印书馆 1991 年版,第 59 页。
② Clayton Roberts and David Roberts, *A History of England*, Vol. 1: *Prehistory to 1714*, p. 372.

船,在波罗的海破坏荷兰与北欧的海上贸易。英国的战术十分奏效,迫使成千上万只满载货物的荷兰商船躲在港内而不敢出港。12月1日,特罗普亲率舰队出海,护送了300余艘荷兰商船前往大西洋。12月10日,布莱克率领的英国舰队在邓杰内斯(Dungeness)附近与之展开海战,英军损失惨重,被迫退入泰晤士河。从总体上看,战争开始阶段,荷兰拥有海上优势,但是战局很快就朝着有利于英国人的方向发展。为了战争,英国动用了全部税收,让所有的船坞加紧造舰,使英国的海军在数量上及火力配置上都优于荷兰。英国在战术上也有长足的改进,1653年英国海军编制条令,改进了舰队战斗队列,提高了英舰队协同作战、相互保护的能力。布莱克还制定了英国海军的第一个纪律条令,提高了军队的战斗力和士气。相反,荷兰却受到地理上的限制,每日有大量商船经过英吉利海峡,必须得到海军的护航,这大大牵制了海军的力量,战斗力明显受到削弱。而且荷兰的战术陈旧,不能适应新形势下战争的需要。荷兰军舰在海上遭遇敌船时,采取抢占上风逼近敌舰、然后登上敌舰进行肉搏战的方法;舰队在行动时分成小队,依次向敌船逼近,以避免战舰相互碰撞。这种战术缺乏灵活性并容易导致指挥混乱,难以实现战略目标。

1653年2月,当获悉特罗普将率80艘战舰护送200艘商船准备通过英吉利海峡返航荷兰的信息后,布莱克立即率领英国战舰进行追击。3月28日开始,双方展开三天的海战,英军重创荷军,并封锁荷兰海岸。此战对英国来说取得了对荷兰人的决定性的胜利。8月,荷兰海军企图合击英军,但没有成功,特罗普也在一次海战中战死,损兵折将的荷兰已很难继续进行战争。战争中双方都付出了沉重的代价,战争开始后的两年时间里,荷兰被英国俘获的商船有

1 700艘,①海军水手死伤不计其数。特别是英国的封锁,使荷兰的粮食、肉类供应中断,社会矛盾激化。一份档案文件记载:"由于焦急不安而变得强烈不满的人民,倾向于恢复奥伦治家族的旧政府。在恩克霍伊曾、麦登布里、霍恩、哈勒姆发生的事件表明了这一点。当地人民都表现出对奥伦治王朝的好感。"②于是荷兰首先提出与英国进行谈判。英国也因战争而导致国家财政和经济紧张,海军在战争最激烈的时候一年花费 150 万镑,以至于议会准备靠拍卖流亡党人的家产和天主教会的财产来支付战费;③国内政局也出现不稳,北苏格兰地区王党分子的活动十分猖獗。在此形势下,克伦威尔也同意进行谈判,并尽快与荷兰缔结和约。还在 1652 年 7 月,克伦威尔的好友、军中牧师休·彼得就曾鼓动民众向议会请愿,要求政府与荷兰重开谈判,尽快和平解决问题。克伦威尔对此表示支持。④ 1653年 4 月克伦威尔解散残缺议会(Rump Parliament),大权在握后,立即将结束英荷战争提上议事日程。

从 1653 年 6 月起,英荷之间的谈判已在伦敦秘密进行,整个谈判历时一年。英国新议会中商业集团的势力非常强大,所以英国在谈判中坚持英方先前的立场,要求荷兰人承认战争责任,将其舰队统帅撤职查办,在任何情况下荷兰船只必须首先向英国军舰行礼致敬;赔偿自世纪初以来英荷在印度贸易及殖民斗争中包括英荷战争

---

① 斯塔夫里阿诺斯:《全球通史——1500 年以后的世界》,第 171 页。
② 叶·阿·科斯明斯基等主编:《十七世纪英国资产阶级革命》(上卷),第 628—629 页。
③ Clayton Robert and David Roberts, *A History of England*, Vol. 1: *Prehistory to 1714*, p.372.
④ S. R. Gardiner, *History of the Commonwealth and Protectorate, 1649—1656*, Vol. 2, New York: Longmans, 1965, p.187.

期间英国的损失共计约 200 万英镑，并同意与英国合并等。以此为基础，克伦威尔向荷兰提出了两国建立紧密联系、共同分割世界殖民地的草案。其内容包括：在全欧洲和非洲，除非洲少数由荷兰占有的殖民点以外，两国保持现状，互不干涉；亚洲的贸易由荷兰专营，但亚洲濒临地中海的一些地区除外，在那里两国可以自由贸易，荷兰东印度公司向英国东印度公司支付一笔赔款，此后英国公司及其他机构从那里撤离；美洲大陆的贸易（巴西及其附近地方除外）归英国所有，荷兰向英国提供援助，帮助英国占领这些地区；南美已被荷兰占有的地区（即巴西从南回归线至马尼翁岛的地区）归荷兰所有，而巴西的其余地区归英国所有，委内瑞拉的阿拉兹盐场由两国共有。①

克伦威尔依照英荷两国商业和海军实力提出的建议，几乎是昔日葡萄牙和西班牙凭借教皇权威而瓜分世界的翻版，它反映了英国在新形势下殖民政策的重大转折。但是，同荷兰瓜分世界并非是英国的真正目的，实际上，英国的建议对荷兰只是一种诱惑。英国的最终目的是取代荷兰甚至是合并荷兰而成为世界贸易和殖民扩张的霸主。1653 年 6 月 30 日，克伦威尔在给荷兰政府要员的一封信中明显地表达了他的外交意图和战略计划。克伦威尔在信中提出，英荷两国的联合可以采用的形式是由荷兰选派两到三名代表参加英国的国务委员会，而英国选派相同数量的代表参加荷兰的国务会议或议会，如此则荷兰可以获得诸如在英国海域中捕鱼的权利和与西印度自由贸易的权利。克伦威尔还暗示若英荷合并，则英国可以放弃《航海条例》。克伦威尔宣称：反对荷兰是上帝的旨意，失败后

---

① 叶·阿·科斯明斯基等主编：《十七世纪英国资产阶级革命》（下卷），第 61—62 页。

荷兰的唯一出路是"同你们强大的邻国携手合作"。① 为了使英荷联合披上神圣的外衣,克伦威尔还在宗教上寻找合法依据,他在7月份的一次谈话中说,在英荷之间,"最重要也是首先应予考虑的是保护自由和扩张基督世界"②。如果说克伦威尔的建议多少有点婉转并给予荷兰一些台阶,那么英国国务委员会的决定则充分体现出英国的强硬态度,也更为直接地反映了英国的本真意图。英国国务委员会在7月25日正式通知荷兰谈判代表:"两国必须在一最高权力之下合并",舍此别无其它商量余地。③

荷兰已看清了英国的真实意图,因此拒绝了克伦威尔的方案,重提在英荷战争爆发前向英国提出的方案。荷兰的关注点在"贸易和航海的利益"上,双方谈判陷入僵局。为取得进展,1653年11月克伦威尔两次亲自主持谈判,其间他放弃了两国合并的计划,提出建立英荷"和平、同盟和联盟"的新方案,这样谈判就有了重大转机。克伦威尔希望能够与荷兰建立攻守同盟,将荷兰纳入英国的对外政策轨道,因而新方案特别强调应保持《航海条例》的效力问题,而对英荷双方的贸易以及在海外各地的相互关系等问题涉及很少。但这个方案也遭到荷兰的婉言拒绝,在荷兰看来,对外贸易是其经济支柱,它需要和平与中立,而不愿盲目地被捆在英国的战车上。克伦威尔深感失望,但也并未采取进一步的激进措施,经过长期的内战和外战之后,英国不仅尚无实力击垮荷兰,而且也需要和平发展、

---

① W. C. Abbott, ed., *The Writings and Speeches of Oliver Cromwell*, Vol. 3, New York: Oxford University Press, 1988, p. 45.
② S. R. Gardiner, *History of the Commonwealth and Protectorate, 1649—1656*, Vol. 2, pp. 42 - 43.
③ Ibid., p. 44.

进行殖民扩张。克伦威尔的政策调整仅仅是个开始,英国谋求商业帝国尚有很长的路要走,正如屈维廉所言:"英荷的竞争不是一下子的动作,而是长期的演化,而演化的发端则在共和国时期。"①

1654年4月5日,英荷双方签订《威斯敏斯特和约》(Treaty of Westminster),该条约的主要内容包括:(1)双方实现和平,荷兰人和英国人均不得同对方在欧洲以外的岛屿和殖民地进行通商;(2)荷兰必须惩办在安汶岛杀害英国人的罪犯;(3)成立两国代表组成的混合仲裁委员会,以确定1611—1652年5月18日之间在世界范围内相互造成的损失,并限期作出裁决;(4)发给证书的私掠船具有合法性。在该条约附加的秘密条款中,荷兰承诺不选举奥伦治亲王为荷兰执政。②

从表面上看,英国并没有击败荷兰,但战争的结局却大大有利于英国。根据英荷条约,英国尽管没有完全实现自己的对外战略目标,但却使英荷双方在世界贸易及殖民地问题上的地位发生重要改变。经过战争,荷兰被迫接受了英国的《航海条例》,这对靠转口贸易为生的荷兰来说无疑是致命的打击。战争中,英国海军与私掠船俘获的荷兰船只在1 000—1 700艘左右,俘获船只吨位可能与英国的所有商船吨位相等。③ 俘获的船只"使得英国商业在北欧与地中海欧洲的贸易中拥有了新的竞争力,这也确保了通过对加勒比种植

---

① 屈勒味林:《英国史》(下),第479页。
② W. C. Abbott, ed., *The Writings and Speeches of Oliver Cromwell*, Vol. 3. Appendix. 1, pp. 897—905;另可参见:叶·阿·科斯明斯基等主编《十七世纪英国资产阶级革命》(下卷),第62—63页。
③ Ralph Davis, *The Rise of the English Shipping Industry in the Seventeenth and Eighteenth Centuries*, London:Macmillan, 1962, p. 51.

园的农产品进行再出口从而维持跨大西洋商业中最好的销路。"①战后,英国无论在海上贸易还是在商船数量上都赶上了荷兰,而荷兰则开始丧失商业霸权,在同英国争夺贸易和殖民地的过程中,荷兰由攻转守。战后,英国同瑞典、丹麦缔结了对自己有利的商约,波罗的海的商业大门向英国敞开。英国还通过1654年与葡萄牙缔结条约,从葡萄牙手里取得了在海上、陆地及内河自由贸易的特权,为英国势力向东印度群岛、巴西及非洲西海岸等地扩展提供了机会。因此,第一次英荷战争是英国"有史以来政府第一次有意识地、故意地用它的海权去促进商业"②,表明英国开始全面走上争夺海洋霸权和建立世界帝国的道路。《航海条例》所体现的重商主义原则,成了英国建立海外殖民帝国的基本信条。

五、政府开辟殖民地:远征西印度群岛

对外贸易的拓展和殖民地的扩大离不开对海洋霸权的争夺。争霸作为近代世界初期头绪纷繁的国际关系中的突出问题,表现了各国尤其是大国当时实力消长和政策变化的一些规律,并对各国此后国内外政治、经济的发展产生重大影响。因此,英国在实力发展变化之后所展示的争霸态势,既是开创帝国的需要,也是帝国发展过程中的基本内容。与17世纪相比,英国政府在17世纪中期以后建立帝国的过程中,不仅对帝国表现出浓厚的兴趣和极大的关注,

---

① 保罗·布特尔:《大西洋史》,刘明周译,东方出版中心2011年版,第124页。
② Clayton Roberts and David Roberts, *A History of England*, Vol. 1: *Prehistory to 1714*, p. 372.

而且直接开辟殖民地,通过政府的力量推动帝国的建立。1653年12月16日,英国残缺议会被解散,护国主制度建立,克伦威尔成为英格兰、苏格兰和爱尔兰的护国主,取得了英国外交事务的直接决策权,获得了按自己的意愿推行对外殖民扩张和商业霸权的机会和条件。虽然克伦威尔在就职时曾派遣官员拜会各国大使,"要他们相信此次事变不会使他们国君与英国之间的现存关系和友谊有所改变"。① 但实际上,随着克伦威尔同荷兰、瑞典、葡萄牙等国签订相关条约结束了战争状态,获得了重要的战略优势和商业利益,殖民地问题便越来越成为克伦威尔外交所追求的主要目标。"在英吉利的统治者中,克伦威尔实为首先主张帝国主义者。在他以前,政府对于殖民运动的态度只是消极的容许,而不是积极的提倡。"② 为了争夺殖民地,英国的主要对手是拥有较多殖民地的西班牙和法国,虽然英国与西班牙、法国的关系一直处于紧张状态,尚未来得及进行调整,但在克伦威尔看来,西班牙是英国在打击了强敌荷兰的嚣张气焰之后的主要攻击目标。

西班牙是英国的宿敌,早在都铎时期就是英国的主要对手,是英国民族国家和主权国家形成的主要障碍。当时英国的目标是保证英国的安全,维护正在崛起的海洋和商业利益,③为此,英国一直致力于削弱西班牙的海军力量。16世纪末英国虽然击败了西班牙无敌舰队,但是西班牙并未一蹶不振。从1588年海战到1604年英西缔约,西班牙在海上仍享有较明显的优势,大规模的造舰计划仍

---

① B.П.波将金等编:《外交史》(第一卷,上),第364页。
② 屈勒味林:《英国史》(下),第496—497页。
③ W. T. MacCaffrey, *Elizabeth I: War and Politics, 1588—1603*, Princeton: Princeton University Press, 1992.

在进行。① 早期斯图亚特王朝出于自身利益的考虑奉行亲西班牙的政策,更有利于西班牙的殖民扩张和商业活动,因而招致英国商业阶层的普遍反对。英国内战期间,英西关系一度良好,西班牙是第一个承认英国新政权的国家,西班牙驻伦敦大使虽然没有被授予新国书,但却被授予与共和国政府秘密交往的全权。西班牙的目的在于借助英国之力惩治葡萄牙。克伦威尔上台伊始便发誓重振伊丽莎白时代的民族精神,因而在他的眼里,"西班牙是我国最大的敌人,是天然的敌人,仿佛是上帝亲自指定给我们的一样"②。克伦威尔的认识主要基于英西之间存在两方面的尖锐矛盾:其一,作为一个虔诚的新教徒,克伦威尔的内外政策均具有浓厚的宗教色彩,他的内心深处蕴藏着浓烈的宗教情结。③ 这使他的对外扩张颇具宗教色彩,他公开宣称:上帝在世上的利益要远远高过英国全体民众的利益,因此专心考虑我们在世间所做的工作与上帝的旨意完全相符。④ 正因为如此,克伦威尔对西班牙的所作所为极其不满,认为西班牙政府长期以来推行的宗教审判制度及专制主义政策,使其成为世界天主教的顽固堡垒和新教力量的共同敌人,清教的英国与天主教的西班牙毫无共同利益。克伦威尔甚至认为,英国与西班牙之间只有敌对而不可能有真正的和平。⑤ 其二,除了宗教之争之外,英西

---

① David . B . Quinn, A . N . Ryan, *England's Sea Empire, 1550—1642*, p. 115.
② В. П. 波将金等编:《外交史》(第一卷,上),第 367 页。
③ 关于这方面的内容可参见计秋枫:《论克伦威尔外交的意识形态特性》,《南京大学学报》(哲学·人文·社会科学),1995 年第 1 期。
④ John Buchan, *Oliver Cromwell*, Boston: Houghton Mifflin Company, 1934, p. 399.
⑤ W. C. Abbott, ed., *The Writings and Speeches of Oliver Cromwell*, Vol. 3, p. 890; W. C. Abbott, ed., *The Writings and Speeches of Oliver Cromwell*, Vol. 4, New York: Oxford University Press, 1988, pp. 261 - 262.

双方在殖民地问题上存在的矛盾也不可调和。对克伦威尔来说，这也是更重要的，因为他把对外政策世俗化了。① 宗教问题只是对外扩张的一种理由，当时西班牙控制着欧洲和美洲的大片领土，既使英国妒羡也使英国不满。在与西班牙争夺殖民地的过程中，直到 17 世纪中叶英国都是胜少负多，所获了了，这是英国所不甘心的。况且，西班牙国运不兴，日趋衰落，给英国夺取西班牙的殖民地提供了新的机会。自菲利普二世之后，西班牙由于长期的内乱与对外战争，已成为"欧洲病夫"②。

基于上述背景，克伦威尔将反对西班牙作为其对外政策的重点。克伦威尔当政之初就公开宣称："英国和西班牙是天然的敌人"，"自我出生开始，英国就不断地遭遇被强迫西班牙化的强大压力。"③ 从 1654 年春开始，护国政府与西班牙政府就开始了一系列外交谈判，双方谈判的焦点是关于殖民地问题特别是西印度群岛问题。由于分歧较大，双方未能达成协议。克伦威尔提出的要求是，英国应享有美洲沿岸的航海和贸易自由，同时要求允许在西班牙经商的英国商人不受宗教裁判所的管辖。西班牙则认为英国的要求是过分的，西班牙驻英大使卡尔狄尼（Cardenas）明确表示："要求解除宗教裁判所的活动和开放西印度群岛的航行自由，这等于要挖掉我们国君的两只眼睛。"④ 英国的要求遭到西班牙的拒绝，双方关系进一步紧张。1654 年，英国国务委员会就英国的对外政策特别是对西班牙政策问题进行了激烈的辩论，讨论的主题是殖民地问题。主

---

① 伊曼纽尔·沃勒斯坦：《现代世界体系》（第二卷），第 97 页。
② 帕尔默、科尔顿：《近现代世界史》（上册），第 200 页。
③ W. C. Abbott, ed., *The Writings and Speeches of Oliver Cromwell*, Vol.4, p.264.
④ B.Π.波将金等编：《外交史》（第一卷，上），第 366 页。

张对西班牙强硬甚至动武的人提出了充分的理由:"有可能从他们(西班牙人)手里夺取西印度群岛";"而后我们就有埃斯帕尼尤拉(Hispaniola,现一般译作伊斯帕尼奥拉)的种种好处,可以从新英格兰、弗吉尼亚、巴巴多斯和索默斯群岛(Somers Islands),或者从欧洲向那里移民,我们需要移民多少就可以去多少";此外,"或许而且完全有理由指望",在进攻西印度群岛时,欧洲的和平和贸易仍可确保。① 当然,进攻西印度群岛的方案能否达到目的也面临着很多困难,正因为如此,国务委员会中的一部分人对于与西班牙作战表示担忧。克伦威尔则坚决支持与西班牙作战,并宣称"至少在西印度群岛作战"。由于克伦威尔的坚持,对西开战特别是争夺西印度群岛遂成为护国主时期对外政策的基本方针。

克伦威尔将对西作战的重点选在西印度群岛是有着充分的战略考虑的。首先,选择美洲殖民地特别是西印度群岛作为打击西班牙的主要目标,正好迎合了当时英国国内日益高涨的殖民扩张思潮,可以减少他的反西班牙政策在英国国内的阻力。自17世纪以来,英国新兴商人阶层一直对西班牙的美洲利益妒羡有加,早在17世纪20年代一位英国议员就明确提到,西班牙国王正是靠"西印度的矿山提供物资,帮助满足他对世界性君主国的雄心壮志"。② 克伦威尔不能不考虑英国商人们的态度,因此,打破西班牙对西印度群岛的贸易垄断,是其远征西印度群岛的重要目标。其次,克伦威尔认为,新大陆应该是新教徒的自由天地,昔日罗马教皇亚历山大六世颁布的几份由西班牙"合法霸占美洲"的"通谕"是非法的和不公

---

① 叶·阿·科斯明斯基等主编:《十七世纪英国资产阶级革命》(下卷),第64—65页。
② 莱斯利·贝瑟尔主编:《剑桥拉丁美洲史》(第一卷),第313—314页。

正的,教皇从来不具备授予这类权利的权威。① 因此,远征西印度群岛是"促进上帝的荣耀、拓展基督世界最神圣的机会。"② 通过这次行动,可以使西属美洲的土著和其他人得以从天主教和宗教审判制度下解救出来,重新回到基督世界的福音中。克伦威尔的政策当然并非如他所说的那么崇高,其真实意图在于获得英属北美殖民地的支持。最后,根据克伦威尔的分析,英国进攻西印度群岛不会导致英西在欧洲全面交战,这样,对西战争会限制在一定的范围内,通过有限的战争,英国即可以获取西印度群岛和南美洲大陆的西班牙属地,克伦威尔一直将西班牙的西印度领地视为不列颠殖民帝国"大厦"的基石。③

为了解除英西战争的后顾之忧,克伦威尔主动与法国改善关系,本来英法关系也相当紧张,1651年11月英国舰队就曾到达诺曼底沿岸,引起法国的恐慌与不满;英国还同法国的投石党运动密切联系,暗中予以支持。英国并于1654年夏侵占了法属加拿大沿岸阿卡迪亚(Acadia)的部分要塞,只是因为法国国内政局的需要,使之无法顾及英国的侵犯。与此同时,法国也希望与英国结盟共同反对西班牙,推动英国对西战争。1654年3月法国首相马札然(Mazarin)在给法国驻英大使的信中,就极力鼓动克伦威尔进攻西班牙,夺取西班牙的西印度群岛。

克伦威尔的西印度远征计划(Western Design)与英国的外交活动同时进行。1654年8月18日,克伦威尔向专门成立的西印度群岛远征筹备委员会发出书面指令,决定派遣一支由14艘军舰和若干

---

① W. C. Abbott, ed., *The Writings and Speeches of Oliver Cromwell*, Vol.3, p.888.
② Ibid., p.889.
③ 米·阿·巴尔格:《克伦威尔及其时代》,第280页。

艘补给船组成的海军分舰队前往美洲与西班牙人作战,运载 3 000 名陆军和 100 名骑兵,组成 6 个团。① 同年 10 月,克伦威尔任命海军上将威廉·佩恩(William Penn)②为英国远征军舰队司令。12月,克伦威尔任命维纳布尔斯(Robert Venables)为英国远征军陆军司令兼美洲英属殖民地行政机构的首脑。12 月 18 日,英国先头部队从英国出发,随后英国的主力部队也动身前往美洲。次年 1 月,远征军的主力抵达西印度群岛的英属殖民地巴巴多斯,并在此补充远征队的人员及给养。

有趣的是,"西印度计划"在很多方面与德雷克在 1585 年为获得通向西印度群岛海路控制权而执行的"出航西印度群岛"行动相类似③,所以斯特朗认为:"克伦威尔是伊丽莎白式的人物,他与雷利、吉尔伯特、和哈克卢特属于一类。西印度群岛远征的整个形象是伊丽莎白式的。"④两者不同的是,德雷克只是计划攻占圣多明各及大陆的战略性港口,破坏西班牙在西印度群岛的交通和供给线,削弱西班牙的实力,从而为英国人前往西印度群岛创造条件;而克伦威尔则企图永久获得西班牙的属地,夺取整个加勒比地区,以打破西班牙在加勒比海的贸易垄断。但是,克伦威尔的计划明显准备不足,据说他的计划依据了不精确的情报,对计划实施的难度估计不足。当时颇为流行的由托马斯·盖奇(Thomas Gage)所著《英属的美洲人》(The English American)一书声称,西班牙的殖民地已经衰

---

① 叶·阿·科斯明斯基等主编:《十七世纪英国资产阶级革命》(下卷),第 68 页。
② 此为老威廉·佩恩,系宾夕法尼亚殖民地的建立者威廉·佩恩的父亲。
③ 有关德雷克"出航西印度群岛"的行动,详见 R·B·沃纳姆《新编剑桥世界近代史》(第三卷),第 692—693 页。
④ 转引自伊曼纽尔·沃勒斯坦《现代世界体系》(第二卷),第 194 页。

弱和腐败不堪,他们的防卫已经瘫痪,他们所控制的土著人已十分不满,英国人完全可以在两年之内夺取西班牙在加勒比地区的主要岛屿和中美洲主要地区。① 该书明显轻视了西班牙在西印度群岛的控制力和战斗力,克伦威尔据此相信西班牙帝国仅是一个摆设,已经虚弱不堪,一支探险队就足以征服它。② 所以,克伦威尔把远征行动交给了一批指挥无能、准备不足的乌合之众,据维纳布尔斯称,招来的新兵是殖民地的社会渣滓,这些人"如此松散以致无法用纪律约束他们,如此胆怯以致无法让他们打仗"。③ 更奇怪的是,克伦威尔的远征计划模糊不清,他给维纳布尔斯下达了比较具体的指令,但在行动上则提出三种可能的作战方案,交由远征军自己选择。克伦威尔在解释这种弹性的方案时认为:"计划从整体上是想在西属西印度群岛获取利益,我们不应为个别指示而局限在一个方法上。"④这种计划的模糊性和过分轻敌在很大程度上决定了这次"西印度计划"的结局。

1655年1月,2 500名英国西印度远征军到达巴巴多斯,并在那里扩充了兵力。远征军的最初几次战役并不是对西班牙人作战,而是在巴巴多斯附近掠夺荷兰商船和制止英国移民同在西印度群岛上的荷兰人进行贸易。伦敦商人企图通过这种办法在西印度群岛的英属岛屿上确立商业上的垄断。1655年3月31日,60艘船载着5 000名士兵向伊斯帕尼奥拉进发并登陆,企图从那里夺取圣多明

---

① W.D.Hussey, *The British Empire and Commonwealth*, p.59.
② J. Holland Rose, A. P. Newton and E. A. Benians, eds., *The Cambridge History of British Empire*, Vol.I: *The Old Empire from the Beginnings to 1783*, pp.227-228.
③ J.H.帕里、D.M.舍洛克:《西印度群岛简史》,第118页。
④ J. Holland Rose, A. P. Newton and E. A. Benians, eds., *The Cambridge History of British Empire*, Vol.I: *The Old Empire from the Beginnings to 1783*, p.228.

各岛。英军虽然在兵力上占据优势,但是由于战术上的错误,登陆地点距城太远,后勤供应得不到保障;加上这支军队缺乏应有的训练,根本没有战斗力,结果被西班牙人击败。英国人损失惨重,不得不撤离该岛,转向它处。5月10日,远征军舰船转向西班牙防御较差的牙买加,乘机占领了该岛。克伦威尔总算挽回了一点面子,为此还专门成立了"牙买加委员会"负责处理牙买加殖民地问题。

"西印度群岛远征"引发了英西之间的正式战争,克伦威尔虽然不想对西班牙全面开战,但也不是毫无准备。早在1654年10月,克伦威尔便令英国海军主帅布莱克率一支强大的舰队前往地中海,在西班牙本土附近炫耀武力,将矛头明确指向西班牙。1655年4月,克伦威尔命布莱克率舰队携带三个月的给养前往西班牙南部近海加迪斯湾待命,而此时英西关系已经非常紧张。6月,克伦威尔即下令布莱克以一切手段截击、歼灭任何西班牙军舰和其他向西印度运送兵员给养的西班牙船只。[①] 这实际上表明英国与西班牙处于战争状态。10月24日,西班牙作出强烈反应,从伦敦召回驻英大使,两国正式断交。10月25日,英国对西班牙正式宣战。

英西战争爆发后,战争从西印度群岛转到欧洲地区。英西战争使英法结盟的谈判进程骤然加速,英国政府内的反法派至此已基本偃旗息鼓。1655年10月,英法签订了一项协议,停止从1649年就已开始的海上敌对状态。[②] 11月3日,双方又签订和平与贸易条约,该条约名义上是一个商业性条约,但条约宣布促成两国间的和平、友谊与同盟,缔约国的任何一方不得直接或间接援助另一方的敌人

[①] W.C.Abbott.ed., *The Writings and Speeches of Oliver Cromwell*, Vol.3, p.745.
[②] J. Holland Rose, A. P. Newton and E. A. Benians, eds., *The Cambridge History of British Empire*, Vol.I: *The Old Empire from the Beginnings to 1783*, p.229.

或"叛乱分子",法国在没有取得英国的同意和参与时,不得单独与他国订立条约。此外两国还就经贸问题达成了协议。① 1657年,此条约作了新的补充,内容涉及共同的军事行动,重申了两国在对西班牙战争中相互承担的义务,并就军事分工和援助问题作了明确规定,进一步明确了英法联盟关系。法国驻英大使这样评论英法条约:"虽然此项条约因长时期的等待而失去了魅力,但看来同西班牙的破裂又使它具有了新的价值。"②英法的联盟使西班牙陷于英法海陆夹击的困难境地。

欧洲战场的战斗十分激烈。英国强大的海军对西班牙实行严厉的封锁,切断了西班牙通往弗兰德尔的海上通道以及西班牙与西印度群岛的一切贸易往来,这使得西班牙损失惨重。1657年4月,英军由布莱克率领的舰队在特内里基岛附近重挫西班牙舰队,西班牙16艘战舰被摧毁,5艘货船落入英国之手。法国军队则在弗兰德尔与西班牙军队展开了陆战。不久,英军也加入战斗,迅速扭转了本不利于法军的战局。到1657年9月,弗兰德尔沿海一带的阵地为英法军队所占,欧洲大陆的战略要地敦刻尔克(Dunkirk)完全为英法军队包围,驻守在敦刻尔克附近的西班牙守军被迫投降。1658年6月4日,由马歇尔·特雷恩指挥的6 000名英军在敦刻尔克附近的沙丘地带与西班牙人进行决战。西班牙军队大败,敦刻尔克守军弃城投降。英军遂占领并接管了敦刻尔克。随后,野心勃勃的克伦威尔甚至对直布罗陀虎视眈眈,并制定了准备占领此战略要地的计划,但由于种种原因没有实现。1659年,西班牙与英国讲和。

---

① W. C. Abbott, ed., *The Writings and Speeches of Oliver Cromwell*, Vol.3, p.937.
② В.П.波将金等编:《外交史》(第一卷,上),第367页。

对于英国来说,英西战争是继英荷战争胜利之后的又一次胜利,它不仅使英国占领了西印度群岛的战略要地牙买加,而且获得了欧洲大陆的战略据点敦刻尔克。这使英国能更有效地控制荷兰和北欧的航运,确保英国的商业安全和对外贸易的扩展。对英帝国的形成具有更重要意义的是,英国海军在此次战斗中经受了考验并获得发展,战争中英国俘获敌船 400 艘,加强了英国殖民扩张的力量。同时代的英国诗人沃勒这样写道:"英舰千艘霸海天,夷艇垂篷表恭谦;军威远震如风吼,四海扬帆漫无边。"另一位诗人兼剧作家也赞美道:"他使我们在大陆上行动自由,而我们以前则受制如囚;他送英国雄狮去保卫更崇高的目标,教它首先在布鲁塞尔发出怒吼。"①

夺取牙买加在英国西印度殖民扩张史上是"最重要的一个阶段。自此而后西印度在不列颠贸易、外交及战事中占了重要的地位"。② 正因如此,英国在 1655 年成立了"牙买加委员会",专门负责牙买加的殖民事务。对于英国统治者来说,他们对牙买加感兴趣不仅是因为那里的财富及战略地位,而且是由于那里距英国路途遥远,是将国内各种不满分子迁移出去的理想之地。早在内战期间,英国就已经将现政府的政敌向殖民地流放,但是只有在护国主时期,这种流放才渐具规模,流放人中不仅有英格兰人,还包括苏格兰人和爱尔兰人。1656 年克伦威尔的国务会议决定遣送 2 000 名爱尔兰青年男女到牙买加;同年,克伦威尔下令苏格兰政府"逮捕所有出

---

① 温斯顿·丘吉尔:《英语国家史略》(上册),第 699 页。
② 屈勒味林:《英国史》(下),第 480 页。

名的、懒惰的、无主人的男女盗贼和流浪汉,将他们送往该岛"。① 牙买加的开发过程起初十分缓慢,征服军的官兵们主要在里奥米尼奥山谷一块盆地得到赐与的土地,并在那儿耕种和定居。由于土地不足,加上恶劣的自然条件和严重的疾病,很多人纷纷死去。1656年底,仅两个月内就有五分之一的移民和400名新补充的士兵死亡;到1657年2月底,从尼维斯岛迁来的移民已经有三分之二死亡。② 这使得英国驻牙买加的军政首脑布雷恩不得不在1657年7月写信回国,请求派送一批卖身奴前来牙买加,以"保全许多移民的性命"。尽管政府一再宣传,同时税收很低且这里的处女地大有可为,但始终未形成像30年代巴巴多斯和背风群岛那样出现的移民热潮,所以有人认为,"牙买加从来没有成为一个真正的殖民地"。③

随着牙买加北部西班牙的残余势力被驱逐,英国对全岛实行征服,开发和利用牙买加逐渐引起英国各界的重视。1657年6月,"牙买加委员会"和另一殖民地事务常设机构"美洲委员会"向国务委员会提出建议,提出应当重视和加大对牙买加的移民和拓殖,因为该岛在英属西印度群岛中占有核心的地位,并有着十分重要的作用;但种植园主、士兵和伦敦商人对此均无能为力,因此,应由国家提供财政援助对牙买加岛进行开发。该建议还提出了国家援助的具体方式。此建议是当时英国殖民政策发展的一个反映,但由于英国财政空虚而无力为之,上述计划流产。克伦威尔死后,"牙买加委员会"的活动也即停止。

护国主时期英国拓展西印度群岛殖民地以及开发牙买加的计

---

① 埃里克·威廉斯:《加勒比地区史》(1492—1969年,上册),第147页。
② 叶·阿·科斯明斯基等主编:《十七世纪英国资产阶级革命》(下卷),第75页。
③ J.H.帕里、P.M.舍洛克:《西印度群岛简史》,第121页。

划并不成功,一些专门从事海外贸易活动的英国商人对此深表不满。他们在1658—1659年间,向国务委员会提交了许多方案,其中最具代表性的方案要求对殖民地管理机构进行改组,组建开发西印度群岛的专卖公司,并赋予该公司很大的权力,包括任命总督和军政指挥官、在被占领的土地上颁布法律等。方案提出由国家对公司提供援助,由公司负责将英国社会的各种"渣滓"送往殖民地充当"白奴",以增加殖民地的移民。这些建议既体现了早期斯图亚特王朝时期英国殖民方式的基本特征,同时又强调政府的作用,体现了公司与政府的结合,符合重商主义的内在要求。但是,由于克伦威尔去世后英国政局发生变动,商人们的方案没有实施机会。此后,牙买加凭借其在加勒比地区的战略位置吸引了大量英商到此贸易,同时也成了海盗们的重要基地。实际上,牙买加后来发展成一个繁荣的地区,完全得益于海盗事业、贸易和甘蔗种植园的发展。[①]

西印度群岛远征的重要意义是,它开创了由国家直接进行殖民扩张的新阶段,"牙买加是英国殖民地中第一个由国家拓殖并发展起来的"[②],由《航海条例》所确定的重商主义原则在殖民扩张政策上得到贯彻和发展。

作为英国"最坚定的统治者"[③],克伦威尔开创了创建英帝国的重要阶段。他是"第一位系统地行使政府的权力以扩展英国殖民范围的英国统治者"[④],他通过一系列军事和外交手段不仅使英国取得

[①] W.D. Hussey, *The British Empire and Commonwealth*, p.61.
[②] J. Holland Rose, A. P. Newton and E. A. Benians, eds., *The Cambridge History of British Empire*, Vol.I: *The Old Empire from the Beginnings to 1783*, p.232.
[③] Charles Lucas, *The British Empire*, Vol.I: *The Story of the Empire*, p.72.
[④] Alan G.R. Smith, *The Emergence of A Nation State: The Commonwealth of England, 1529—1660*, p.337.

了贸易、航运、殖民地等方面的物质利益和战略优势,巩固了英国的殖民地位,而且确立了英国对外殖民扩张和建立帝国的基本政策和基本原则。这一政策和原则的基本指导思想是重商主义,根据重商主义理论,一个国家的富强完全取决于对外贸易的发展和殖民地的建立,而要实现这些,必须依赖国家的强有力支持。发展对外贸易必须扩大国外市场、扩大廉价原料供应地、发展航运事业。为了达到这些目的,各国之间必然展开激烈争夺,并为此不惜诉诸武力,因此,重商主义离不开战争。而战争离不开强大的海上力量,克伦威尔使"海权在帝国构建过程中占有了十分重要的地位"。[①] 殖民地在重商主义者眼中占有极其重要的位置,但是殖民地只有成为本国工业品的销售市场及廉价原料供应地才有存在的价值。殖民地应该发挥其重要的经济职能而成为母国的工具,因此加强对殖民地的控制和发展新的殖民地是重商主义国家的必然选择。英国著名学者西蒙斯正确地指出:17世纪50年代克伦威尔政府所展开的一系列对外扩张活动和实施的政策,尽管对殖民地特别是美洲殖民地"很少或没有立即产生什么结果,但它们却开创了一个英国商业和英国市场都大为加强的时代。复辟时期的政治家废除了克伦威尔的大部分国内改革措施,但他们却推进并扩大了克伦威尔的商业和殖民政策"。[②]《剑桥英帝国史》的作者也认为,克伦威尔时代的政策为立足于经济基础之上的帝国的整体发展奠定了基础。[③]

[①] Godfrey Davies, *The Early Stuarts, 1603—1660*, Oxford: Clarendon Press, 1959, p.348.
[②] R.C.西蒙斯:《美国早期史——从殖民地建立到独立》,第66页。
[③] J. Holland Rose, A. P. Newton and E. A. Benians, eds., *The Cambridge History of British Empire*, Vol.I: *The Old Empire from the Beginnings to 1783*, p.238.

第四章 重商主义帝国体制的初步建立

克伦威尔对英国殖民政策的全面调整,为英帝国的发展与形成指明了方向,因此17世纪后期英帝国加快了扩张步伐,而且逐渐形成自己的特色。1658年9月克伦威尔去世;1660年5月查理一世之子查理·斯图亚特回国继承王位,史称查理二世(Charles Ⅱ,1630—1685),由此开始了所谓的"复辟时代"(1660—1688)。从表面上看,1660年以后的英国仿佛又回到了革命之前,但实际上经过长期的内战,英国已经发生了许多不可逆转的变化。查理二世对此十分清楚,他"自知是议会里地主和商人许可的国王,既容易被召来,也一样容易被罢免"。① 所以为了避免重蹈查理一世的覆辙,查理二世在许多方面顺应了时代要求。② 革命的许多遗产得以保留,这在殖民扩张方面表现得尤为突出,克伦威尔时期建立的管理贸易与殖民地事务的常设机构继续保留,重商主义殖民政策得到全面的推进。所以,1660年既是英国的转折点,也是美洲殖民地的转折点,因为"它

---

① 阿·莱·莫尔顿:《人民的英国史》(上册),第366页。
② 比如查理二世对内战时期许多既成事实都予以承认,参见 J. P. Kenyon, ed., *The Stuart Constitution, Documents and Commentary*, Cambridge: Cambridge University Press, 1966, pp. 365 - 371.

标志着'殖民地利益要服从于本民族利益'这一重商主义信条制度化"。① 到17世纪后期,英国不仅全面拓展了殖民地范围和海外贸易,而且基本形成了以重商主义为特征的殖民体系,第一帝国基本形成。

一、新《航海条例》:重商主义殖民原则的强化

1651年《航海条例》颁布后的第一次英荷战争只是英荷两国争夺海洋和商业霸权的开端,并没有根本解决两国之间的政治和经济矛盾。战后荷兰虽然默认了英国颁布的《航海条例》,但是,《航海条例》对荷兰贸易和航运业造成的损失是逐步体现的,荷兰在全世界贸易中所占份额的下降是一个相对而非绝对的衰落过程。② 由于英国长期处于战争状态以及缺乏足够的船只来取代荷兰的商船,加上荷兰想方设法冲破或逃避英国《航海条例》的限制,因此1651年的《航海条例》并未产生预期效果,甚至根本就未得到认真执行。《航海条例》的目的是削弱荷兰的贸易及商业霸权,建立英国的贸易垄断制度,但它的效果却十分有限。

其一,第一次英荷战争之后,荷兰的贸易并未立即萎缩,而是仍在发展,以至有人认为荷兰的贸易量在17世纪后期到18世纪初才达到顶峰。布罗代尔更是认为,荷兰在欧洲的商业活动从1730年才

---

① 伊曼纽尔·沃勒斯坦:《现代世界体系》(第二卷),第281页。
② 斯塔夫里阿诺斯:《全球通史——1500年以后的世界》,第171页。

开始衰落,①此时荷兰的商船仍然多于英国。商业是荷兰的立国之本,而荷兰的商业得益于其海军力量的发展。第一次英荷战争使荷兰人吸取了教训,他们认识到,英国在战争中取胜的重要原因是英国拥有一支高质量的职业海军,因此,荷兰也必须建立一支先进的、拥有战斗力的海军,建造像英国一样拥有40—60门大炮的军舰并且改变武器的安装结构。1652年到1653年,荷兰的联合议会在战争尚未结束时就做出要增造军舰的决定,这个决定构成了荷兰新海军政策的基础。此后的20年时间里,荷兰的海军获得了快速的发展,1655—1675年,荷兰的战舰总数一直保持在世界领先水平,且稳步增加,1650年为62艘,1655年为101艘,1660年为97艘,1665年为115艘,1670年为129艘,1675年是110艘。② 舰船的设计和装备得到进一步改善,战斗力大为提升。改建后的海军战舰,每艘战舰装备40—60门大炮,还有80—90艘吨位较小的护卫舰,火力也较小。战舰平时多数处于待命状态,护卫舰则主要部署在欧洲各主要航线执行巡航任务,以保护荷兰的商船安全。当时,荷兰的经济实力和军事实力足以与英国进行竞争,仍然是英国商业和殖民扩张道路上的主要障碍。"东印度群岛的货物源源不断地运到阿姆斯特丹,西印度群岛的货物不断流到弗利辛根,英格兰和苏格兰的商品则通过荷兰的多德雷赫特和鹿特丹不断转到欧洲大陆"。此外,荷兰在印度、西非等地的殖民地和贸易点不断扩大。"他们还挤入新英格兰,

---

① 费尔南·布罗代尔:《15 至 18 世纪的物质文明、经济和资本主义》(第三卷),第 291 页。
② Richard Harding, *The Evolution of the Sailing Navy*, 1509—1815, p.70, 86.

在赫德森河畔开辟一块殖民地。"①荷兰人的咄咄逼人之势使英国面临严峻的挑战,反荷兰情绪弥漫着整个英国社会。第一次英荷战争后,"英国的'好战分子'正在等待'对荷兰的另一次打击'"②。

其二,《航海条例》颁布之初对英属北美殖民地的北部和南部所产生的影响各不相同,但总体上执行起来比较困难,效果不大。英国对殖民地管理制度的松散及距离的遥远等因素使得各殖民地继续沿着自己的道路发展,对宗主国的贸易控制并不理会或想方设法加以逃避。比如弗吉尼亚和马里兰等地的种植园主可以把烟草、砂糖、棉花、靛青等主要农产品出售给欧洲任何愿意出高价收买的商人以获取高额利润,同时载运回他们所需要的商品。当时弗吉尼亚和马里兰每年大约输出 700 多万磅烟草,其中大部分没有运到英国。③ 新英格兰各殖民地则利用丰富的森林资源,发展起了自己的造船业和航运业,这既便利了殖民地商人与英国、欧洲的贸易,也沟通了南北美殖民地以及北美与加勒比地区之间的交通往来与商品交换。发达的造船业加强了殖民地的海运事业和远途商业贸易活动,新英格兰港口成了大批商船的停泊点,其中不乏外国商船和外国商品。新英格兰自身发展的需要以及遥远的距离使英国根本无法对此进行有效地贸易管理和限制,对此,英国商人早就对殖民地的贸易活动感到不满。为防止贸易利润落入外国竞争者之手,他们一再要求英国政府采取进一步的措施,不仅排斥外国船只进入英属殖民地,而且要把殖民地贸易完全纳入对宗主国有利的轨道上来。

---

① 温斯顿·丘吉尔:《英语国家史略》(上),第 732—733 页。弗利辛根是荷兰的一个港口。
② 伊曼纽尔·沃勒斯坦:《现代世界体系》(第二卷),第 98 页。
③ J. 布卢姆等:《美国的历程》(上册),第 51 页。

1664年，伦敦商人就向国王请愿，提出了打破荷兰在印度及非洲对英国贸易阻碍的强烈要求。

由此可见，认真贯彻《航海条例》，打击荷兰人的贸易特权，用国家的力量扶持本国的航运事业以及与殖民地的贸易，成为复辟王朝所面临的紧迫任务。为了排挤甚至取代荷兰这个强大的对手，复辟后的英国议会和国王在削弱荷兰这个海上帝国的问题上形成了共识，消灭荷兰成为他们的共同目标，而"我们所需要的是超过荷兰现有的贸易"。① 查理二世即位不久，就授予英国海军以"皇家海军"称号，并任命其弟约克公爵为海军大臣，由其加强英国的海军，为与荷兰进行新的战争作准备。1660年7月4日，查理二世指定一专门委员会负责对1651年英国《航海条例》的内容及执行情况进行调查与评估。该委员会最后得出的结论是，1651年的《航海条例》有益于英国的航运业和贸易发展，但是在欧洲和殖民地贸易中未能得到有效的贯彻执行。因此，英国有必要通过一项议会法案取代过去的行政条例，议会立法应当体现以下三项原则：第一，重申1651年《航海条例》的基本内容，保证和促进英国航运业及航海技术的发展，并保证英国对自己的运输业有完全的控制；第二，应使殖民地成为英国的原料供给地，为英国提供消费品，并且有可能的话，改变英国与欧亚一些国家和地区的贸易不平衡；第三，应当维护英国商人的利益，增加海关税收并使英国能够成为所有商品进入殖民地的必经之地。②

经过讨论，英国议会最后通过了1660年《航海条例》（The Navigation Act of 1660）。与1651年的《航海条例》相比，该条例不

---

① R.C.西蒙斯：《美国早期史——从殖民地建立到独立》，第68页。
② J. Holland Rose, A. P. Newton and E. A. Benians, eds., *The Cambridge History of British Empire*, Vol. I: *The Old Empire from the Beginnings to 1783*, pp. 270–271.

仅内容更加系统和全面，而且也更为严厉和苛刻。其主要内容包括：(1) 从1660年12月1日开始，凡英属殖民地进口的商品或这些殖民地出口的商品，只能用英格兰、威尔士、爱尔兰或英属殖民地的船只装运，且上述船只的船长以及至少四分之三的船员应当是英国人。违反者，进出口的货物及商船（包括船上的设备及武器）一律予以没收，所得收入三分之一归国王，三分之二归当地官员及有功人员。此条例的执行由皇家海军负责监督，非法商品可以视为战利品予以没收。(2) 从1661年4月1日开始，殖民地的烟草、糖、原棉、生姜、靛青、木材等所谓"列举商品"，只能运入英国及其领地。违反者，货物和船只全部予以没收。盐、亚麻、松脂、五谷、橄榄油、酒等外国产品须先运到英国港口或英属领地，才能转销其它地方。(3) 地中海、波罗的海及俄国、土耳其等地区的产品，必须使用英国船只、上述产品生产国或货物首次装运的船只，且船长和四分之三的船员应是英国人，才能出口到英格兰、爱尔兰或威尔士。(4) 英国船只可以从西班牙、葡萄牙把西、葡殖民地的货物运往国内，也可以从利凡特把非洲和利凡特的货物运往国内，沿海贸易只能由英船经营，等等。[1]

从这些内容不难看出，1660年的《航海条例》是英国为贯彻重商主义政策而采取的进一步措施，是对1651年《航海条例》的重申与强化。通过新的《航海条例》，英国一方面对北美殖民地的行动施加限制，使殖民地只能与英国有直接的贸易交往，以推动自己的造船和

---

[1] The Navigation Act of 1660 (13 September 1660), David C. Douglas, ed., *English Historical Documents*, Vol. IX: *American Colonial Documents to 1776*, pp. 354-356. 本书相关文件的内容参考了已有学者的中文翻译，特此说明。

航运业的发展,保证英国在转口贸易方面的优势和对海上运输业的垄断;另一方面独占殖民地市场,并使英国本土成为殖民地物产的集散地,以此垄断殖民地的商品价格,增加母国税收,促进英国工业品销售,以获取高额利润。而要实现这些目的,限制和打击荷兰在转口贸易方面的优势成为关键,因此,新《航海条例》的主要目标仍然是针对荷兰的。按照1660年《航海条例》的规定,英国船只或产品出产国的船只几乎包办了地中海、波罗的海所有商品的进出口运输,这将其它国家特别是荷兰从事与英国的转口贸易的空间大大挤压了。荷兰不能再把欧洲产品运往英国,也不能从事英属殖民地与英国本土的转口贸易;英国不仅控制了英国与各殖民地之间的贸易运输,而且成为英属殖民地商品的集散地。随后几年,英国议会又相继颁布了与1660年《航海条例》内容相关的其它补充法令,使此《航海条例》更加系统和完善。其中,1663年颁布的《主要物产法令》(Staple Act)进一步规定,凡在欧洲各地出产或制造的货物,欲转运到美洲殖民地,都必须先运输到英国,由英国税吏征税后,再用英国船只从英国海港启程。该法将殖民地盛产的且宗主国大量所需的糖、烟草、棉花等主要商品"列举"为只能运销到英国及爱尔兰的商品;殖民地将非列举产品运销欧洲时,船只回程时必须到英国港口停泊,方可载货而归。[①] 此后,英国所"列举"的商品种类不断增加。英国企图以此控制整个英属殖民地的贸易,增加关税,提高英国商人在殖民地的竞争力,并将荷兰的贸易活动完全排挤出英国殖民地,使殖民地完全为宗主国服务。

1660年的《航海条例》及随后英国颁布的有关法令使英荷的争

[①] Anthony McFarlane, *The British in the Americas, 1480—1815*, p.100.

执再次表面化,它不仅严重损害了荷兰商人的利益,而且使荷兰的国际地位遭到沉重打击,英荷之间限制与反限制的斗争迅速展开。为了贯彻《航海条例》并打破荷兰对奴隶贸易的垄断,英国采取了积极主动的进攻战略。1663—1664年,英国海军统帅罗伯特·霍姆斯(Robert Holmes)率领一支海军分遣队到达西非海岸,支援英国皇家非洲公司,并占领冈比亚河北边的戈里岛(the Island of Goree)和几内亚海湾的沿海地区。为了拔掉荷兰位于英属北美殖民地中间的据点从而将荷兰人从北美殖民地贸易中彻底驱逐出去,查理二世将荷兰人在北美的主要聚集地新尼德兰(New Netherland)作为礼物赠给他的兄弟约克公爵詹姆士。1664年,英王委派的专员率400人的武装船队到达北美的荷兰殖民地,荷兰人不战而降,英国人轻而易举地接管了马里兰和康涅狄格之间的整个地区。①

英国的积极进攻使荷兰感到无比愤怒。对于荷兰来说,英国的《航海条例》以及英国对瑞典的支持在荷兰国内引起极大的反响。荷兰人将1663年英王派军远征西非的行动视作是对他们的公然挑衅和不宣而战,因此荷兰海军统帅德·鲁伊特尔(De Ruyter)秘密制订了针对英国的战略计划,试图挫败霍姆斯远征。此外,英国占领新尼德兰、英国大批武装民船受命进发西印度群岛以及英国舰队在直布罗陀附近袭击荷兰船队等一系列事件,都使荷兰人忍无可忍。双方的矛盾不断发展,终于导致新的英荷战争。

1665年3月14日英国向荷兰宣战,第二次英荷战争爆发。为了此次战争,英荷双方均进行了充分的准备。英国议会为此专门拨款600万镑,而伦敦的商人们立即提供了20万英镑的贷款用作战

---

① J.布卢姆等:《美国的历程》(上册),第54—55页。

费。在英国看来,通过英荷战争可以获得巨大的经济利益,因为在第一次英荷战争中,英国打败荷兰而使英国的商船队吨位数增加了一倍。[1] 荷兰经过第一次英荷战争后吸取了教训,认识到了制海权对海上贸易的重要作用,因而大大加强了海军,改善了海军组织。第二次英荷战争主要在海上和殖民地展开,战争开始时荷兰失利,1665年6月13日英国约克公爵指挥的137艘军舰在英国东海岸的洛斯特夫特(lowestoft)海面与121艘荷兰军舰展开大战,荷兰损失了17艘战船及3名海军上将和4 000人,英国则损失了2艘战船、2名海军将官和800人。[2] 此时,荷兰人认为败局已定,请求媾和。英王查理也认为胜券在握,下令大部分舰只退役,水手复员。英国人犯了一个战略性的错误,没有能抓住时机乘胜追击,一举击垮荷兰。

按照荷法先前达成的协议,法国有援助荷兰人的义务,于是法国在1666年1月对英宣战;此时丹麦也加入荷兰一边反对英国。反英阵营的形成显然对英国不利,因此英王便施展外交手段,谋求与法国结盟。法国在战争中实际上同英荷双方都有联系,它既不想看到荷兰被击溃,也不愿英国遭受重大损失。英法经过秘密谈判,最终达成了秘密谅解:法国撤回对荷兰人的援助;作为回报,英国不反对法国入侵尼德兰。于是英荷战事再起,1666年6月11—14日,经过整顿的荷兰海军与英国海军在英吉利海峡进行了十分残酷的"四日海战",英国惨败,英国皇家海军有17艘战舰被击沉海底,5 000多人战死,3 000余人被俘;而荷兰只损失6艘船,战死2 000人。[3] 此

---

[1] C..D. Chandaman, *English Public Revenue, 1660—1688*, Oxford: Clarendon Press, 1975, p.223.
[2] H.帕姆塞尔:《世界海战简史》,屠苏等译,海洋出版社1986年版,第75页。
[3] 同上书,第78页。

次海战对于英国来说简直是奇耻大辱；8月双方再战，互有胜负。1666年8月8日，霍姆斯率领一支英国舰队偷袭荷兰的特塞尔岛，将150艘荷兰商船悉数烧毁，给荷兰造成重大损失，而英国所付代价很小。1667年6月，荷兰一支分舰队冲入泰晤士河，直接威胁伦敦，并焚毁了一批停泊在查塔姆军港的英舰，给英国造成了近20万镑的经济损失。

与此同时，在殖民地的战斗中，英国人取得了胜利。英国占领了一些北美荷属殖民地，实现了北方殖民地与南部殖民地的连接。

劳民伤财、互有胜负的英荷战争加重了双方的财政困难。英国虽然有彻底击垮荷兰的强烈愿望，只是心有余而力不足。1665年春伦敦开始流行瘟疫，仅一个星期就死亡7 000人。1666年9月的伦敦大火整整燃烧了四天，"烧毁了一万三千多所住宅、八十九座教堂和圣保罗大教堂。堆满贸易物资和军用物资的仓库毁于大火，作为政府收入的重要来源的烟囱税款也化为灰烬"。① 内外交困的英国无力再战，不得不与荷兰在1667年1月开始进行和谈。荷兰人也不堪战争重负，加上法国又意图入侵荷兰，因此英荷双方在1667年7月21日签订了《布列达和约》(The Treaty of Breda)。根据和约，英国放宽了《航海条例》的限制条件，荷兰取得了将荷兰和德意志商品输入英国的权利。英国承认荷兰在东印度群岛的势力范围，荷兰人则承认西印度群岛为英国的势力范围。英国将普洛兰岛（摩鹿加群岛）和南美洲的苏里南(Surinam)转让给荷兰，荷兰则把哈得逊河谷和新阿姆斯特丹(New Amsterdam，即现在的纽约)割让给英国。②

---

① 温斯顿·丘吉尔：《英语国家史略》(上)，第735页。
② Sir George Norman Clark, *The Later Stuarts, 1660—1714*, Oxford: Clarendon Press, 1980, p.68.

第二次英荷战争落下帷幕。

与第一次英荷战争相比,第二次英荷战争中双方基本平分秋色。从签订的和约内容看,对双方都不苛刻,基本上是双方妥协的结果,通过条约实际上双方重新划分了各自的势力范围。但是,第二次英荷战争对英荷双方的影响却是不同的。荷兰人虽然从英国那里取得了某些让步,但却付出了高昂的代价,北美重要基地新阿姆斯特丹的失去,预示着荷兰从北美全面退出,荷兰开始实行战略收缩。英国获得了新阿姆斯特丹,不仅有利于实现对北美殖民地的全面控制,而且有利于全面贯彻以重商主义为宗旨的《航海条例》,并为英国的下一步争夺创造了有利条件。此次战争中,英国俘获荷兰船只522艘,英国的海上力量进一步加强。① 作为第二次英荷战争结果的《布列达和约》被认为是"英荷关系的一个真正的转折点"或"荷兰共和国繁荣下滑"的标志。② 正如沃勒斯坦所说:"这难道不正说明仇视荷兰人的英国人已经把他们对'荷兰人经济技巧不情愿的钦佩'与'赶上他们的愿望'协调起来了吗?这难道不也说明英国的农业——工业效益中所产生的重大变化,能够使布列达条约的挫折变得对他们无足轻重,并能够把荷兰变成英国的小伙伴吗?"③因此,第二次英荷战争加速了英荷在世界舞台上的位移。

第二次英荷战争既然是以妥协而告终,这说明双方之间的矛盾并未真正解决,对世界贸易垄断权的争夺使英荷双方根本无法消除分歧。这就决定了《布列达和约》所维系的英荷和平不可能长久,此

---

① Ralph Davis, *The Rise of the English Shipping Industry in the Seventeenth and Eighteenth Centuries*, p.51.
② 伊曼纽尔·沃勒斯坦:《现代世界体系》(第二卷),第98页。
③ 同上书,第98—99页。

后英荷双方的争斗由于法国的介入而变得复杂化了。自 17 世纪以来,法国一直是欧洲大陆的强国,三十年战争之后,法国的强国地位日益巩固。在争夺欧洲和世界霸权的进程中,法国不仅与英国有矛盾,而且一直企图兼并荷兰。早在 1661 年,科尔伯(Colbert)在给法王的一份呈文中就写道:"如果国王能在法国的天然威力之外再加上工商业的力量……那么国王的伟大和强盛就会增长到空前地步。"科尔伯认为,法国的邻居荷兰拥有 1.6 万条船只,而法国只有 1 000 条,法国人不得不租用荷兰船只同自己的美洲属地联系。[①] 很显然,削弱和打击荷兰对法国也是至关重要的。1667 年,路易十四以王后对西班牙王位有继承权为借口,发动了对西班牙的战争,旨在兼并西班牙的属地南尼德兰。法国对西战争不仅威胁到荷兰的安全,也破坏了英国在欧洲大陆的均势政策。面对法国的企图,1668 年,英国、荷兰和瑞典结成了三国同盟,共同反法,迫使法国停止原准备向西班牙本土和德意志进军的计划。面临新的欧洲局势,法国开始改变策略。在法国看来,"成功地征服西属尼德兰的唯一方法是挫败荷兰人,如果可能就消灭他们"。[②] 为了实现这一点,法国主动与英国修好。它向英王查理许诺,双方联合进攻荷兰将荷兰击败后,将荷兰的瓦尔海伦岛、布里尔城和卡赞德港(Port of Cadzand)割让给英国。法国还答应向英国提供财政补助。法国的条件对英国颇具诱惑力,因为此时英国一方面面临着严重的财政困难,另一方面仍将荷兰视为主要的竞争对手,而法国只是到科尔伯

---

① B.П.波将金等编:《外交史》(第一卷,上),第 350—351 页。
② Derek Mckay. H. M Scott, *The Rise of the Great Powers, 1648—1815*, London: Longman, 1984, p.24.

经济改革(1661—1671)之后才成为英国在贸易方面的有力竞争者。① 所以英法双方在 1670 年签订了《多佛密约》(Treaty of Dover),根据条约,英法共同发动对荷战争,英国将派 60 艘军舰攻击荷兰海岸;法国承诺给英国财政补贴,每年付查理 25 万英镑,并帮助英王镇压在英国可能发生的"反叛"。

1672 年 3 月,法国向荷兰宣战。英国遂根据《多佛密约》,不通知议会也向荷兰宣战,第三次英荷战争爆发。此战英法集中了 98 艘军舰,配备了 6 000 门大炮和 3.4 万人;而荷兰只有 75 艘军舰,船上有 2 万人和 4 500 门大炮。② 从力量对比看,荷兰处于下风,而且同时面临三面的进攻:英法海军从海上进攻、法国陆军从南边陆路进攻,科隆和明斯特两个德意志公国从东面进攻。不久,荷兰南部和东部的部分领土被占领,但荷兰海岸线仍控制在自己的军队手中。英法海军多次组织进攻,均未打破荷兰的海军防线。1672 年 6 月 6 日,荷兰海军在德·卢伊特的指挥下,对英法联合军队进行了一次偷袭,荷兰虽然付出了极大代价,旗舰被焚,但是却成功地粉碎了英国约克公爵企图与法舰会合的计划,英军损失惨重,迫使英国放弃突破荷兰海岸防线的计划。但形势对荷兰仍然十分不利,到 1673 年时,荷兰已完全转入守势,在强于自己的对手面前,荷兰海军已经没有了主动出击的能力。1673 年 8 月 21 日,荷兰利用有限的军力,在特塞尔岛附近与企图登陆的英法联军展开激战,英法联军损失惨重,英国海军被迫退出战斗,荷兰暂时消除了海上威胁并取得了制海权。与此同时,两支荷兰分舰队在北美和加勒比地区汇合,从英

---

① F.L. Carsten, ed., *The New Cambridge Modern History*, Vol. V: *The Ascendancy of France, 1648—1688*, Cambridge:Cambridge University Press,1964.
② 温斯顿·丘吉尔:《英语国家史略》(上),第 740 页。

国人手中重新夺回北美的纽芬兰和纽约,并重创西印度洋上的英法军舰和其它船只,对英国的殖民扩张造成重大打击。

特塞尔海战及北美战斗的失利引起了英国国内的强烈不满。一直怀疑查理二世与法国勾结的英国议会对查理二世施加压力,他们强烈抨击英国支持法国对荷作战,认为法国已对英国构成巨大威胁,从1673年起议会拒绝给对荷作战提供拨款。军费开支捉襟见肘,迫使查理二世不得不与荷兰议和。为了表达联合反法的意图,查理二世将自己的侄女、约克公爵詹姆士的女儿嫁给荷兰的奥伦治亲王威廉(William Ⅲ of Orange)。1674年2月,英国单独与荷兰签订了第二个《威斯敏斯特和约》(Treaty of Westminster)。根据和约,英荷先前签订的《布雷达和约》继续有效,查理二世放弃与法国的联盟并保证在荷法战争中保持中立,荷兰则将北美的纽约和纽芬兰重新归还给英国,英国东印度公司在1659年从荷兰人手中夺取的圣赫勒拿岛(St. Helena)得到条约的确认,荷兰人在挪威至菲尼斯太尔海角之间的海域须向英国国旗致礼,荷兰赔偿战费50万枚银币(1枚银币相当于5先令),至此荷兰与英国的敌对状态完全结束。陷于孤立的法国也于1678年同荷兰签订《奈梅根和约》(Treaty of Nijmegen),从而结束了法荷战争。在法荷条约中,英国与荷兰单独达成的协议得到确认。通过第三次英荷战争,第二次英荷战争后英国所取得的殖民地、贸易与航运权力得到确认,荷兰接受了英国的《航海条例》,此战中英国又俘获了500艘荷兰船只。[1] 第三次英荷战争的结束标志着17世纪具有重大意义的争夺海上霸权的英荷商

---

[1] Ralph Davis, *The Rise of the English Shipping Industry in the Seventeenth and Eighteenth Centuries*, p.51.

业战争从此结束,英国的殖民争夺进入了新的历史阶段。

从克伦威尔时期到复辟王朝,英荷之间"有遍布全球的冲突点——北大西洋的渔业、东方的商站、美洲的殖民地和西印度群岛的奴隶贸易。这些争端促成1652—1674年的接连三次的英荷战争"。① 对于英国来说,尽管每次战争的具体目标和战争重点不尽相同,但是根本目标却是完全一致的,那就是摧毁荷兰的商业垄断,形成英国的海上商业霸权。"克伦威尔希望为保护自身而反对荷兰人,查理二世希望自己成为他们的主人。"②因此,第一次英荷战争是围绕着荷兰的护船队展开的,第二次战争则是为了争夺制海权,第三次战争中英国企图联合法国占领荷兰。③ 从战争的结局看,三次战争似乎各有胜负,谁也没有取得完全的胜利,但是实际上操胜券的是英国。

通过英荷战争,英国的海上航运能力大大加强,英国的海上霸权逐步确立。英荷战争表明英荷之间原来的宗教同宗关系被商业竞争取代,因而是真正意义上的"现代"战争。④ 战争之后,英国的海上力量得到明显加强。三次战争中,英国所俘获的荷兰船只至少在2 000艘以上,因此在1674年英国与荷兰签订了条约之后,由于欧陆战争的延续,荷兰的海运贸易大部分为英国所接替。当《奈梅根和约》签订之际,英国已经变成为世界上商业和海军力量的强国了。战后出于实施《航海条例》和发展远洋贸易的需要,英国的航运业进一步发展。复辟王朝初期英国的商船吨位仅为20万吨左右,远不能

---

① 斯塔夫里阿诺斯:《全球通史——1500年以后的世界》,第179页。
② 伊曼纽尔·沃勒斯坦:《现代世界体系》(第二卷),第98页。
③ H. 帕姆塞尔:《世界海战简史》,第86页。
④ Keith Robbins, *Great Britain: Identities, Institutions and the Idea of Britishness*, London: Longman, 1998, p.125.

满足航运业的需求,为此,英国主要通过购船的办法增加商船吨位。据统计,1654—1675 年,购进的外船在英国商船总吨位中所占的份额不低于三分之一,到 1675 年则达二分之一。① 到 1676 年,英国引进的外国船只总数目为 1 200 艘左右。1674 年以后英国开始大力发展国内造船业,英国商船年增长的速度达到 2%—3%。在迅速增长的商船中,国内制造的船只所占的比例越来越高,到复辟时期末,这一比例估计达到五分之四。1686—1687 年,政府总共给 1 532 艘商船颁发了通行证,外船只有 131 艘。② 经过如此的迅速发展,到 1688 年,英国的商船总吨位达到了 34 万吨。③ 英国海上力量的增强显然是与《航海条例》的实施和英荷战争分不开的,所以,东印度公司著名的商人并同时担任过议会议员的晚期重商主义者蔡尔德(Josiah Child)在 1672 年就直言不讳地承认:《航海条例》使英国商船数增加了三倍,"假如没有航海条例,即便是在我们自己的殖民地,荷兰商船与英船的比例也可能会是 40∶1"。④

造船业和航运业的发展推动了英国对外贸易的扩张,英国对殖民地及世界贸易的垄断逐步形成。英国颁布《航海条例》的初衷是独占殖民地的对外贸易,使殖民地为宗主国服务。随着荷兰势力的排除,英国对殖民地和对北欧的贸易获得长足进展。据统计,1663—1686 年间,英国从事对外贸易的商船总吨位中,估计有 4/5 来往于殖民地和北欧贸易,而此时期英国与荷兰、德意志、地中海等

---

① Ralph Davis, *The Rise of the English Shipping Industry in the Seventeenth and Eighteenth Centuries*, p.52.
② Ibid, p.52.
③ Ibid, p.15.
④ E. lipson, *The Economic History of England*, Vol. Ⅲ: *The Age of Mercantilism*, London: A. and C. Black, 1931, p.103.

传统贸易区的商船吨位则增长缓慢。1663年,英国服务海外殖民地所需的船只吨位数是12.6万吨,到1668年已经超过了19万吨。1664年,伦敦有45艘船只向美洲岛屿出发,到1686年这一数量是原来的4倍。[1] 英国对殖民地贸易的发展,意味着殖民地越来越成为英国的商品销售市场和原料供给地,因而给英国带来了丰厚的利润。有人估计,17世纪60年代之后海上贸易每年给英国带来的财富达200万英镑,其中75%来自于美洲或印度。[2] 所以,斯塔夫里阿诺斯在比较分析荷兰衰落、英国崛起的根本原因时,认为英国的成功除了英国人拥有丰富的自然资源和天然的海岛位置之外,"英国人还有其海外殖民地迅速增长的财富和力量作后盾"。[3] 除了对殖民地的贸易快速发展,英国的转口贸易也获得长足进步,在英国原材料贸易中,再出口贸易十分活跃,1663—1669年间,英国再出口总值达到90万镑,占全国出口总值的近25%。[4] 再出口贸易的主要内容是来自于英属殖民地的烟草、蔗糖等物品,这表明英国正在或已经取代荷兰,在世界转运贸易中占有重要位置。对外贸易的发展推动了英国工业的发展和产业结构的调整,从而增强了英国的整体经济实力。英国航运、对外贸易和工业的迅速发展,使17世纪末的英国经济实力已远远超过了荷兰,所以,三次英荷战争最终"确立了英国在国际贸易中的不可逆转的优势位置"[5]。

---

[1] 保罗·布特尔:《大西洋史》,第124页。
[2] 钱乘旦、许洁明:《英国通史》,第189页。
[3] 斯塔夫里阿诺斯:《全球通史——1500年以后的世界》,第171页。
[4] Ralph Davis, "English Foreign Trade, 1660—1700", *The Economic History Review*, Vol. VII, No. 2(Dce., 1954), p. 160.
[5] J. R. Jones, ed., *The Restored Monarchy, 1660—1688*, Totowa: Rowman and Littlefield, 1979, p. 147.

英荷战争还彻底改变了英荷之间的政治关系，荷兰的国际地位大大下降，经过战争，荷兰在国际上的优势地位被英国取代。17世纪以来，荷兰凭借发达的商业、运输和远洋贸易优势，在国际舞台上一直扮演着重要角色，长期维持着商业霸权和政治霸权。但是，英荷战争不仅严重破坏了荷兰的贸易和经济，而且动摇了荷兰的政治军事地位，使荷兰的致命弱点暴露无遗："第一，荷兰是完完全全依靠海洋生存的，而英国控制了它的海上通路。第二，由于荷兰既有海疆又有陆地边境需要防守，它不得不花费财力和人力来建造堡垒和保持一支常备陆军。第三，荷兰舰队虽然在数量上多得惊人，但都是些为进入荷兰浅水港而建造的小型的驾驶不灵便的平底船。最后一点，英国海军在战术上对荷兰总是略胜一筹。"[①]光荣革命之后，为了扼制法国的扩张、阻挡法国对荷兰的图谋，既是荷兰执政又是英国国王的威廉三世将英荷结成联盟。但英荷同盟并没有换来《航海条例》的取消，相反使荷兰在政治和经济上进一步从属于英国，并逐渐丧失了对外政策的独立自主性。英国对荷战争的最初目标是打击荷兰的贸易，但是战争的结果却使它逐渐控制大西洋、波罗的海、地中海和加勒比海的制海权。[②] 1688年，威廉率领庞大的荷兰舰队来到英国；1689年4月英荷达成协议组成联合舰队，联合舰队中英荷参加的军舰比例为5∶3，联合舰队的指挥权由英方控制。[③] 荷兰实际上失去了海上强国的地位，已不再是英国的竞争对手了。

[①] E.B.波特主编：《海上实力》，第32页。

[②] George Modelski, William. K. Thompson, *Seapower in Global Politics, 1494—1993*, Washington: Macmillan, 1998, p.206.

[③] George Modelski, Sylvia Modelski, eds., *Documenting Global Leadership*, Seattle: Macmillan, 1988, pp.197-199.

与荷兰形成鲜明对比的是,英国的海军力量不断增强。1688年英国共有军舰173艘,总排水量10.2万吨,大炮6930门;到17世纪末增加到323艘、总排水量16万吨,大炮9912门。克伦威尔时期英国的海军人数为3万人,到17世纪90年代已高达4.5万人。[①] 所以沃勒斯坦认为:"1672年真正的重要性在于,从1659年至1672年这段时期,英国人和法国人都把荷兰看作是最大的对手,现在,他们主要攻击对方,而且,尽管荷兰仍具有经济实力,但荷兰人突然成了次要的因素。"[②]因此光荣革命后英国调整对外政策的重心,将法国视为英国的首要对手,由此拉开了英法争霸的序幕。

总之,三次英荷战争之后,英国本土已无安全之虞,加上握有世界海洋的制海权,英国获得了良好的国际环境。对荷政策的成功也极大地增强了英国人对外扩张与争霸世界的欲望和信心,因此,英国在对殖民地全面实施重商主义原则的同时,开始把它的触角伸向新的区域,进一步拓展殖民空间,因而加速了商业帝国建立的步伐。

二、殖民地的新拓展

1660年以后的年代,随着英国殖民政策的基本定型和帝国观念的日益明确,英国王室与政府对殖民地的发展日益重视,英国的殖民开拓取得了重大进展,迈入了英帝国形成进展中的新阶段。此阶

---

① 杰弗里·帕克:《剑桥战争史》,傅锦川等译,吉林人民出版社1999年版,第208、209页。
② 伊曼纽尔·沃勒斯坦:《现代世界体系》(第二卷),第99页。

段新殖民地开拓的重点在北美,因为英国人越来越意识到美洲殖民地可以服务于两个目的:第一,它们是糖、棉花、烟叶等热带产品的来源,这些产品在欧洲大部分地区不具备生长的条件,而在北美南部却非常适宜种植;第二,北美殖民地一个相当重要的功能是,它是工业产品和转手出口商品的市场。① 英国在北美的13个殖民地中实际上有7个是在这个阶段"取得合法证件或通过交涉成立起来的"②,到查理二世统治结束时,美洲诸殖民地拥有的人口已达到25万,其中不包括从非洲源源不断运来的黑人。③ 与17世纪初期英国的殖民发展不同的是,新阶段英国殖民扩张的主导者是业主,他们主要来自于三个方面:需要有新的地区来从事贸易和开发的英国商人和船主;试图利用在殖民地的巨大产业来弥补个人家产损失并得到查理二世和约克公爵支持的朝臣和贵族;希望为同一教派的教徒建立新的庇护所的宗教分离主义者。④ 这一时期英王室颁发的特许状(纽约除外),要比内战前的细致和详尽得多,也更具针对性和目标性。

卡罗来纳(Carolina)是复辟时期英国建立的第一块殖民地,它位于弗吉尼亚以南至西属弗罗里达殖民地之间。该地与西印度群岛的巴巴多斯联系密切,因此,巴巴多斯的种植园主、内战时期的保王派约翰·科利顿爵士(Sir John Colleton)一直积极鼓动巴巴多斯的英国移民向弗吉尼亚以南的卡罗来纳地区移居。科利顿主要考虑随着大种植园的发展和黑奴劳动力的大量雇佣,白人在巴巴多斯的

---

① 伊曼纽尔·沃勒斯坦:《现代世界体系》(第二卷),第118—119页。
② R.C.西蒙斯:《美国早期史——从殖民地建立到独立》,第75页。
③ 温斯顿·丘吉尔:《英语国家史略》(上册),第763页。
④ 塞缪尔·埃里奥特·莫里森等:《美利坚共和国的成长》(上卷),第90页。

生存空间已非常有限；同时，科利顿也希望通过移民进行土地投机而发财。科利顿的移民设想得到时任弗吉尼亚总督威廉·伯克利（William Berkeley）的大力支持，于是，科利顿和伯克利在英国进行了大量的鼓动和宣传工作，并最终说服了六位国王的亲信并支持英王复辟的英国权贵与他们合作，这六位权贵分别是：乔治·卡特雷特爵士（Sir George Carteret）、约翰·伯克利勋爵（Lord John Berkeley）、阿什利·库珀勋爵（Lord Ashley Cooper）、克拉伦顿伯爵（Lord Clarenden，即爱德华·海德）、阿尔伯马公爵（Duck of Albemarle，即乔治·蒙克）和克雷文伯爵（Lord Craven）。①

1663年3月，英王查理二世为报答上述八位贵族对王朝复辟的大力支持，遂将卡罗来纳广大地区以业主殖民地的方式赐封给他们，由他们在此建立拓殖地。按照英王的特许状，八大贵族作为业主有权获取包括北纬31度到36度、两大洋之间的全部美洲领土，并在此拥有一切传统的特权，包括对所辖土地及土地上的一切资源的所有权和开发权；如果得到殖民地自由民或其代表的认同，他们可以制定和颁布一切法令，只要这些法令不与英格兰法律及传统相悖；他们有权任命殖民地的一切官吏，有权采取一切措施维护社会治安和殖民地的安全。与先前内容不同的是，王室在此次特许状中对业主们明确提出了一些特别的要求，其中包括：业主须对英国王室永远效忠，对英国官员必须保持尊重而不得有不敬和蔑视之行为；业主应当尊重前往殖民地的英国人的权利；业主可以在殖民地授予和英国爵位不完全一样的封号；业主应将所发现的金银的四分

---

① J. Holland Rose, A. P. Newton and E. A. Benians, eds., *The Cambridge History of British Empire*, Vol. I: *The Old Empire from the Beginnings to 1783*, p. 248.

之一交给国王;等。特许状还要求业主们积极鼓励英国臣民前往卡罗来纳,通过购买、占有等方式在那里获得土地并享有充分的自由。移居者的家具、武器、衣物等由其本人或其奴仆或其代理人运送到殖民地,一律免税。殖民地生产的农副产品如蚕丝、酒类、水果和油类等可以通过移居者本人或其代理人向英格兰出口。① 很显然,与以往相比,该特许状不仅内容更为具体和详细,而且体现了英国统治者和国家的意图。特许状不仅要求殖民地服从并遵守英国的政治法律制度,严格接受宗主国的控制,成为宗主国的附属部分;同时又明令殖民地为宗主国的商业贸易发展服务,使其成为英国原料的供给地和产品的销售市场。这充分体现出新阶段英国殖民政策的变化,即强化了对殖民地的管控,尽管殖民地由业主们负责开拓,但已被纳入英国政府的殖民战略体系之中。1665年6月,英王又向业主们颁发了第二个特许状,将这块领地的北疆移到北纬36度30分,扩大了殖民范围。

卡罗来纳肥沃的土地及温暖的气候使许多人相信那里是一个"美妙、宜人又富饶的国度,如果对其开发,必将又是一个伊甸园"。② 但是,卡罗来纳起初的发展并不顺利,业主们在获得国王的特许状后并没有制定出切实可行的实施计划,他们只是期望通过土地投机发财,而不愿意增加投资。因此,17世纪60年代初,英国人在卡罗来纳的殖民活动不仅分散,而且步履艰难。

---

① Charter to Carolina(1663), W. Keith Kavenagh, ed., *Foundations of Colonial America: A Documentary History*, Vol. 3, New York:Chelsea House Publishers, 1973, pp. 1738—1747;另可参见杨玉圣著《美国历史散论》,辽宁大学出版社1994年版,第46—47页。
② 加里·纳什等编著:《美国人民:创建一个国家和一种社会》(上卷),第93页。

英王授予领地中最北部的阿尔伯马地区（Albemarle）与弗吉尼亚靠近，早就散居着从弗吉尼亚流入的移民，后随着移民的增多，这里渐成气候。1664 年，业主们任命了一位总督进行管理。到 1665 年 6 月，由公众选举的议会召开了第一次会议。到 17 世纪末，北部地区的移民已经达到 1 万多人。① 位于卡罗来纳南部的弗尔角（Cape Fear）河口地区则拥有比阿尔伯马更优越的地理条件，业主们遂想在此建立另一个殖民地。早年新英格兰人未经英国正式批准就来到这里，试图建立定居地，但不久就放弃了，其中不少人进入阿尔伯马殖民地。1665 年，第一批经批准的巴巴多斯人来到这里，建立起新的定居点，两年以后达到 800 人，但是这里土地贫瘠，困难重重，因此移民们大部分选择离开而前往英属北美其他殖民地。1669 年，从英国出发载有 100 多人的一支远征队，途经巴巴多斯和百慕大，最终于 1670 年抵达卡罗来纳的南部离海 25 英里的阿什利河（Ashley River）南岸，并在那里登陆安家，建立首批定居点。1680 年他们迁到查尔斯镇（Charles Town），就是今日的查尔斯顿（Charleston）。② 这样，在 17 世纪后期，英国的卡罗来纳的殖民地基本形成了阿尔伯马和查尔斯镇两个中心，这两个中心以后发展成了北卡罗来纳和南卡罗来纳。③

为了从殖民地获得永久利益，业主们起初希望殖民地能生产和提供丝绸、酒类、水果、油等英国当时需要从外国市场购买的物品，

---

① U.S. Bureau of the Census, *Historical Statistics of the United States: Colonial Times to 1957*, Washington, D. C., 1975, p. 1168.
② 1783 年以前称查尔斯镇，此后改称查尔斯顿。
③ J. Holland Rose, A. P. Newton and E. A. Benians, eds., *The Cambridge History of British Empire*, Vol. I: *The Old Empire from the Beginnings to 1783*, p. 250.

而不是像其他殖民地那样种植糖或烟草。然而,由于卡罗来纳南部地区和北部地区在自然条件方面差别很大,环境复杂,八大业主预定的新种植计划根本无法实现。因此南部和北部一开始就依照自身自然环境发展起适合自己特点的殖民地经济。北部地区的移民主要是来自于弗吉尼亚的贫穷白人和新英格兰的冒险者,由于北部缺乏可供贸易的航海船只和优良港湾,因而没有发展起航运业,移民们发展的是一种混合经济,以种植甘蔗和烟草为主,同时也放养家畜并生产海军所需的木料、树脂等军需产品。这些产品除供给本地居民消费外,还有少量对外出售,一些新英格兰商人是这里烟草等产品的主要购买者。业主们将大块土地据为己有,将小块土地予以出售,并征收"代役租",因而境内多为中小农场,大种植园几乎没有。南部地区的移民大多来自西印度群岛,他们是在巴巴多斯糖业种植园主大量使用黑人劳动后,被迫另寻生活的独立小农。他们经营独立的小农场,主要生产本地所需要的粮食和蔬菜。业主们在尝试种植甘蔗、烟草、热带水果等外来作物之后,发现稻米的种植更有利可图,遂建立并发展起了以稻米种植为主的大种植园经济。由于稻米种植工序复杂且劳动繁重,加上许多种植园主在巴巴多斯时就使用黑人劳动,黑人奴隶便成了这里的主要劳动力。因此,卡罗来纳殖民地创建中一个十分显著的特征是,几乎在它创建的同时,就引进了黑人奴隶制度。另外,南卡罗来纳东部沿岸有优良的港湾,这为以后这里的航运业和外贸的发展提供了便利的条件。

英王的特许状赋予了业主广泛的权力,为了有效地行使这种权力,规范殖民地的社会程序和政治秩序,1668年时,卡罗来纳的业主们达成协议,制定了该殖民地的政府原则,其主要规定是:移居卡罗来纳的人必须对英王效忠;卡罗来纳将设立殖民者议会,该议会由殖民地的不动产拥有者选举产生。议会在不违背英国法律也不与业主利益相悖的前提下,拥有立法权、征税权和建立司法机构的权力。总督为殖民地的执法长官。1669年,八大业主中的领头人阿什利·库珀决定制定一部法令,旨在将卡罗来纳建成一块封建领地。于是,他在政治哲学家约翰·洛克(John Locke,1632—1704)的帮助下起草了《卡罗来纳基本法》(The Fundamental Constitution of Carolina)。① 该《基本法》共120个条款,体现了阿什利欲建立一种混合社会的设想,"在这种社会中,代表这个政治方程式的民主一边的是人数较多但不太富裕的不动产所有者,另一边是人数较少但较富裕的上层阶级即占统治地位的贵族。不动产的所有者和贵族王室在法律面前平等,都享有信仰自由,贵族阶层将是很强有力,足以发挥其作用而无需威压或屈从于不动产所有者的力量"。② 通过确立政治权力和财富之间的关系,旨在创立开明的专制政治,以避免过度的民主。③ 为此,《基本法》不仅把卡罗来纳分为许多县,每个县里不动产所有者的人数多但占地少,贵族人数少但占地多。《基本

---

① 关于《卡罗来纳基本法》出自谁手,学术界有争论。有观点认为其由阿什利·库珀聘请洛克起草,也有观点认为其由阿什利·库珀在洛克的协助下共同起草。另有学者指出,尽管该基本法有洛克的影响,但其主要反映了17世纪英国另一著名的思想家詹姆斯·哈林顿的思想。詹姆斯·哈林顿(James Haringtan,1611—1677)是17世纪英国著名思想家,1656年发表《大洋国》一书,所谓大洋国意指英国。该书虽然形式上是一部政治小说,但实际上是哈林顿为当时英国提出的一部宪法草案。哈林顿在《大洋国》中基于经济制度决定政治制度、政治和权力机构反映经济权力与财产分配的思想,设计了一种拥有受限制的、均衡权力的贵族政体。其思想对北美殖民地以及后来美国的政治发展均产生了重要影响。有关哈林顿的具体思想,参见詹姆斯·哈林顿著《大洋国》,何新译,商务印书馆1981年版。
② R.C.西蒙斯:《美国早期史——从殖民地建立到独立》,第79页。
③ W. Keith Kavenagh, ed., *Foundations of Colonial America: A Documentary History*, Vol.3, p.1761.

法》根据土地占有情况,将财产所有者分为五个等级:拥有1.2万英亩土地者为业主;拥有4.8万英亩土地者是伯爵领主;拥有2.4万亩土地者系印第安人酋长;拥有3 000—1.2万英亩土地者是庄园主;拥有至少50英亩土地者为自由民或自耕农。前三个等级组成贵族阶层,后两个等级则构成平民阶层。业主封授的土地不得买卖但可以继承。① 以社会等级制度为基础,该基本法对殖民地的政府组织和居民的权责作了较为详细具体的规定。根据《基本法》,殖民地分别设置议会和地方议会两个机构,议会由八位业主共同组成,地方议会则由总督、业主代表、伯爵、酋长和平民代表组成。其中,八位业主组成的议会拥有较大的权力,殖民地总督及其他高级官员由它任命,地方议会通过的法律也需它的审议和批准。此外,《基本法》规定殖民地设置法院以处理日常社会纠纷,自由人有权使用黑奴。②

作为热衷于地产投机的英国贵族,阿什利精心设计的方案将贸易与领土权力加以结合,是一种寡头政治,正如《基本法》序言所说:"使殖民地的管理最适合于我们生活在其中的君主国制度,而殖民地也是君主国的一部分,我们还可以阻止一种多数人的民主政体。"莫里森等人认为:"它试图在这个新创的殖民地实行一种加以更新的封建制度。"③这种做法显然不合时宜,因而遭到了殖民地居民的普遍反对,查尔斯顿市镇议会在1674年就公开表示拒绝实行《基本法》,使该法基本上无法实行。《基本法》中虽仍将卡罗来纳视为一个整体,但是阿尔伯马从1664—1691年,南部地区则从建立到1691

---

① Charles M. Andrews, *The Colonial Period of American History*, New Haven: Yale University Press, 1964, p.214.
② Ibid., p.215.
③ 塞缪尔·埃里奥特·莫里森等:《美利坚共和国的成长》(上卷),第91页。

年间,都有各自的总督和议会,其行政管理结构与英属北美其他业主殖民地相似,只封授了少数几个伯爵领主和印第安人酋长。后来虽任命了一位英国总督,总督、议会均设在查尔斯顿,在阿尔伯马只设有总督代表。但是实际上,两部分地区均保持了各自的立法机构,到1693年《卡罗来纳基本法》只得废弃。

《卡罗来纳基本法》的意义在于它对卡罗来纳殖民地发展起的促进作用,因为基本法所体现的宗教信仰自由、黑人奴隶制及廉价的土地分配方法,对英国及欧洲的贫穷白人具有很大的吸引力,推动他们纷纷前往;卡罗来纳实行的贵族制度能够保障富人们的政治和社会地位,也使那些富人们愿意前往投资开发。这使卡罗来纳逐渐成为多种民族、阶层和宗教的聚集地:"有在纽约被英国霸权激怒的荷兰人,对教士的教权统治感到不耐烦的清教徒,为了逃避路易十四的龙骑兵而来的法国加尔文派教徒,在故乡或在爱尔兰卷入了宗教和经济纷争的苏格兰会徒,追求土地或宗教自由或两者兼求的德国人,发现新伯尔尼比他们自己山岭中的故乡气候温和土地肥沃的瑞士人。"[1]

在英属北美殖民地历史上,卡罗来纳的创立和发展具有深刻的影响。它"承前启后,且其地域辽阔(占六分之一),并将英国人在北美的殖民帝国联成一气,浑然一体。卡罗来纳一经永久性地建立起来,它就决定性地使一再染指此地的西班牙人遭到败北。完全有理由说,卡罗来纳殖民地的创建是英属北美殖民地发展史上的一个重要里程碑"。[2] 1701年,南、北卡罗来纳各自成为独立的英国殖民地。

---

[1] 查尔斯·A.比尔德、玛丽·R.比尔德:《美国文明的兴起》(上卷),第83页。
[2] 杨玉圣:《卡罗来纳殖民地创建史探微》,《美国历史散论》,第53—54页。

复辟时期英国建立的另一块殖民地纽约则更具有政治和经济意义。纽约位于新英格兰与弗吉尼亚之间,这种特殊的地理位置使它在英国同其他列强争夺控制北美的斗争中,成为英国殖民政策考量的焦点。"没有纽约,英国的殖民统治,随着弗吉尼亚和马里兰从新英格兰中被分割出来,可能会崩溃。只要纽约稳固地在英国统治下,一个大陆的联邦就逐渐地呼之欲出了。"① 纽约的前身是荷兰建立的殖民地新尼德兰。早在1602年,荷兰为了探寻前往东方的航道,成立了尼德兰东印度公司。1609年,为荷属东印度公司服务的英国人亨利·哈德逊(Henry Hudson)探险至此②,他沿着后来用其名字命名的哈得逊河,上溯到奥尔巴尼(Albany,今日的纽约州首府)。随后,不断有阿姆斯特丹的商人到达那里与当地印第安人进行毛皮贸易。1621年,荷兰成立了西印度公司,其目的在于"通过贸易为股东赚得红利。它要在大西洋盆地从事大规模的商业活动,掠夺西班牙的贸易,征服巴西,给美洲种植园运去奴隶,从皮毛交易中获取利润,并建立一些居民点"。③ 西印度公司推动了荷兰人在美洲的商业及殖民扩张,其在哈德逊河流域的活动取得重要进展。他们陆续在曼哈顿岛、哈得逊河谷以及纽约港口一带建立了一些贸易站,1624年,荷兰人在奥尔巴尼建立了一块欧洲人的居民点。1626年,荷兰人从当地土著人手里购得曼哈顿并在此建立殖民区,称新阿姆斯特丹。到1630年,哈德逊河口演变为半定居的殖民地,称新

---

① 威廉·J.本内特:《美国通史》(上),刘军等译,江西人民出版社2009年版,第38页。
② 约·彼·马吉多维奇:《世界探险史》,屈瑞、云海译,世界知识出版社1988年版,第479—482页。
③ 查尔斯·A.比尔德、玛丽·R.比尔德:《美国文明的兴起》(上卷),第90页。

尼德兰,由荷属西印度公司管理。① 1655 年,荷属西印度公司还吞并了瑞典人在特拉华河流域建立的殖民地新瑞典。出于商业和经济利益的考量,荷兰人采取了宽松的移民与宗教政策,鼓励任何人前往,所以新尼德兰从一开始就成为世界各地移民的聚集地,新阿姆斯特丹更是一个自由港。在英国看来,新尼德兰的存在对英属美洲殖民地构成了严重威胁,因此英国政府不断向荷兰人提出抗议。

直到 17 世纪中叶,新尼德兰一直是英国的一块心病②,因为到 1650 年时,英国人在北美的切萨皮克和新英格兰地区已建立了若干稳固的殖民地,移民已达 5 万人。但是,这两块殖民区各自成片,互不相连,两地之间的大西洋中部地区恰为荷兰人所控制,成为英国进一步殖民扩张的重要障碍。毫无疑问,英国颁布《航海条例》主要是针对荷兰的,但是由于北美沿海的部分领土为荷兰所占据,因此《航海条例》在北美的执行便很难取得实际成效。若双方爆发战争,英属北美殖民地也将会受到极大牵制,因此,夺取新尼德兰对英国来说尤为重要。英国人夺取新阿姆斯特丹,"主要是为了堵住他们重商制度上的一个无法容忍的漏洞。"③英国一直坚持北纬 34 度至 48 度之间的地区是自己的势力范围,而荷兰人的殖民地就恰在这一范围之内。1652 年 5 月,第一次英荷战争爆发,遭到沉重打击的荷兰被迫屈服。1664 年 3 月,英王查理二世将新尼德兰作为业主殖民地,封赐给自己的兄弟约克公爵(Duke of York),封赐地包括康涅狄格河和特拉华河之间的全部土地,再加上长岛、楠塔基特岛、马尔塔

---

① 李剑鸣:《美国的奠基时代(1585—1775)》,第 121—122 页。
② J. Holland Rose, A. P. Newton and E. A. Benians, eds., *The Cambridge History of British Empire*, Vol. I: *The Old Empire from the Beginnings to 1783*, p.251.
③ 斯塔夫里阿诺斯:《全球通史——1500 年以后的世界》,第 169 页。

葡萄园岛和肯尼贝克河以东的缅因地区。此次封赐被认为是那个世纪最大的一次英国领地赐赠。① 根据英王特许状,约克公爵在赐封地享有很大的权力,他有权任命各种官员,制定各种法律法规,管理和控制贸易及土地分配。约克公爵甚至可以按照自己的意志采取一切行动和措施,只要他认为这些行动和措施是为了居民的利益所必需的。特许状并没有要求这块殖民地的立法须经殖民地议会通过。1664年4月,约克公爵指定理查德·尼科尔斯(Richard Nicolls)为其殖民地的代理总督。8月18日,约克公爵的一支英国船队在尼科尔斯的率领下顺利夺取了新尼德兰,并将新阿姆斯特丹改称为纽约,约克公爵成为纽约的业主。不甘屈服的荷兰人曾于1673年短暂夺回新尼德兰,但又于1674年被迫再度交给英国。到1675年,荷兰已从北美内陆永久撤出,荷兰在北美对英国的威胁彻底解除。

  根据查理二世的特许状,约克公爵是在北美殖民地权力最大的业主。与其它殖民地不同的是,纽约一开始就是一个具有多种语言和宗教背景的人杂居的地方,因此,如何协调和控制殖民地居民并使之臣服于英国,是约克公爵及其所派管理者面对的首要问题。在1664年占领新尼德兰后,英国对荷兰裔居民采取了比较宽容的政策,根据双方签订的协议,荷兰人留居纽约地区,英国允诺对荷兰裔居民的财产所有权、宗教信仰及风俗习惯予以保护。殖民地建立之后,英国殖民当局一方面没有过多干预荷兰殖民者的生活,对荷兰殖民统治时期所采取的大土地所有制予以保留。在哈德逊河一带、纽约市和特拉华河畔地区,甚至容许荷兰法律和文字继续存在;另

---

① 塞缪尔·埃里奥特·莫里森等:《美利坚共和国的成长》(上卷),第93页。

一方面,则将殖民地的其它土地进行了新的分封,旨在培植自己的经济和政治势力,奠定统治基础,于是"英国追逐财富的人这时以微不足道的免役税为条件,取得了从 5 万英亩到 100 万英亩的巨额土地赠与,从而在西印度公司造成的荷兰乡绅以外又增加了英国的贵族阶级"①。为了吸引新的移民,纽约殖民当局颁布了宗教宽容法令,保障居民的宗教仪式不受干扰。约克公爵的宽容政策在客观上加快了纽约殖民地的发展步伐,到 1700 年时,纽约的居民已达近 2 万人。②

但是,纽约殖民地的统治方式却日益遭到当地英国人特别是新英格兰移民的不满。为了安抚英国人的不满情绪和稳定社会秩序,也为了增加财政收入以弥补殖民地经费的严重不足,尼科尔斯总督决定通过立法,在纽约建立一种与纽黑文和马萨诸塞相类似的管理制度。1665 年,约克公爵颁布了《公爵法规》(Duke's Laws)。根据《公爵法规》,纽约殖民地的法律由总督和参事会制定,设立陪审团,实行宗教信仰自由,授予村镇居民选举官员、征税等权利,但并未涉及代议制机构的设立等重要问题。这种不设代议制机构而向居民征税的做法令新英格兰移民深感不满,此后他们不断地进行斗争,反对交税。他们不仅对英国将自己从荷兰的统治下解救出来不以为然,反而抱怨说,现在是"在专制的政权之下遭受奴役"③。这种不断的争吵和抗议成为当时纽约政治不稳定的重要因素,严重影响到殖民地的发展和新移民的移入。在总督托马斯·唐根(Thomas

---

① 查尔斯·A. 比尔德、玛丽·R. 比尔德:《美国文明的兴起》(上卷),第 93 页。
② U. S. Bureau of the Census, *Historical Statistics of the United States: Colonial Times to 1957*, p. 1168.
③ J. 布卢姆等:《美国的历程》(上册),第 57 页。

Dougan)的推动下,约克公爵在1683年允许召开由各地选出的18名代表参加的第一届议会,并制定了《自由和权利宪章》(Charter of Liberties and Privileges)。该宪章的主要内容是:纽约的居民拥有一切英国传统的政治自由和公民自由权;设立民选的议会,议会拥有立法权,不经它的同意不得征税;实行宗教信仰自由。正当此宪章递交约克公爵进行审批时,1685年约克公爵继承英国王位,成为詹姆士二世,他很快将纽约议会制定的宪章驳回。纽约殖民地由于约克公爵身份的变化,从业主殖民地变为王室直辖殖民地。直到1691年,纽约再也没有召集议会。

从面积上来看,17世纪80年代时的纽约要比荷兰统治时期的新尼德兰稍小一些,原因在于约克公爵在1664年将其中介于哈德逊河和特拉华之间的一片土地,赠予了卡罗来纳业主中的约翰·伯克利勋爵和乔治·卡特雷特爵士[①],由他们建立另一个殖民地。这块赠地被称为新泽西(New Jersey)。[②] 为了吸引更多的移民前来发展以获取回报,伯克利和卡特雷特获得这些领地后,专门制定出《新泽西业主的特许和规约》。该文件给移民开出的条件相当优惠,其中包括在新泽西实行信仰自由、贸易自由、免除关税和建立一个由选举产生的议会。此外,还以每英亩支付半便士的免役地税为条件,将土地大量给予自由移民和雇佣期满的佣工。宽松优惠的政策加上良好的自然条件吸引了一些宗教移民前往,相当多的新英格兰和长岛的清教徒移民来到这里,苏格兰和爱尔兰的长老会教徒进入东

---

① 此两位同属于开创卡罗来纳殖民地的八大业主,当时伯克利勋爵是枢密院顾问,卡特雷特则是皇家宫廷副大臣、海军司库,他俩是约克公爵的密友。
② 关于新泽西的来历,主要有两种说法:一说是为纪念卡特雷特的故乡英吉利海峡的泽西岛,另说是卡特雷特曾经守卫过泽西岛。

部各县,英格兰贵格会(Quakers,又称教友会)则涌进特拉华河以西的地区。

新泽西殖民地的拓殖带有明显的土地投机性质,但是在最初的年代里,两位业主仍没有获得经济回报,反而债台高筑。特别是殖民地的教派之争、税收之争以及议会与总督的矛盾,时常使殖民地出现混乱并使业主们陷入困境,甚至出现当地议会驱逐业主任命的总督的情况。1674年,伯克利为了偿付债务,将属于自己的那部分土地权利转卖给了两名英格兰的贵格会牧师,此地后来逐渐发展成西泽西。在贵格会领袖威廉·佩恩(William Penn)的帮助下,西泽西制定了高度自由的宪法,保证移民享有宗教自由和出席有陪审团的审判,立法委员和当地官员由几乎所有的自由男子选举产生。对此,佩恩及殖民地其他托管人这样解释:"我们为后代理解他们作为人民和基督徒的自由奠定了基础,他们不可奴役,除非他们自己同意;因为我们把权力交给了人民。"①1680年,卡特雷特将他所拥有的那部分土地权利即东泽西出售给了威廉·佩恩和其他20多名贵格会教徒,②新泽西遂成为贵格会教徒实践宗教理想的地方。但是,此后东、西两部分发展都不顺利,1686年两个泽西成为新英格兰的一部分。1702年,东、西泽西合并成为王室直辖殖民地,拥有一个代议制的议会,业主保留对财产的所有权,但无管辖权。

17世纪后期英国建立的宾夕法尼亚殖民地极富特色并且与宗教直接相关。宾夕法尼亚处于纽约和马里兰两个殖民地之间。如

---

① 加里·纳什等编著:《美国人民:创建一个国家和一种社会》(上卷),第95页。
② 也有学者认为,东泽西是在卡特雷特死后,由其继承人于1682年出售给包括佩恩在内的11名教友会信徒。参见李剑鸣著《美国的奠基时代》(1585—1775),第133页。

前所述,在17世纪早期建立殖民地的过程中,摆脱宗教迫害、争取宗教信仰自由,一直是英国人移民海外并建立殖民地的原因之一。一些不同意或反对国教的教派领袖为了寻求宗教自由而前往美洲,他们中的许多人成了殖民地的领导者并试图按照自己的宗教理想塑造殖民地,使殖民地或多或少地打上了某些教派的烙印。17世纪后期宾夕法尼亚殖民地的建立就与英国国内的宗教背景密不可分。

17世纪时,英国的乔治·福克斯(George Fox)等人创立了比较激进的宗教小派别贵格会,贵格会运动在1650年代迅速发展并产生了广泛的影响。到1660年,英格兰和爱尔兰的贵格会信徒大约有6.6万人,这一数目虽然只占当时人口总数的0.76%,但在有些地区比如在布里斯托尔,却占当地人口的大约10%。[1] 与清教徒一样,贵格会认为英国的教会已经腐败不堪,主张摒弃充满天主教色彩的宗教礼仪和仪式。贵格会甚至比清教徒更为激进,认为宗教权威与圣经及教会组织无关,每个人心灵中都有内心之光,即"光明的种子",可以直接感受上帝的存在及其意志,因此无需牧师充当中介,在同上帝交流方面,人人都是平等的。有原罪的人只要承认原罪,真心忏悔,修正言行,都能得到救赎和上帝的恩泽。基于这种认识,贵格会反对宗教迫害,反对战争,反对特权,主张宗教平等、男女平等,坚守和平。在贵格会教徒看来,"宗教上的自由尤其是必不可少的。只有在个人自由的时候,他才能追随'内心之光'即上帝对人的灵魂的启示"[2]。贵格会的这些激进观点是17世纪英国下层民众要求平等、反对专制及宗教寡头统治的反映,因此贵格会被英国统治阶层

---

[1] Ben Pink Dandelion, *An Introduction to Quakerism*, Cambridge: Cambridge University Press, 2007, p.43.
[2] 纳尔逊·曼弗雷德·布莱克:《美国社会生活与思想史》(上册),第111页。

排斥,其它教派也视其为危险的狂热分子。为了摆脱宗教和政治迫害,一些贵格会教士便将英属北美殖民地视为实现其宗教信仰和政治纲领的试验场。1650年代和1660年代,贵格会教徒开始进入英属北美殖民地和加勒比地区,此后人数不断增加。威廉·佩恩就是顺应此潮流缔造了宾夕法尼亚殖民地。

威廉·佩恩出生于伦敦一个贵族家庭,在牛津大学受过教育,其父亲是海军上将,曾参加过克伦威尔时代对西印度群岛的远征,并负责指挥海军作战,帮助英国夺取了战略要地牙买加,后来又支持查理二世的复辟。但威廉·佩恩在早年就放弃了舒适的生活,并在1666年皈依贵格会,成为贵格会传教士,从此致力于贵格会事业,关注受迫害的贵格会教徒。他在1669年写就的《没有十字架,没有王冠》(No Cross, No Crown)及1670年发表的《信仰自由的伟大事例》(The Great Case of Liberty of Conscience)中,深入探讨了宗教压迫的根源及原因,对世俗权力干涉宗教信仰提出了批评,并强烈要求英国实施更为自由宽松的宗教政策。① 他的思想与行为受到父亲的斥责,他也几度被捕入狱。父亲去世后他继承了一笔巨额财富。贵格会在英国国内的各种遭遇使他意识到在英国是无法实现宗教自由的,于是他决定效法早年背弃国教、到新世界去创建自由乐土的新教徒,到美洲实现自由信仰的理想。此时,贵格会中有一些教徒的商业力量在迅速发展,他们对在北美进行商业投机颇感兴趣,所以"贵格会的殖民活动既反映了他们逃避迫害的愿望,也显示了那些殖民活动日益增长的经济和社会活力"。② 威廉·佩恩本人也

---

① Edwin Scoff Gaustad, *A Religious History of America*, San Francisco: Harper & Row, 1990, p.90.
② R.C.西蒙斯:《美国早期史——从殖民地的建立到独立》,第87页。

认为殖民北美不仅可以为实现宗教信仰自由创造机会,而且可以增强母国的实力。为此,威廉·佩恩在1680年发表了《论殖民地的裨益》一文。

1680年,佩恩向英王查理二世申请获得特拉华河对岸的土地,以抵偿国王欠他父亲的1.6万英镑的债务。1681年3月,英王同意将一块位于北纬40—43度之间、面积几乎和英格兰一般大小的土地赐封给佩恩,并将这块土地命名为宾夕法尼亚(Pennsyvania)。① 英王的特许状明确规定该殖民地的基本目标是"拓展帝国的疆域""获得有利的商品",以及通过"文明"和基督教对当地的"野蛮人"进行教化。显然,此时王室已更多地从国家战略高度考虑殖民地问题。与纽约特许状相比,英王对宾夕法尼亚作了许多特别具体的规定:佩恩拥有属于业主的所有合法和绝对权力,这些权利包括作战、招募军队和征服敌人,但是他必须执行英国颁布的《航海条例》,允许皇家海关官员进入其殖民地港口,其行为将由约克公爵进行监管,不能滥用或任意扩大授予的权力;殖民地制定的所有法律必须服从英国的法律,不得违背,应将一切法律草案提请英王批准;经业主或总督或殖民地议会同意,或依照英国议会的法令,英王可以向殖民地征税;殖民地政府必须建立殖民者代表会议,殖民地不能剥夺殖民者作为英国人享有的权利,必须允许从宾夕法尼亚法庭向国王上诉;等。② 从特许状的内容看,佩恩比先前那些美洲殖民地业主享有

---

① 关于宾西法尼亚的命名说法不一。有人认为是国王以老佩恩的姓氏(Penn)命名而来,见J.布卢姆等:《美国的历程》(上册),第65页;另有人认为宾夕法尼亚的意思是"宾的树林",是佩恩自己取的名字,因为他来到此地时看到的是一片林海。见邓蜀生:《美国与移民》,重庆出版社1990年版,第107页。
② The Charter of Pennsvania, David C. Douglas, ed., *English Historical Documents*, Vol. IX: *American Colonial Documents to 1776*, pp. 93 - 101.

的权力要少,且限制很多,这反映了此时英国政府进一步加强了对殖民地的控制,同时已将建立殖民地与重商主义原则及帝国政策结合起来,殖民地的自治权力明显被削弱。

获得国王的特许状后,佩恩决心在宾夕法尼亚实践他的理想,提出了"神圣实验"(Holy Experiment)的口号①,试图将宾夕法西尼亚殖民地变为遭受宗教迫害者的避风港和逃避专制统治的避难所,正如他自己所说的:"我的聪明才智和爱好大部分曾致力于评论和谴责政府方面的毛病,所以现在(在宾夕法尼亚)我有权解决一个毛病。关于自由和特权的问题,我的宗旨是异乎寻常的并使我本人和我的后继者都没有为非作歹的权力,以便一个人的意志不可能妨害整个地方的利益。"②"我相信把它(宾夕法尼亚)赐予我的上帝将保佑它成为国家的种子。"③1681 年,他以业主身份为宾夕法尼亚拟定了一部称为《政府纲要》(Frame of Government)的宪章,经多次修改,于 1683 年由大议会通过。《政府纲要》由序言、政府结构和居民权利三部分组成。《政府纲要》的前言中认为,一切政府的伟大目标就是"支持崇敬人民的权力,保障人民不受滥用权力之害"。关于政治结构,《政府纲要》认为君主制、贵族制和民主制乃世界上最常见的三种政府模式,每种政府模式均各有利弊。佩恩希望在宾夕法尼亚建立一种混合型的政府模式,为此《政府纲要》强调分权制衡,总督由业主或其代表出任,拥有行政权力;设立一个由较少的人组成的参事会,参事会拥有立法、控制行政和司法的权力;由较多的人组

---

① 丹尼尔·J.布尔斯廷:《美国人:开拓历程》,第 46—47 页。
② R.C.西蒙斯:《美国早期史——从殖民地的建立到独立》,第 95 页。
③ 加里·纳什等编著:《美国人民:创建一个国家和一种社会》(上卷),第 95 页。

成一个代表议会,代表议会对参事会提出的议案拥有最后决定权。参事会和代表议会均在自由人即拥有土地或纳税人中选举产生。①这种政治设计旨在保证殖民地居民的两种基本权利:"'所有的人,只要表明信仰和承认独一无二的、永恒的上帝是世界的造物主、维护者和统治者,并自愿在文明社会里约束自己过那种和平和公正的生活',都享有信仰自由的权利;另一方面,那些表明信仰耶稣基督的自有土地的人和纳税人得享有选举平民议会议员的权利。"②无论是风格上还是内容上,《政府纲要》所体现的宪政理念对英国及美国后来的政治发展均有启示作用。

1682年,威廉·佩恩率领一批贵格会教徒到达宾夕法尼亚。在那里,佩恩奉行和平主义,改善与当地印第安人的关系,实行宗教信仰和传教自由,规划建立费城(Philadelphia),并在1683年按照《政府纲要》召开当地议会,组建殖民地政府,初步形成代议制政府体制。为了吸引更多的移民并获取经济利益,佩恩把大小不等的土地以非常优惠的条件出售给殖民者,每位移民或契约期满的佣仆可免费得到50英亩土地;大的投资者只需支付100英镑即可获得5 000英亩土地,每输送一名契约佣仆另增加50英亩;携带眷属在殖民地定居的每一位男子可保有500英亩土地。宽松的政治和宗教环境以及大片的肥沃土地,使宾夕法尼亚成为移民的天堂,这里不但吸引了一大批贵格会教徒,而且还引来了许多外国公民和非贵格会教徒,宾夕法尼亚"到处是一片宗教和睦的气氛"③。多元化的移民和多元化

---

① Richard B. Morris, ed., *Encyclopedia of American History*, New York: Harper & Row, 1982, p.58.
② 查尔斯·A.比尔德、玛丽·R.比尔德:《美国文明的兴起》(上卷),第88—89页。
③ 加尔文·D.林顿:《美国两百年大事记》,第6页。

的宗教构成了宾夕法尼亚殖民地的典型特色。与 17 世纪 30 年代"大移民"初期的新英格兰相比,这次向宾夕法尼亚的移民运动规模更大。据统计,1685 年底,到达宾夕法尼亚的移民就有 8 000 人之多,1690 年为 1.1 万多人,到 17 世纪末,宾夕法尼亚的总人口已经接近 1.8 万人。① 1700 年,费城的人口超过了纽约市。

人口的增长促进了经济的发展,以宾夕法尼亚为中心的中部殖民地成了新世界的"面包篮子"。这里出产的小麦、玉米、黑麦和其它作物运往新英格兰南部殖民地和西印度群岛,以费城为中心,工商业及毛皮贸易也得到了初步的发展。宾夕法尼亚的繁荣景象,是其他英属早期殖民地所不曾经历过的,特别是与弗吉尼亚和普利茅斯的早期殖民历史形成了鲜明的对比。因此,佩恩在 1684 年就自信地说:"我给美洲带来了从来不曾有任何人依靠个人力量带来的最大的殖民地,只有在我们这里才可能找到美洲从未有过的最兴旺的各种开端。"②

总的来说,由于得到政府的参与和大力支持,复辟时期英国的殖民开拓特别是在北美的殖民开拓明显加快了步伐。随着宾夕法尼亚殖民地的建立,英国基本结束了在北美大西洋沿岸开拓殖民地的过程,这些殖民地加上 18 世纪建立的乔治亚,以及英国在西印度群岛的殖民地,就构成了英国第一帝国的主体。到 17 世纪末,英国北美殖民地从北部的萨科湾一直延伸到南部的查尔斯顿,并形成了南部、中部和北部各自的特色。此时,法国和西班牙虽然在北美大陆尚有势力存在,但是英国与它们之间在人口和资源方面的差异,

---

① U.S. Bureau of the Census, *Historical Statistics of the United States: Colonial Times to 1957*, p.1168.
② 塞缪尔·埃里奥特·莫里森等:《美利坚共和国的成长》(上卷),第 101 页。

已不可同日而语。1660年，英国在北美殖民地的人口总数为7.5万人，同年的加拿大有3 000名法国移民，佛罗里达只有极少的西班牙人。到1700年，英属北美殖民地的人口达到25万人，其中主要是英国人和黑人；而法国和西班牙总共只有1.5万人左右。[1] 英国在北美已占绝对优势，英裔美洲人统治北美只是时间问题了。与17世纪初英国殖民开拓不同的是，英国政府的作用大大增强，这不仅表现为英王颁布的特许状更为详细，限制和减少了殖民地的权力，而且内容具有很强的针对性，体现着英国政府的殖民意图，在殖民地与宗主国之间明确了经济上的依附关系。这说明，复辟时期英国的殖民开拓已被纳入政府控制的轨道，重商主义殖民原则得到贯彻。

三、殖民地控制的加强

按照重商主义的基本原则，殖民地是由母国制造并为母国服务的，殖民地应当成为宗主国的商品销售市场和原料、短缺物品的供应地，应推动宗主国的海外贸易，增强其国力。正如同18世纪一位英国商务部官员所说的："殖民地的一切行动，都应服从母国的利益，因为母国保障了它的存在以及一切有价值的特权。一切与母国利益不相符合的对殖民地有益的计划或商业上的好处，都应被认为是非法的，不能允许它们实施，因为它们是与殖民地存在的意义背

---

[1] U.S. Bureau of the Census, *Historical Statistics of the United States: Colonial Times to 1957*, p.1168；另见：R. C. 西蒙斯：《美国早期史——从殖民地建立到独立》，第100页。

道而驰的……如果殖民地不能被利用,那么国家还不如没有殖民地。"①因此,1660年斯图亚特王朝复辟后,英国对已有殖民地的行政和经济活动日益加强限制,其重商主义意图日益明显。

1660年,英国议会颁布更为详细的《航海条例》,其目标不仅是打破荷兰在大西洋贸易中的统治地位,而且是强化对英属殖民地的控制,但是由于缺乏强制执行的机制,它并未产生理想的效果,对殖民地贸易的影响不大。此后英国又不断通过相关法令加以补充,在1663年颁布《主要物产法令》后,1673年又颁布了《殖民地关税条例》,根据此条例,凡运输属于1660年《航海条例》中的"列举品"出口的船只,必须交纳1 000—2 000镑的押金,以保证货物在英格兰港口卸货。为此,英国先在北美南部殖民地、后在所有殖民地设立关税稽查官员,以保障《航海条例》等英国法律得到真正贯彻执行。为了实施对殖民地的常规化管理,加强对殖民地的行政和经济控制,英国政府还强化了相关组织措施。1660年,英国设立了有关殖民地及海外贸易问题的两个机构——贸易委员会(The Council of Trade)和对外拓殖委员会(The Council of Foreign Plantation),后一机构的任务是专门"统一监督与管理"分散、无序的殖民事务。但实际这两个机构基本上只是向国王报告情况和提供建议的咨询机构,并未发挥多少实际作用。1672年,上述两机构合并形成"贸易和拓殖联合委员会"(Joint Council for Trade and Plantation),其主要职能是收集相关情况并向国王提供有关殖民地及贸易方面的建议,关注殖民地的发展及英国与殖民地的贸易、航运事业。但不久这一机构即被撤

---

① Esmond Wright, *Causes and Consequences of the American Revolution*, Chicago: Quadrangle Books, Inc., 1966, p. 118.

销。1675年,英国枢密院设立由社会上具有一定地位和影响的人组成的贵族贸易委员会(Lords of Trade),其主要职能是向政府提供殖民地执行关税法的具体情况,以推动殖民政策的贯彻执行。这是英国首次设立专门机构负责北美殖民地事务,它表明复辟时期的英国政府试图对殖民地实施统一管理,以期"在北美和西印度群岛创建更为一致的执行国王意志的政府。尽管寻求帝国集权化的行动经常杂乱无章,但统一的趋势毋庸置疑"。[①] 英国对殖民地加强管理的重点是维护英国的经济利益特别是贸易利益。作为宗主国,英国认为建立殖民地并使其为宗主国服务是英国推行重商主义政策的重要内容和关键,执行《航海条例》既是英国与其它欧洲殖民国家进行激烈贸易竞争的需要,又是作为宗主国经济和政治所属物的殖民地的重要义务,也是对英属殖民地的某种保护。然而,对殖民地来说,《航海条例》标志着英国强化对殖民地的管理,它剥夺了殖民地的自由决策权,限制了殖民地对外经济活动,提高了殖民地对外贸易的成本,因而遭到殖民地的不满和抵制,很难达到预期目的。所以,英国对殖民地加强管理的过程是和殖民地的抵制和斗争连接在一起的,双方的博弈又与英国国内政局的变化直接相关。

在业已建立的殖民地中,新英格兰地区不能或很少给英国提供所需的原料及稀有产品,这显然与英国的殖民初衷不符。因为,根据重商主义的殖民原则,殖民地在重商主义体系中应在三方面发挥重要作用:"第一,有些产品若殖民地不生产就得从帝国以外进口,因此,殖民地要生产这些产品,这样有助于达到帝国内部自给自足。第二,殖民地生产和销售那些在帝国外需求量很大的产品,从而创

---

① 加里·纳什等编著:《美国人民:创建一个国家和一种社会》(上卷),第99页。

造外汇收入。第三,殖民地成为母国产品出口的市场。"①起初,新英格兰移民也曾努力生产母国所需要的诸如木材等物资,以获取必要的利润以维持生存。但是,新英格兰与英国本土相似的地理和自然条件,使得他们的产品除了若干珍贵动物毛皮之外,与英国本土并无二致。新英格兰农民和渔民生产的最重要的产品就是小麦及鱼类产品,这些食品除了自我消费外,难以输出到英国和欧洲,主要提供给西印度群岛的甘蔗种植园;其毛皮贸易也因当地兽类逐步减少而几乎停止。其它资源除了森林之外,十分缺乏或暂时尚未得到开发。这种状况一方面导致新英格兰殖民地对母国的贸易长期处于逆差状态,另一方面使新英格兰利用便利的港湾条件和林木资源,发展造船业和航运业。1635年时,新英格兰至少有6所造船厂;5年之后,新英格兰自己所造的船舶就几乎包办了英国与马萨诸塞的航运。② 新英格兰商船成为殖民时期英国对外贸易运输的骨干力量。

17世纪中后期颁布的《航海条例》虽然对新英格兰的转运贸易活动有所限制,但也给新英格兰增加工业生产和发展航运业提供了新的发展机会。1663年颁布的《主要物产法令》虽然禁止把商品直接从欧洲运入北美殖民地,旨在保护英国的工业与北美的市场,但一些不在列举之列的商品诸如奴隶、马匹、盐和苏格兰食品仍可以直接输入北美殖民地,特别是英国政府并未明令禁止新英格兰同西印度群岛、北美其他殖民地进行贸易。于是,新英格兰与西印度群岛、北美中部殖民地之间的贸易十分活跃,相互之间形成了互通有

---

① 杰里米·阿塔克、彼得·帕塞尔:《新美国经济史——从殖民地时期到1940年》(上),第63页。
② 冯作民编:《西洋全史》(第9卷),台北:燕京文化事业公司1977年版,第689页。

无、取长补短的循环贸易圈,尤其是与西印度群岛的贸易成为新英格兰地区各殖民地经济发展的基础。第二次和第三次英荷战争后,随着新《航海条例》的贯彻实施,荷兰被进一步排斥在英属殖民地贸易圈之外,新英格兰的商人们趁机通过走私填补了荷兰转运贸易的空缺,不仅使其与西印度群岛之间的贸易继续发展,而且与欧洲国家的商业往来也迅速扩大。所以伦敦商人在1676年的请愿书中抱怨道:"欧洲生产的各种商品直接进口到新英格兰,然后从这里运输到英王在美洲的所有殖民地,这比把它们运输到英格兰要便宜很多。作为交换,他们把殖民地的商品不经过英国就直接运输到欧洲。这极大地损害了我们国家的航海,降低了英王的收入,造成了贸易的衰退并使得英国政府的许多目标难以实现。"① 到17世纪80年代,新英格兰商人基本控制了西印度群岛运输业,他们将本地和西印度群岛的产品如谷物、糖类、渔类、木材等运往欧洲等国,然后不经过英国即带回大量的欧洲产品。② 新英格兰一直与法国有直接的贸易关系,有记载说,1675年时波士顿的市场上充斥着法国商品。新英格兰商船往返于英国和欧洲的一些港口,从17世纪下半叶起,"他们已经开始渗入到英格兰和爱尔兰,侵入英国商品的边缘"。③不仅如此,新英格兰商人还加入了以贩卖黑奴为主要内容的"三角贸易",他们购买西印度群岛的白糖与糖蜜在新英格兰制成甜酒,将甜酒输往非洲出售并购进黑奴,然后将黑奴运到西印度群岛或南部殖民地出售给种植园主,再以出售所得的部分收入充当购买糖及糖

---

① 保罗·希特尔:《大西洋史》,第128页。
② 吉尔伯特·C.菲特、吉姆·E.里斯:《美国经济史》,第101页。
③ R.C.西蒙斯:《美国早期史——从殖民地建立到独立》,第136页。

蜜的费用,以此获取巨额的利润并弥补贸易上的逆差。

走私贸易和"三角贸易"推动了新英格兰的经济发展特别是航运业和造船业的发展,并给新英格兰殖民者带来了丰厚的利润。弗格森指出:"到17世纪70年代,新英格兰人差不多已是世界上最富有的人了。那里的人均收入至少与英国持平,而且分配的也更为平均。"①然而,新英格兰的发展却因与英国重商主义的主旨不符而加深了其与宗主国之间的经济矛盾。英国重商主义者蔡尔德在17世纪后期就认为:对于英国来说,"新英格兰地区是一个最不利的种植园"。该地区出产的产品极少能为英国与其之间的贸易提供有益的帮助,而该地区对西印度群岛的食品出口减少了英国本土与甘蔗种植地区的贸易量。其结果是:"新英格兰殖民地区的发展成为英国本土遭到削弱的原因。"②同时,英国与新英格兰地区的矛盾由于宗教问题而变得更加复杂化了。新英格兰人大多是清教徒,他们来到北美是为了过上清教徒的生活,摆脱国内的宗教羁绊。他们对于不属于清教的查理二世一直存有戒心,并时刻关注着英国王室对殖民地的态度。查理二世即位时,新英格兰虽然仍然"完整地保持着马萨诸塞特许状,并且毫不含糊地提醒新国王,他们享有他父亲所赐得的特权,"但实际上他们正在秘密地窝藏那些判处查理一世死刑的人们。③

新英格兰殖民地的政治、经济行为引起了英国王室的关注和不满,新英格兰逐渐成为英国重塑殖民秩序和严厉打击的对象。1662

---

① 尼尔·弗格森:《帝国》,第73页。
② 斯坦利·L.恩格尔曼、罗伯特·E.高尔曼主编:《剑桥美国经济史》(第一卷:殖民地时期),第155页。
③ J.布卢姆等:《美国的历程》(上册),第70页。

年,查理二世颁发特许状,从马萨诸塞分离出来的康涅狄格成为王室殖民地。同年,查理二世致信马萨诸塞,要求马萨诸塞修改法律,声称现有的一些法律不完全符合其特许状中的内容要求,殖民地的法律应与英国法律相吻合。国王的要求遭到马萨诸塞议会的拒绝,因此,1664年查理国王命令四名前往新尼德兰的专员对新英格兰的有关情况进行调查,国王命令中还特别要求调查新英格兰执行《航海条例》的情况。专员们到达新英格兰的罗德岛、康涅狄格和普利茅斯时,得到了良好的配合,工作顺利。但他们在波士顿时却受到冷遇,殖民地官员不予配合,甚至拒绝承认专员们的权力,禁止任何人与他们接触。结果专员们报告称,马萨诸塞执行《航海条例》不力,建议国王将先前颁发的特许状予以撤销。随后查理国王决定对马萨诸塞作进一步的调查,并要求马萨诸塞派代表作出解释。针对新英格兰商人违犯《航海条例》的问题,1673年英国议会制定的殖民地贸易法即《殖民地关税条例》专门规定,从英属某个殖民地将货物转运到另一殖民地,也应交纳关税;新英格兰商人需向有关当局出具一份承诺将货物运到英国的保证书。1675年,英国在枢密院设立由社会上具有一定地位和影响的人组成的贵族贸易委员会,其主要职能就是提供殖民地执行英国法律的情况,推动英国的殖民政策真正得以贯彻。1676年,英国政府开始向北美各殖民地包括新英格兰派遣收税官吏,收税官吏经常就殖民地的关税征收及贸易问题向英王及政府作出汇报。英国强力推行重商主义政策遭到殖民地商人和种植园主的强烈抗议,1677年,马萨诸塞议会公然致函伦敦枢密院:"根据法律学者通常的言论,我们恭顺地认为,英国的法律仅限于四海之内,不施及美洲……我们在议会里没有代表,故考虑,我们不该在自己的贸易中受到英国法律的妨碍。"①这种公开的离心行为恰是英国所担心的,也是英国所不能容忍的。1681 年,英国又在各殖民地建立海事征税站,负责征收殖民地因违背《航海条例》应补缴的税款。不久,贵族贸易委员会委派帝国税务官员爱德华·伦道夫(Edward Randolph)前往马萨诸塞,但马萨诸塞议会根本不予理睬,不仅不承认伦道夫的权力,依然自行其是,甚至还监禁了伦道夫的助手。针对马萨诸塞殖民地的公然违抗行为,贵族贸易委员会决定对其起诉,伦道夫指控马萨诸塞所犯罪状达 29 条之多,其中有 23 条是控告其违反《航海条例》的。随着英国政府强化殖民地管理的决心不断增强,英国与马萨诸塞殖民地之间的矛盾也与日俱增。1684 年,英国法院最高法庭宣布马萨诸塞和其他几个殖民地的特许状已"解除、取消与作废",强行使之成为王室殖民地,由英王直接任命殖民地的总督和参事会,原先的代议制机构遭到解散,市镇会议的权力也受到削弱。不甘屈服的新英格兰清教徒展开了广泛的政治斗争,一度完全控制了殖民政府。

　　詹姆士二世继位后,为了进一步加强对新英格兰各殖民地的控制,建立一套更为有效的管理制度,同时为了解除法属加拿大对英属北美形成的威胁,决定将新泽西、纽约、康涅狄格、罗德岛、普利茅斯、马萨诸塞、新罕布什尔和缅因等殖民地合并成单一的新英格兰领地(Dominion of New England),由一个政府实施集中统一的统治管理。领地内的一切事务包括立法、行政和司法权皆由王室指派的总督和国王任命的参事会负责,不设代议制机构,各殖民地无权征税和处理未分配的土地,王室还专门派出皇家军队为总督执行命令

---

① 斯塔夫里阿诺斯:《全球通史——1500 年以后的世界》,第 172 页。

保驾护航。1686年,前纽约总督爱德蒙·安德罗斯(Edmund Andros)出任新英格兰领地总督,他到达新英格兰后,忠实执行英王的旨意。贵族贸易委员会要求安德罗斯"废除久已确立的权利和特权,并且在没有军队、警察和政党支持的情况下,对五十多年来一直是自己管理自己的人民实行专制统治"[①],以树立帝国的权威。为此安德罗斯努力加强殖民地的防务,坚决贯彻《航海条例》。他将殖民地议会抛在一边,不经议会同意而肆意征税;取消陪审团制度,废除原先殖民地的土地所有权,建立一套新的土地所有权制度。在宗教方面,作为忠实的国教教徒,他蔑视清教徒的宗教信仰,取消各殖民地原来的宗教政策,把波士顿的清教礼拜堂改成国教教堂,支持国教徒在那里进行宗教弥撒活动。到1688年时,安德罗斯已将其统治权扩展到了罗德岛、康涅狄格、纽约、新泽西等殖民地。在其控制范围内,所有的殖民地议会均被解散。至此,英国对新英格兰殖民地的控制达到顶点。在《航海条例》的限制下,新英格兰的经济殖民的性质进一步强化了,它向英国输出的是皮革、木材和渔产品,消费品则基本依赖于英国和欧洲的进口,结果其贸易严重入超。到1700年时,新英格兰与宗主国的贸易逆差就达到一年18万英镑。[②] 安德罗斯的独断专行是对殖民地早已形成的殖民地事务由殖民地议会管理传统的公然践踏,也是对新英格兰人民自由的公然侵犯,因而遭到了殖民地居民的普遍反对,为殖民地以后的大规模反抗埋下了伏笔。

在早期建立的殖民地中,弗吉尼亚是相对英国化的一个殖民

---

① J.布卢姆等:《美国的历程》(上册),第75页。
② 吉尔伯特·C.菲特、吉姆·E.里斯:《美国经济史》,第103页。

地,而且比英国的任何地方更富有农村风味。最初的弗吉尼亚人均以自己为英国人而自豪,包括一些大种植园主,都希望在北美发财致富后,衣锦还乡回到英国。因此,殖民地模仿英国的模式建立地方政府,各县均有王室总督委派的法官。北美南部的另一殖民地马里兰在土壤、气候、经济和社会制度方面均与弗吉尼亚相类似。南部殖民地特殊的自然条件为发展种植园经济创造了适宜的条件,而移入南部的移民大多为贵族和大地主,他们自然积极发展大种植园经济。所谓种植园,它"是一种资本主义形式的农业组织,雇用相当数量的奴隶,在统一管理和指挥下从事一种主要作物的生产"。① 种植园以生产商品获取货币为目的,以种植烟草、大米和蓝靛为主,而以种植烟草最为突出,因为种植烟草成本低,收益大,且为英国和欧洲当时所开辟的市场所需要,获利极高。1620 年,弗吉尼亚和马里兰两个切萨皮克湾殖民地每年出口的烟草在 6 万磅左右,而到 17 世纪 60 年代后期则猛增到 1 500 万磅左右,80 年代中期时更达到大约 2 800 万磅。② 烟草贸易成为维系弗吉尼亚和马里兰经济生活的决定性因素,通过烟草贸易,两地换回自己几乎所有必需的日常消费品及其他商品,这便形成了它们与宗主国比较密切的从属依赖关系。

弗吉尼亚等南部地区在 17 世纪前期,由于对外贸易的发展,经济发展很快,人口大大增加。1630 年,弗吉尼亚的居民有 2 500 人,1650 年上升为 18 731 人,1660 年则达到 27 020 人;马里兰的居民

---

① 吉尔伯特·C.菲特、吉姆·E.里斯:《美国经济史》,第 88 页。
② Nicholas Canny, ed., *The Oxford History of the British Empire*, Vol. I: *The Origins of Empire*, p. 183.

1640年为583人,1650年是4 504人,1660年达到8 426人。①

斯图亚特王朝复辟后,对王朝一向忠诚的弗吉尼亚反而受到了严重损害,特别是《航海条例》对以农业为主、不从事制造业的南部殖民地形成了致命性的打击,因为新《航海条例》中的"列举品"大多来自于南部殖民地。1660年以前,弗吉尼亚和马里兰的种植园主可以根据自己的意愿和市场行情,将其生产的烟草、砂糖等农产品高价出售给欧洲任何国家以获取高利,同时以比较低廉的价格换回自己所需的各种产品。而《航海条例》使殖民地的商品必须先运进英国,由英国统制航海业。这显然对英国商人有利,因为英国商人可以利用对航运和烟草贸易的垄断,提高运输费用,压低烟草价格;对殖民地来说,《航海条例》的实施使其提高了运输成本,缩减了主要种植物特别是烟草在国际市场的销路,提高了输入外来制成品的价格,加强了对宗主国的依附性。烟草贸易受阻后,殖民地烟草价格急剧下跌,物价迅速上涨,致使南部种植园主债台高筑。《航海条例》颁布后殖民地的烟草价格只有每磅半便士,有时甚至低到每磅四分之一便士,而在1660年以前,每磅烟草的价格为三便士。② 与此相反,种植园主所需的英国工业品的价格则提高到英国价格的两三倍。③ 英国航运商们在运输方面不断增加运费,致使运费由每吨7镑提高到每吨12到17镑。④ 这大大挤压了殖民地的获利空间,给

---

① U.S. Bureau of the Census, *Historical Statistics of the United States: Colonial Times to 1957*, p.1168.
② 赫伯特·摩累斯:《为美国的自由而斗争》,孙硕人等译,三联书店1975年版,第51页。
③ Curtis P Nettels, *The Root of American Civilization: A History of American Colonial Life*, p.25.
④ 赫伯特·摩累斯:《为美国的自由而斗争》,第52页。

殖民地种植园主造成严重损害。威廉·伯克利总督在1662年报告说,烟草价格已下降到不足以偿付运费的程度,"为了要使四十来个英国商人发财,有四万人被弄得贫穷了"。① 不仅如此,为了强化对弗吉尼亚的经济控制,英国对其政治的控制也达到前所未有的程度。英国无视殖民地议会的存在,剥夺殖民地的自治权。顽固的保王党人伯克利被任命为弗吉尼亚总督后,对殖民地的各级各类政府机构严密控制,并忠实秉承英王的意旨行事。殖民地虽选举了议会,但议会自1661年起,长达15年之久未曾召开,形同虚设。1670年,弗吉尼亚议会效法英国,确定了选民的财产资格限制,规定只有动产或不动产的拥有者才能成为选民。伯克利及其亲信还以公徇私,垄断对印第安人的贸易。英国对于北美南部殖民地的损害和压制激化了社会矛盾,终于引发了北美历史上第一次严重的叛乱即"培根叛乱"(Bacon's Rebellion)。② 伯克利将培根宣布为叛国者并对反叛者进行了严酷的镇压,英王也认为"培根叛乱"是对其权威的公然挑战,因此派1 100人的皇家军队前往镇压。"培根叛乱"虽然最终失败,但它深刻地反映出英国的殖民统治与殖民地之间的矛盾,是英国殖民统治所遭遇的严峻挑战,英王于是不得不召回伯克利。

此后,种植园主与总督及参事会以及控制地方政治的大种植园之间的矛盾仍然存在,1682年时,由于烟草价格不断下跌,弗吉尼亚

---

① 塞缪尔·埃利奥特·莫里森等:《美利坚共和国的成长》(上卷),第103页。
② 指由纳撒尼尔·培根(Nathaniel Bacon)于1676年在弗吉尼亚领导发动的叛乱。此次叛乱的导火线是对印第安人的战争,但后演变为席卷弗吉尼亚的反对殖民当局的战争。详见 Nicholas Canny, ed., *The Oxford History of the British Empire*, Vol. I: *The Origins of Empire*, p.448.

的格洛特县、新肯特县和米德尔赛克斯县发生了砍烟草苗的骚动,殖民地当局不得不采取行动限制烟草生产,如减少种植面积、稳定烟草价格等。① 为了对抗英国的经济限制,南部殖民地的贸易走私现象也十分严重。"由于航海法令增加了殖民者的烟草生产成本,所以他们只要有可能便不守法。有些烟草不经过英国海关,走私到欧洲;在西半球,离开英国官员管辖越远,违反航海条令的情况越突出。事实上,违背英帝国经济法规的现象在北美殖民地是司空见惯的。"② 弗吉尼亚等地种植园经济的曲折发展,是殖民地经济发展的必然结果,也是英国重商主义殖民政策的必然结果。只要烟草的价格和销售问题得不到解决,仍受限制和垄断,宗主国与殖民地的矛盾就将存在。

西印度群岛殖民地作为英国主要的热带物产的供给地,在复辟王朝时期发生了重要变化,并成为理想的体现帝国经济概念的殖民地。17世纪初期的几十年间,英国在西印度群岛殖民地的活动虽然十分频繁但成就不大。第一批英国移民来到巴巴多斯,主要种植烟草、棉花、蓝靛等作物,但这些作物很难与其它殖民地相竞争。在可耕地面积十分有限,而且开辟灌木地带的原始成本较高的岛屿上,唯一的经济作物只有那些产量高而价格也高的作物。自1641年巴巴多斯首先引种甘蔗并掌握制糖技术以后,丰厚的回报、适宜的气候、肥沃的土壤及优越的地理位置使得巴巴多掀起了种植甘蔗的高潮,绝大多数规模较大的种植园在1647年前后转向了甘蔗种植。大

---

① 赫伯特·C.菲特、吉姆·E.里斯:《美国经济史》,第87页。
② 杰拉尔德·冈德森:《美国经济史新编》,杨宇光等译,商务印书馆1994年版,第103页。

面积种植甘蔗及制糖业的发展使巴巴多斯很快成为"西印度糖岛之母",巴巴多斯也因此成为美洲地区最富有的地方。此后甘蔗种植和制糖迅速推广到背风群岛及牙买加、安提瓜等岛屿。自1650年以后,蔗糖成为西印度群岛唯一重要的产品。在甘蔗引进英属西印度群岛殖民地后的20年,蔗糖占到伦敦从殖民地种植园进口总值的将近一半,①超过了烟草。蔗糖业的快速发展对西印度群岛的影响殊为深远。"这种单一作物的发展不只是扩展一种利润大的作物和一种新工业,这是一种改变这些岛屿的种植成分和社会构造的革命。"②因为,一方面,甘蔗因其具有易腐的特性,必须在收割之后48小时后进行加工以得到最好的蔗糖汁,因此甘蔗的种植者或者其本身就是制糖者,或者必须靠近一家制糖工厂。显然,那些从事制糖的企业主必须具有一定的经济实力,他们需要建立配套工厂、购买配套设备,并雇佣大量的劳动力。为了保证工厂所需的甘蔗供应以寻求最大的经济回报,制糖企业主开始不断通过垄断糖厂附近的土地所有权而成为种植园主,最终形成规模很大的甘蔗种植园。根据统计,西印度群岛一般的种植园很少在150英亩以下,有的超过5 000亩。对高额回报的企求使得种植园主们必须不断开辟新的土地,但是西印度群岛的可耕地是极其有限的,这就导致了大规模的土地兼并,昔日的小业主们纷纷破产,只好另寻他途。17世纪60年代后期,从巴巴多斯发出的一篇报告称,这个岛屿还有"不到七百个相当大的业主……一千二百个以前是业主的善良人们已经离开了,

---

① K. G. Davies, *The Royal African Company*, London: Octagon Books, 1975, p. 15.
② J. H. 帕里、P. M. 舍洛克:《西印度群岛简史》,第128页。

被他们的更加富有而贪婪的邻居们慢慢地挤出他们小小的居留地"。① 另一方面,甘蔗种植需要精耕细作和手工收获,因此需要大批劳动力。旧的契约佣仆制度根本无法持续,因为契约佣仆制度存在的前提是自由土地的大量存在,而西印度群岛土地面积有限,不能适应大量的移民移入,创办大种植园的高额成本也使一般移民望而却步,因而正如同时代的一些欧洲人所说的那样,西印度群岛"不是一个小人物的去处"②。所以西印度群岛基本上没有出现过英国白人移民大量输入的现象,即使移入也由于激烈的竞争而最终移走它处。1675年,巴巴多斯岛的议会就抱怨:"以前我们这里有源源不断地来自英格兰的基督劳工……可如今,英国来的人越来越少,因为在他们雇佣期满后,已经没有土地可以分配给他们了,要知道,土地在以前可是吸引他们来到这里的主要因素。"③于是,英国种植园主最终找到了从欧洲以外地区购买奴隶的办法来解决他们的劳动力问题,那就是大量引进非洲的黑奴。事实上西印度群岛英属殖民地在建立初期就已经使用黑人奴隶了,如新普罗斯登斯岛上的清教徒就经常掠夺西班牙殖民地上的黑人奴隶,然后或将他们出售以获利,或留在自己的种植园中充当奴隶。随着大种植园的不断发展,黑人奴隶不断增加。1640年时,巴巴多斯只有几百名黑人;到1645年,有6 000多个黑人和4万左右的白人;1685年,有4.6万个黑人和2万个白人。在牙买加,1673年的人口中已有黑人9 500人,白人

---

① J.H.帕里、P.M.舍洛克:《西印度群岛简史》,第129页。
② 塞缪尔·赫维茨、伊迪丝·赫维茨:《牙买加史》,南开大学历史系译,天津人民出版社1979年版,第86页。
③ 尼尔·弗格森:《帝国》,第63页。

只有7 700人;此后50年白人人口基本稳定,黑人奴隶增加到7.4万名。① 17世纪末到18世纪初,牙买加逐渐取代了巴巴多斯的地位,其运进的黑奴数量也超过巴巴多斯,奴隶与白人的比例高达10∶1。② 黑奴的艰苦劳动推动了种植园经济的发展,从17世纪后期开始,加勒比殖民地取代了巴西,成为新大陆的蔗糖中心,大量的蔗糖源源不断地流进英国。17世纪末,西印度群岛殖民地占英国进口贸易的9%,出口贸易的4%,而同期美洲大陆殖民地仅占8%与4%。③ 17世纪末,英国全部贸易带来的利润为200万英镑,其中种植园贸易占60万英镑,种植园商品再出口占到18万英镑。所以有人认为,如果将大英帝国比作一座富丽堂皇的大厦,那么其基石就是遍布英属美洲和加勒比海地区种植园的黑人奴隶劳动。④

西印度群岛殖民地重要的战略价值和经济价值日益引起英国政府的重视,但是复辟时期的英国从重商主义出发,对该地区的控制主要体现在经济和贸易方面。《航海条例》的实施和1672年特许皇家非洲公司的成立,旨在将西印度群岛的经济发展和贸易完全纳入为宗主国服务的轨道。1660年,有五六个利益集团要求继承先前卡莱尔特许状中关于巴巴多斯和背风群岛的特权。结果,1663年,巴巴多斯与背风群岛被迫接受4.5%的出口税,以作为王室赐予卡莱尔特权的延长期限的代价。⑤ 当牙买加成为蔗糖的主要生产基地后,为防止过多的蔗糖生产可能导致糖价下跌从而损害英商的利

---

① J.H.帕里、P.M.舍洛克:《西印度群岛简史》,第134页。
② 约翰·霍普·富兰克林:《美国黑人史》,张冰姿等译,商务印书馆1988年版,第61页。
③ J.H.帕里、P.M.舍洛克:《西印度群岛简史》,第150页。
④ A.G. Hopkins, *An Economic History of West Africa*, London: Longman, 1977, p.91.
⑤ W. D. Hussey, *The British Empire and Commonwealth*, p.70.

益,英国停止了在加勒比地区扩张,所以戴维斯认为:"牙买加在1655年被占领以后的半个世纪的特点是英国利益在西印度群岛的巩固而不是扩大。"[1] 当然,英国在贸易上的控制也遭到西印度群岛殖民地的不满和抵制。1664年,背风群岛的安提瓜、蒙特塞拉特岛与克里斯托弗岛的种植园主就要求重新实行自由贸易,因为他们在进行交易时正在承担"难以承受的困难"[2]。种植园主通过贿赂等手段使得殖民地总督在执行英国政策特别是执行《航海条例》时并不严厉,再加上不少英属加勒比殖民地拥有曲折的海岸线,从而为走私贸易甚至是海盗活动提供了条件,所以,英国《航海条例》对西印度群岛殖民地的消极影响是有限的。1670年,英国与西班牙签订了《马德里条约》,根据此条约,双方放弃海盗式的抢劫活动,英国人在加勒比海的存在首次得到西班牙的正式承认,这为英属加勒比海诸岛的稳定与发展创造了新的条件。从政治上来说,虽然英王也试图加强对加勒比海殖民地的政治控制,但是效果不大,代议制政府的传统已经根深蒂固,难以轻易改变。总督和相关高级殖民地官员由英王直接任命,总督指定参事会成员,但每个岛屿都有它的议会,议会由拥有自由产权的种植园主选举产生,有权决定税收并制定不与英国法律相抵触的法律。1678年,英王曾打算取消牙买加议会的自治权力,但由于遭到殖民地的强烈反对而没有实现。牙买加获准建立了与巴巴多斯相类似的代议制,"法律由总督、参事会和议会共同制定"。[3]

---

[1] 伊曼纽尔·沃勒斯坦:《现代世界体系》(第二卷),第230页。
[2] 保罗·希特尔:《大西洋史》,第127页。
[3] W. D. Hussey, *The British Empire and Commonwealth*, p.72.

斯图亚特王朝复辟时期，英国对爱尔兰的政治统治，与克伦威尔时期相比虽有所缓和，但经济控制却进一步加强，对爱尔兰的殖民政策继续推行。查理二世继位后，爱尔兰的天主教徒曾寄希望于其能恢复他们昔日的地位。但是面对新的形势并出于政治统治的需要，查理二世一方面颁布相关法令，确认冒险家所获的土地；另一方面保证修改克伦威尔组织法令，适当照顾天主教徒的利益，一些贵族和小地主原来的地位和土地得到部分恢复。但是由于爱尔兰的克伦威尔党人十分强大，查理二世的法令很难执行下去，结果国教派新教徒仍然占据着大部分爱尔兰土地，并控制着议会、政府、城镇和贸易。据威廉·配第的统计，1672年爱尔兰有农田1 200万英亩，新来的克伦威尔党人占有450万英亩，天主教徒只占350万英亩，其余为早期新教殖民者所有。而在人口方面，天主教徒占80万，新教徒只有30万，且多数为厄尔斯特省的长老会教徒和英国的非国教新教徒。[1] 信奉天主教的詹姆士二世继位后，任命天主教徒在爱尔兰的政府机关中担任高级官员，1686年，让天主教徒出任驻爱大臣并组建天主教军队。天主教徒占多数的爱尔兰议会甚至通过了取消克伦威尔时期土地分配方案的法案，但是此法案由于英国政局的变动而未及实施。1689年7月，由于伦敦德里城战役结束及詹姆士二世彻底失败，爱尔兰的天主教势力失去了依靠。1691年，爱尔兰所有的天主教军队投降，天主教势力彻底衰退。到1695年，爱尔兰天主教徒拥有的土地减少到14%。[2] 英国学者T. W. 弗里曼指

---

[1] 艾德蒙·柯蒂斯：《爱尔兰史》（下册），江苏师范学院翻译组译，江苏人民出版社1974年版，第491页。
[2] 罗伯特·基：《爱尔兰史》，第45页。

出,正是在17世纪,"一个新的地主阶级安置在爱尔兰了。旧的天主教地主的权力最后被摧毁了"。①

17世纪后期,英国对爱尔兰的殖民统治也充分体现出重商主义的基本特色。随着斯图亚特王朝的复辟,英国国教成为爱尔兰官方承认的唯一宗教。表面上,爱尔兰议会对内享有最高权力,但实际上完全受英格兰遥控。此时爱尔兰被认为是英国的组成部分,英王即为爱尔兰国王,但实际上爱尔兰是被视为英国的殖民地看待的,这主要表现为英国对爱尔兰的经济和贸易进行严格限制。1651年《航海条例》曾将爱尔兰也包含在英国自己的利益范围内,但1660年《航海条例》则将爱尔兰视作与北美殖民地一样,禁止其与美洲殖民地进行直接贸易,它必须经过英格兰才能获取英属殖民地的物资或输出自己的产品,爱尔兰无权建立自己的贸易船队。1665—1680年,英国议会陆续通过包括《爱尔兰牲畜法令》在内的一系列法令,禁止爱尔兰将牲畜、肉类等产品出口到英格兰,以避免爱尔兰廉价的牲畜产品与英国地主和饲养场主进行竞争,并迫使爱尔兰向英国出口羊毛。由于爱尔兰几乎没有自己的工业,肉类出口和粮食贸易是其主要财富来源,因此,英国的法令对爱尔兰的打击是致命的。"光荣革命"后,英国继续推进重商主义政策,1699年,英国通过《爱尔兰毛纺织品法令》,迫使爱尔兰生产亚麻,以避免爱尔兰在毛纺织业上与英国竞争。英国的殖民政策导致爱尔兰广大农民陷入贫困境地,根据威廉·配第的统计,当时爱尔兰有18.4万个家庭的房子

---

① T.W.弗里曼:《爱尔兰地理》,上海师范大学爱尔兰地理翻译组译,上海人民出版社1977年版,第89页。

只有一个烟筒,或者根本没有烟筒。① 所以,希尔指出:"继黑奴之后,爱尔兰成为英格兰获得世界霸权的航海体系的主要牺牲品。"②

总之,17世纪后期英国加强对殖民地的控制,尽管遭到殖民地的抵制,但是英国的动机是相当明确的,即严格按照《航海条例》及重商主义的基本原则规划和管理殖民地,力图形成重商主义的殖民帝国体系。

四、奴隶贸易的兴起与东印度公司的扩张

新航路开辟之后,相互孤立的欧洲、美洲、非洲等大陆相互联系了起来,世界性的市场开始形成。而在这一时期的世界市场中,非洲市场和美洲市场的地位和作用日益凸现,而且两个市场之间有着某种联系,奴隶贸易就是这两个市场各自发展和相互作用的结果。

经济学家亚当·斯密认为:"美洲的发现给欧洲各种商品开辟了无穷的新市场。"③正因如此,当美洲沦为西方殖民地之后,殖民者们便提出了各自不同的掠夺美洲殖民地的最佳方案。与西班牙、葡萄牙在美洲形成的掠夺型殖民方式不同,英国在北美和加勒比地区的殖民过程中形成了自己的殖民特色即开发型殖民。英国在美洲的殖民活动起初是为了寻找黄金白银及寻找经美洲西北部通往太平洋以获取东方财富的贸易通道。但是,他们在北美大西洋沿海平

---

① 威廉·配第:《爱尔兰的政治解剖》,第51页,载《配第经济著作选集》。
② 伊曼纽尔·沃勒斯坦:《现代世界体系》(第二卷),第350页。
③ 亚当·斯密:《国民财富的性质和原因的研究》(下卷),第19—20页。

原并没有找到金银,也没有找到通往东方的道路,但找到了适宜农耕、捕鱼和经营贸易的场所。土地辽阔和人口稀少的北美一下子吸引了英国的移民,大量移民尤其是中下层人民纷拥至北美旷野,开拓定居殖民地,从而在北美建立了移民定居殖民地,而另一部分殖民者则在加勒比地区建立起种植园殖民地,生产英国没有却又需要的热带产品。所以,英国的殖民扩张史也是一部人口的大规模迁徙史,正如弗格森所指出的:"如果没有数百万人的背井离乡——有些人是自愿离开的,有些则不然——大英帝国也无法建立。因为大英帝国存在的一个不可缺少的基础就是大量移民:这是人类历史上最大规模的移民。"①

英国殖民者掠夺了大量土地,为了开发其丰富的资源,迫切需要大量的廉价劳动力,特别是南方殖民地烟草等种植园经济对劳动力的需求更大。起初殖民者很自然地将土著印第安人视为现成的劳动力,但是,长期的游牧狩猎和时常迁徙的生活早已锻造了印第安人自由和桀骜不驯的个性,这使得他们对种植园制度中强迫性的劳动和固定的生活方式很难适应。殖民者早期对印第安人的残酷剥削以及驱赶屠杀政策使许多印第安人或者过早死亡或者逃避到僻远的地方,而欧洲人带来的各种疾病对印第安人的侵袭,也使印第安人人口大为减少。有人推测1492—1900年,印第安人死于各种疾病的占其死亡总数的90%;②另有人统计,1500年,在后来成为英国殖民地的北美地区居住着56万印第安人,而到1700年此数字已

---

① 尼尔·弗格森:《帝国》,第47页。
② Peter Nabokov, ed., *Native American Testimony: An Anthology of Indian and White Relations*, New York: Crowell, 1978, p.145.

经减少了 1/2。① 因此,将印第安人作为农业劳动力的主要来源已经无济于事。"凡是使用印第安奴隶的地方都无利可图,即使有利可图,对于 17 世纪欧洲殖民地蓬勃发展的农业来说,印第安奴隶的人数也不够。"②况且,幸存的印第安人又是殖民者从事毛皮贸易的主要伙伴,毛皮贸易在英法殖民地早期经济生活中占有重要地位,甚至是殖民活动的一项重要内容。许多殖民官员、商贾和军官因此发财致富,而毛皮的主要供应者,便是拥有猎取经验和剥制处理皮革技术的印第安人。于是,如何发掘其他劳动力资源以解决劳动力问题,直接关系到 17 世纪英属美洲殖民地农业和种植园经济的维系及整个殖民地的发展,也直接影响到英国重商主义殖民政策的贯彻实施和重商帝国的最终确立。西班牙和葡萄牙人抢占先机,使英国殖民地无法从人烟稠密的中美、南美地区输入劳动力。英国也不可能从亚洲输入奴隶,"因为征服亚洲是在哥伦布航行以后许多世代的事情;还因为:当时欧洲国家的力量和技术,无论如何还没有发展到足以解决把奴隶从亚洲海运到美洲的问题"。③ 因此,在北美和加勒比地区发展的初期,除采用自由劳动制度外,一度普遍采用契约佣仆制度,通过使用大量的契约佣仆解决殖民地的劳动力问题。据粗略统计,1630 年以后来北美的白人移民中至少有一半到 2/3 是契约佣仆,④在北美南部地区这一比例更高。契约佣仆大约分为两类:一类是自愿的,其中包括以出卖劳动力用于抵偿路费的人,服役期满

---

① 尼尔·弗格森:《帝国》,第 57 页。
② 约翰·霍普·富兰克林:《美国黑人史》,第 42 页。
③ 赫伯特·阿普特克:《美国人民史》(第一卷:殖民地时期),全地、淑嘉译,三联书店 1962 年版,第 9 页。
④ David Galenson, *White Servitude in Colonial America, An Economic Analysis*, Cambridge:Cambridge University Press,1982,pp. 12 - 13.

即获人身自由并可得到50亩左右的土地,也包括以无偿劳动来学手艺的徒工,他们学艺期满即可按契约规定获得人身自由;另一类是非自愿的契约佣仆,其中包括死刑犯、被拐骗者以及其他被判有罪者。① 但是,随着英属殖民地的发展,特别是弗吉尼亚和加勒比地区大种植园经济的兴起和发展,契约佣仆已无法满足殖民地对劳动力的巨大需求,首先是因为契约佣仆的来源日益枯竭,土壤耗竭引起的耕地转移以及大种植园经济所导致的土地日益集中使殖民地可供自由支配的土地所剩无几,这样,殖民地对那些希望在新大陆成为小地产主的自愿移民失去了吸引力,而强制性的契约佣仆的数量毕竟有限,他们中的许多人来到北美以后便想方设法逃跑,一旦逃到荒无人烟的地方,便很难发现和区分他们。其次,契约佣仆来到殖民地,种植园主首先得花费一定经费,契约佣仆的工作期限不长,1650年以前一般为不到10年,之后一般为4年,期满后他们即可获得人身自由。植园主认为这在经济上极不合算,他们需要不断地为劳动力问题发愁。

为了真正彻底地解决种植园所需的劳动力问题,殖民者们便把目光转向了黑人。早在17世纪初,英属殖民地就已经存在着一定数量的黑人。据说在1619年,一艘前往弗吉尼亚出售人口的快船捎来了第一批黑人。由于这起偶然的但却具有决定性的买卖,英国殖民地开始和这项臭名昭著的贸易纠缠在一起。② 1631年,英国在西非黄金海岸建立了第一个贩奴据点。但是,此时英国殖民者尚未认识

---

① 参见斯·尤·阿勃拉莫娃《非洲——四百年的奴隶贸易》,陈士林、马惠平译,商务印书馆1983年版,第53页。
② 纳尔逊·曼弗雷德·布莱克:《美国社会生活与思想史》,第6页。

到黑人就是新大陆各种工作所需要的可能找到的最好的劳动力。直到 17 世纪中期,来到北美的黑人尽管其地位要比白人移民低,但是其实际地位并非后来意义上的奴隶。有人断言,黑人奴隶和白人契约佣仆并无什么区别,其终身服役的期限也没有什么意义。① 弗吉尼亚 1623 和 1624 年的人口统计中,将黑人列为仆人;弗吉尼亚的相关法律也明确规定,无论是黑人奴隶、契约佣仆,还是自由人,在法律上都享有同等的权利和义务,主人对自己的黑奴不得随意杀害。

然而,殖民者对利益的渴求及殖民地劳动力的严重短缺注定了黑人的未来命运,相对于契约佣仆来说,黑人的优势是十分明显的。非洲拥有大量的黑人从而形成了充足劳动力的供应源,这是殖民者一劳永逸解决种植园所需劳动力问题的关键。黑奴拥有强健的体魄和适应能力,使其既适应热带劳动条件并对热带疾病具有一定程度的免疫力,又有金属加工、采矿及种植热带作物的经验与技术。由于黑人来自非基督教地区,没有接触过基督教的道德观念,主人为了求得种植园的安定,就可以对他们严加管教,并使他们在道义上和精神上感到低人一等。② 黑人特殊的肤色标记使他们难以逃脱种植园主的控制;此外,英国及英属殖民地的一些资本家逐渐发现通过贩卖黑人可以获得巨额利润。更重要的是,使用黑奴在经济上更为合算,1645 年一封写给约翰·温思罗普的信中就明确指出:"只有寻到足够的奴隶替代我们干活,我们才能发展起来,否则即使到了我们子孙的时代,这个广袤的大陆上也不会有足够的人……佣工

---

① Oscar Handlin, *Race and Nationality in American Life*, Boston: Little, Brown & Co., 1957, p.11.
② 约翰·霍普·富兰克林:《美国黑人史》,第 43 页。

索价很高,因此,留不住,你想必明白,我们花在20名摩尔人(非洲黑人)身上的钱也比花在一名英国佣工身上的钱来得便宜。"①于是,把黑人仆役变成奴隶并从非洲购买奴隶终于成为英属弗吉尼亚和加勒比地区种植园解决劳动力问题的首选。"只有在仅需简单劳动的天然肥沃的广大土地上大规模使用大批奴隶来经营才是有利的。"②

实际上,17世纪初期,在英属加勒比海地区的烟草种植园中就已开始使用黑人奴隶。1636年,巴巴多斯议会宣称:"黑人和印第安人一旦被卖到这里,就应终生服役,除非事先订立有可以获得自由的另一个合同。"③但是黑人奴隶真正成为殖民地经济生活的主体是在17世纪60年代以后。此时,一方面由于种植园特别是西印度群岛发展起了甘蔗种植业,种植园需要不断开垦新的土地才能使种植园制度得以生存和发展,新开辟的土地需要大量新的劳动力,于是采用奴隶制度成为必然。即使此时奴隶制"未必是经营蔗糖种植园的最廉价和最有效的方法……它也是唯一的一种可行的方法,尤其是对白人劳工已不再有吸引力的时候"。④ 另一方面,殖民地当局为了经济利益而纷纷立法,确认黑人奴隶制的合法性,从而彻底改变了黑人的社会地位和政治命运。在1640年和1660年间,奴隶制在

---

① 卡尔·戴格勒:《一个民族的足迹》,第37页。在一份1655年的财产目录上记载:二名剩下四年服役期的男佣工共值1 300磅烟草,一名只剩1年服役期的女佣工值800磅,而二名黑人男孩没有服役年限每人各值4 100磅,一名黑人女孩要值5 500磅。参见卡尔·戴格勒:《一个民族的足迹》,第34页。
②《马克思恩格斯全集》,第15卷,人民出版社1963年版,第353页。
③ 斯坦利·L.恩格尔曼、罗伯特·E.高尔曼主编:《剑桥美国经济史》(第一卷:殖民地时期),第128页。
④ 伊曼纽尔·沃勒斯坦:《现代世界体系》(第二卷),第206页。

英属美洲殖民地迅速变成现实。① 1640 年,弗吉尼亚率先通过法庭判决的形式将黑人契约奴定为终身奴隶,奴隶关系的法律化过程由此开始。1661 年和 1663 年,弗吉尼亚议会和马里兰议会先后通过法令,直接或间接地确认了黑人的奴隶身份,标志着英属美洲殖民地的黑人奴隶制已经初步形成。其后,"非洲人被带到北美其他殖民地时,各处都援引弗吉尼亚的先例,致使非洲人充当奴隶的命运从一开始就注定了"。② 1667 年的议会法令规定,在弗吉尼亚的黑人是奴隶还是自由人,完全取决于其母亲的状况,假如一个基督徒与一个黑人或黑人妇女私通,那么犯罪的他或她将要双倍支付按正式法律征收的罚款。此后,弗吉尼亚颁布的法令中都对黑人的地位做了具体规定,这些规定将自由人和黑奴之间的差别法律化和固定化了。马里兰等其他殖民地也相继对黑奴的地位和身份作了界定。1667 年,英国政府制定《英国种植园管制黑人法令》,该法令声称,加勒比海地区黑人的"本性就是野蛮的、残暴的和未开化的,只能通过严厉的手段加以控制"。没有通行证,奴隶就不得离开种植园,星期日不得外出,不准携带武器。若奴隶殴打了基督教徒,他将受到严厉的鞭笞,再犯者将在脸上打上烙印;而如果种植园主偶然把奴隶打死,他不会被罚款或监禁。③ 稍后,英属北美各殖民地相继颁布类似法令,这些法令不断得到补充和完善,形成了比较完备的黑人奴隶制法律体系,从而保证了黑人奴隶制度的发展及奴隶贸易盛行。

---

① John Russell, *The Free Negro in Virginia, 1619—1865*, Baltimore:Kessinger Publishing, 1913, p.29.
② 托马斯·索威尔:《美国种族简史》,沈宗美译,南京大学出版社 1992 年版,第 224 页。
③ 约翰·霍普·富兰克林:《美国黑人史》,第 61 页。

毫无疑问,奴隶贸易的源头在非洲。17世纪以前,欧洲殖民者在非洲殖民活动的主要内容是在非洲沿海的一些岛屿开辟种植园或开办工厂,使用黑人奴隶,以不等价的交换手段掠夺非洲商品,贩卖黑人奴隶,当时西非沿海地区的统治者习惯于将战俘和罪犯出卖为奴。16世纪早期,葡萄牙人将圣多美岛(Sao Tomé Island)拓殖成为欧洲市场最大的单一甘蔗供应地。"最终,圣多美岛种植园制度,即所有权归欧洲监工并由他们来管理,非洲奴隶劳动力来耕作的制度,成为美洲和加勒比海地区种植园奴隶制的模型。"①但是长期以来,欧洲的资本并未大量进入非洲特别是欧洲内地,也没有出现如同美洲那样的大量的欧洲移民,因为当时的非洲并不具备欧洲资本投资所需的政治、经济环境,而组织大规模的商品生产又困难重重。"非洲沿海酋长们一直拒绝让欧洲人穿入内地,他们希望能保持自己作为欧洲买主和内地生产者之间的中间人这一有利可图的位置。"②于是,贩卖黑奴就成为欧洲殖民者在非洲的主要经济活动,葡萄牙人将非洲的奴隶贩卖到西印度群岛或南美洲的葡萄牙、西班牙殖民地,获利甚丰,有时也将黑人运到欧洲。17世纪中叶以后,西方殖民国家逐渐确立了以种植园经济为核心的掠夺美洲计划,非洲理应服务于美洲,黑人奴隶这一非洲的主要商品因此获得了日益广大甚至难以满足的市场。从此,输出奴隶成为西方国家掠夺非洲的主要手段,进行奴隶贸易几乎成了殖民者们在非洲从事的唯一商业活动。

葡萄牙人是贩运黑奴的开山鼻祖。早在15世纪中期,葡萄牙商

---

① 凯文·希林顿:《非洲史》,赵俊译,东方出版中心2012年版,第212页。
② 斯塔夫里阿诺斯:《全球通史——1500年以后的世界》,第100页。

人就在西非海岸一带开始进行奴隶贸易,并在相当长的时间内垄断着黑奴贸易,其他国家的商人和奴隶贩子,只能时而拦截葡萄牙的贩奴船,时而冲破封锁到西非沿岸抢劫黑人,进行走私,但是规模极其有限。17世纪中叶,荷兰在与葡萄牙争夺中获得了优势,它以埃尔米纳(Elmina)为总部,在西非沿海建立和控制了18个贸易据点,实际上垄断了黑奴贸易,那时英属殖民地特别是西印度群岛需要奴隶,主要依靠荷兰商人供给。① 英荷争夺商业霸权全面展开后,英国开始积极参与黑奴贸易,打击荷兰的中介贸易和走私活动。特别是在西印度群岛,英国人开始拦截企图在英属岛屿出售奴隶的荷兰商船。② 为了推动与非洲的直接黑奴贸易,1660年英国政府支持成立英国皇家对非贸易探险者公司(Company of the Royal Adventurers into Africa),根据英王的特许状,公司拥有从布兰科角到好望角的整个西非海岸的贸易权,为时1 000年。1663年修改后的特许状第一次提出以黑奴贸易作为这家公司合法活动的一部分,公司每年应向西印度运送3 000名奴隶,英国王室的几位成员是这家公司的股东。③ 公司获得新特许状后,便积极从事奴隶贸易,公司每年向西印度群岛供应3 000名奴隶,到1672年,这一数字上升到5 600名。④ 从1663年8月至1664年11月,该公司代理商把3 075名非洲人运到了巴巴多斯。⑤ 此公司不仅向英属西印度贩卖黑奴,而且向其他国

---

① James E. Gillespie, *The Influence of Oversea Expansion on England to 1700*, p.112.
② Elizabeth Donnan, ed., *Documents Illustrative of the History of the Slave Trade to America*, Vol. 1: 1441—1700, Washinton: Carnegie Institution of Washington, 1930, pp.152-154.
③ J.H.帕里、P.M.舍洛克:《西印度群岛简史》,第186页。
④ 尼尔·弗格森:《帝国》,第65页。
⑤ 斯·尤·阿勃拉莫娃:《非洲——四百年的奴隶贸易》,第61页。

家的美洲殖民地进行贩运,以谋取暴利。1663年,公司就与一家代理商签定一份协议,每年向西班牙殖民地提供3 500名奴隶。① 皇家对非贸易探险者公司将贸易垄断特权转包给无特许证的商人,引起了英国殖民者强烈不满,加上公司经营不善,债台高筑,濒临破产,查理二世于是在1672年颁发特许状,对公司进行改组,更名为"英国皇家非洲公司"(The Royal African Company),由约克公爵出任公司主席。英国皇家非洲公司是英国重商主义时期最大的也是最后一个对非贸易的合股垄断公司,也是拥有最多特权和专利权的公司。公司获得的特许状宣称:公司有权在非洲建立和管理据点、商站和种植园,有权决定与异教国家的战与和,有权征集军队和实施戒严令,公司对从布兰科角到好望角之间的土地和贸易享有1 000年的垄断权。特许状规定公司的活动内容是黄金、白银和黑人贸易,②但实际上奴隶贸易是其主要目标。公司成立时明确提出:"应将奴隶送到所有缺少他们就存在不下去的美洲种植园。"得益于国王、政府的大力支持,皇家非洲公司在非洲西海岸击退了荷兰人的进攻,建立了17个商业居留地,在奴隶贸易中站稳了脚跟。到1675年时,英国皇家非洲公司已经取代荷兰在奴隶贸易方面取得优势,奴隶贸易的规模不断扩大。从1680年到1689年,公司向非洲派出了259艘奴隶船,贩卖了46 396名奴隶去美洲各殖民地。③ 该公司不仅是英国奴隶贸易的垄断者,"实际上它已成为世界上从事奴隶贸易唯一最

---

① K. G. Davies, *The Royal African Company*, p.43.
② Ibid, p.98.
③ 联合国教科文组织:《十五至十九世纪非洲的奴隶贸易》(联合国教科文组织召开的专家会议报告和文件),黎念等译,中国对外翻译出版公司1984年版,第97页。

重要的集团"。①

除了官方支持的大规模奴隶贸易之外,英属西印度群岛和美洲大陆殖民地的走私奴隶贸易也十分兴盛。早在17世纪中期,新英格兰的水手就曾在佛得角群岛和非洲西海岸的其他地区获取奴隶,然后转卖到美洲殖民地。17世纪70年代,新英格兰奴隶贩子又经常到西非海岸购买奴隶,以致皇家非洲公司对其破坏垄断地位的行为提出抗议,并扣押一些走私船只。但他们很快转移到马达加斯加等地继续从事走私贩奴。新英格兰许多名门巨富就是靠贩运黑人,积累起了巨额财富而飞黄腾达的。有学者认为,1680—1700年间,英国皇家非洲公司共运出14万名非洲黑人,而私人企业家则运出了16万人。② 皇家非洲公司对奴隶贸易的垄断已名存实亡,其承担奴隶贸易的作用已经有限;与此同时英属北美和西印度群岛的种植园主对黑人奴隶的供应不足深表不满。于是,1698年英国议会干脆作出决定,非洲贸易向所有英国人开放,结束公司对贸易的垄断。从此,个体商人可以建立商站以扩大贸易,而公司的职责是维护詹姆士堡,负责冈比亚的防务,公司为此有权向个体商人征税。这直接推动了英国的奴隶贸易,以至于奴隶贸易在18世纪达到高潮。

英国人经营黑奴贸易是通过一整套"贸易制度"来进行的。③ 奴隶贸易的第一步是在非洲形成黑人奴隶卖方市场。为了方便奴隶

---

① 约翰·霍普·富兰克林:《美国黑人史》,第46页。
② K. G. Davies, *Royal African Company*, p. 363.
③ 此种贸易制度即是人们所称的"三角贸易"。霍金斯是英国"三角贸易"的首创者。为打破葡萄牙和西班牙对加勒比地区的贸易垄断权,他在英国装上布匹和杂货,再到西非海岸装上直接从商人手里买来的奴隶,把货物和奴隶卖给定居在西印度的西班牙人,然后把返回英国时装运的食糖、皮革和白银搞到手。参见,R. B. 沃纳姆编:《新编剑桥世界近代史》(第三卷),第686页。

贸易，非洲沿海出现了许多贸易站或代理处，这些贸易站或代理处成为奴隶交易的主要据点和市场。奴隶商人到达这些据点之后，便与站里的高级官员以及当地非洲人取得联系，并结识部落首领，以取得他们的同意和协助。那些土著首领们为了自己的利益，往往通过种种手段诱使非洲人把自己的同胞掠为奴隶，甚至通过发动战争，将大批黑人战俘转手卖给非洲的奴隶贩子。随后，这些黑人奴隶被从非洲内地押运到海岸交易点，这些工作主要由非洲商人和奴隶掮客来完成。在交易点，英国奴隶商主要是用铁条、器物、枪械、火药、纺织品、烈性酒、饰物等物品，来交换奴隶。其中，被当作货币的铁条和白兰地酒在西非交换奴隶中最受欢迎，使用量较大。据1682年的记载，仅在果雷埃一地皇家非洲公司每年要进口的铁条就达1万条以上；1679年，英国一艘名为"燕"号的商船一次运抵非洲的货物中就有2 000条铁条，重达25吨，其价值要占到全船货物的近四分之三。① 黑奴贸易的最后一个步骤，是奴隶商用船把黑人运抵美洲。出于经济利益的考虑，贩奴船都是装载了足够的奴隶以后，才扬帆离岸开始大西洋的航程即"中间航程"。船内过分拥挤，饮食、卫生条件极其恶劣，因此黑奴的死亡率很高。贩奴船到达西印度群岛后进行第二轮贸易，幸存的奴隶被转手到奴隶掮客手中，他们有的代英属南部殖民地的种植园主购买黑奴，有的则将奴隶买下运到南部各港口待价而沽。奴隶商将贩卖奴隶获得的暴利用以购买美洲种植园和农庄生产的蔗糖、烟草及其他产品，再运返欧洲。如此循环往复，就是所谓的"三角贸易"。

---

① Elizabeth Donnan, ed., *Documents Illustrative of the History of the Slave Trade to America*, Vol.1: 1441—1700, p.283, 256.

一般而言,"三角贸易"循环一次大约需六个月时间,奴隶商可做三笔买卖,获利丰厚。根据英国人戴维斯在《黑母亲》一书中引用的材料,贩奴船"洛特累"号一次贩运 305 名黑人去牙买加出售,获得利润 1.1 万余镑,平均每贩运一名黑人可净赚 36 镑。① 奴隶劳动力的解决推动了英属殖民地的发展,到 17 世纪末,巴巴多斯仅靠出口每年就收入 38.8 万英镑,而美洲大陆各殖民的出口总收入估计只有 20.6 万英镑。牙买加、安提瓜、蒙特塞拉特、尼维斯和圣克里斯托弗也因此得到迅速发展,它们出口的主要项目是糖、烟草、靛蓝和姜,即那些主要使用奴隶种植的作物。②

17 世纪英国到底输入了多少黑人奴隶到北美和加勒比殖民地,很难作出精确统计,但是在 17 世纪后期英国已取代荷兰成为奴隶贸易的垄断者,这却是毫无疑问的。奴隶贸易严重影响了非洲特别是西非社会,正如约瑟夫·E.伊尼科里所总结的:"用强力捕获和出卖黑人的贸易,造成人口减少和社会瓦解以后,阻挠了资本主义成长所必需的市场活动的发展和制度改革。更重要的是,奴隶贸易的进行在各方面阻止了非洲同世界其余地区'正常的'国际贸易的发展。"③它使西非对外联系的渠道发生重要变化,由撒哈拉商道转向海上,西非的经济和政治权力中心也相应地由内地转移到沿海,非洲逐渐形成对外依赖的经济布局。但是,对于英国来说,奴隶贸易却是连结英国—英属美洲殖民地—非洲的重要纽带,奴隶贸易不仅使英国商人直接获得了巨额利润,也间接为英国的产品在西非和加

---

① 杨人楩:《非洲通史简编》,人民出版社 1984 年版,第 236 页。
② 斯·尤·阿勃拉莫娃:《非洲——四百年的奴隶贸易》,第 62 页。
③ 联合国教科文组织:《十五至十九世纪非洲的奴隶贸易》(联合国教科文组织召开的专家会议报告和文件),第 83 页。

勒比地区提供了市场,推动了英国的工农业发展。1695年英国一个议会委员会就强调,奴隶贸易对英国毛织业是一个鼓励,西印度需要羊毛为种植园中的奴隶制作毯子和衣服。① 更重要的是,奴隶贸易标志着英国形成了掠夺美洲和非洲的完整的计划。在此计划中,开发美洲是中心,奴隶贸易则是基础。正如重商主义正统派代表波斯耳思威特所指出的:"黑人奴隶是殖民地的支柱和桥梁","他们为英国提供了种植园的所有产品。英帝国是一座富丽堂皇的大厦,地面部分是美洲贸易和海军威力,而其地下基石就是非洲黑人劳动。"②美洲殖民地的发展带动了西非贸易主要是奴隶贸易的发展,使非洲对英国的重要价值充分体现了出来,因此"英属非洲帝国的基础是在17世纪奠定的",这一帝国的主线便是奴隶贸易。③

在非洲与美洲之间大规模奴隶贸易迅速发展的同时,17世纪后期英国在亚洲主要是在印度的商业贸易和殖民活动也取得了重大进展,其主要依托就是东印度公司。17世纪20年代,英国人被荷兰人逐出班达群岛和安汶岛,在巴达维亚及北大年的商站也相继关闭,英国东印度公司不得不将贸易和扩张的重点转向印度。总体而言,那时的东印度公司基本上只是一个商业公司,必须遵守必要的商业规则。有些活动虽然超出了商业贸易范围,但是极其有限,因此公司在与其他国家的竞争中前景并不十分光明。④ 在与东方的贸易中,英国完全处于入超地位,英国输出的是一般商品和贵金属,其

---

① 埃里克·威廉斯:《加勒比地区史》(1492—1969年,上册),第213页。
② A.G. Hopkins, *An Economic History of West Africa*, p.91.
③ Deane Jones, *The English Revolution, A Introduction to English History*, p.266.
④ R.C. 马宗达、H.C. 赖乔杜里、卡利金卡尔·达塔:《高级印度史》(下册),第687页。

中以贵金属为主。1611—1620年,英国东印度公司的贵金属出口占出口总额的64.9%,1658—1666年达到71.3%,1667—1673年为65.9%。① 印度出口的商品主要是自己的土特产品,诸如棉布、棉纱、香料、硝石、生丝等。1625年公司在马拉巴尔订购胡椒,价值就达1.5万英镑,当时胡椒在英国的年消费量达到20万磅,并有120万磅的胡椒转口出售到欧洲大陆。② 根据重商主义的早期理论,一个国家的强弱主要取决于一国财富的多寡,而一国财富的多少只能以本国拥有金银的数量来计算,因此增加金银储备,奖励出口,促使国外金银流入,是使国家富强之路。显然,英国东印度公司同印度的贸易是与重商主义原则相背离的。正因如此,东印度公司的经营活动不断受到各方面的指责,东印度公司的贸易垄断也受到冲击。1654—1657年间,英国与东印度的贸易实际上已经开放了,许多无特许状的商船赴东方从事贸易,结果使印度本地商品的价格猛涨40%—50%,而英国制成品价格却严重下降,产品滞销。③ 1657年,克伦威尔重颁特许证,确立了公司的合股制度,并恢复了东印度公司的贸易垄断权。因此从50年代开始,英国东印度公司被改组成永久性的股份公司。④ 公司性质的变化扩大了筹集资金的渠道,使其得以持续发展并形成规模效益。

17世纪下半叶,由于英国政府改变政策而英国的竞争对手先后

---

① Bal Krishna, *Commercial Relations between India and England, 1601—1757*, London: Routledge, 1924, p. 58, p. 118, p. 121, pp. 124 - 125.
② Bal Krishna, *Commercial Relations between India and England, 1601—1757*, p. 90.
③ E. Lipson, *The Economic History of England*, Vol. 2: *The Age of Mercantilism*, London: A. & C. Black, 1948, p. 306.
④ Holden Furber, *Rival Empires of Trade in the Orient, 1600—1800*, London: University of Minnesota Press, 1976, p. 405.

败阵,东印度公司获得了发展的良机,进入了扩张与繁荣时期。复辟时期,公司的贸易特权虽然受到一些冲击,但是由于得到英王及政府的保护,公司不仅保留了原有的贸易特权,而且扩充了新的权利。1661年查理二世颁布的特许状扩大了东印度公司的权力范围,规定公司有权任命官员进行管理和设立法庭,准许公司设防并建立武装力量进行防卫,可以独立处理与印度及其他国家的关系。针对当时东印度公司对印度的贸易结构的不合理从而招致英国重商主义者的不断反对和批评,1663年英王颁布法令:"鉴于一些规模大、风险也大的贸易,若不使用货币或金银就很不方便,规定从1663年8月1日起,任何人把金银货币出口到国外均属合法。"[1]此法解决了东印度公司的后顾之忧,减少了公司贸易活动的阻力,使公司的贸易垄断进一步巩固。1669年英国颁发的特许状允许英国军官和士兵为公司服务,这实际赋予了公司建立军队的权力,已超出了保卫商业的范畴。1668年,查理二世将葡萄牙国王作为嫁妆送给自己的孟买租赁给东印度公司,随后公司在孟买建立政权并设总督进行管理,当地的印度居民也要向公司纳税,孟买已成为公司的一块殖民地并成为西海岸的中心。1677年的特许状无视莫卧儿帝国政府的存在而公然批准公司在马德拉斯、孟买分别建立铸币厂,铸造货币在印度使用。1683年特许状允许公司对"异教"国家宣战、媾合、招募军队,授予其发动侵略战争的权力。1687年,英国政府又允许公司在租借地马德拉斯建立市政府和法院,将它变成了公司的殖民地并成为英国殖民势力在东方的大本营。英国政府通过一系列的法令及特许状,授予东印度公司越来越多的政治特权,公司的性质已

---

[1] Joan Thirsk, J.P. Cooper, eds., *Seventeenth-Century Economic Documents*, p.668.

经发生了重大变化,它逐渐变成了一个拥有商业、政治、军事、司法权力的综合型组织①,已经具有了政府的许多职能,经商、侵略、统治成为其活动的基本内容。这些特权正是东印度公司所梦寐以求的,同时也是英国国王和政府对外进行侵略扩张的实际需要。因为,一方面,以实力支持贸易,可以增强公司的贸易垄断地位,有利于击败国际竞争者并迫使东方民族接受贸易条件;另一方面,给公司政治权力,可以鼓励公司依靠自身的力量为国家扩大势力范围,获得殖民地。英国政府在自己无力直接在东印度进行扩张的情况下,东印度公司就成了它的工具,这正是 17 世纪后期英国海外殖民扩张的基本特征。英国政府事实上是东印度公司侵略扩张的幕后操纵者。

斯图亚特王朝复辟之初,印度各邦之间互相对立,影响了公司对印度的贸易,但同时也给英国人提供了新的机会。从 1669 年起继任苏拉特总管兼孟买总督的杰拉尔德·奥恩吉尔(Gerald Aungier)就写信给公司董事会,明确提出:"目前的时机需要运用你们和军队武力来经营一般的商业。"②这一说法得到公司董事会的支持,1684 年,公司董事会主席乔塞亚·蔡尔德致信英王,信中直接提出,"公司在印度应该成为名副其实的、享有绝对主权的强国"。至于这样做的原因,他后来是这样解释的:"正像我们的贸易一样,增加我们税收的收益,已成为我们关注的目标,……唯其如此,我们就必须在印度使自己成为一个国家。没有这一前提条件,我们就只不过是皇

---

① 参见林承节《印度近现代史》,北京大学出版社 1995 年版,第 33 页。
② R.C. 马宗达、H.C. 赖乔杜里、卡利金卡尔·达塔:《高级印度史》(下册),第 688 页。

家特许状联合起来的一群非法的入侵者,只能在那些不涉及任何一种势力的利益、因而谁也不想干涉我们的地方去从事贸易。"①1687年,公司董事会致函马德拉斯主管,明确指示他:"建立这样一种行政权和军事的体制,并设法取得这样大量的税收以维持这二者……将作为未来任何时候在印度的一个广大、巩固和安全的英国领地的基础。"②蔡尔德的思想得到了普遍的赞同和政府的支持,1689年,公司董事会正式通过决议,提出公司要"以领土霸权为基础,捍卫商业霸权"。决议认为:"增加税收和扩大贸易的目标,均是我们所关心的。当我们的贸易有可能因任何一个事件而发生中断的时候,增加税收收入就能够保持我们的实力,也一定能使我们在印度成为一个国家。"③这一时期公司的相关文件中多次提到,英国和印度的事态发展正在或已经为公司的进一步行动创造了极好的条件,东印度公司从这时起严格按照英国政府的指令将在印度建立殖民地作为其活动的基本目标,它的工作重点是在追求商业扩张和贸易发展的同时,创造条件在印度建立殖民领地,以推动英国对东方贸易的全面发展。

为了实现建立殖民地的目标,1688年12月,乔塞亚·蔡尔德的弟弟、孟买总督约翰·蔡尔德对孟买和莫卧儿帝国西海岸的港口实施封锁,莫卧儿王朝的许多船只遭到扣押。他还制造借口派遣船只

---

① 包奕诚:《从贸易到征服——论1813年以前英国东印度公司的殖民活动》,《南亚研究》,1989年第3期,第58页。
② R.C.马宗达、H.C.赖乔杜里、卡利金卡尔·达塔著:《高级印度史》(下册),第688页;另见 H. H. Dodwell, ed., *The Cambridge History of the British Empire*, Vol. IV: *British India, 1497—1858*, Cambridge:Cambridge University Press, 1929, p.102.
③ E. Thompson, G. T. Garratt, *Rise and Fulfilment of British Rule in India*, London: Atlantic Publishers and Distributors, 1958, p.37.

前往波斯湾、红海等地区,扣押印度船只。英国的行为是对莫卧儿帝国的严重挑衅,因而遭到了莫卧儿帝国的强烈反对,当时的莫卧儿帝国虽然内忧外困,但是其实力仍然不可小觑,自卫能力尚在,这是英国人所低估的。奥朗则布(Aurangzib)下令对英国据点和商馆进行反击,击败了英国人,占领了大部分的英国商馆并停止对英贸易。蔡尔德爵士不得不向奥朗则布求和,停止敌对行为。1690年,东印度公司与莫卧儿帝国缔结和约,东印度公司支付1.7万镑(15万卢比)的赔偿,并保证以后不再有类似的敌对行为发生;奥朗则布从税收方面考虑,"特示宽恕,令其一如既往进行贸易"。① 公司的这次行动完全以失败而告终,显然,此时期英国人在印度的扩张活动遭到了莫卧儿统治者的抵抗。

然而,东印度公司在印度东北部地区特别是孟加拉的扩张却取得了重要的进展。17世纪30年代,东印度公司在孟加拉湾沿岸已有几处商馆,但是英商的贸易活动极其不畅,他们需要沿着该省的水路深入到内陆才能对大宗商品进行采购,这样,公司就要穿越许多地区,频繁地交纳通行税,并面临当地官吏的勒索和刁难。17世纪50年代时,公司经过努力在孟加拉等地获得了优惠的贸易特权,1651年孟加拉省督(纳瓦布)特许英国人在孟加拉境内免除一切税收,每年只需要象征性地交纳3 000卢比的税款。1656年他颁发执照明确规定:东印度公司的货物途经各地时可以自由通行,自由买卖,不受任何干扰和阻碍。1680年,奥朗则布皇帝颁发一道敕令,命令任何人不得滋扰公司的商人,向他们索取关税或妨碍他们的贸

---

① M.A.拉希姆等:《巴基斯坦简史》(第四卷),四川大学外语系翻译组译,四川人民出版社1976年版,第36页。

易。敕令还规定来印贸易的外商在缴纳 3.5% 的"统一进口税"后,即可将货物免税运往莫卧儿帝国的任何一个地方进行销售。① 这些执照和敕令对公司的贸易活动虽然提供了一定程度的保护,但是实际上执行起来十分困难,公司在各地的代理商人遭受各地海关官员勒索的事情时有发生,甚至公司的货物有时被全部没收。而奥朗则布的敕令实际取消了公司在孟加拉享有的贸易免税权,引起了公司的不满。这一切促使公司决定使用武力捍卫自己的利益,其直接目标是在孟加拉的主要航道胡格利河(Hugli)出海口建立一设防商馆。1686 年,英国派出舰队从英国前往印度,攻击胡格利河口及巴拉索尔(Balasore)等地的莫卧儿要塞,挑起战端。英国人一度成功地封锁了孟加拉与东南亚之间的贸易。但战争的结果却是英国人被赶出胡格利商馆,只好迁往恒河更下游的地区。次年,英国海军奉命攻击吉大港,战事再起,这次行动同样未达到目的,只好撤退到马德拉斯。1690 年,公司与奥朗则布媾和,以后英国在孟加拉的军事行动也停止了,其殖民计划被迫放弃。1690 年 8 月,经过谈判,英国商人在苏塔纳提开设了一个商馆。1691 年 2 月,孟加拉政府根据莫卧儿皇帝的命令,颁发敕令,准许英国人在每年缴纳 3 000 卢比以后免缴关税。1696 年,公司以发生柴明达尔(Zamindar)叛乱为由,非法在新商馆设防。② 1698 年,公司又以缴付 1 200 卢比的代价,从一王公手中买到苏塔纳提商馆所在地附近三个村庄的柴明达尔管辖地,以此为基础建立了威廉堡(Fort William),即后来的加尔各答市。公

---

① Jadunath Sarkar, *A Short History of Aurangzib*, Calcutta: Orient Blackswan, 1954, p.382.
② R.C.马宗达、H.C.赖乔杜里、卡利金卡尔·达塔:《高级印度史》(下册),第 690 页。

司对其进行统治和征税,商馆变成了政府,由此形成了一个新的殖民基地。1700年,英国在孟加拉的所有商馆,划归威廉堡殖民地总管和参事会管辖。这样,17世纪末,英国已在印度创建了四个较大的据点:东海岸的加尔各答和马德拉斯,西海岸的苏拉特和孟买。东印度公司在孟加拉殖民地拥有十分特殊的地位。"它代表英国王室领有孟买,印度王公在那里没有管辖权。在马德拉斯,它的权力是以印度王公们的默认和英国的特许状为根据的。……根据英国的法律和特许状,公司代表英王拥有统治诸殖民地英国臣民的权力;而对印度居民,则作为一个柴明达尔行使权力。"① 与以前建立的殖民据点不同,此据点位于莫卧儿帝国境内,因而其影响更大。虽然,东印度公司由商人组织向国家政权的正式转变发生在18世纪,但是,17世纪后半期公司在印度的扩张已经为这种转变奠定了基础,并使这种转变不可逆转。

　　随着公司殖民活动的深入,英国与亚洲特别是与印度的贸易得到了新的发展,亚洲地区在英国对外扩张中的地位日益重要。从17世纪中叶到18世纪中叶,英国东印度公司几乎每年从亚洲输入几十万匹纺织品,占从亚洲进口额的70%左右,其中从印度的进口约占从亚洲进口额的80%强。② 香料、生丝以及茶叶等商品的贸易也有大幅的增长。1669—1672年,英国人每年支出3万—4万英镑在印度购买当地商品,1674年支付6.5万英镑,1675年为7.6万英镑,1678

---

① R. C. 马宗达、H. C. 赖乔杜里、卡利金卡尔·达塔:《高级印度史》(下册),第690页。
② K. N. Chaudhuri, *The Trading World of Asia and English East India Company, 1660—1760*, London: Cambridge University Press, 1978, pp. 547 - 548.

年为10万英镑,1680年为15万英镑,1681—1685年达到23万英镑。① 到1700—1701年,英国人从亚洲进口的价值与从西印度群岛进口的价值大体相当,是从北美进口价值的2倍,来自亚洲物品的再出口在英国从事的非洲奴隶贸易中占有最重的份额。② 贸易的发展给公司带来了丰厚的利润,据统计,从1657年起,公司的股民每年获得的红利均在20%左右,最高时可达50%以上。③ 英国政府也从公司获得了必要的财政支持,1660年,公司向政府提供的贷款达到了3万镑。④ 但是,由于东印度公司的贸易垄断排斥了其他商人的经营活动,因此,英国各界对公司的不满情绪也日益增长。一些商人效仿东印度公司的做法组建商业公司,争取统治者的支持,并在印度的部分地区进行商贸活动,如1637年出现以威廉·柯坦为首的商人协会,1654年出现名为"冒险商人"的公司,都对东印度公司的独占权力构成了挑战。另外,一些专门从事亚洲内陆贸易(即"乡下贸易",country trade)的英国商人在印度的贸易活动也十分活跃,他们尽管与专注于经营洲际贸易的东印度公司形成互补,但"这些私商跨越亚洲海域,毫不尊重国王特许状授予的垄断权利"⑤。光荣革命后,东印度公司的垄断特权得到了威廉三世的确认,更引起了公司之外的英国商人的广泛反对,并得到了辉格党的支持。此时垄断贸

---

① 安东诺娃等主编:《印度近代史》(上册),北京编译社译,三联书店1978年版,第66—67页。
② Nicholas Canny, ed., *The Oxford History of the British Empire*, Vol. I: *The Origins of Empire*, pp. 283 – 284.
③ K. N. Chaudhuri, *The Trading World of Asia and English East India Company, 1660—1760*, p. 418.
④ T. O. Lloyd, *The British Empire, 1558—1983*, p. 36.
⑤ 赫尔曼·库尔克、迪特玛尔·罗特蒙特:《印度史》,第261页。

易授予权转归英国议会，1694年英国下院通过决议，宣布除法律明令禁止外，所有英国臣民均享有在印度从事贸易的同等权力，这实际上废除了施行近百年的公司特许状。1698年，英国议会决定允许成立对东印度进行贸易的新公司，而为了守住在印度的贸易权，老公司加入新公司，成了新公司的最大股东。与此同时，另一名为"英格兰商人公司"的公司也宣告成立，两者形成了强有力的竞争。为了保证共同的利益，在政府的参与下，1702年两公司达成协议，合并成为"对东印度贸易的英国商人联合公司"（The United Company of Merchants of England Trading to the East India）。新成立的公司依然得到英国政府的支持并享有独占垄断性，但是其基础已从伦敦商人扩展为全英国商人。此后该公司成为英国在印度扩张、征服、统治的先锋和工具。

无论是奴隶贸易的兴起，还是东印度公司的扩张，都体现英国的重商主义政策及对商业霸权的不断追求。由于复辟时期英国政府的积极参与，英国在亚非地区的商业活动取得了重大进展。而且，此时英国在亚非地区的商业活动又与在北美和加勒比地区的殖民活动联系在一起了，这说明17世纪中期以后英国调整殖民政策是全局性和战略性的，其目标是构建以英国为中心的世界性商业帝国。

五、重商主义帝国体制的确立

重商主义强调贸易的重要性及国家干涉，但是由于各个国家历史和现实环境不同，重商主义的上述原则在各个国家的具体表现就不尽相同。复辟时期英国对殖民地的统治具有明显的专制主义倾向,这种倾向使斯图亚特王朝在17世纪80年代重度介入殖民地事务。詹姆士二世甚至"设法在北美的北部、中部和南部设立三个也许是没有代议制的总政府,以利于从伦敦进行更有效的官僚主义控制,更好地实施贸易法令,增加殖民地关税收入以及建立更合理的防卫体系"。① 专断的政策不仅违背了英国的自由传统,也破坏了殖民地经过长期发展所形成的自主管理内部事务的基本安排,因而民众怨声载道。1688年英国发生"光荣革命"(the Glorious Revolution),詹姆士二世被推翻,詹姆士之女玛丽(Mary)及其丈夫荷兰的执政奥伦治的威廉继承英国王位。英属美洲殖民地获此消息后,一些对专制王朝心存不满的人便乘机发动革命,推翻统治当局,使"光荣革命"蔓延到美洲,成为"跨洋现象"。②

"光荣革命"消息传到马萨诸塞后立即引起了强烈反响。1689年春波士顿居民行动起来,一支人数超过1 000人的队伍在牧师的领导下攻占了波士顿港口要塞,将安德鲁斯总督及其参事会成员逮捕并关押起来。起事者的主要愿望是恢复公司特许殖民地时期英王所赐予的各种特权,增强市镇议会的权力,重建地方自治。1690年,马萨诸塞成立了安全委员会作为临时政府行使政权职能。殖民地的代表还专门前往伦敦,向新英王陈述反对安德鲁斯的理由及殖民地发动革命的合法性,要求英国政府重新发还特许证。威廉三世遂将安德鲁斯从殖民地召回,同意由旧政府暂管马萨诸塞,但不同意立即发还特许状。继波士顿起义后,普利茅斯、康涅狄格、罗德岛

---

① R.C.西蒙斯:《美国早期史——从殖民地建立到独立》,第75页。
② Nicholas Canny, ed., *The Oxford History of the British Empire*, Vol. I: *The Origins of Empire*, p.446.

等殖民地也发生起义,它们的旧政权也相继恢复。

纽约是英属殖民地中没有设立议会的殖民地。1688年安德鲁斯任纽约总督,由殖民地上层组成参事会,一般平民没有任何政治权利,加之纽约居民上、下层之间在宗教信仰上的差别,因而矛盾比较复杂。1689年5月,以英国发生"光荣革命"为契机,德国移民雅各布·莱斯勒(Jacob Leisler)率一队地方民兵夺取了俯瞰纽约港的重要堡垒詹姆士要塞,控制了政府。6月,代表安德鲁斯在那里进行统治的副总督弗朗西斯·尼科尔森(Francis Nicholson)被迫返回英国。来自这一地区各部分的代表召开会议,并选举了莱斯勒为首的10人组成公安委员会,建立了自己的军队,莱勒斯出任纽约地区总司令。1690年4月他制定法令,打破纽约大商人对贸易的垄断权。莱斯勒还召集了由马萨诸塞、普利茅斯、康涅狄格等殖民地派代表参加的殖民地联盟会议,讨论在没有英国支持的情况下,如何面对外敌入侵和印第安人的袭击,会议达成了某些共识。1691年,英王任命的新总督到达纽约时,莱斯勒拒绝交出政权,经过激烈的战斗莱斯勒失败,新的殖民地政府重新建立起来。[①] 5月,新总督以叛国罪指控莱斯勒及其主要同伙,未获皇家指令即承担政府职能是莱斯勒等人被指控的主要理由,最后莱斯勒被判处绞刑。莱斯勒被处决后,纽约的局势逐渐恢复平静。

英属南部殖民地对宗主国的不满也在"光荣革命"爆发后表现出来。本由天主教业主统治的马里兰发生了新教徒有计划的武装起义。马里兰总督约瑟福(William Joseph)及参事会对斯图亚特王

---

① Curtis P. Nettels, *The Roots of American Civilization: A History of American Colonial Life*, p.349.

朝十分忠诚,当得知威廉赴英继任以后,拒绝接受他为国王。① 马里兰的新教徒得知"光荣革命"的消息后立即采取行动,企图借机清洗天主教势力,争取更大的权利。1689 年 4 月约翰·库德(John Coode)领导中等种植园主、殖民地商人和地方官吏发动起义,他们占领了马里兰首府,制服了政府军。起义军发布声明宣称,他们的目的是为了捍卫威廉、玛丽和新教。他们在赶走殖民地政府官员后立即召集代表会议,组织了委员会,并与纽约起义者建立联系。此外,弗吉尼亚、新泽西殖民地也都不同程度地发生了反抗斯图亚特王朝及其在殖民地代理人的活动。

与北美大陆殖民地相比,英属加勒比地区的殖民地对"光荣革命"的反应要平和得多。虽然这里也出现了数月的紧张局势,但是没有发生公开的叛乱,巴巴多斯总督埃德温·斯提德(Edwyn Stede)立即宣布效忠威廉三世。在牙买加,阿尔伯马公爵(Duck of Albermale)于 1688 年去世,随后大种植园和小种植园之间争权夺利的斗争十分激烈,公爵的支持者控制着殖民地政权。1689 年 2 月威廉三世取消了公爵的所有活动,他的政敌纷纷官复原职。背风群岛总督约翰逊(Sir Natlaniel Johnson)得知詹姆士二世逃往法国后,于 1689 年 5 月宣布辞职。另一块殖民地圣克里斯托弗则受到法国种植园主的乘机侵袭。整体而言,英属西印度群岛基本上是以比较平静的方式实现政权转移的。

北美和加勒比地区殖民地反对詹姆士二世的斗争尽管有不同的具体目标,斗争方式也不一样,但根本的目标却是一致的,那就是

---

① Nicholas Canny, ed., *The Oxford History of the British Empire*, Vol. I: *The Origins of Empire*, p.456.

反对宗主国对殖民地的过度控制,①恢复殖民地的自治体制,而并非是要构建新的殖民秩序,更不是要完全脱离英国走向独立。"尽管波士顿人既反对专制政权,也反对皇权和'血腥的罗马信徒',但是并没有进行内部革命。"②事实上,殖民地在很大程度上对英国存在着依赖性。比如,1690 年 5 月,马萨诸塞、普利茅斯和纽约等地的代表聚会时就一致同意从各个方面对法属加拿大发动进攻,以此表明他们对威廉和玛丽新政府的忠诚。③ 加勒比地区的英法斗争从未停止过,英属殖民地不断遭到法国人的进攻和掠夺,他们也急需威廉和玛丽的支持和帮助。在殖民者看来,"光荣革命"的成果是令人鼓舞的,在一定程度上是对殖民地政治体制的认同。因为根据 1689 年的《权利法案》(Bill of Rights),王室的权力受到限制,"英国人自古就有的"权利得到恢复,英国议会高于王权,君主立宪制得以建立。在这一体制中,王室、贵族和平民均享有相应的权利与义务并得到法律的保护。因此,殖民地将"光荣革命"视为一种"分享的革命",议会反对国王专制,捍卫所有英国人的权利,殖民者作为英国人的一部分自然也分享革命成果。④ "光荣革命"还鼓励殖民地居民"将自己的议会视为与威斯特敏斯特议会同级别的机构。一些殖民地议会还通过了法律重申《大宪章》的精神,肯定他们所代表的民众的权力。"⑤正因为如此,1689—1692 年间,英属美洲殖民地的代表经常去伦敦并频繁出入于英国议会及政府进行活动,以表达殖民地的

---

① Anthony McFarlane, *The British in the Americas, 1480—1815*, p. 202.
② 加里·纳什等编著:《美国人民:创建一个国家和一种社会》(上卷),第 100 页。
③ Nicholas Canny, ed., *The Oxford History of the British Empire*, Vol. I: *The Origins of Empire*, p. 460.
④ 王希:《原则与妥协:美国宪法的精神与实践》,第 35 页。
⑤ 尼尔·弗格森:《帝国》,第 76 页。

诉求。

但是对英国来说，殖民地的要求又是过分的。在已控制了国家最高主权的英国议会看来，殖民地虽然是英国王室的海外领地，甚至国王在颁发特许状时大都规定殖民地居民享有与本土国民一样的权利，但是殖民地居民的权利与真正英国人的权利不能相提并论，作为宗主国附属部分的殖民地必须为宗主国服务。正如一位侯爵在英国上院讲话时所阐明的："要是他们（移民）劳动的收益不回到他们在这里的主人手里，那么，许可他们到北美这个地方究竟目的何在呢？我认为，假如殖民政策的好处没有增加英国的利益，那么这项政策就连一个钱也不值。"① 新国王威廉三世此时忙于其它事务，尤其是与法国路易十四进行战争而无暇顾及美洲殖民地，但是他的殖民政策却是相当明确的，即坚持自克伦威尔以来英国奉行的重商主义，严格实行《航海条例》，并主张对殖民地实行有效整顿和控制，保证殖民地为英国服务。但是作为加尔文教的信徒，他对殖民地不满詹姆士二世的亲天主教政策，则是表示同情的。他也无意维持詹姆士国王的专断统治，因此"从根本上说，新国王的原则是在美洲的英国人应享有如同在英国一样的代表权利，但是代表机关应受到王室派驻美洲官员的制约"。② 所以，对美洲殖民地而言，"光荣革命"对其产生了重要影响，但这种影响并不是殖民地所完全期望的，它造成的变化是"新英格兰领地的解体及其各个前殖民地政府经过各种改进重建"。③ 在新英格兰，1691年，马萨诸塞重新得到了

---

① 赫伯特·阿普特克：《美国人民史》（第一卷：殖民地时期），第18页。
② Nicholas Canny, ed., *The Oxford History of the British Empire*, Vol. I: *The Origins of Empire*, p. 461.
③ R.C.西蒙斯：《美国早期史——从殖民地建立到独立》，第211页。

国王颁发的特许状,根据新特许状,马萨诸塞成为王室殖民地,其恢复公司殖民地的愿望并未实现。普利茅斯和缅因划归马萨诸塞。特许状还规定马萨诸塞实行地方自治和宗教宽容政策,英王任命总督,总督有权否决殖民地议会通过的议案,议会的权力受到明显限制;成立两院制议会,上议院由议会推选,下议院由居民根据财产条件而非宗教条件选举产生,由此削弱了清教的力量。此外特许状还规定:英国对殖民地法律拥有最后的决定权。康涅狄格和罗德岛保留了查理二世授予它们的特许状,它们仍然是自治殖民地。新罕布什尔于 1691 年重新成为王室直辖殖民地。1691 年 5 月纽约的局势基本稳定后,英国立即在纽约成立王室政府,允许殖民地恢复议会,议会有权制定法律,但需呈报英王批准,议会主要由殖民地的中产阶层选举产生。与前王朝关系特殊的宾夕法尼亚业主佩恩受到怀疑,其领地被没收,在 1692—1694 年间,宾夕法尼亚由英王任命的政府进行统治。不久,佩恩恢复了殖民地权利,1701 年 10 月宾夕法尼亚颁布《新权利宪章》(New Charter of Privileges),规定将两院制议会改为一院制议会,由各县选举代表组成,议会拥有立法权和部分行政权,宾夕法尼亚成为唯一只有一院制立法机构的殖民地。① 该宪章还允许佩恩在 1682 年购买的特拉华地区三个县成立一个单独的议会,但仍和宾夕法尼亚同属一个总督管治。② 1703 年特拉华成为独立的殖民地,但威廉·佩恩家族仍保留业主的地位。东、西新泽西回归他们的业主。南部的马里兰在 1691 年被取消了业主的统

---

① 加尔文·D.林顿:《美国两百年大事记》,第 6 页。
② 特拉华殖民地原由瑞典人于 17 世纪 30 年代建成,50 年代被荷兰人攻占,1664 年又落入英国人之手。

治权,成为英王直辖殖民地,由国王任命总督和参事会,总督与参事会、议会共同管理殖民地事务;议会由土地所有者和农民选出代表组成,实行宗教信仰自由。具有讽刺意味的是,英属加勒比地区殖民地并未为威廉和玛丽的利益而发动起义,但却得到了新王政府的特别关照。英国不仅取消了皇家非洲公司对黑奴贸易的垄断权,使进入西印度群岛种植园的奴隶人数大大增加,而且帮助殖民地在1690年从法国手中夺回圣克里斯托弗。英王还任命斯图亚特王朝专治统治的反对者和大种植园主担任背风群岛和牙买加的总督。1693年,英王政府废除了1685年詹姆士二世定下的蔗糖税。① 英国对殖民地的这些政策"几乎等于恢复到15年或20年前的自由派殖民政策,可能还反映了英国革命的辉格主义内涵及其对财产和自治权利的尊重。……而英国殖民政策的核心内容,即实施航海条例,并无改变"。②

从重商主义出发,新的英国政府加强了对殖民地的控制,即英国殖民政策的核心内容并无改变,但同时承认和允许所有的殖民地建立或恢复代议制机构。从这种意义上说,"光荣革命"后英国与殖民地之间通过"一系列典型英国式的妥协"③的方式,重新确立了双方的关系,重新建立了殖民地的统治。

到17世纪后期,英国不仅建立了以美洲为主要舞台的庞大殖民帝国,而且基本形成了富有自己特色的殖民统治体制,④第一帝国的

---

① Nicholas Canny, ed., *The Oxford History of the British Empire*, Vol. I: *The Origins of Empire*, p. 463.
② R. C. 西蒙斯:《美国早期史——从殖民地建立到独立》,第211页。
③ 塞缪尔·埃利奥特·莫里森等:《美利坚共和国的成长》(上卷),第110页。
④ Anthony MacFarlane, *The British in the Americas, 1480—1815*, p. 205.

统治机制基本建立。与其它殖民帝国相比,第一帝国体制的基本特征就是重商主义。在英国看来,殖民地建立和发展的基本目标在于为英国的经济和贸易扩张服务,因此,英国政府总体上对殖民地的管理侧重在殖民地的贸易政策方面,而在政治和其他方面对于殖民地的控制力则相当薄弱。英国是以商业性的措施开始并以重商主义为基本目标,通过重商主义政策来达到对殖民地进行管理和控制的,第一帝国是一个"不依赖军队而依靠船队支撑的海外贸易和殖民帝国"。[1]

从理论上说,英国建立的殖民地是作为英王的海外领地而存在的,英王颁布的特许状是各殖民地合法存在和运行的法律依据,所以英王对各殖民地拥有至高无上的权威和管理权。长期以来,英王主要通过颁布或撤销特许状的方式以加强与巩固其在北美的殖民统治,但"光荣革命"以后,议会成为英国的实际权力所有者,土地和商业阶层成为英国社会的主导力量,他们都力图利用议会的权力来保护英国在世界贸易中的地位和利益,越来越关注英国的殖民地事务。1696年,英国议会颁布了最后一个《航海条例》(Navigation Act of 1696),规定只有用英格兰或爱尔兰制造的、英国人所拥有并且至少有四分之三的船员是英国人的船只运输的各种商品,方能出入英属北美、亚洲或非洲殖民地,否则一律禁止。为了确认船只的真实身份,《航海条例》规定所有的英国船只都必须到海关登记验证。为此,在每个殖民地都建立由英国财政部管辖的正式海关并配备固定的海关工作人员。海关人员拥有很大的执法权力,他们可以从法官或海军法官处获取"缉私令状",凭此令状他们有权进入任何船舱或

---

[1] David Armitage, *The Ideological Origins of the British Empire*, p.3.

仓库搜查走私货物,必要时甚至可以动用武力。对于殖民地任何违反《航海条例》的人,英国派驻北美的关税人员均有权起诉。此外,新《航海条例》还要求不管是王室的、业主的或是自治的殖民地,其总督都必须就保证实施《航海条例》进行宣誓,否则将面临被撤职的处罚。殖民地议会不得颁布与《航海条例》相违背的任何法令。① 为了贯彻此条例,在殖民地设立海军法庭,其法官由国王任命,海军法庭无需陪审团参加即可进行审判工作。枢密院还命令所有的殖民地总督切实履行职责,全力配合英国委派的官员执行《航海条例》。由此可见,1696年的《航海条例》既是对过去一系列《航海条例》的总结、清理和补充,更是一次对执行机构的整顿和强化。②

在通过1696年《航海条例》的同时,议会曾酝酿建立一个贸易与种植园委员会,具体负责制定与实施英国的殖民地政策,因为先前成立的贵族贸易委员会并未发挥多少实际作用,已不能满足现实特别是战争的要求,它"已经变为一个负责整个贸易的委员会"③,根本无力执行殖民地政策。但是,议会的计划并未实现。此时,英王威廉三世也开始意识到出于强化对殖民地贸易及军事防卫的需要,应当对英国的殖民地管理机构进行必要的调整。1696年4月30日,威廉三世授权成立了管理殖民地事务的新机构贸易委员会(Board of Trade),贸易委员会隶属于枢密院,由国王任命成员,成员起初包括枢密院成员和贸易、殖民地事务的相关专家。由贸易委员会来管辖和处理殖民地事务这一事实本身充分体现了英国殖民政策的本

---

① The Navigation Act of 1696, D.C. Douglas, ed., *English Historical Documents*, Vol. IX: *American Colonial Documents to 1776*, pp.359－364.
② R.C.西蒙斯:《美国早期史——从殖民地建立到独立》,第215页。
③ J.布卢姆等:《美国的历程》(上册),第77页。

质和任务,即在帝国范围内奉行重商主义,以维护和促进英国的贸易发展并维护英国的经济利益。根据授权,贸易委员会的主要任务是监督英国与其它国家的贸易,接收各殖民地总督报送的信件及重要官方文件,并据此提出建议或提供信息,送交各有关部门进行处理;负责起草涉及殖民地事务的法律草案交由议会通过。由于贸易委员会既无人事权又无重大问题的决策权,因此它并非一个行政主体,它无权发布命令,只是枢密院的咨询顾问机构。[1] 不过,由于贸易委员会是英国专门设立的负责殖民地事务的最直接和主要机构,所以其所提的建议多半被采纳,因此其作用不可忽视。贸易委员会成立后忠实地执行英国的重商主义政策,提出了许多维护英国经济利益的建议和报告。出于重商主义考虑,贸易委员会曾建议颁布一个禁止殖民地工业发展的命令,以防止殖民地与母国形成竞争。贸易委员会还推动枢密院不准许殖民地船只从事运输业、鼓励殖民地生产英国所需要的工业原料向英国出口。1696年,英国在北美殖民地设立海事法庭,严厉打击走私活动。1698年,贸易委员会向英国政府提交了一份调查报告,提醒英国政府要关注北美殖民地家庭手工业中羊毛织品的发展,认为这对英国的羊毛工业已经构成极大的威胁。根据贸易委员会的建议,英国议会于1699年通过了《羊毛纺织品法案》(Woolen Act),依照此法案,禁止殖民地向英国本土及其它国家出口羊毛及羊毛织品,甚至不允许殖民地相互之间进出口这些商品。为降低英国在北美销售的羊毛织品的价格,提高竞争力,1700年,英国政府取消了从英国运往北美的羊毛织品的出口税。

---

[1] 贸易委员会的主席只到1768年才成为内阁成员,Martin Kitchen, *The British Empire and Commonwealth, A Short History*, London: Macmillan, 1996, p.2.

1700年前后,贸易委员会甚至抨击殖民地的特许状,要求予以废除,但未获支持。总体而言,随着贸易委员会的设立,英国对殖民地的控制与管理较之过去更为有效,呈现出殖民统治的新局面。所以,贸易委员会的成立,是英国对殖民地的管理走上常规化轨道的重要标志。①

不过,贸易委员会作为一个专门机构,负责处理殖民地的多数事务,这只表明英国在对殖民地的管理问题上形成了一定程度的统一性和制度性。但是由于英国主要看重殖民地对母国的经济、贸易价值,加上英国政府在多数殖民地建立过程中并未发挥多少实际作用,因此英国对美洲殖民地的政治控制一直比较松懈。实际上英国对殖民地的政治管理和控制是十分随意和不规范的,这主要表现在英国管理殖民地的机构众多,但相互间缺乏协调,甚至部门间职权重叠。除了贸易委员会这一专门管理殖民地的机构外,英国的议会、枢密院、海军部、陆军部和财政部等部门均拥有管理殖民地的权力。作为立法机构,英国议会负责制订、颁布和修改有关殖民地的法律,光荣革命后议会逐渐取代英王成为殖民地政策的制订者,在殖民地问题上拥有绝对的发言权。由国王的顾问组成的枢密院对各殖民地的一切法案拥有审核和驳回权,其专门设有上诉和申诉机构,负责受理与殖民地有关的申诉案件,它在18世纪之前还代表英王委任殖民地总督。财政部负责殖民地的财政事务包括税收,并控制海关和货币铸造。此外,陆军部和海军部分别负责殖民地的安全防卫、打击走私及驻军等事由。表面上看,上述管理机构分工具体,各司其职,不可或缺,但实际上却是各自为政,缺乏协调和集中统一

---

① 李剑鸣:《美国的奠基时代》(1585—1775),第249页。

管理。各机构虽然在维护英国根本利益上目标一致,但在实际工作中,大多按照自己的利益来处理殖民地的事务,没有哪个部门试图在殖民地事务上与其它部门协同行动。英国议会也从未为殖民地制订过宪法,实际上很少干涉殖民地内部事务。① 正如英国政治家埃德蒙·伯克(Edmund Burke)所指出的:"这些殖民地的形成、发展和繁荣好像是由一种趋势或个人的倾向所造成的,在规划我们的殖民地方面明显缺乏立法精神。"②这样的管理和统治必然会是笨重累赘而缺乏效率的。③

对殖民地政治控制的松散性给殖民地当地政府提供了活动空间,各殖民地的政府体制是在殖民地建立和发展过程中逐步形成的,它们一般由总督、参事会和议会组成。很明显,殖民地的这一政府体制基本上是对英国政府机构的模仿和政治制度的移植,殖民地总督、参事会和议会与英国的君主、上院和下院基本类似。不过,由于殖民地的自然和社会环境不同,其政治运行又表现出自身的特点和变化。在殖民地的权力机构中,总督的权力比较大且相当广泛,在相当长的时间内是殖民地权力机构的核心。总督的产生因殖民地的形式不同而不同,王室直辖殖民地的总督由英王直接委派,是英王的代理人,根据英王的特许状及有关命令行使职权;业主殖民地的总督由业主指定,但需英王的批准;自治殖民地的总督则由有产者选举产生。总督的权限尽管因殖民地的形式不同而有所不同,

---

① Sir Ernest Barker, *The Ideas and Ideals of the British Empire*, Cambridge: Cambridge University Press, 1941, p.41.
② Jack P. Greene, ed. *Great Britain and the American Colonies, 1606—1763*, New York: Harper & Row, 1970, Preface.
③ 塞缪尔·埃利奥特·莫里森等:《美利坚共和国的成长》(上卷),第 111 页。

但总督是英国权力在殖民地的主要体现者,因此在前往殖民地之前都必须立约效忠于英王,并宣誓执行英国的法律特别是《航海条例》。在殖民地,总督负责执行母国的政策与法律以及殖民地立法机构通过的法律,比如会同有关部门负责监督英国《航海条例》的实施,并定期向母国汇报。总督有权在殖民地任命下级官员,有权召集或解散殖民地议会,有权建立法院并决定法官的任免,有权通过参事会的协助提出交由立法机构批准或否决的法律,有权否决殖民地立法机构通过的相关法案。按照英王的指令,总督可以否决的法律主要包括:损害英王特权的法律,违反英国制定的管制贸易法规的法律,与英国议会相关法律相抵触的法律,干涉运入奴隶及契约佣仆的法律,等。[1] 此外,总督还是殖民地武装力量的统帅,有权任命军官和指挥军队。参事会类似于英国议会中的上院,最初只是总督的助理机构,协助总督处理殖民地的重大事务,并在许多方面充当总督的顾问和智囊,因而拥有一定的行政权。参事会与代表议会共同拥有立法权,有权接受和审理下级法院移交的上诉案件,是殖民地的最高上诉法院。1624年之后,业主殖民地的参事会由业主任命,自治殖民地的参事会由选举产生,王室殖民地的参事会成员通常由总督任命(马萨诸塞殖民地仍由议会选举产生),并经英国贸易委员会批准。参事作为荣誉职务通常由殖民地总督进行分配,因此在重大问题上往往与总督保持一致。实际上,参事会是在总督控制下设立的一个政策咨询机构,后成为殖民地议会中的上院。从总体趋势看,它的实际权力逐步缩小。

---

[1] M. W. Jernegan, *The American Colonies, 1492—1750*, New York: F. Ungar Pub. Co., 1959, p.276.

殖民地政治体制中真正代表各殖民地利益的政治机构是殖民地议会(下院)。自1619年弗吉尼亚建立代表议会起到17世纪末,英属美洲殖民地大都建立了代表议会。殖民地议会特别是公司和业主殖民地议会最初的权力很小,基本依附于总督及参事会。但是经过不断的斗争,特别是两院制实行之后,议会逐步成为殖民地独立的立法机构,并与参事会拥有同样的司法权。"光荣革命"后,从理论上说殖民地议会的合法性得到了承认。代议制在英国的恢复、《权利法案》的通过以及约翰·洛克政治思想的传播都对殖民地产生了深刻的影响。在殖民地居民眼中,殖民地是英国的海外领地,殖民地居民是英王的臣民,他们理应获得英国人所拥有的一切权利,殖民地议会也应享有与英国议会同等的权利,因为殖民地议会得到了殖民地人民的认可。为了这种权利,殖民地居民同总督展开了长期斗争,其斗争的目标是像英格兰议会那样,能够制约甚至控制总督。[①] 到17世纪后期,殖民地议会尽管没有获得英国议会所拥有的那种权力,但它完全可以利用征税权和控制总督薪水的权力,[②]迫使总督作出某些让步,从而影响和控制殖民地的事务。新泽西议会的一名议员就公开宣称:"让我们使这些总督经常陷入穷困境地,这样我们就可以迫使他们做我们高兴的事。"[③]英王和英国议会的政策是通过加强总督和其它皇家官员的权力,来维护英国殖民地的利益特别是经济利益,而殖民地的种植园主、农场主及工厂主则竭力

[①] Frederic A. Ogg, *Builders of the Republic*, Newhaven: Yale University Press, 1927, Chapter I.
[②] 一般地规定英属殖民地总督的薪水或源于殖民地的出口税或依靠殖民地议会拨款。这与西班牙殖民地明显不同。参见 Anthony McFarlane, *The British in the Americas, 1480—1815*, pp. 207－208.
[③] M. W. Jernegan, *The American Colonies, 1492—1750*, p. 285.

通过殖民地议会来抵制英国损害殖民地经济利益的政策。于是"英国能否控制殖民地,主要取决于皇家总督与殖民地议会的合作是否成功。由于每一项立法都须经总督和议会同意,如果这两方面拒绝合作,宗主国和殖民地的需要都不可能得到满足"。[1] 为了使殖民地的管理富有成效,双方在斗争的同时,也在许多问题上逐步形成妥协和共识。于是,殖民地议会逐渐演变为维护殖民地利益的政治机构和殖民地居民行使自己权力的实体,而且其权力有逐步扩大之势。但是直到18世纪初,殖民地议会对英国议会的法令仍是以服从为主,在当时的英王直辖殖民地上就流传着这样一句话:"在殖民地法律没有提到的地方,英国法律必须被遵奉着。"[2]在那些自治倾向较强的自治殖民地,英国的法律也一般得到遵守。英国因殖民地的存在和发展而获得利益并走向强盛,美洲各殖民地则因得到英国的保护而获得自身发展的机会。双方共同的利益和需要使第一帝国的殖民地体系得以维系并正常运作。

代议制及殖民地议会权力的不断扩大体现了英属殖民地自治倾向的发展和自身权利的扩张,这既是英国重商主义政策的结果,也是第一帝国殖民地体制的基本特色之一,这一特色也体现在英国对殖民地的军事防卫和宗教政策方面。

根据重商主义理论,殖民地作为英国的海外领地是为促进英国国内利益而存在的;作为回报,殖民地获得了英国的安全保护。为了实现自己的战略目标特别是经济目标,英国在北美殖民地建立了与英国本土大体相似的军事防务体制。为了与其他国家争夺霸权,

---

[1] J.布卢姆等:《美国的历程》(上册),第79页。
[2] 黄绍湘:《美国史纲》(1492—1823),重庆出版社1987年版,第125页。

为了实施《航海条例》,以及为了对付印第安人,英国向殖民地派出一支正规军,正规军由陆海军两部分构成,分别由陆军部和海军部指挥,派驻在殖民地沿海和主要城市,成为支撑殖民地防务体系的基本支柱。但由于英国的殖民地比较分散、战线过长,且远离英国本土,英国国内又一直动荡不定,英国很难向北美殖民地长年派驻大批军队,因此英国政府一直重视发展殖民地的移民武装,希望殖民地自己保卫自己。① 一般情况下,英王对殖民地颁发的特许状中,都授权殖民地总督可以建立一支武装力量以应付防卫之需。② 按照宗主国的指示也出于自己的安全防卫需要,殖民地武装大都以民兵为主。1619年,弗吉尼亚议会通过的立法专门规定,承担兵役是殖民地内17—60岁的所有男性公民的应尽义务,不久,又要求殖民地所有公民必须佩带武器。到1652年,弗吉尼亚已建立了完善的民兵组织。马萨诸塞在1631年颁布《武装平民法》,也要求每个市镇必须在短期内把16—60岁的成年男子武装起来。对于无力购买枪支者,由政府先期垫付,本人尽早归还。利茅斯殖民地的规定更为具体:1633年1月以后,每个成年男子必须有一支滑膛枪或别的合适的枪、一根子弹带、一把刀、两磅火药和十磅子弹。③ 17世纪后期,其他殖民地也大多颁布了类似法规,组建了自己的民兵。民兵平时从事生产劳动,定期参加军事训练。以连或队为基本建制单位,村镇一级设连,殖民地设若干团或军区。在对印第安人和他国殖民地进行军事行动时,根据需要某些民兵被选编成临时部队,军事行动结束

---

① 小戴维·佐克、罗宾·海厄姆:《简明战争史》,军事科学院外国军事研究部译,商务印书馆1982年版,第82页。
② R.F.韦格利:《美国陆军史》,丁志源译,解放军出版社1989年版,第4页。
③ 丹尼尔·J.布尔斯廷:《美国人:殖民地的经历》,第479页。

后返回原地,民兵服役期以半年为限,其高级军官由总督任命。① 民兵制在各殖民地造就了一个武装的公民团体,由此形成了殖民地军事力量的双重性质。从理论和名义上说,英国政府(主要通过总督)对殖民地的所有军事力量拥有最高的领导和指挥权,但是实际上只有英国派驻的正规军才真正受其直接管辖,各殖民地的军事领导权基本掌握在殖民地自己手中。对于英国来说,这种双重的军事制度基本上是英国传统的民兵制度在殖民地的延伸,它既可以节省军事开支,一定程度上缓和了英国财力的不足;又能提高殖民地居民的军事素养,方便了战时的兵员供应,并能对外部的入侵作出及时反应。民兵对于维护美洲殖民地的政治统治和经济利益,协助英国开展争霸斗争进而建立殖民帝国功不可没。18世纪以后,英属殖民地在义务民兵制之外又形成了更具战斗力的志愿民兵制。

宗教问题是英国人移居美洲并开创殖民地的重要因素和动力。宗教移民试图摆脱国内的宗教迫害,寻求宗教信仰自由。17世纪中叶以后,宗教在北美殖民地的分布情况大体是:英国国教会在南部和中部的一些地区占据主导地位,势力很大;以公理会和长老会为主的清教在新英格兰地区拥有绝对优势;天主教、贵格会等主要散布于中部殖民地。英国国内的宗教纷争在殖民地不可避免地有所反映,殖民地的国教教会与英国联系紧密,尊英王为最高领袖,牧师由伦敦大主教委派,其信徒包括许多种植园主;清教徒及天主教徒是为了信仰自由而离开母国的,他们的独立性较强。为了在宗教上加强对殖民地的控制,使宗教成为殖民地统治的有效工具,英国政府也曾设想要在新建立的殖民地建立统一的宗教,其宗教政策的中心内容是推行国教并

---

① John R. Elting, *American Army Life*, Washington:Scribner, 1982, pp.2-3.

支持北美的神权势力,直接委派主教到北美殖民地。如1609年弗吉尼亚的特许状明确规定,移民登船前往美洲之前,要向上帝和国王宣誓效忠;国王颁授弗吉尼亚公司的第二个特许状规定,弗吉尼亚必须拒收那些不承认英国对国教统治权的脱离派教徒。在这种政策下,殖民地的非官方教派时常遭到歧视和迫害,因而引起反抗和抵制。"光荣革命"后,威廉三世颁布了著名的《宽容法》(Toleration Act),除恢复国教外,也给其他新教以宗教自由。[①] 这无疑对殖民地的宗教生活产生了重要影响,此后除了对天主教有所限制外,各殖民地对其他宗教派别都相对宽容,容许其自由活动。在殖民地时期,没有一所高等学校对入学的学生进行宗教测验,许多地方的宗教组织变成了一般的社会组织,以至于到18世纪初期,英属北美已经形成了复杂多样的宗教局面:"英国国教在南方各殖民地和纽约的某些地区建立起来;公理会教会在新英格兰各殖民地中的三个殖民地里建立起来。但是,甚至在有这样占统治地位的教会的地方,一些持不同意见的教派也越来越大胆地闯进来。在其他的殖民地里,从来没有建立起有效的教会,而且从一开始就存在着各种各样的教派……大多数殖民地居民都是新教教徒;大多数人都受到加尔文教派的观点的鼓舞。"[②]英国对殖民地的宗教政策与重商主义的殖民政策相联系,正如后来一位英国贸易官员致信弗吉尼亚参事时所提醒的,弗吉尼亚殖民地应当时刻铭记,宗教自由对于一个国家走向繁荣来说非常关键。"因此我提醒你们必须注意,不要采取任何损害这个伟大国家的一点点举动。"[③]由此可见,宗教自由是英国贯彻重商主义殖民政策的重要工具之一。

---

① Winthrop S. Hudson, *Religion in America*, New York: Prentice Hall, 1987, pp. 86 – 87.
② 纳尔逊·曼弗雷德·布莱克:《美国社会生活与思想史》(上册),第116页。
③ Winthrop S. Hudson, *Religion in America*, p. 18.

结语：为什么需要帝国

在英帝国发展史上，17世纪是一个里程碑时代。正是在这个世纪里，英国不仅基本上完成了对爱尔兰的合并，而且拥有了"苏拉特、孟买、马德拉斯和圣乔治堡和威廉堡（加尔各答），冈比亚的一个贸易点，西印度群岛的一些岛屿和北美沿海移民地区"。① 第一英帝国即"早期殖民帝国"基本形成，这是一个以美洲移民殖民地和加勒比种植园为主体的重商主义帝国体系，②哈克卢伊特等殖民先驱思想家所设计的帝国梦想开始实现。

但第一帝国并非一蹴而就，它萌生和准备在都铎时期。1603年斯图亚特王朝的建立标志着旧朝代的结束和新时期的出现，但斯图亚特王朝所面临的形势和任务在很大程度上是由其前朝造就的。一方面，都铎王朝所设计的"英国是一个帝国"的蓝图得到了部分实现，即通过一系列内政与外交政策摆脱外来势力，使英国作为一个自主的国家立足于欧洲民族之林，这是英吉利民族进一步发展的基础，也是以后英国实行商业扩张、建立殖民帝国的重要保证。伊丽莎白时代所奉行的民族自立方针推进了工商业和外贸事业，巩固了

---

① 诺尔斯：《英国海外帝国经济史》（第一卷），第76页。
② D. K. Fieldhouse, *The Colonial Empires: A Comparative Survey from the Eighteenth Century*, pp. 84 – 86.

国家的独立与主权，提升了民族意识与民族精神，激起了英国商人向外扩张的强烈愿望。另一方面，随着经济的发展和民族国家的强固，走出国门参与世界竞争成为"帝国梦"的追求目标，而要实现这一点，寻找海外市场、扩大海外贸易和进行殖民扩张是英国的必然选择。

斯图亚特王朝建立后，英国表现出强烈的扩张欲望及扩张势头。此时，英国开始形成以市场为导向的商业社会，以商业为纽带，出现了前所未有的社会变动，形成了殖民扩张的社会环境。由商业所驱动的国内经济一体化趋势不仅使对外贸易成为必要，而且提高了英国的整体经济实力，以至于西班牙的统治者在17世纪初发出了这样的惊叹："让我们与整个世界去打仗，但要与英国保持和平。"[1] 詹姆士一世时代与西班牙之间的和平状态给英国商人带来了对外扩张的好机会，因此，英国人以爱尔兰为起点，对亚、非、美地区进行了全面的出击。英国的殖民扩张运动迅速向海外延伸，并在17世纪中期在亚洲、非洲获得了贸易立足点，在北美和加勒比地区建立了移民殖民地，初步奠定了第一帝国的基础。

不过，此时期英国的海外扩张主要体现为民间行为，以冒险家、商人、贵族、宗教信徒等组成的民间力量成为英国对外扩张的主体，政府的作用相当薄弱，这与其它早期殖民帝国形成了鲜明的对比。毫无疑问，"新世界的起点是商业的专门化"[2]，商业的发展和商业资本的扩张以及由此引起的整个社会的商业化构成了17世纪英国殖民扩张的初始动力。正如弗格森所强调的："大英帝国的崛起主要

---

[1] J. R. Seeley, *The Growth of British Policy*, Cambridge: Cambridge University Press, 1922, p. 27.

[2] 约翰·希克斯：《经济史理论》，第25页。

表现的是一个经济现象,它的发展完全是由商业和商品消费推动的。"① 从理论上说,商业资本是资本的最早形态,它不能创造新的生产方式,但是它在资本主义生产方式的形成中曾发生过重大影响。马克思曾指出:"在16世纪和17世纪,由于地理上的发现而在商业上发生并迅速促进了商人资本发展的大革命,是促进封建生产方式向资本主义生产方式过渡的一个主要因素。"② 从都铎时期开始,重商主义已经在英国广为盛行,但直至17世纪初仍未内化为英国政府的殖民政策。在殖民地初建的时期,英国政府并未制定具体殖民地的政策,而是让殖民地自行发展,殖民开拓也基本上依赖商业集团或业主个人的努力。除爱尔兰之外,英国的殖民扩张是由商业合股公司和业主个人发起的,依靠移民的个人创业精神加以推进。作为私人资本最主要组织形式的商业合股公司承担了殖民地的创立费用和组织工作,英国政府很长时间内对殖民地并不抱太大的期望,它只是通过颁发特许状给商人合股公司和业主个人,由他们筹措资金招募人员到海外建立殖民地。针对英国政府在殖民开拓中的这种情况,曾有英国政治家公开提出批评,认为英国殖民地的形成、发展和繁荣根本不是政府作用的结果,个人和民间力量起着至关重要的作用,英国在规划殖民地方面缺乏立法精神。③ 的确,英国政府的无所作为严重影响到英国海外扩张的过程,因此其早期扩张充满无序,步履艰难。

17世纪中期是英国社会急剧变动的时代,也是英国殖民政策开

---

① 尼尔·弗格森:《帝国》,前言。
② 马克思:《资本论》(第3卷),人民出版社2004年版,第371页。
③ Jack P. Greene, ed., *Great Britain and the American Colonies, 1606—1763*, Preface.

始重大调整和转换的时期。一方面,随着内战的爆发和政权的转换,强国之间竞争的加剧,英国的殖民扩张呈现出新的态势,先前主要体现为民间性质的殖民开拓逐渐转化为政府有意识的政策行为,谋求海外商业利益并建立商业帝国成为英国国家追求的目标;另一方面,伴随殖民地人口的增长和经济的发展,英属殖民地作为原料供应地和制造品的销售市场的重要性日益凸现。因此,重商主义开始真正被确立为英国的具体政策。克伦威尔时期《航海条例》的颁布就是这种政策的反映。此后,尽管英国政局不断变化,但重商主义的殖民政策一直在强化,逐渐形成完整的制度。重商主义经济政策的根本目的是实现贸易垄断,并使殖民地的经济完全服从于宗主国。亚当·斯密曾明确地批评重商主义:"英国统治殖民地的主要目的,或更确切地说唯一目的,一向就是维持独占……此种独占即此等殖民地隶属我国的标志,亦是我国从这种隶属所得的唯一果实,英国一向用以维持这种隶属的费用,其实都是用来维持这种独占。"[1]

然而,贸易与殖民地垄断必然遭遇到其它强国的有力挑战,在重商主义时代,国家间竞争的主要内容是对外贸易,因为贸易被看作是衡量一个国家强弱的基本标志。在重商主义者看来,扩大贸易,实现贸易顺差是使一国致富的唯一手段,但贸易在世界范围内是总量限定的。"贸易就是一种零和博弈。一国的收益就是另一国的损失。从这方面来看,重商主义贸易政策不可避免地导致贸易争

---

[1] 亚当·斯密:《国民财富的性质和原因的研究》(下卷),第185页。

端,而这反过来又常常恶化为军事争斗。"①威廉斯更是认为:"贸易引起战争,战争为了扩展贸易。事实上在旧商业制度下,贸易本身就是一种战争。"②因此贸易既是战争的起因又是战争的目的,英帝国就是在不断的商业竞争和战争中形成的。自16世纪以来,西欧国家掀起了建立海外帝国的高潮,葡萄牙、西班牙一马当先,率先建立了庞大的海外帝国,取得了领先世界的优势。荷兰和法国则紧随其后,商业扩张和殖民活动都后来居上。英国因为正处在变革时期,国内政局动荡,因此在殖民扩张的道路上进展缓慢。但是,英国的优势在于它崛起伊始,便将海洋作为自己的目标。进入17世纪以后,英国已越来越显示出自己作为未来海洋大国的潜力,到17世纪中期英国的军舰已从1640年的39艘增加到1651年的80艘,克伦威尔时代英国的海军人数达到了3万人。③ 英国人的目光扫视着大海以及更远的"新大陆",这不仅反映了英国对海外扩张的积极性,也孕育了与老牌海上帝国如西班牙、荷兰的矛盾与纷争,因为谁拥有了海洋,谁就获得了商业霸权和殖民霸权。正如有人一针见血地指出的:"有了海军才有殖民地。有了殖民地才有商业。有了商业,一个国家才能维持大批军队,增加人口,造就最光荣、最有用的企业。"④

英国早在伊丽莎白时代,就将欧洲和世界强国西班牙视为自己伸张民族精神的首要敌人,双方的斗争一直未息。17世纪中期,特

---

① 杰里米·阿塔克、彼得·帕塞尔:《新美国经济史——从殖民地时期到1940年》(上),第37页。
② T.G.威廉斯:《世界商业史》,陈耀昆译,中国商业出版社1989年版,第102页。
③ 杰弗里·帕克等:《剑桥战争史》,第209页。
④ 佩里·安德森:《绝对主义国家的系谱》,第26页。

别是在克伦威尔时代,英国更加嫉妒西班牙的殖民大国地位。面对西班牙的衰落之势,英国人认为只要它不阻挠英国在美洲的商业掠夺和殖民扩张,就可以对其表示迁就,所以英国对西班牙的要求只是开放西印度群岛的航行自由。可是西班牙对美洲的经济和殖民利益是独占的,不容英国分享,英国遂决定利用军事手段,发动对西班牙的商业战争,最终从西班牙手中夺取了牙买加,取得了在加勒比地区的战略要地。英国还与法国结盟共同反对西班牙,经过英法的打击,西班牙进一步走向衰落。在17世纪,英国感到在海外的最大阻力和威胁来自荷兰,双方的利益不可调和,最终英、荷走向战争。随着《航海条例》的出现,从50年代到70年代,英、荷进行了三场大规模的商业战争,荷兰的霸权在战争中衰落,英国不仅从荷兰手中夺取新阿姆斯特丹和新泽西,使北美洲殖民地连成一片,还接管了荷兰的大部分海运贸易,成为名副其实的海上贸易强国。特别是在长期的商业战争中英国锻造出一支强大的海军,这是维系英帝国的重要支撑。据统计,1688年时,英国海军拥有173艘船舰,6930门大炮;17世纪末,军舰达到323艘,大炮9912门,舰船总排水量16万吨。[①] 正是凭借强大的海上力量和贸易优势,从17世纪末开始,英国开始与当时唯一能与英国抗衡的大国法国展开了对峙,通过18世纪的连续战争,英国终于击败法国成为世界霸主。对英国来说,这些战争的起因和目的都是"消灭法国商业和法国海上力量"[②],获得殖民霸权,建立世界贸易帝国。对外贸易是英国的生命线,所以英国才不惜以武力捍卫自己的商业。当时的英国,一切对外战争

[①] 杰弗里·帕克等:《剑桥战争史》,第208页。
[②]《马克思恩格斯全集》(第7卷),人民出版社1959年版,第248页。

几乎都是为了捍卫"至高无上的商业利益",通过商业战争,"英国运用它的海上和金融力量,取代了西班牙、荷兰和法国,成为那个时代最大的殖民国家"。①

以重商主义为基础,英国最终确立了自身的殖民体系。"这种体系的设计带有防御性,其目的是排斥荷兰人(与其他人),同时这种设计又具有建设性,它可以使殖民地与宗主国一体化。"②英国这种殖民体系使第一帝国独具特色,其突出表现是在经济上对殖民地严格控制,在政治上则管制不严。英国殖民地,无论是特许殖民地、自治殖民地,还是业主殖民地和王室殖民地,都是依据英王的特许状建立的,所有殖民地从理论上说都是英王赐封的领地,商业公司和业主个人都是英王赐封的领主。但是从一开始,英国政府就对严格管制殖民地没有太大的兴趣,在相当长的时期内,英国与殖民地之间的权力关系始终未能清楚地界定。英国政府没有专门的殖民地管理机构,只是通过许多不同的部门行使帝国控制,而各行政部门又都根据各自的利益而处理殖民地问题。因此,有人说英国殖民地是"无人的事业",又是"人人的事业",政治管理显得十分松散。按理说,代表英王利益的总督在殖民地政治生活中应拥有至高无上的权力,但实际上真正主导殖民地内部事务的却是殖民地的地方议会。复辟时期斯图亚特王朝曾试图削弱殖民地议会的权力以控制殖民地的事务,但是"光荣革命"却使美洲殖民地和母国一样摆脱了专制王权的束缚,殖民地的代表制得到了恢复。到 17 世纪末,美洲

---

① 杰弗里·帕克等:《剑桥战争史》,第 292 页。
② 道格拉斯·C.诺思:《经济史中的结构与变迁》,陈郁等译,上海三联书店 1997 年版,第 164 页。

殖民地均确立了代议体制,以代议制为基础的殖民地内部自治成为传统。代表英王行使权力的总督"无法充分地代表英王的利益,他手里的全部权力只能保证自己在殖民地的官职而已"。①

与松散的政治控制相反,英国对殖民地的经济控制却是相当严格的,甚至为此不惜动用武力,所以第一帝国被认为是一个"不依赖军队而依靠船队支撑的海外贸易和殖民帝国"。② 重商主义作为一种经济理论,它主张国家对经济的控制,由此实现国富民强。在重商主义理论中,殖民地占有极其重要的地位,殖民地应该发挥其经济职能,积极地为母国服务,成为宗主国工业品的销售市场、廉价原料供应地并为宗主国谋求贸易、航运霸权服务。以重商主义为指导,17世纪中期以后英国政府陆续颁布了《航海条例》和其它具有独占限制性的贸易法令,旨在增强英国商业航运的力量,保证英国商人获得运输利益,垄断对殖民地货物进口的支配权,消除殖民地与英国制造业的竞争,防止英属殖民地向英国在欧洲的对手提供商品,最终使殖民地永远处于依附于英国的地位,形成以英国为核心的帝国内部分工和商业贸易圈。在这个贸易圈中,宗主国承担工业品和制成品生产,美洲殖民地提供烟草、鱼类及海防仓库,西印度群岛提供蔗糖及其他热带产品,印度提供香料,③由此使英国在经济上达到帝国范围内的自给自足。为了实现这些目标,英国政府不断强化经济管理机构,英国几乎所有的殖民地管理机构都是为执行《航海条例》等相关法令而设置的,这充分体现出英国对殖民地经济作

---

① 杰拉尔德·冈德森:《美国经济史新编》,第98页。
② David Armitage, *The Ideological Origins of the British Empire*, p. 3.
③ W. A. Barker, *A General History of England, 1688—1852*, London: A. & C. Black Ltd., 1963, p. 146.

用的高度重视。① 虽然，殖民地通过各种手段使《航海条例》很难得以完全贯彻，但是，以重商主义为指导的严密的规章制度和相对完整的经济贸易体系，却成功地把荷兰从当时世界运输业市场和英属殖民地贸易中赶了出去，英国获得了巨大的利益。正如马克思所指出的："在真正的工场手工业时期，却是商业的霸权造成了工业上的优势。所以殖民制度在当时起着决定性的作用"；"殖民制度大大地促进了贸易和航运的发展。'垄断公司'是资本积累的强有力的手段。殖民地为迅速产生的工场手工业保证了销售市场，保证了通过对市场的垄断而加速的积累，在欧洲以外直接靠掠夺、奴役和杀人越货而得到的财宝，源源流入宗主国，在这里转化为资本。"②这是以后英帝国发展和争霸的基础。

重商主义的帝国体制虽然具有存在的历史合理性，但一开始便蕴含着难以克服的矛盾。英国人在17世纪的海外殖民进程中并非一帆风顺，在各种复杂的殖民背景下，为了生存进而谋求进一步的发展，建立合适的政治机构以行使必要的组织管理是殖民者首先予以考虑的。为此，英属美洲殖民地在建立过程中，均依照英王室授予的法律地位和作为英国人所拥有的权利，遵循和沿用英国的法律传统，将英国政治结构移植到了殖民地，形成由总督（英王的代表）、参事会（相当于英国上院）和议会（相当于英国下院）共同组成的殖民地统治体系，殖民地本身对内部事务拥有很大的自治权。英属殖民地自治倾向的发展和英国政治控制的松弛，完全是英国传统和自

---

① 从1675年设立的贵族贸易委员会到1696年设立的贸易委员会都将执行《航海条例》作为自己的首要任务。参见 H. T. Dickinson, ed., *Britain and the American Revolution*, pp.25 – 27.
② 马克思：《资本论》（第一卷），第822页。

治精神的体现。对此费尔德豪斯正确地指出,英国在早期殖民帝国的构建中,将自身的政治观念和制度移植到美洲,英国殖民地之所以比其他殖民地都自由,正因为英国是一个最自由的国家。① 这是英国与其他殖民国家不同的地方。在英国看来,只要殖民地的法律不与英国法律相抵触,便宁愿让殖民地拥有恰当的政治环境以发展经济,这样既符合英国地方自治的传统,又可使英国获得其所追求的经济利益,同时也可通过满足殖民地的政治要求使其为英国的争霸事业和商业战争服务。因此"在大部分殖民时期,英国觉得允许北美殖民地自行其是是妥当的,可取的"②。

英国殖民地对母国政治和文化传统的"模仿",并非简单的照搬和"再版"。殖民地的特殊环境又使英国的传统与殖民地的历史环境相结合,甚至向异质环境妥协,形成殖民地的政治结构和思想理念。在殖民地居民眼中,自己是英国人,理应获得英国人所拥有的一切权力。移民们面临新环境所产生的自由进取精神及殖民地无垠土地的存在使他们很容易达到政治上自由和自治的目的,这种自由甚至超过了英国人所具有的自由,他们的自治权利也比英国本土要大。但是,殖民地又对英国具有很强的依赖性,它们需要英国。英国美洲殖民地的自然条件不及西葡所属的中南美洲,土著印第安人的文明程度也比较低下,且没有黄金可供掠夺,这种客观环境迫使早期英国殖民者要想生存下来,必须依赖从母国不断输入劳动力及生活必需品。当殖民地获得一定发展之后,又需要特定的商品销售市场,特别是某些单一经济作物的殖民地更需要母国的支持,英

---

① D. K. Fieldhouse, *The Colonial Empire: A Comparative Survey from the Eighteenth Century*, pp. 59–62.
② 杰拉尔德·冈德森:《美国经济史新编》,第113页。

国为其提供了比较固定的商品交换渠道。殖民地面对其他殖民国家的激烈竞争和印第安人的袭击时,也需要宗主国担负防御或进攻任务。英国的重商主义政策虽然对北美殖民地尤其是南方种植园经济造成了严重损害,但是,殖民地的对外贸易却也受到这一政策的积极影响,它使殖民地免受帝国外的竞争,推动了殖民地特别是新英格兰地区造船业和航海业的发展,这是殖民地对外贸易发展的前提条件。英国皇家海军在公海上对殖民地商船来往提供的保护,也使殖民地海外贸易的顺利进行成为可能。英国政府还利用特惠关税制从英国市场上排除其他国家殖民地的烟草,①使英属北美殖民地烟草生产在国际市场上拥有垄断地位,烟草遂成为北美殖民地主要的出口商品和平衡英国和殖民地贸易收支的一个重要砝码。英国虽然公布了"列举商品法",但对殖民地的另一些产品诸如海上用品包括柏油、树脂、松节油、桅杆等,木材及蓝靛等予以奖励和补贴,这对于殖民地的某些制造业是有利的。另外,英国国内市场对殖民地开放,英国对非帝国产品的高关税政策也使殖民地的产品获益匪浅。即使宗主国严格执行《航海条例》,其限制殖民地经贸发展的消极影响也是有限的,殖民地完全可以通过其他方式逃避英国的控制。正因为如此,"殖民地居民认为,在英帝国统治下,他们处于一种利弊参半,但不是不舒适的生活环境中"。② 重商主义使殖民地在英帝国内部获得了某种发展和繁荣的机会,因此在相当长的时间里,甚至直到1763年之前殖民地都基本接受重商主义原则和各种贸

---

① 塞缪尔·埃利奥特·莫里森等:《美利坚共和国的成长》(上卷),第88页。
② 杰拉尔德·网德森:《美国经济史新编》,第112页。

易法案。① "在整个17世纪和18世纪早期,殖民地与宗主国之间的联系是通畅和紧密的,既没有分裂,也没有反叛。"②

但是必须指出这种体制一开始便蕴含着难以克服的矛盾。英国政府之所以在殖民地默认其自治权力,其根本目的在于可以谋取经济上的好处。殖民地被看成是商业事务,应当为母国的繁荣效力,而要有利可图就应允许殖民地拥有自己管理自己的权力,以开发其潜在的资源和森林。所以,以《航海条例》为主要内容的英国重商主义政策,又是以损害殖民地经济发展为补偿代价的,它"迫使殖民者在进口时出价更高且消费量更小,而在出口时售价更低且销售量更小"。③ 而殖民地自治倾向的发展和经济整体化发展,意味着殖民地的离异因素会逐渐增加,与宗主国之间的矛盾会日益发展。矛盾尖锐发展的结果便是英帝国的解体,所以从这个意义上说,17世纪英帝国在其形成的同时,就已孕育了18世纪帝国危机的种子。④

---

① Esmond Wright, ed., *Causes and Consequences of the American Revolution*, pp. 29 – 30.
② G. R. Elton, *Studies in Tudor and Stuart Politics and Government*, Vol. III: *Papers & Reviews, 1973—1981*, p. 343.
③ 杰里米·阿塔克、彼得·帕塞尔:《新美国经济史——从殖民地时期到1940年》(上),第69页。
④ 赫伯特·阿普特克:《美国人民史》(第一卷),第19页。

附　录

一、地　图*

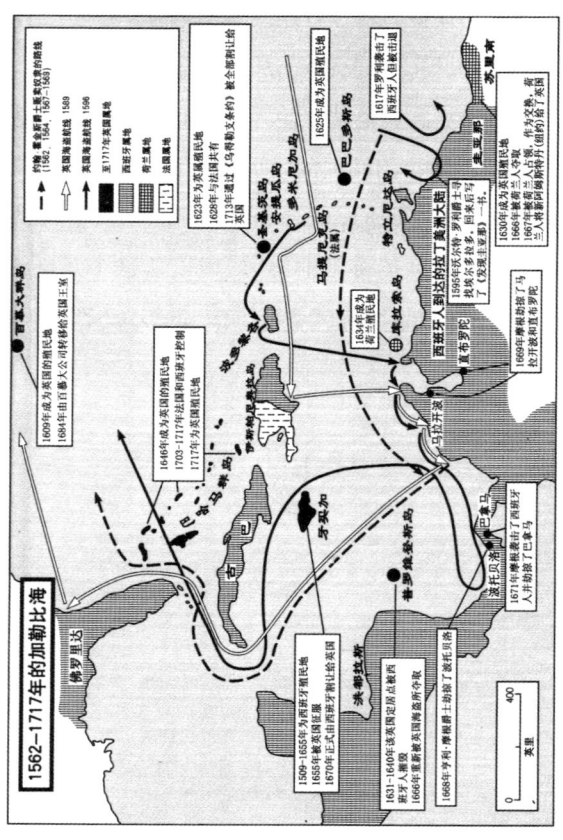

---

* 本书地图引自[英]马丁·吉尔伯特著《英国历史地图》(第三版),王玉菡译,中国青年出版社,2009年。

附 录 349

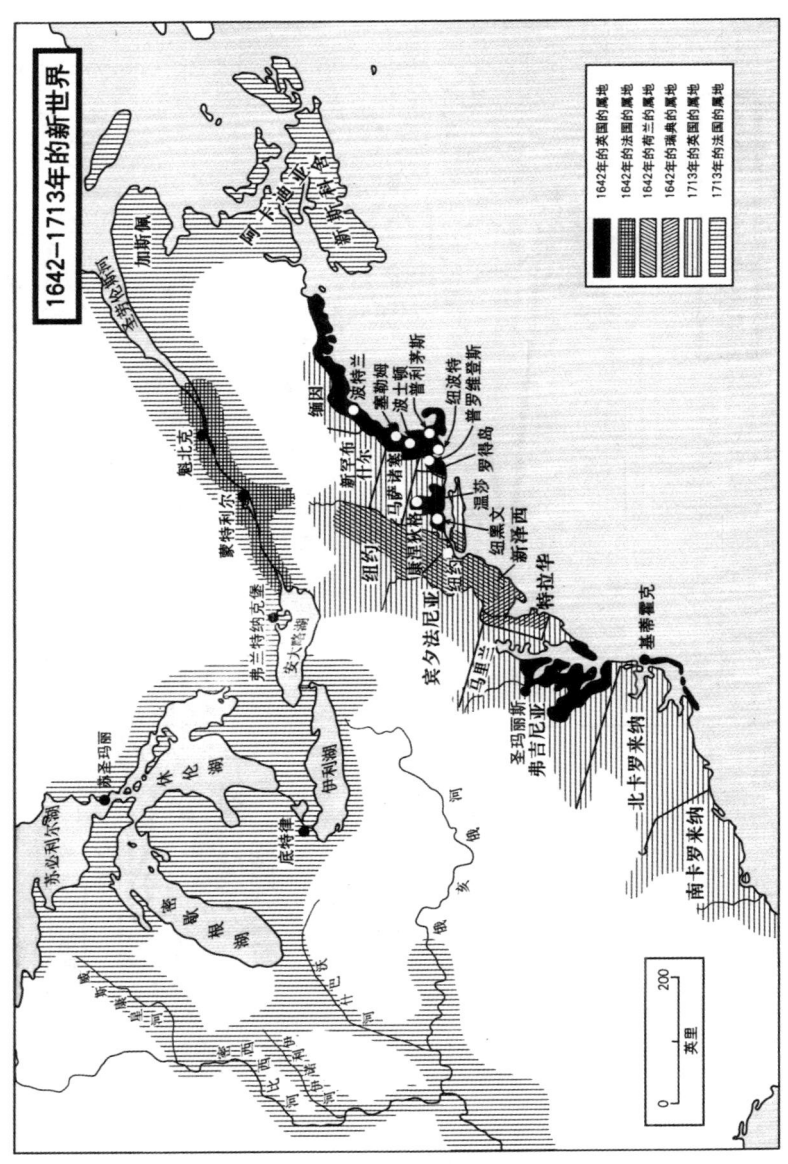

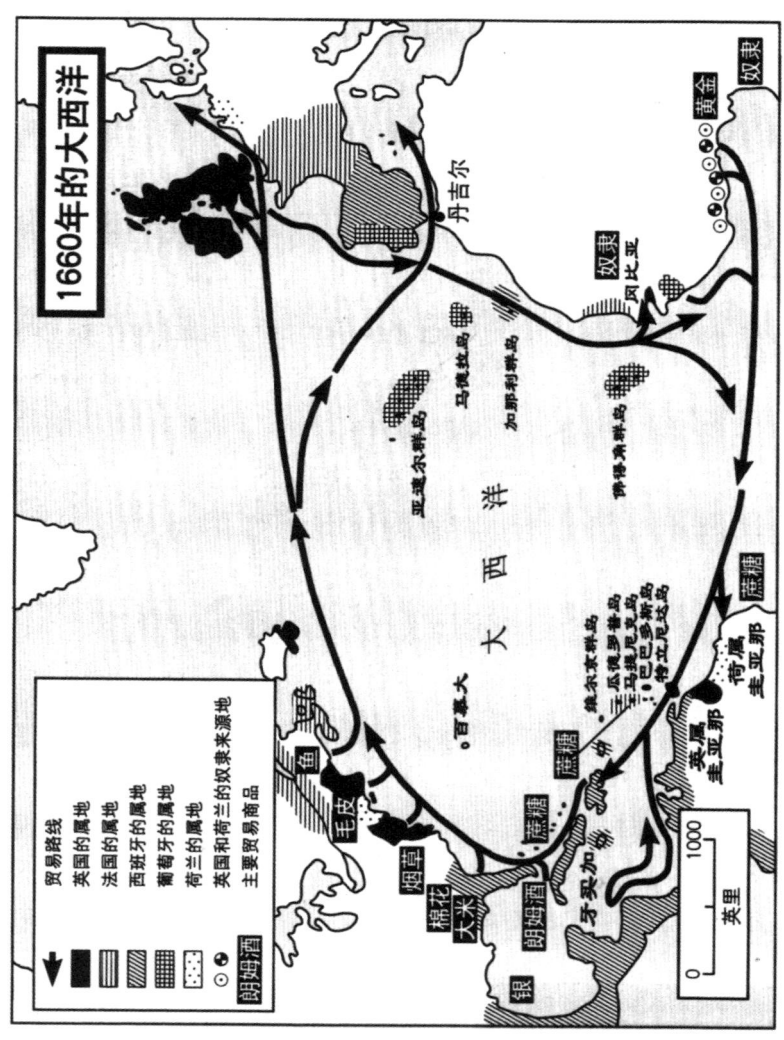

附录 351

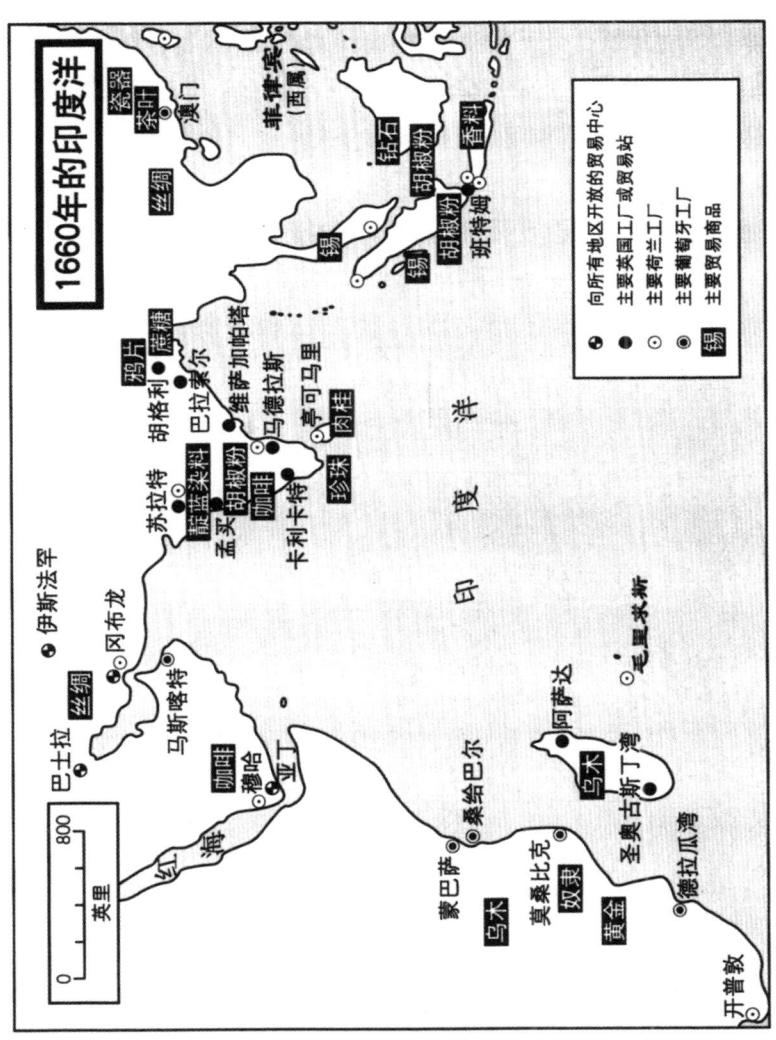

二、大事年表

1600 年	英国东印度公司组建
1601 年	《伊丽莎白济贫法》颁布
1602 年	荷兰联合东印度公司组建
1604 年	英国和西班牙签订《伦敦条约》
1606 年	伦敦弗吉尼亚公司和普利茅斯弗吉尼亚公司获得皇家特许状
1607 年	伦敦弗吉尼亚公司在北美建立第一个永久居民点詹姆斯敦
1609 年	乔治·萨莫尔斯爵士开辟百慕大群岛殖民地
1611 年	英国人在马苏利帕塔姆设立商馆
1612 年	弗吉尼亚殖民地引种烟草成功
	英国人获准在苏拉特设立商馆
1614 年	约翰·史密斯将弗吉尼亚北部命名为"新英格兰"
1618 年	伦敦冒险家对非洲贸易公司组建
1618—1648 年	三十年战争
1619 年	弗吉尼亚召开第一届议会;第一批黑人到达弗吉尼亚
1620 年	《五月花号公约》签订,普利茅斯殖民地建立
1622 年	英国东印度公司夺取霍尔木兹(Hormuz)
1623 年	英荷发生"安汶事件"
1624 年	弗吉尼亚成为第一个王室殖民地
1627 年	弗朗西斯·培根幻想著作《新大西岛》出版
1628—1633 年	英国在尼维斯、安提瓜、蒙特塞拉特建立殖民地
1629 年	马萨诸塞湾公司建立
1630 年	英国迫使葡萄牙停止商业竞争
1630—1642 年	清教徒北美"大迁徙"
1631 年	英国商人开发几内亚公司建立
1632—1634 年	巴尔的摩男爵创建马里兰殖民地
1636 年	罗杰·威廉斯被逐出马萨诸塞,在普罗维登斯建立定居点
1638 年	安妮·哈钦森被逐出马萨诸塞,在朴茨茅斯建立定居点
1639 年	第一次"主教战争";《康涅狄格基本法》制定
	英国人建圣乔治堡
1640 年	英国内战或革命爆发
1643 年	新英格兰联盟成立
1652—1654 年	第一次英荷战争
1663 年	查理二世向 8 位业主颁发卡罗来纳特许状

1664 年	重商主义者托马斯·孟发表《贸易论》
	英军夺取新尼德兰,更名纽约
1665 年	约克公爵颁布《公爵法规》
1665—1667 年	第二次英荷战争
1667 年	英荷签订《布列达和约》;英国政府制定《英国种植园管制黑人法令》
1668 年	英国东印度公司得到孟买
1669 年	《卡罗来纳基本法》起草
1670 年	英西签订《马德里条约》;英法签订《多佛条约》
1672 年	贸易委员会和对外拓殖委员会合并形成"贸易和拓殖联合委员会"
	威廉·配第的《爱尔兰的政治解剖》出版
	英国皇家非洲公司成立
1672—1674 年	第三次英荷战争
1673 年	英国颁布《殖民地关税条例》
1674 年	英国与荷兰签订第二个《威斯敏斯特和约》
1675 年	英国枢密院设立贵族贸易委员会
1675—1676 年	新英格兰发生"菲利普王之战"
1676 年	英国政府开始向北美各殖民地包括新英格兰选派收税官吏
	弗吉尼亚发生"培根叛乱"
1678 年	法国与荷兰签订《奈梅根和约》
1681 年	威廉·佩恩获得宾夕法尼亚特许状
	英国在各殖民地建立海事征税站
	威廉·佩恩拟定《政府纲要》
1682 年	威廉·佩恩率领一批贵格会教徒到达宾夕法尼亚
1684 年	马萨诸塞湾公司特许状被吊销
1686 年	新英格兰领地成立,爱德蒙·安德罗斯出任领地总督
1688 年	英国发生"光荣革命"
1688—1697 年	奥格斯堡同盟战争
1689 年	英国颁布《权利法案》
	波士顿起事,安德罗斯被囚
	雅各布·莱斯勒在纽约领导起事
1690 年	英国人在苏塔纳提设商馆
	东印度公司与莫卧儿帝国缔结和约
1691 年	马萨诸塞重新得到国王颁发的特许状,马萨诸塞成为王室殖民地
	普利茅斯被并入马萨诸塞
1692—1694 年	佩恩的业主地位被取消
1696 年	达维南特的《论东印度公司的贸易》出版
	英国议会颁布最后一个《航海条例》

	威廉三世授权成立管理殖民地事务的新机构贸易委员会
	英国在北美殖民地设立海事法庭
	颁布《禁止爱尔兰与殖民地贸易条例》
1697 年	《里斯维克条约》签订
1698 年	达维南特的《论英国的公共收入与贸易》出版
	结束皇家非洲公司的垄断:公开允许私人进行奴隶贸易
	苏格兰试图在巴拿马的戴利营建立殖民地
	东印度公司特许竞争者在印度成立一家公司
1699 年	英国议会通过《羊毛纺织品法案》
	英国通过《爱尔兰毛纺织品法令》
1701 年	宾夕法尼亚颁布《新权利宪章》
1702 年	威廉三世去世,安妮女王继位

三、参考书目

(一) 英文部分

Abbott, W. C., ed., *The Writings and Speeches of Oliver Cromwell*, Vol. 2, New York: Oxford University Press, 1988.

Abbott, W. C., ed., *The Writings and Speeches of Oliver Cromwell*, Vol. 3, New York: Oxford University Press, 1988.

Abbott, W. C., ed., *The Writings and Speeches of Oliver Cromwell*, Vol. 4, New York: Oxford University Press, 1988.

Andrews, Charles M., *The Colonial Period of American History*, New Haven: Yale University Press, 1964.

Andrews, K. R., *Trade, Plunder and Settlement*, New York: Cambridge University Press, 1991.

Armitage, David, *The Ideological Origins of the British Empire*, Cambridge: Cambridge University Press, 2000.

Ahlstrom, Sydney E., *A Religious History of the American People*, New Haven: Yale University Press, 1972.

Beer, George Louis, *The Origins of the British Colonial System, 1578—1660*, New York: The Macmillan Company, 1908.

Bremer, Francis J., *The Puritan Experiment: New England Society from Bradford to Edwards*, New York: St. Martin's Press, 1976.

Brenner, R., *Merchants and Revolution; Commercial Change, Political Conflict and London's Overseas Traders, 1550—1663*, Cambridge: Cambridge University Press, 1993.

Beckett, J. C., *The Making of Modern Ireland, 1603—1923*, London and

Boston: Faber, 1981.

Bassett, John Spencer, *A Short History of the United States*, New York: The Macmillan Company, 1929.

Brun, G., *Europe in Evolution*, 1415—1815, Boston, 1945.

Buchan, John, *Oliver Cromwell*, Boston: Houghton Mifflin Company, 1934.

Barker, Sir Ernest, *The Ideas and Ideals of the British Empire*, Cambridge: Cambridge University Press, 1941.

Barker, W. A., *A General History of England*, 1688—1852, London: A. & C. Black Ltd., 1963.

Black, J. B., *The Reign of Elizabeth*, 1558—1603, Oxford: Clarendon Press, 1959.

Bindoff, S. T., *Tudor England*, London: Penguin Books Ltd., 1985.

Bridenbaugh, C., *Vexed and Trouble Englishmen*, 1590—1642, Oxford University Press, 1986.

Bogart, Ernest Ludlow, Kemmerer, Donald Lorenzo, *Economic History of the American People*, New York: Longmans, 1948.

U. S. Bureau of the Census, *Historical Statistics of the United States: Colonial Times to 1957*, Washington, D. C., 1975.

Cady, John F., *Southeast Asia: Its Historical Development*, New York: McGraw-Hill Book Company, 1964.

Canny, Nicholas ed., *The Oxford History of the British Empire*, Vol. I: *The Origins of Empire*, Oxford: Oxford University Press, 1998.

Caward, Barry, *The Stuart Age*, London: Longman, 1980.

Carsten, F. L., ed., *The New Cambridge Modern History*, Vol. V: *The Ascendancy of France*, 1648—1688, Cambridge: Cambridge University Press, 1964.

Chartres, J., ed., *Agricultural Markets and Trade*, Cambridge: Cambridge University Press, 1990.

Chandaman, C. D., *English Public Revenue*, 1660—1688, Oxford: Clarendon Press, 1975.

Channing, Edward, *A History of the United States*, Vol. 1, London: Macmillan, 1905.

Clay, C. G. A., *Economic Expansion and Social Change: England*, 1500—1700, Vol. 1: *People, Land and Towns*, Cambridge: Cambridge University Press, 1984.

Cunningham, W., *The Growth of English Industry and Commerce*, Vol. 2, Cambridge: Cambridge University Press, 1925.

Cook, Chris, and John Wroughton, *English Historical Facts*, 1603—1688, New Jersey: Macmillan, 1980.

Commager, Henry S., ed., *Documents of American History*, Vol. 1: *To 1898*. New York: Prentice-Hall, 1963.

Cowie, Leonard W., *Seventeenth Century Europe*, London: Macmillan, 1984.

Collinson, P., *The Elizabethan Puritan Movement*, London: Oxford University Press, 1967.

Clark, Sir George, *The Later Stuarts, 1660—1714*, Oxford: Clarendon Press, 1980.

Chaudhuri, K. N., *The Trading World of Asia and English East India Company, 1660—1760*, London: Cambridge University Press, 1978.

Crowson, P. S., *Tudor Foreign Policy*, New York: Octagon Books, Inc., 1973.

Dandelion, Ben Pink, *An Introduction to Quakerism*, Cambridge: Cambridge University Press, 2007.

Dillon, Francis, *A Place for Habitation, the Pilgrim Fathers and their Quest*, London: Hutchinson of London, 1973.

Douglas, D. C., ed., *English Historical Documents*, Vol. IX: *American Colonial Documents to 1776*, New York: Oxford University Press, 1964.

Dodwell, H. H., ed., *The Cambridge History of the British Empire*, Vol. IV: *British India, 1497—1858*, Cambridge: Cambridge University Press, 1929.

Davis, R., *The Rise of the English Shipping Industry in the Seventeenth and Eighteenth Centuries*, London: Macmillan, 1962.

Davis, R., "English Foreign Trade, 1660—1700", *The Economic History Review*, Vol. VII, No. 2 (Dce., 1954).

Davies, Godfrey, *The Early Stuarts, 1603—1660*, Oxford: Oxford University Press, 1959.

Davies, K. G., *The Royal African Company*, London: Octagon Books, 1975.

Donnan, Elizabeth, ed., *Documents Illustrative of the History of the Slave Trade to America*, Vol. 1: *1441—1700*, Washinton: Carnegie Institution of Washington, 1930.

Dickinson, H. T., ed., *Britain and the American Revolution*, London: Longman, 1998.

Dickens, A. G., *The English Reformation*, London: Batsford, 1964.

Dietz, F. C., *England Public Finance, 1558—1641*, London: Adam & Charles Black, 1932.

Doran, Susan, and Glenn Richardson, eds., *Tudor England and its Neighbours*, New York: Palgrave Macmillan, 2005.

Elton, G. R., ed., *The Tudor Constitution: Documents and Commentary*, Cambridge: Cambridge University Press, 1960.

Elton, G. R., *England Under the Tudors*, London: Routledge, 1974.

Elton, G. R., *Studies in Tudor and Stuart Politics and Government*, Vol. III: *Papers & Reviews, 1973—1981*, Cambridge: Cambridge University Press, 1983.

Elton, Lord, *Imperial Commonwealth*, Oxford: Oxford University Press, 1946.

Elting, John R., *American Army Life*, Washington: Scribner, 1982.

Fieldhouse, D. K., *The Colonial Empires: A Comparative Survey from the*

Eighteenth Century, London: Macmillan, 1982.

Ferguson, Niall, *Empire: How Britain Made the Modern World*, London: Penguin Books, 2003.

Furber, Holden, *Rival Empires of Trade in the Orient, 1600—1800*, London: University of Minnesota Press, 1976.

Gipson, L.H., *The British Empire Before the American Revolution*, New York: Caxton, 1936.

Gillespie, James. E., *The Influence of Oversea Expansion on England to 1700*, New York: Columbia University Press, 1974.

Greene, Jack P., *Settlement to Society, 1607—1763: A Documentary History of Colonial America*, New York: Norton, 1975.

Greene, Jack P, ed., *Great Britain and the American Colonies, 1606—1763*, New York: Harper & Row, 1970.

Gentles, Frederiek, Steinfield, Melvin, eds., *Dream On America: A History of Faith and Practice*, San Francisco: Canfield, 1971.

Goodman, Paul, ed., *Essays in American Colonial History*, New York: Holt, Rinehart and Winston, 1967.

Gardiner, S. R., *History of England, 1624—1628*, Vol. 1, London: Hurst & Blackett, 1893.

Gardiner, S. R., *History of the Commonwealth and Protectorate, 1649—1656*, Vol. 2, New York: Longmans, 1965.

Garraty, John A., *A Short History of the American Nation*, New York: Longman, 1981

George, Hereford B., *The Historical Geography of the British Empire*, London: Methuen, 1919.

Galenson, David, *White Servitude in Colonial America, An Economic Analysis*, Cambridge: Cambridge University Press, 1982.

Griffis, William Elliot, *The Pilgrims in Their Three Homes: England, Holland, America*, Boston and New York: Houghton, Mifflin and Company, 1900.

Gaustad, Edwin Scoff, *A Religious History of America*, San Francisco: Harper & Row, 1990.

Hussey, W. D., *The British Empire and Commonwealth*, Cambridge: Cambridge University Press, 1963.

Harrison, W., *Elizabethan England: From A Description*, London: Kessinger Publishing Co., 1977.

Handy, Robert T., *A Christian America: Protestant Hopes and Historical Realities*, New York: Oxford University Press, 1984.

Hertz, F. O., *Nationality in History and Politics*, London: Routledge & K. Paul, 1945.

Hearn-shaw, F. J. A., *Seapower and Empire*, London: Longman, 1940

Hoselitz, B. F., *Sociological Aspects of Economic Growth*, New York: Free Press, 1960.

Heckscher, Eli F., *Mercantilism*, Vol. II, London: G. Allen & Unwin Ltd., 1935.

Hakluyt, Richard, *The Principal Navigations, Voyages, Traffiques and Discoveries of the English Nations*, Vol. 4, London: J. M. Dent & Sons, Ltd., 1907.

Heaton, H., *The Economic History of Europe*, New York: Harper & Brothers, 1936.

Harding, Richard, *The Evolution of the Sailing Navy, 1509—1815*, London: St. Martin's Press, 1995.

Handlin, Oscar, *Race and Nationality in American Life*, Boston: Little, Brown & Co., 1957.

Steeg, Clarence L. Ver, Hofstadter, Richard, eds., *Great Issues in American History, Vol. I: From Settlement to Revolution, 1584—1776*, New York: Random House Inc., 1969.

Hopkins, A. G., *An Economic History of West Africa*, London: Longman, 1977.

Hoskins, W. G., *The Age of Plunder: King Henry's England, 1500—1547*, London and New York: Longmans, 1979.

Horne, C. S., *A Popular History of the Free Churcher*, London: James Clarke & Co., 1903.

Hudson, Winthrop S., *Religion in America*, New York: Prentice Hall, 1987.

Hutchinson, Lucy., *Memoirs of the life of Colonel Hutchinson*, Oxford: Oxford University Press, 1973.

W. W. Hunter, *A History of British India*, Vol. 1, London: Longmans, 1900.

Israel, J. I., *Dutch Primacy in World Trade, 1585—1740*, London: Oxford University Press, 1989.

James, Lawrence, *The Rise and Fall of the British Empire*, London: St. Martin's Press, 1998.

Jordan, W. K., *Philanthropy in England, 1480—1650*, London: Russel Sage Foundation, 1964.

Jones, Maldwyn Allen, *American Immigration*, Chicago: University of Chicago Press, 1960.

Jones, Deane, *The English Revolution: A Introduction to English History*, London: Heinemann, 1960.

Jones, J. R., *The Revolution of 1688 in England*, London: W. W. Norton & Company, 1972.

Jones, J. R., ed., *The Restored Monarchy, 1660—1688*, Totowa: Rowman and Littlefield, 1978.

Jernegan, M. W., *The American Colonies, 1492—1752*, New York: F. Ungar

Pub. Co., 1959.

Kelley, Robert, *The Shaping of the American Past*, Vol. I, New Jersey: Prentice-Hall, 1978.

Kohn, Hans, *The Idea of Nationalism: A Study in Its Origins and Background*, New York: Macmillan, 1946.

Kammen, Michael G., ed., *Politics and Society in Colonial America*, New York: Holt, Rinehart and Winston, 1967

Kennedy, Paul, *The Rise and Fall of British Naval Mastery*, New York: Scribner, 1976.

Kenyon, J. P., ed., *The Stuart Constitution, Documents and Commentary*, Cambridge: Cambridge University Press, 1966.

Kavenagh, Keith W., ed., *Foundations of Colonial America: A Documentary History*, Vol. 3. New York: Chelsea House Publishers, 1974.

Keith, A. Berriedale, *Constitutional History of the First British Empire*, Oxford: Oxford University Press, 1930.

Kitchen, Martin, *The British Empire and Commonwealth, A Short History*, London: Macmillan, 1996.

Koenigsberger, H. G., G. L. Mosse, G. Q. Bowler, *A General History of Europe in the Sixteenth Century*, London: Longman, 1968.

Krishna, Bal, *Commercial Relations between India and England, 1601—1757*, London: G. Routledge & Sons, 1924.

Lloyd, T. O., *The British Empire, 1558—1983*, Oxford: Oxford University Press, 1984.

Lloyd, Trevor, *Empire: A History of the British Empire*, London and New York: Continuum International Publishing Group, 2001.

Lynch, Michael, *The British Empire*, London: McGraw-Hill, 2005.

Lockyer, Roger, *Tudor and Stuart Britain, 1471—1714*, New York: Longman, 1964.

Lipson, E., *The Economic History of England*, Vol. 1: *The Middle Ages*, London: A. & C. Black, 1937.

Lipson, E., *The Economic History of England*, Vol. 2: *The Age of Mercantilism*, London: A. & C. Black, 1948.

Lipson, E., *The Economic History of England*, Vol. 3: *The Age of Mercantilism*, London: A. & C. Black, 1931.

Lucas, Sir Charles, ed., *The British Empire*, Vol. I: *The Story of the Empire*, Michigan: Henry Holt and Company, 1924.

Luard, Evan, *The Balance of Power: The System of International Relation, 1648—1815*, New York: Palgrave Macmillan, 1992.

MacFarlane, Athony, *The British in the Americas, 1480—1815*, London: Longman, 1994.

McLaughlin, Andrew C., *The Foundation of the American Constitutionalism*, New York: The Lawbook Exchange, Ltd., 1932.

Moody, T. W., F. X. Martin, *The Course of Irish History*, Cork: The Mercier Press, 1967.

Miller, John C., *This New Man, The American: The Beginnings of the American People*, New York: McGraw-Hill, 1974.

Mason, A. T., *Free Government in the Making: Readings in American Political Thought*, New York: Oxford University Press, 1956.

Mahan, A. T., *The Influence of Sea Power upon History*, London: Hill & Wang, 1962.

Mahan, A. T., Sea Power in its Relations to the War of 1812, Boston: Little, Brown and Co., 1905.

Modelski, George, William R. Thomson, *Seapower in Global Politics, 1494—1993*, Washington: Macmillan, 1998.

Modelski, George, Modelski, Sylvia, eds., *Documenting Global Leadership*, Seattle: Macmillan, 1988.

MacCaffrey, W. T., *Elizabeth I: War and Politics, 1588—1603*, Princeton: Princeton University Press, 1992.

Mckay, Derek, Scott, H. M, *The Rise of the Great Powers, 1648—1815*, London: Longman, 1984.

Morris, Richard B., ed., *Encyclopedia of American History*, New York: Harper & Row, 1982.

Nasson, Bill, *Britannia's Empire: A Short History of the British Empire*, London: Tempus Publishing Ltd., 2006.

Neale, J. E., *Elizabeth I and Her Parliaments, 1584—1601*, London: Jonathan Cape, 1957.

Nettels, Curtis P. *The Roots of American Civilization: A History of American Colonial Life*, New York: F. S. Crofts & Company, 1945.

Nabokov, Peter, ed., *Native American Testimony: An Anthology of Indian and White Relations*, New York: Crowell, 1978.

Ogg, Frederic A., *Builders of the Republic*, New Haven: Yale University Press, 1927.

Potter, G. R., ed., *The New Cambridge Modern History*, Vol. I, Cambridge: Cambridge University Press, 1978.

Panikkar, K. M., *Asia and Western Dominance*, London: George Allen & Unwin, 1955.

Pennington, D. H., *Seventeenth Century Europe*, London: Longmans, 1980.

Palliser, D. M., *The Age of Elizabeth: England under the Later Tudors*, London: Longman, 1983.

Payne, John Edward, *Voyages of the Elizabethan Seaman to America*, Oxford:

The Clarendon Press, 1893.

Peck, Ira, and Steven Jantzen, Deniel Rosen, *Steck-Vaughn American Adventures*, New York: Steck-Vaughn Co., 1979.

Pollard, A. F., *Henry VIII*, London: Longmans, Green and Co., 1919.

Powicke, Sir Maurice, *The Reformation in England*, London: Oxford University Press, 1963.

Pounds, N. J. G., *An Economic History of Medieval Europe*, London: Longman, 1974.

Quinn, D. B., A. N. Ryan, *England's Sea Empire, 1550—1642*, London: G. Allen & Unwin, 1983.

Rabb, T. K., *Enterprise and Empire: Merchant and Gentry Investment in the Expansion of England, 1575—1630*, Massachusetts: Harvard University Press, 1967.

Ramsay, G. D., *English Overseas Trade during the Centuries of Emergence*, London: Macmillan, 1957.

Read, C., *Mr. Secretary Cecil and Queen Elizabeth*, London: J. Cape, 1955.

Reed, Michael, *The Landscape of Britain: From the Beginnings to 1914*, London: Routledge, 1997.

Rose, J. Holland and P. Newton, E. A. Benians. eds., *The Cambridge History of British Empire*, Vol. I: *The Old Empire to 1783*, Cambridge: Cambridge University Press, 1929.

Rowse, A. L., *The Expansion of Elizabethan England*, London: Macmillan, 1981.

Rowse, A. L., *The Spirit of English History*, London: Longmans Green & Co., 1943.

Ricklefs, M. C., *A History of Modern Indonesia*, Indiana: Indiana University Press, 1981.

Rich, E. E., Wilson, C. H., eds., *The Cambridge Economic History of Europe*, Vol. IV: *The Economy of Expanding Europe in the 16th and 17th Centuries*, London: Cambridge University Press, 1967.

Roberts, Clayton and David Roberts, *A History of England*, Vol. 1: *Prehistory to 1714*, New York: Prentice Hall, Inc., 1991.

Robbins, Keith, *Great Britain: Identities, Institutions and Idea of Britishness*, London: Longman, 1998.

Russell, John, *The Free Negro in Virginia, 1619—1865*, Baltimore: Kessinger Publishing, 1913.

Ronald, Susan, *The Pirate Queen: Queen Elizabeth I, Her Pirate Adventurers, and the Down of Empire*, New York: Harper Collins Publishers, 2007.

Stone, L., *Social Change and Revolution in England, 1540—1640*, London: Longmans, 1967.

Smith, Alan G. R., ed., *The Reign of James VI and I*, London: ST. Martin's Press, 1973.

Smith, Alan G. R., *The Emergence of A Nation State: The Commonwealth of England*, London: Longman, 1984.

Simons, Eric N., *Henry Ⅶ: The first Tudor King*, London: Muller, 1968.

Scott, W. R., *The Consititution and Finance of English、Scottish and Irish, Joint-stock Companies to 1720*, Cambridge: Cambridge University Press, 1912.

Scarisbrick, J. J., *Henry Ⅷ*, London: Penguin Books Ltd., 1981.

Stokes, Anson, Pfeffer, Leo, *Church and State in the United States*, New York: Harper & Row, 1964.

Sarkar, Jadunath, *A Short History of Aurangzib*, Calcutta: Orient Blackswan, 1954.

Seeley, J. R., *The Growth of British Policy*, Cambridge: Cambridge University Press, 1922.

Spurr, John, *English Puritanism, 1603—1689*, London: Macmillan, 1998.

Steeg, Clarence L. Ver, *The Formative Years: 1607—1763*, New York: Hill and Wang, 1964

Trevelyan, G. M., *English Social History*, London: Penguin Books Ltd., 1946.

Thirsk, J., ed., *The Agrarian History of England and Wales*, Vol. IV: 1500—1640, Cambridge: Cambridge University Press, 1967.

Tawney, R. H., *The Agrarian Problem in the Sixteenth Century*, New York: Longmans, Green and Co., 1912.

Tawney, A. J. and R. H. Tawney, "An Occupational Census of the Seventeenth Century", *The Economic History Review*, Vol. 5, No. 1 (Oct., 1934).

Thirsk, Joan, J. P. Cooper, eds., *Seventeenth Century Economic Documents*, Oxford: Clarendon Press, 1972.

Thompson, E., Garratt, G. T., *Rise and Fulfilment of British Rule in India*, London: Atlantic Publishers and Distributors, 1958.

Thompson, J. W., *Economic and Social History of Europe in Later Middle Ages*, New York: The Century Co., 1931.

Wallace, D. D., *Puritans and Predestination, Grace in English Protestant Theology*, Chapel Hill: University of North Carolina Press, 1982.

Wernham, R. B., *The Making of Elizabethan Foreign Policy, 1558—1603*, California: University of California Press, 1980.

Wernham, R. B., Walker, J. C., eds., *England under Elizabeth: Illustrated from Contemporary Sources*, London: Longman, 1932.

Wilson, C., *England's Apprenticeship, 1603—1765*, Cambridge: St. Martin's Press, 1965.

Wertenbaker, Thomas J., *Virginia Under the Stuarts, 1607—1688*, New York: Princeton Press, 1959.

Wilson, Charles, *Profit and Power*, *A Study of England and the Dutch Wars*, London: Longman, 1957.

Williamson, J. A., *Maritime Enterprise*, 1485—1558, Oxford: Oxford University Press, 1913.

Williamson, J. A., *The Tutor Age*, London: Longman, 1979.

Woodruff, P., *The Men Who Ruled India*, Vol. I: *The Founders*, London: J. Cape, 1963

Wright, Esmond, ed., *Causes and Consequences of the American Revolution*, Chicago: Quadrangle Books, Inc., 1966.

Zinn, Howard, *A People's History of the United States*, New York: Harper Collins, 1980.

（二）中文部分

斯·尤·阿勃拉莫娃：《非洲——四百年的奴隶贸易》，陈士林、马惠平译，商务印书馆 1983 年版。

海因茨·沃尔夫冈·阿恩特：《经济发展思想史》，唐宇华等译，商务印书馆 1997 年版。

杰里米·阿塔克、彼得·帕塞尔：《新美国经济史——从殖民地时期到 1940 年》（上），罗涛等译，中国社会科学出版社 2000 年版。

赫伯特·阿普特克：《美国人民史》（第一卷：殖民地时期），全地、淑嘉译，三联书店 1962 年版。

J. 艾捷尔编：《美国赖以立国的文本》，赵一凡、郭国良主译，海南出版社 2000 年版。

安东诺娃等主编：《印度近代史》（上册），北京编译社译，三联书店 1978 年版。

佩里·安德森：《绝对主义国家的系谱》，刘北成、龚晓庄译，上海人民出版社 2001 年版。

威廉·布拉福德：《普利茅斯开拓史》，吴丹青译，江西人民出版社 2010 年版。

J. 布卢姆、S. 摩根等：《美国的历程》（上册），杨国标、张儒林译，商务印书馆 1988 年版。

米·阿·巴尔格：《克伦威尔及其时代》，陈贤齐译，四川大学出版社 1986 年版。

丹尼尔·J. 布尔斯廷：《美国人：殖民地的经历》，时殷弘等译，上海译文出版社 1989 年版。

丹尼尔·布尔斯廷：《美国人：开拓历程》，中国对外翻译出版公司译，三联书店 1993 年版。

米歇尔·波德：《资本主义的历史：从 1500 年至 2010 年》，郑方磊、任轶译，上海辞书出版社 2010 年版。

B. Л. 波将金等编：《外交史》（第一卷，上），史源译，三联书店 1982 年版。

波梁斯基：《外国经济史（资本主义时代）》，郭吴新等译，三联书店 1963 年版。

包奕诚：《从贸易到征服——论 1813 年以前英国东印度公司的殖民活动》，《南亚研究》,1989年第3期。

E. B. 波特主编:《海上实力》,马炳忠等译,海洋出版社1990年版。

纳尔逊·曼弗雷德·布莱克:《美国社会生活与思想史》(上册),许季鸿译,商务印书馆1994年版。

阿萨·勃里格斯:《英国社会史》,陈叔平、刘成译,中国人民大学出版社1991年版。

查尔斯·A. 比尔德、玛丽·R. 比尔德:《美国文明的兴起》(上卷),许亚芬译,商务印书馆2012年版。

查尔斯·博哲斯:《美国思想渊源——西方思想与美国观念的形成》,符鸿令、朱光骊译,山西人民出版社1988年版。

莱斯利·贝瑟尔主编:《剑桥拉丁美洲史》(第一卷),林无畏等译,经济管理出版社1995年版。

威廉·J. 本内特:《美国通史》(上),刘军等译,江西人民出版社2009年版。

布罗代尔:《15—18世纪的物质文明、经济和资本主义》(第二卷),顾良等译,三联书店1993年版。

布罗代尔:《15—18世纪的物质文明、经济和资本主义》(第三卷),顾良等译,三联书店1993年版。

拉尔夫·亨·布朗:《美国历史地理》,秦士勉译,商务印书馆1984年版。

莫里斯·布罗尔:《荷兰史》,郑克鲁、金志平译,商务印书馆1974年版。

保罗·布特尔:《大西洋史》,刘明周译,东方出版中心2011年版。

柴惠庭:《英国清教》,上海社会科学院出版社1994年版。

帕姆·杜德:《英国和英帝国危机》,苏仲彦、桂成芳、希明译,世界知识出版社1954年版。

卡尔·戴格勒:《一个民族的足迹》,王尚胜等译,辽宁大学出版社1991年版。

查尔斯·达维南特:《论英国的公共收入与贸易》,朱泱等译,商务印书馆1995年版。

威尔·杜兰:《世界文明史》(第6卷 宗教改革)(上),台湾幼狮文化公司译,东方出版社1999年版。

威尔·杜兰:《世界文明史》(第7卷 理性开始时代),台湾幼狮文化公司译,东方出版社1999年版。

恩格斯:《反杜林论》,人民出版社1970年版。

斯坦利·L. 恩格尔曼、罗伯特·E. 高尔曼主编:《剑桥美国经济史》(第一卷:殖民地时期),高德步等译,中国人民大学出版社2007年版。

福斯特:《美洲政治史纲》,冯明方译,三联书店1959年版。

约翰·霍普·富兰克林:《美国黑人史》,张冰姿等译,商务印书馆1988年版。

T. W. 弗里曼:《爱尔兰地理》,上海师范大学爱尔兰地理翻译组译,上海人民出版社1977年版。

尼尔·弗格森:《帝国》,雨珂译,中信出版社2012年版。

吉尔伯特·C. 菲特、吉姆·E. 里斯:《美国经济史》,司徒淳、方秉铸译,辽宁人民出版社1991年版。

郭家宏:《从旧帝国到新帝国——1783—1815 年英帝国史纲要》,商务印书馆 2007 年版。

高德里克·威廉·房龙:《美国的故事》,刘北城等译,社会科学文献出版社 1999 年版。

杰拉尔德·冈德森:《美国经济史新编》,杨宇光等译,商务印书馆 1994 年版。

汉斯·豪斯赫尔:《近代经济史——从十四世纪末至十九世纪下半叶》,王庆余等译,商务印书馆 1987 年版。

D. G. E. 霍尔:《东南亚史》(上册),中山大学东南亚历史研究所译,商务印书馆 1982 年版。

詹姆士·哈林顿:《大洋国》,何新译,商务印书馆 1981 年版。

塞缪尔·赫维茨、伊迪丝·赫维茨:《牙买加史》,南开大学历史系译,天津人民出版社 1979 年版。

埃德蒙·惠特克:《经济思想流派》,徐宗士译,上海人民出版社 1974 年版。

黄安年:《美国的崛起》,中国社会科学出版社 1992 年版。

黄绍湘:《美国早期发展史》,人民出版社 1957 年版。

黄绍湘:《美国史纲(1452—1823)》,重庆出版社 1987 年版。

姜守明:《从民族国家走向帝国之路》,南京师范大学出版社 2000 年版。

蒋孟引主编:《英国史》,中国社会科学出版社 1988 年版。

蒋相泽主编:《世界通史资料选辑》(近代部分,上册),商务印书馆 1985 年版。

计秋枫:《论克伦威尔外交的意识形态特性》,《南京大学学报》(哲学·人文·社会科学),1995 年第 1 期。

罗伯特·基:《爱尔兰史》,潘兴明译,东方出版中心 2010 年版。

马丁·吉尔伯特:《英国历史地图》,王玉菡译,中国青年出版社 2012 年版。

约翰·F. 卡迪:《东南亚历史发展》(上册),姚南、马宁译,上海译文出版社 1988 年版。

马克·C. 卡恩斯、约翰·A. 加勒迪:《美国通史》,吴金平等译,山东画报出版社 2008 年版。

叶·阿·科斯明斯基、雅·亚·列维茨基主编:《十七世纪英国资产阶级革命》(上卷),何清、丁朝弼、王鹏飞等译,商务印书馆 1990 年版。

叶·阿·科斯明斯基、雅·亚·列维茨基主编:《十七世纪英国资产阶级革命》(下卷),何清、王章辉、吴英增等译,商务印书馆 1991 年版。

艾德蒙·柯蒂斯:《爱尔兰史》,(上下册),江苏师范学院翻译组译,江苏人民出版社 1974 年版。

理查德·克鲁格:《烟草的命运——美国烟草业百年争斗史》,徐再荣等译,海南出版社 2000 年版。

赫尔曼·库尔克、迪特玛尔·罗特蒙特:《印度史》,王立新、周红江译,中国青年出版社 2008 年版。

M. A. 拉希姆等:《巴基斯坦简史》(第四卷),四川大学外语系翻译组译,四川人民出版社 1976 年版。

E. E. 里奇、C. H. 威尔逊主编:《剑桥欧洲经济史》(第四卷),张锦东、钟和、晏波译,经济科学出版社2003年版。

卢森贝:《政治经济学史》,张凡等译,三联书店1959年版。

梁志明主编:《殖民主义史》(东南亚卷),北京大学出版社1999年版。

刘祚昌:《刘祚昌美国史讲义》,天津古籍出版社2008年版。

刘景华:《城市转型与英国的勃兴》,中国纺织出版社1994年版。

刘景华:《英国城市现代化的准备阶段——老城市的转型与新城市的兴起(1500—1750)》,《天津师范大学学报》(社会科学版),2011年第1期。

加尔文·D.林顿:《美国两百年大事记》,谢延光、储复耘等译,上海译文出版社1984年版。

李剑鸣:《美国的奠基时代》,中国人民大学出版社2011年版。

伊丽莎白·拉蒙德:《论英国本土的公共福利》,马清槐译,商务印书馆1989年版。

林承节主编:《殖民主义史》(南亚卷),北京大学出版社1999年版。

林承节:《印度近现代史》,北京大学出版社1995年版。

陆镜生:《美国人权政治——理论和实践的历史考察》,当代世界出版社1997年版。

W.罗斯托:《经济成长的阶段》,国际关系研究所编译室译,商务印书馆1962年版。

埃里克·罗尔:《经济思想史》,陆元诚译,商务印书馆1981年版。

约·彼·马吉多维奇:《世界探险史》,屈瑞、云海译,世界知识出版社1988年版。

塞缪尔·埃里奥特·莫里森、亨利·斯蒂尔·康马杰、威廉·爱德华·洛伊希滕堡:《美利坚共和国的成长》(上卷),南开大学历史系美国史研究室译,天津人民出版社1980年版。

R.C.马宗达、H.C.赖乔杜里、卡利金卡尔·达塔:《高级印度史》(下册),张澍霖等译,商务印书馆1986年版。

托马斯·孟:《英国得自对外贸易的财富》,袁南宇译,商务印书馆1997年版。

托马斯·孟、尼古拉斯·巴尔本、达德利·诺思:《贸易论》(三种),顾为群、刘漠云、陈国雄等译,商务印书馆1982年版。

肯尼思·O.摩根主编:《牛津英国通史》,王觉非等译,商务印书馆1993年版。

R.K.默顿:《十七世纪英国的科学、技术与社会》,范岱年、吴忠、蒋效东译,四川人民出版社1986年版。

阿·莱·莫尔顿:《人民的英国史》(上册),谢琏造、瞿菊农等译,三联书店1976年版。

赫伯特·摩里斯:《为美国的自由而斗争》,孙硕人等译,三联书店1975年版。

马克思:《资本论》(第一卷),人民出版社1975年版。

马克思:《资本论》(第三卷),人民出版社2004年版。

《马克思恩格斯全集》(第1卷),人民出版社1956年版。

《马克思恩格斯全集》(第7卷),人民出版社1974年版。

《马克思恩格斯全集》(第15卷),人民出版社1963年版。

《马克思恩格斯全集》(第25卷),人民出版社1974年版。

《马克思恩格斯选集》(第3卷),人民出版社1972年版。
满云龙:《马萨诸塞政治体制的确立》,《历史研究》,1992年第5期。
加里·纳什等编著:《美国人民:创建一个国家和一种社会》(上卷),刘德斌主译,北京大学出版社2008年版。
J. E. 尼尔:《女王伊丽莎白一世传》,聂文杞译,商务印书馆1992年版。
诺尔斯:《英国海外帝国经济史》(第一卷),袁绩藩译,上海人民出版社1966年版。
道格拉斯·C. 诺思:《经济史中的结构与变迁》,陈郁等译,上海三联书店1987年版。
帕尔默、科尔顿:《近现代世界史》(上册),孙福生、陈敦全译,商务印书馆1992年版。
威廉·配第:《配第经济著作选集》,陈冬野、马青槐、周锦如译,商务印书馆1997年版。
H. 帕姆塞尔:《世界海战简史》,屠苏等译,海洋出版社1986年版。
杰弗里·帕克等著:《剑桥战争史》,傅锦川等译,吉林人民出版社1999年版。
弗朗西斯·培根:《培根人生随笔》,何新译,人民日报出版社1996年版。
J. H. 帕里、P. M. 舍洛克:《西印度群岛简史》,天津市历史研究所翻译室译,天津人民出版社1976年版。
温斯顿·丘吉尔:《英语国家史略》(上),薛力敏、林林译,新华出版社1985年版。
卡洛·M. 奇波拉主编:《欧洲经济史》(第一卷),徐璇译,商务印书馆1988年版。
卡洛·M. 奇波拉主编:《欧洲经济史》(第二卷),贝昱、张菁译,商务印书馆1988年版。
琼图洛夫:《外国经济史》,孟援译,上海人民出版社1962年版。
钱乘旦主编:《现代文明的起源与演进》,南京大学出版社1991年版。
钱乘旦主编:《欧洲文明:民族的融合与冲突》,贵州人民出版社1999年版。
钱乘旦、许洁明:《英国通史》,上海社会科学院出版社2002年版。
屈勒味林(G. M. Trevelyan):《英国史》(下册),钱端升译,东方出版社2012年版。
斯塔夫里阿诺斯:《全球通史——1500年以后的世界》,吴象婴、梁赤民译,上海社会科学院出版社1997年版。
亚当·斯密:《国民财富的性质和原因的研究》(下册),郭大力、王亚南译,商务印书馆1983年版。
亨利·威廉·斯皮格尔:《经济思想的成长》,晏智杰等译,中国社会科学出版社1999年版。
施脱克马尔:《十六世纪英国简史》,上海外国语学院编译室译,上海人民出版社1959年版。
斯特莱切:《伊丽莎白女王和埃塞克斯伯爵——一部悲剧性的历史》,戴子钦译,三联书店1986年版。
托马斯·索威尔:《美国种族简史》,沈宗美译,南京大学出版社1992年版。
乔治·霍兰·萨拜因:《政治学说史》(上册),刘山等译,商务印书馆1986年版。
尼古拉斯·塔林等:《剑桥东南亚史》(第一卷),贺圣达等译,云南人民出版社

2003年版。

托克维尔:《论美国的民主》(上卷),董果良译,商务印书馆1991年版。

艾·巴·托马斯:《拉丁美洲史》(第1册),寿敬文译,商务印书馆1973年版。

马克斯·韦伯:《经济与社会》(下卷),林荣远译,商务印书馆1997年版。

马克斯·韦伯:《新教伦理与资本主义精神》,于晓、陈维纲等译,三联书店1987年版。

伊勒·伍德沃德:《英国简史》,王世训译,上海外语教育出版社1990年版。

R. B. 沃纳姆编:《新编剑桥世界近代史》(第三卷),中国社会科学院世界历史研究所组译,中国社会科学出版社1999年版。

伊曼纽尔·沃勒斯坦:《现代世界体系》(第一卷),罗荣渠等译,高等教育出版社1998年版。

伊曼纽尔·沃勒斯坦:《现代世界体系》(第二卷),庞卓恒等译,高等教育出版社1998年版。

拉塞尔·F. 韦格利:《美国陆军史》,丁志源译,解放军出版社1989年版。

王觉非主编:《近代英国史》,南京大学出版社1997年版。

王觉非主编:《英国政治经济和社会现代化》,南京大学出版社1989年版。

王希:《原则与妥协:美国宪法的精神与实践》,北京大学出版社2000年版。

王绳祖主编:《国际关系史》(第一卷),世界知识出版社1995年版。

罗宾·W. 温克、L. P. 汪德尔:《牛津欧洲史》(第一卷),吴舒屏、张良福译,吉林出版集团有限责任公司2009年版。

罗宾·W. 温克、托马斯·E. 凯泽:《牛津欧洲史》(第二卷),赵闯译,吉林出版集团有限责任公司2009年版。

加里·M. 沃尔顿、休·罗夸夫:《美国经济史》,王珏等译,中国人民大学出版社2011年版。

埃里克·威廉斯:《加勒比地区史》(1492—1969年,上册),辽宁大学经济系翻译组译,辽宁人民出版社1976年版。

T. G. 威廉斯:《世界商业史》,陈耀昆译,中国商业出版社1989年版。

R. C. 西蒙斯:《美国早期史——从殖民地建立到独立》,朱绛等译,商务印书馆1986年版。

凯文·希林顿:《非洲史》,赵俊译,东方出版中心2012年版。

夏继果:《伊丽莎白一世时期英国外交政策研究》,商务印书馆1999年版。

约瑟夫·熊彼特:《经济分析史》(第一卷),朱泱等译,商务印书馆1991年版。

约翰·希克斯:《经济史理论》,厉以平译,商务印书馆1999年版。

晏智杰:《亚当·斯密以前的经济学》,北京大学出版社1996年版。

杨玉圣:《美国历史散论》,辽宁大学出版社1994年版。

杨人楩:《非洲通史简编——从远古至一九一八年》,人民出版社1984年版。

原祖杰:《从上帝选民到社区公民:新英格兰殖民地早期公民意识的形成》,《中国社会科学》,2012年第1期。

联合国教科文组织编:《十五至十九世纪非洲的奴隶贸易》(联合国教科文组织召开的专家会议报告和文件),黎念等译,中国对外翻译出版公司1984年版。

中国英国史研究会编:《英国史论文集》,三联书店 1982 年版。
小戴维·佐克等著:《简明战争史》,军事科学院外国军事研究部译,商务印书馆 1982 年版。
张定河:《美国政治制度的起源与演变》,中国社会科学出版社 1998 年版。

四、译名对照表

A

阿朗松(Alençon)
阿格拉(Agra)
阿尔伯马尔(Albemarle)
阿尔伯马公爵(Duck of Albemarle)
阿尔瓦公爵(Duke of Alva)
阿瑜陀耶(Ayutthaya)
阿什利河(Ashley River)
艾尔顿(Ireton)
艾斯丘爵士(Sir George Ayscue)
爱德华一世(Edward I,1239—1307)
爱德华三世(Edward III,1312—1377)
爱德华四世(Edward IV,1442—1483)
爱德华六世(Edward VI,1537—1553)
《爱尔兰处理法案》(Act of Settlement for Ireland,又称《克伦威尔组织法令》)
《埃塔普勒条约》(Treaty of Etaples)
"爱尔兰协会"(Irish Society)
"埃尔多拉多"(El Dorado)
埃姆登(Emden)
艾哈迈达巴德(Ahmadabad)
阿勒颇(Aleppo)
安汶岛(Amboina)(Amboyna)
"安汶惨案"(Amboin Massacre)
安提瓜(Antigua)
安特卫普(Antwerp)
阿卡迪亚(Acadia)
阿诺玛布(Anomabu)
埃塞奎波(Essequibo)
爱德蒙·安德罗斯(Edmund Andros)

罗里·奥唐奈(Rory O'Donnell)
休·奥尼尔(Hugh O'Neill, Earl of Tyrone)
费里·奥尼尔(Sir Phelim O'Neill)
奥格斯堡战争(War of the Augsburg League,1688—1697)
奥克尼群岛(Orkney Islands)
奥尔巴尼(Albany)
奥朗则布(Aurangzib)
杰拉尔德·奥恩吉尔(Gerald Aungier)
奥利诺科河(Orinoco Rive)
奥蒙德(Ormond)
奥里萨(Orissa)
奥昆多(Admiral Don Antonio Oquendo)
奥伦治的威廉(William of Orange)

B

尼古拉斯·巴尔本(Nicholas Barbon,1640—1698)
巴芬岛(Baffin Island)
"百年战争"(The Hundred Years' War)
北大年(Patani)
约翰·鲍威尔(John Powell)
约翰·伯克利勋爵(Lord John Berkeley)
威廉·伯克利(William Berkeley)
埃德蒙·伯克(Edmund Burke)
卑尔根(Bergen)
背风群岛(Leeward Islands)
布洛涅(Boulogne)
布罗齐(Broach)
布莱克(Robert Blake)
布拉希尔岛(Isle of Brasil)

班达(Banda)
布里斯托尔(Bristol)
《补偿法令》(Act of Satisfaction)
布雷德拉德号(Brederade)
《布雷达和约》(Treaty of Breda)
布兰科角(Cape Blanco)
布列塔尼(Brittany)
波托马克河(Potomac River)
波伊宁斯爵士(Poynings)
波多黎各(Pueto Rico)
勃固(Pegu)
威廉·布拉福德(William Bradford, 1590—1657)
巴巴多斯(Barbados)
巴拉索尔(Balasore)
宾夕法尼亚(Pennsylvania)
《布卢瓦条约》(Treaty of Blois)
《贝里克条约》(Treaty of Berwick)
"伯爵的出逃"(Flight of the Earls)

C

查理二世(Charles Ⅱ, 1630—1685)
查理五世(Charles V, 1500—1558)
查尔斯镇(Charles Town)
查尔斯顿(Charleston)
查尔斯河(Charles River)
蔡尔德(Josiah Child)
戴维·柴德斯特(David Chidester)
残缺议会(Rump Parliament)
"朝圣者"(pilgrims)
柴明达尔(Zamindar)

D

托马斯·达德利(Thomas Dudley)
"大法庭"(Great court)
戴尔(Thomas Dale)
邓多克(Dundalk)
弗朗西斯·德雷克(Francis Drake)
德拉华勋爵(Lord of De Lawarr)
德文(Davon)

圣胡安·德乌略亚(San Juan de Ulua)
地契(Litle-deeds)
敦刻尔克(Dunkirk)
邓杰内斯(Dungeness)
德罗赫达(Drogheda)
德·鲁伊特尔(De Ruyter)
东印度公司(The East India Trading Company)
"对东印度贸易的英国商人联合公司"(The United Company of Merchants of England Trading to the East India)
东地公司(Eastland Company)
《多佛密约》(Treaty of Dover)
多巴哥(Tobago)
多切斯特公司(Dorchester Company)
代役租(Quitrent)
约翰·戴维斯(John Davis)
约翰·达文波特(John Davenport)
查尔斯·达维南特(Charles D'avenant, 1656—1714)
达埃南步克(Rierre Belain D'esnambuc)
对外拓殖委员会(The Council of Foreign Plantation)

E

厄尔斯特(Ulster)
约翰·恩迪科特(John Endicott)

F

拉尔夫·菲奇(Ralph Fitch)
菲利普二世(Philip Ⅱ, 1527—1598)
弗里德里克(Frederick)
弗克兰(Falkland)
弗拉辛(Flushing)
弗利特伍德(Fleetwood)
菲茨杰拉德家族(House of Fitzgerald)
弗尔角(Cape Fear)
费城(Philadelphia)
马丁·弗罗比歇(Martin Frobisher)
弗吉尼亚(Virginia)

弗吉尼亚公司(Virginia Company of London)

G

托马斯·盖奇(Thomas Gage)
格洛斯特郡(Gloucester)
格陵兰岛(Greenland)
理查德·格伦维尔(Sir Richard Grenville)
《公祷书》(Book of Common Prayer)
公理会(Congregational Church)
《公爵法规》(Duke's Laws)
"共耕制度"(joint land system)
高康达国(Golkunda)
高等法庭(Superior Court)
托马斯·格雷沙姆爵士(Sir Thomas Gresham)
戈里岛(the Island of Goree)
戈尔韦城(Galway)
圭亚那(Guiana)
贵格会(Quakers)
《圭亚纳的发现》(The Discovery of the Large, Rich and Beautiful Empire of Guiana)
"光荣革命"(the Glorious Revolution)
贵族贸易委员会(Lords of Trade)

H

罗伯特·哈考特(Robert Harcout)
《航海条例》(又译《航海法案》)(Act of Navigation)
汉萨同盟(Hanse)
汉普顿王宫会议(Hampton Court Conference)
赫布里底群岛(Hebrides)
"赫克托尔号"(Hector)
约翰·霍金斯(John Hawkins)
威廉·霍金斯(William Hawkins)
霍利(Henry Hawley)
查尔斯·霍华德勋爵(Lord Charles Howard)
罗伯特·霍姆斯(Robert Holmes)
哈得逊河(Hudson River)
皇家对非贸易探险者公司(Company of the Royal Adventurers into Africa)
"皇家非洲公司"(The Royal African Company)
亨利·哈德逊(Henry Hudson)
哈德逊湾(Hudson Bay)
哈特福德(Hartford)
詹姆士·哈林顿(James Haringtan, 1611—1677)
亨利二世(Henry Ⅱ, 1133—1189)
亨利·都铎(Henry Tudor)
亨利七世(Henry Ⅶ, 1457—1509)
亨利八世(Henry Ⅷ, 1491—1547)
理查德·哈克卢伊特(Richard Hakluyt, 约1552—1616年)
托马斯·胡克牧师(Thomas Hooker)
詹姆士·豪恩(James Horn)
《海战条例》(Articles of War)
胡格利河(Hugli)

J

加莱(Calais)
加的斯(Cadiz)
贾汉吉尔(Jahangir)
加的斯湾(Gulf of Cadiz)
托马斯·杰斐逊(Thomas Jefferson)
《禁止向罗马教廷上诉法》(An Act for Restraint of Appeals to Rome)
汉弗莱·吉尔伯特(Sir. Humphrey Gilbert, 1539?—1583)
吉斯公爵(法语: Duc de Guise)
基尔肯尼(Kilkenny)
基尔代尔伯爵(Earl of Kildare)
"基督教博爱之楷模"(A Model of Christian Charity)
"教皇子午线"(Papal Meridian)
《剑桥协议》(Cambridge Agreement)

"计口制"(Headright system)

K

卡罗来纳(Carolina)
《卡罗来纳基本法》(The Fundamental Constitution of Carolina)
卡赞德港(Port of Cadzand)
凯瑟琳王后(Katherine of Aragon)
卡利库特(Calicut)
《卡托-康布雷锡和约》(Treaty of Cateau-Cambrésis)
科尔伯(Colbert)
奥利弗·克伦威尔(Oliver Cromwell, 1599—1658)
托马斯·克伦威尔(Thomas Cromwell, 1485—1540)
尼科拉斯·克里斯普(Nicholas Crispe)
克莱门七世(Clement Ⅶ, 1478—1534)
克雷文伯爵(Lord Craven)
克莱尔(Clare)
克朗梅耳(Clonmel)
克里斯蒂安四世(Christian Ⅳ, 1577—1648)
克拉伦顿伯爵(Lord Clarenden)
科罗曼德尔海岸(Coromandel coast)
科曼达(Komenda)
科尔曼丁(Kormantin)
罗杰·科南特(Roger Conant)
约翰·卡波特(John Cabot)
塞巴斯蒂安·卡波特(Sebastian Cabot)
约翰·卡弗(John Carver)
乔治·卡弗特父子(George Calvert、Cecilius Calvert)
乔治·卡特雷特(George Carteret)
卡莱尔伯爵(James Hay, Earl of Carlisle)
卡尔狄尼(Cardenas)
科德角(Cape Cod)
威廉·科提恩爵士(Sir William Courteen)
康涅狄格(Connecticut)
《康涅狄格基本法》(Fundamental Orders of Connecticut)
"宽容法案"(Toleration Act)
康诺特(Connaught)
"快安号"(Speedwell)
约翰·库德(John Coode)
阿什利·库珀勋爵(Lord Ashley Cooper)

L

拉布拉多(labrador)
劳克(John Lok)
威廉·劳德(William Laud)
长岛(Long Island)
约翰·洛克(John Locke, 1632—1704)
罗杰·勒德洛(Roger Ludlowe)
理查二世(Richard Ⅱ, 1367—1400)
爱德华·伦道夫(Edward Randolph)
"伦敦新英格兰马萨诸塞湾拓殖地总督和参事会"(The Governor and Council of London's Plantation in Massachusetts Bay, in New England)
伦敦德里(Londonderry)
《论通过西北航线到达中国和东印度的通道》(Discourse to Prove a Passage by the North West to Cathay and the East Indies)
《论通往契丹的新航路的发现》(Discourse of a Discovery for a New Passage to Cataia)
罗拉德(Lollards)
罗阿诺克岛(Roanoke Island)
伦斯特(Leinster)
利凡特公司(Levant Company)
兰斯克鲁纳(Landskrona)
"联合东印度公司"(United East India Company, 荷文为: Vereenigde Oost-lndische Compagnie)
"伦敦商人对东印度贸易的总裁和公司"(The Governor and Company of

Merchants of London Trading into the East Indies)
罗维莎(Lovisa)
约翰·罗尔夫(John Rolfe)
詹姆士·兰开斯特(James Lancaster)
洛斯托夫特(Lowestoft)
《里斯维克条约》(Treaty of Ryswick)
沃尔特·雷利(Sir Walter Raleigh,约 1552—1618)
罗伯特·里奇(Robert Rich)
雅各布·莱斯勒(Jacob Leisler)
"伦敦冒险家对非洲贸易公司"（又称几内亚公司）(The Company of Adventurers of London Trading to Parts of Africa)
罗得岛(Rhode Island)
"罗得岛和普罗维登斯拓殖地"(Rhode Island and Providence Plantation)
查尔斯·雷(Charles Leigh)
托马斯·罗(Thomas Roe)

M

马克西米利安一世(Maximilian I, 1459—1519年)
马德拉群岛(Madeira)
马辰(Banjarmasin)
"马诺亚"(Manoa)
芒斯特(Munster)
马尔摩(Malmo)
马林斯(Gerard de Malynes, 1586—1641)
《没有十字架,没有王冠》(No Cross, No Crown)
莫塞尼哥(Mocenigo)
"玫瑰战争"(Wars of the Roses)
摩鹿加群岛（即马鲁古群岛,Moluccas, Maluku)
蒙乔伊爵士(Lord Mountjoy)
蒙特塞拉特(Montserrat)
玛丽一世(Mary I,1516—1558)
玛丽·斯图亚特(Mary Stuart)
马里兰(Maryland)
马萨诸塞(Massachusetts)
马萨诸塞湾公司(Massachusetts Bay Company)
马里菲尔德(Ralph Merrifield)
米塞尔登(Edwar Misselden, 1608—1654)
缅因(Maine)
贸易委员会(The Council of Trade)
贸易和拓殖联合委员会(Joint Council for Trade and Plantation)
贸易委员会(Board of Trade)
《冒险家法令》(Adventurers' Act)
梅森(Mason)
梅里马克河(Merrimac River)
托马斯·孟（Thomas Mun, 1571—1641)

N

纽顿(New Town,即后来的 Cambridge)
纽芬兰(Newfoundland)
纽波特(Newport)
尼维斯(Nevis)
尼加拉瓜(Nicaragua)
理查德·尼科尔斯(Richard Nicolls)
弗朗西斯·尼科尔森(Francis Nicholson)
诺福克公爵(Duke of Norfolk)
诺森伯兰公爵(Duke of Northumberland)
《奈梅根和约》(Treaty of Nijmegen)
纳拉甘西特湾(Narragansett Bay)
纽黑文(New Haven)
罗杰·诺思(Roger North)
约翰·诺克斯(John Knox)

P

帕尔马公爵(Duke of Parma)
威廉·佩恩(William Penn)
威廉·配第(Sir William Petty, 1623—1687年)

纳撒尼尔·培根(Nathaniel Bacon)
"培根叛乱"(Bacon's Rebellion)
普利茅斯(New Plymouth)
朴茨茅斯(Portsmouth)
普利茅斯公司(Plymouth Company of Plymouth)
普罗维登斯(Providence)
普雷斯顿将军(Thomas Preston)
"普通大法庭"(Great and General Court)
"普通法院"(General court)
彭布罗克伯爵(Phlip Herbert, Earl of Pembroke)

Q

理查德·钱塞勒(Richard Chanceller)
齐切斯特(Chichester)
切萨皮克(Chesapeake)
《权利法案》(Bill of Rights)
《权利请愿书》(the Petition of Right)
清迈(Chiengmai)
契约佣仆(Indenture servents)

R

《宽容法》(Toleration Act)
柔佛(Johore)

S

萨勒姆(Salem)
斯克罗比(Scrooby)
莎士比亚(W. Shakespeare 1564—1616)
《三十九条教规》(Thirty-Nine Articles)
威廉·塞西尔(William Cecil)
保罗·森图里奥尼(Paolo Centurioni)
三十年战争(The Thirty Years' War, 1618—1648)
斯蒂尔亚德(Steelyard)
埃德温·斯提德(Edwyn Stede)
圣克鲁斯(Santa Cruz)
圣劳伦斯河(St. Lawrence)

圣多明各(Saint-Domingue)
圣克里斯托弗(St. Christopher, or St. Kitts)
圣路西亚(St Lucia)
圣乔治堡(Fort St George)
圣卡塔里娜或普罗维登斯岛(Santa Catlina or Providence Island)
圣多美岛(Sao Tomé Island)
"神圣实验"(Holy Experiment)
"上帝的联邦"(Godly Commonwealth)
苏门答腊(Sumatra)
苏拉特(Surat)
苏里南(Surinam)
苏塞克斯伯爵(Earl of Sussex)
苏卡达纳(Sukadana)
斯科伦(Schonen)
斯图亚特王朝(Stuarts)
萨默塞特公爵(Duke of Somerset)
埃德温·桑蒂斯爵士(Edwin Sandys)
"商人对几内亚贸易公司"(the Company of Merchants Trading to Guinea)
"商人联合东印度公司"(United East India Company)
萨加达霍克(Sagadahoc)
圣赫勒拿岛(St. Helena)
树脂(gumarabic)
参茨根(Cassava)
约翰·史密斯(John Smith)
索默斯群岛(Somers Islands)

T

坦焦尔(Tanjore)
塔斯曼尼(Tasmania)
托马斯·唐根(Thomas Dougan)
特拉华河(Delaware River)
特立尼达(Trinidad)
蒂尔康奈尔伯爵(Earl of Tyrconnell)
图卢兹(Toulouse)
土耳其公司(Turkey Company)
同业公会(Livery)

特罗普(Martin Van Tromp)
"天主教徒联合总会"(General Association of the Confederated Catholics)
托尔多(Fadrique de Toledo)

W

万丹(Bantam)
望加锡(Macassar)
《乌特勒支条约》(Treaty of Utrecht)
威克里夫(John Wycliffe,1328—1384)
韦岛(Pulau Weh,位于班达群岛)
韦瑟斯菲尔德(Wethersfield)
维查耶纳伽尔王国(Vijayanagar)
休·威洛比(Sir Hugh Willoughby)
温德海姆(Thomas Wyndham)
沃尔西(Thomas Wolsey)
韦尔万和约(Treaty of Vervins)
《威斯敏斯特和约》(Peace of Westminster)
"王权至高法案"(Act of Royal Supremacy)
"王恩"(Graces)
哈里·文(Henry Vane)
温特沃思(Sir Thomas Wentworth)
温莎镇(Windsor)
"五月花号"(Mayflower)
"五月花号公约"(Mayflower Compact)
约翰·温思罗普(John Winthrop)
罗杰·威廉斯(Roger Williams)
威克斯福德(Wexford)
威廉堡(Fort William)
维阿波科(Wiapco)
托马斯·韦斯顿(Thomas Weston)
托马斯·沃纳(Thomas Warner)
罗伯特·沃里克(Robert Warwick)
沃里克伯爵(Earl of Warwick)
维纳布尔斯(Robert Venables)
"无敌舰队"(Spanish Armada)

X

西兰岛(Seeland)
西布洛河口(River Sherbro)

西印度远征计划(Western Design)
《新大西岛》(The New Atlantic)
新尼德兰(New Netherlands)
新斯科舍(Nova Scotia)
新阿姆斯特丹(New Amsterdam)
新泽西(New Jersey)
"信仰划一法"(Act of Uniformity)
《信仰自由的伟大事例》(The Great Case of Liberty of Conscience)
《向西殖民》(A Discourse on Western Planting)
新英格兰公司(New England Company)
新罕布什尔(New Hampshire)
新英格兰领地(Dominion of New England)
"新英格兰联盟"(New England Confederation,或称"新英格兰联合殖民地")
星室法庭(Court of Star Chamber)
《新权利宪章》(New Charter of Privileges)
麦迪纳·西多尼亚公爵(Duke of Medina-Sidonia)
选举区法庭(Court of Wards)

Y

亚齐(Achin)
亚马逊河(Amazon Rive)
亚马逊(Amazon)
亚速尔群岛(Azores)
"羊毛纺织品法案"(Woolen Act)
乔治·耶德利爵士(Sir George Yardley)
伊斯帕尼奥拉(Hispaniola)
伊斯木斯(Isthmus)
约克公爵(Duke of York)
约瑟福(William Joseph)
约翰逊(Sir Natlaniel Johnson)
丹麦国王约翰(本名Johannes,丹麦语:Hans,1455—1513)
《英格兰民族主要的海上航行、交通和发现》(The Principal Navigations Voyages,Traffiques and Discoveries of

the English Nation)
西奥菲勒斯·伊顿(Theophilus Eaton)
"移民始祖"(The Pilgrimage Fathers)
《英属美洲人》(The English American)
英爱人(Anglo-Irish, or Old English)
亚瑟王子(Prince Arthur, 1480—1502年)

Z

重商主义(Mercantilism)
重商制度(Mercantile system)
《政府纲要》(Frame of Government)
泽西岛(Jersey Island)
《至尊法》(Act of Supremacy)
爪哇(Java)
《主要物产法令》(Staple Act)
詹姆士一世(James Ⅰ, 1566—1625)
詹姆士四世(James IV, 1473—1513年)
詹姆士五世(James V, 1512—1542)
詹姆士敦(Jamestown)
长老会(Presbyterian)
泽兰(Zeeland)
助理会(Council of Assistants)
《战斗规范及战术》(Fighting Instructions)
《自由和权利宪章》(Charter of Liberties and Privileges)
驻爱大臣(Lord Deputy)

后　记

　　本卷由黄光耀撰写,钱乘旦修改定稿。写作过程中。笔者参考了许多专家、学者的著作并吸收了他们的成果,谨致谢忱。